高等职业教育旅游类专业新专业教学标准系列教材

旅游产品开发

陈 兰 杨琳曦 王 宁 主 编
王丽霞 陈恒妮 伍建海 副主编

清华大学出版社
北 京

内 容 简 介

本教材围绕应用型旅游管理专业人才培养目标，紧跟旅游行业发展趋势，充分结合旅游地理分区理念进行旅游产品开发，力图做到教材内容与旅游企业岗位需求对接。创新、创意、创造是旅游产品开发永恒的主题，成功的旅游线路产品是科学性、创造性、艺术性的结合，本教材也力求达到三者的有机统一。全书分为旅游产品开发概述、国内旅游产品开发（第二至第五章）、出境旅游产品开发（第六至第九章）三大部分共九章，以任务驱动模式进行编写，融入旅游企业工作一线的经典案例，强化职业能力的培养。第一章渐进的理论知识符合学生的认知规律，每项任务都提出了操作要求，学完本章，学生可掌握旅游产品开发的途径和技能。第二至第九章先让学生分区域熟悉旅游资源特色，熟悉主要旅游城市，再通过旅游产品开发案例的分析，学习各区域旅游产品开发的经验，关注不同区域旅游产品开发中应该注意的问题，最终让学生演练，设计开发旅游产品。

本书不仅可作为旅游管理专业教材，还可供旅游从业人员参考使用。

本书封面贴有清华大学出版社防伪标签，无标签者不得销售。
版权所有，侵权必究。举报：010-62782989，beiqinquan@tup.tsinghua.edu.cn。

图书在版编目（CIP）数据

旅游产品开发 / 陈兰，杨琳曦，王宁主编. —北京：清华大学出版社，2021.5（2024.7重印）
高等职业教育旅游类专业新专业教学标准系列教材
ISBN 978-7-302-54220-9

Ⅰ. ①旅… Ⅱ. ①陈… ②杨… ③王… Ⅲ. ①旅游产品－产品开发－高等学校－教材 Ⅳ. ①F590.63

中国版本图书馆CIP数据核字（2019）第258030号

责任编辑：左卫霞
封面设计：傅瑞学
责任校对：刘　静
责任印制：沈　露

出版发行：清华大学出版社
网　　址：https://www.tup.com.cn, https://www.wqxuetang.com
地　　址：北京清华大学学研大厦A座　　邮　编：100084
社 总 机：010-83470000　　邮　购：010-62786544
投稿与读者服务：010-62776969, c-service@tup.tsinghua.edu.cn
质 量 反 馈：010-62772015, zhiliang@tup.tsinghua.edu.cn
课 件 下 载：https://www.tup.com.cn, 010-83470410
印 装 者：三河市龙大印装有限公司
经　　销：全国新华书店
开　　本：185mm×260mm　　印　张：22　　字　数：490千字
版　　次：2021年5月第1版　　印　次：2024年7月第3次印刷
定　　价：62.00元

产品编号：081732-01

前　言

当前，旅游业全面融入国家战略体系，走向国民经济建设的前沿，成为国民经济战略性支柱产业。旅游业作为五大"幸福产业"之首，有必要通过保障最广大人民群众的休闲度假权利来保障人们在未来国家社会经济发展进程中的获得感。"十四五"期间，我国将全面进入大众旅游时代，旅游业正在由观光旅游走向度假旅游，"旅游+"跨界融合发展将从趋势变成潮流。《"十四五"旅游业发展规划》提出："加大优质旅游产品供给力度，坚持标准化和个性化相统一，优化旅游产品结构、创新旅游产品体系。"基于此，《旅游产品开发》教材选题具有宏观背景意义。

编写组分析目前市场上高职《旅游产品开发》相关教材，发现多数教材以国内旅游产品开发作为重点进行编写，缺乏旅游地理分区的理念。但是，近年来，随着人们收入水平的不断提高，我国公民的旅游消费能力也在不断升级，中国已连续多年保持世界第一大出境旅游客源国地位。高职旅游管理专业人才培养强调紧跟行业需求，教材内容要及时反映行业新动态、新技术、新趋势。因此，高职《旅游产品开发》教材也应该重视出境旅游产品开发。

本教材主要特色如下。

（1）任务驱动，项目教学

全书分为旅游产品开发概述、国内旅游产品开发、出境旅游产品开发三大部分共九章，以任务驱动模式进行编写。旅游产品开发概述旨在让学生了解旅游产品开发的基本原则，掌握旅游产品的基本含义和特征，掌握旅游产品的分类，掌握旅游产品开发的途径和技能。国内及出境旅游产品开发则以国内及世界旅游地理分区为基础，设置不同区域旅游产品开发任务，引导学生团队合作，学习探究，掌握不同区域旅游产品开发技能。

教材以旅游产品开发项目为引领，通过具体任务的分解和实施实现教学过程，融入旅游企业工作一线的经典案例，将相关知识能力融合在任务学习和操作过程中，强化职业能力的培养，使学生掌握旅游产品开发的工作流程和相关岗位的工作技能，能胜任旅游产品策划及开发工作。

（2）立足行业，紧跟时代

教材编写立足于旅游行业、企业发展需要，并结合《"十四五"旅游业发展规划》相关指导精神，具有较强的时代性。衷心感谢广东省旅行社行业协会秘书长郑文丽、广东同程创游国际旅行社有限公司总经理王少娜、广东粤美国际旅行社有限公司总经理朱万果、郴州假期旅行社有限公司广州分公司总经理朱雪峰、广东羊城之旅国际旅行社有限公司成悦分社副总经理黄培群、广州喜玩国际旅行社有限公司人事行政总监麦艳萍等多位旅游行业专家的鼎力支持和帮助，承蒙各位专家的悉心指导，保障了本教材内容的丰富性和实用性。

（3）知识融合，提升能力

旅游作为人类追求精神与物质享受相结合的一种最大满足的途径，就是以在不同地理环境下的审美经历与体验为主要内容。旅游与地理紧密相关，人类的旅游活动都是在一定的地理环境空间中进行的。因此，旅游产品开发不能忽视地理要素。本教材从内容层面将地理分区知识与旅游产品开发相融合，包括第二章华南、华东、华中地区旅游产品开发，第三章西南、西北地区旅游产品开发，第四章东北、华北地区旅游产品开发，第五章港澳台地区旅游产品开发，第六章亚洲旅游产品开发，第七章欧洲旅游产品开发，第八章美洲旅游产品开发和第九章大洋洲旅游产品开发。以上每一章节都让学生先熟悉区域的旅游资源特色，熟悉其主要旅游城市，再通过旅游产品开发案例的分析，学习各区域旅游产品开发的经验，关注不同区域旅游产品开发中应该注意的问题，最终让学生演练，设计开发旅游产品，实现"教、学、做"一体化。

此外，作为工学结合教材，本教材紧扣旅游企业相关岗位职业能力需要，突出项目化教学，重点训练学生运用所学知识解决实际问题的能力，提高学生从事旅游产品开发的综合技能。

（4）视角创新，中外并重

本教材充分结合旅游地理分区理念，创新旅游产品开发思路，兼顾国内及境外旅游产品开发实例。旅游产品开发是根据市场需求，对旅游资源、旅游设施、旅游人力资源及旅游景点等进行规划、设计、开发和组合的活动。旅游产品开发要落地，只有深刻了解国内及世界各地的旅游资源，才能将这些旅游资源整合起来并最终开发成为旅游产品。教材精选的境内外旅游产品开发实例能让学生全面了解不同区域旅游产品开发的规范及要求，拓宽知识面，培养学生立足本土的同时兼具国际视野，提升学生可持续发展能力。

本教材由广东机电职业技术学院陈兰、杨琳曦、王宁担任主编，广州商学院王丽霞、广东机电职业技术学院陈恒妮、广东轻工职业技术学院伍建海担任副主编。本教材在编写过程中，参考和借鉴了国内相关教材、论著和研究成果以及相关网站的众多宝贵资料，在此向这些文献作者表示衷心地感谢。

由于编者水平有限，加之旅游产品开发实践过程中涉及的问题较为复杂，书中不足和疏漏之处在所难免，敬请各位专家、同行、广大读者不吝赐教。

编　者
2023 年 2 月

目　　录

第一章　旅游产品开发概述ᅠ1

第一节　旅游产品ᅠ3
第二节　旅游产品开发过程ᅠ10
本章小结ᅠ25
习题ᅠ25

第二章　华南、华东、华中地区旅游产品开发ᅠ34

第一节　广东、广西旅游产品开发ᅠ36
第二节　海南旅游产品开发ᅠ50
第三节　上海及江浙旅游产品开发ᅠ56
第四节　河南旅游产品开发ᅠ66
第五节　湖南、湖北旅游产品开发ᅠ72
本章小结ᅠ86
习题ᅠ86

第三章　西南、西北地区旅游产品开发ᅠ88

第一节　云贵川旅游产品开发ᅠ89
第二节　青海、西藏旅游产品开发ᅠ105
第三节　陕甘宁旅游产品开发ᅠ116
第四节　新疆旅游产品开发ᅠ130
本章小结ᅠ140
习题ᅠ140

第四章　东北、华北地区旅游产品开发ᅠ143

第一节　东北三省旅游产品开发ᅠ145
第二节　北京、天津旅游产品开发ᅠ154
第三节　河北、山西旅游产品开发ᅠ163
第四节　内蒙古旅游产品开发ᅠ175
本章小结ᅠ181
习题ᅠ182

第五章　港澳台地区旅游产品开发ᅠ184

第一节　香港旅游产品开发ᅠ185
第二节　澳门旅游产品开发ᅠ192
第三节　台湾旅游产品开发ᅠ197

本章小结 207
　　习题 207

第六章　亚洲旅游产品开发 210
　　第一节　东亚旅游产品开发 212
　　第二节　东南亚旅游产品开发 221
　　第三节　南亚旅游产品开发 229
　　第四节　西亚旅游产品开发 238
　　本章小结 243
　　习题 243

第七章　欧洲旅游产品开发 245
　　第一节　东欧旅游产品开发 247
　　第二节　南欧旅游产品开发 252
　　第三节　西欧旅游产品开发 261
　　第四节　北欧旅游产品开发 271
　　第五节　中欧旅游产品开发 280
　　本章小结 288
　　习题 288

第八章　美洲旅游产品开发 291
　　第一节　美国旅游资源概况 292
　　第二节　加拿大旅游资源概况 296
　　第三节　美、加旅游产品开发 300
　　第四节　巴西旅游资源概况 310
　　第五节　巴西旅游产品开发 315
　　本章小结 319
　　习题 319

第九章　大洋洲旅游产品开发 322
　　第一节　澳大利亚旅游资源概况 323
　　第二节　澳大利亚旅游产品开发 326
　　第三节　新西兰旅游资源概况 331
　　第四节　新西兰旅游产品开发 336
　　本章小结 341
　　习题 341

参考文献 344

第一章
旅游产品开发概述

【学习目标】

通过本章的学习,了解旅游产品概念形成的基本脉络;了解业内对旅游产品的基本认知;了解旅游产品开发的基本原则;掌握旅游产品的基本含义、基本特征、基本分类;掌握旅游产品开发的基本途径。

【关键词】

旅游产品　旅游产品的特征　旅游产品的类型　产品开发基本内容　开发途径

引导案例

古镇体验旅游产品设计

根据体验旅游产品设计的理念和要素,将古镇体验旅游产品的类型分为娱乐、教育、文化、审美四种。

(一)娱乐型体验旅游产品

1. 绿色食品采摘游

现在人们都喜欢绿色食品。如橘子、葡萄、西瓜、石榴、梨子、草莓以及各种各样的蔬菜,可以让游客亲自采摘购买。同时,利用古镇原材料和加工工艺,开发出系列化的旅游产品。

2. 休闲度假游

古镇有小溪、河流、池塘等水域,可以让城市旅游者在池塘里垂钓、河畔中泛舟、花园里徜徉、果园里采摘、庭院中品棋,达到全身心放松的效果。

3. 田园观光游

古镇种植蔬菜、瓜果、花卉,养殖家禽、家畜,可以以开发观光农业的形式来满足旅游者回归乡野的需求。

(二)教育型体验旅游产品

1. 农事活动游

农事活动中蕴含着非常趣味的故事和科学的道理,可以让更多的城市旅游者了解古镇的农事活动,特别是让青少年学习农活、体会劳动的艰辛和收获的成就,在体验过程中培养节约、勤劳的品质,寓教于乐。

2. 生态科考游

古镇有着丰富的生态旅游资源,通过发展森林旅游、地质科考等生态科考旅游形式,可以让游客获得更加丰富的知识,留下深刻的旅游体验。

(三)文化型体验旅游产品

1. 历史文化体验游

古镇历史文化丰富,可利用古老的建筑、原有古迹等,组织游客到村民家做客,与村民交流,开展住农家、了解古镇文化的历史文化体验游。

2. 古镇生活体验游

发展古镇生活体验游，可以以和谐古朴的环境为背景，将特色悠久的古镇文化融入旅游活动中，举办各类节庆活动，以吸引旅游者前来体验古镇生活。

（四）审美型体验旅游产品

审美型体验游是一种更深层次的古镇体验旅游形式，可以通过环境、居民的传播和各种项目的感官刺激来保证项目的顺利进行。

1. 农村怀旧游

城市人想远离喧嚣的都市，寻找一种淡然的生活空间。他们开始怀念老屋邻里的温馨、饭桌上的野菜粗粮，想回到简单朴素、节奏缓慢的乡野生活，在自然环境中放松身心，重温往日岁月。这种回忆的实质是怀旧，于是怀旧旅游便成为迎合都市人心理需求的一种旅游模式。

2. 风景观光游

首先，古镇作为旅游吸引物，却并不只是依靠几处古老的建筑，还有构成古镇框架的传统建筑格局，以及与之相融合的自然环境。古镇的魅力在很大程度上取决于它的总体建筑风格以及与自然环境相结合而形成的不可分割的整体，从而形成古朴的环境。其次，古镇的建筑外形迥异于现代民居建筑，如幽深的四合院、青石板铺就的街道、两旁宽大的廊檐、整齐的廊柱、造型奇特的封火墙、临江的吊脚楼和斑驳的古桥等，都给游人以强烈的视觉冲击。

3. 文艺欣赏游

古镇的文化特色要提炼出鲜明的主题，并通过外在的舞台布置、人员装束和内在的节目编排设计体现主题，两者应相融合、相协调，将内容塑造成为有视觉吸引力和心理召唤性的产品。如西塘古镇的小型水上舞台文艺节目，为游客体验古镇文化与生活气息提供了新途径，同时也丰富了游客的夜间活动，提供了更多的消费项目选择，延长了游客的逗留时间。

（资料来源：http://www.sohu.com/a/159524237_817737）

思考：旅游产品开发中，怎样才能增强其体验性？

分析：以顾客需求开发产品；增加产品的附加值；增强参与性；文化与观光融合。

第一节　旅游产品

一、旅游产品的概念

旅游产品的概念在学术界还没有统一的定论。一般来说，目前存在两种主要的误解：一种是狭义的将旅游产品等同于旅游吸引物，这显然过于简单，因为旅游中最基本的"旅"都没有包括，当然不包括交通产品；另一种是广义的旅游产品，则将旅游产品概念泛化了，认为交通产品、住宿产品、旅游线路、导游服务以及各项与旅游活动有关的事物都是旅游产品。

实际上，按组合产品的概念来说，旅游产品包括交通产品和旅游吸引物。

（一）学术界的主要争论

1. 产品和商品之争

在中国旅游经济的研究中，大多数学者把旅游产品和旅游商品是作区别对待的，旅游商品特指旅游购物品，旅游产品把旅游购物品排除在外。有许多学者认为这种称谓有欠妥之处，在经济学中产品和商品是两个不同的概念。商品（goods）的本意是指为交换或买卖而生产的物品，本身具有交换价值和使用价值的双重性，而产品（product）的本质是指生产出来的产品，本身只具有使用价值而不具有交换价值。慎丽华在其著作中认为：旅游产品是旅游经营者为旅游者用货币交换而生产的实物和劳务组合，既具有使用价值——能给旅游者带来愉悦的旅游经历，又具有交换价值——旅游者必须花费一定的费用、精力和时间才能获得旅游经历，应该称为"旅游商品"。[1] 刘敦荣和吴广孝分别将其著作直接取名为《旅游商品学》和《旅游商品开发实务》。

马克思的《政治经济学》中确有商品和产品的区别，产品拿到市场上才称为商品，但经营者的最终目的，是要将产品变为商品销售出去。从这种意义上讲，产品和商品是同一种"东西"。周振东编写的《旅游经济学》认为："旅游产品实质上是旅游商品。"[2] 西方经济学中，只有产品这个概念，生产出来的产品不用于交换称为"物品"。如果要在概念上与国际接轨，还是应该叫旅游产品，旅游产品中当然包括旅游购物品。旅游商品和旅游产品这两个概念在我国旅游界之所以如此混淆，是因为有些人还没能完全从旧体制和旧思维中解放出来。

2. 旅游产品和旅游业产品之争

学界比较认可的对旅游产品的定义是以林南枝、陶汉军两位先生的界定为代表的："从旅游目的地的角度出发，旅游产品是指旅游经营者凭借旅游吸引物、交通和设施向旅游者提供的用以满足以旅游活动需要的全部服务"，"从旅游者的角度出发，旅游产品是指旅游者花费一定的时间、费用和精力所换取的一次旅游经历"。谢彦君先生又提出自己的定义："旅游产品是指为满足旅游者审美和愉悦的需要而在一定地域上被生产或开发出来的以供销售的物象和劳务的总和"，"旅游产品具有几乎可以满足旅游者旅游期间一切需要的效用和价值"。[3] 上述定义体现的是"一个东西的不同侧面认知"，但旅游经营者向旅游者提供的产品同旅游者的旅游经历是"同一个东西"吗？曲玉镜女士从旅游需要、旅游购买以及旅游活动等方面撰文分析得出："'旅游经历'与'旅游业提供的产品'根本无关"，"旅游业提供的产品应该称为旅游业产品"，"旅游者旅游活动的产品才是名符其实的旅游产品"。[4]

关于旅游产品和旅游业产品的区别推理，从理论上说是无懈可击，但是否一定要将"旅游产品"改为"旅游业产品"?没有必要。正如不将"救火"改为"灭火"一样，需要注意

---

1 慎丽华.旅游经济学[M].北京：中国经济出版社，2002.
2 周振东.旅游经济学[M].大连：东北财经大学出版社，1999.
3 谢彦君.基础旅游学[M].北京：中国旅游出版社，1999.
4 曲玉镜.旅游产品新论[J].辽宁师范大学学报（社会科学版），2002（2）.

的是一个概念的内涵和外延，而不必在乎名称上是否多一个字。目前，业界已经将这种特定的内涵和外延的东西叫"旅游产品"，也没有引起现实使用中的混乱，所以就没有必要为其"正名"了。但如果说"旅游经历与旅游业提供的产品无关"，那就不对了。旅游经历是旅游者真正要买的东西，但如果没有旅游企业提供的有形和无形的产品，那么这种经历就无从获得。"旅游经历"是旅游产品中最核心的部分，西奥多·莱维特曾经指出：购买者"并不是要买 1/4 英寸的钻头，而是要买 1/4 英寸的钻孔"。有了这种认知，旅游产品开发设计才能做到有的放矢。

3. 生产的主体之争

旅游产品是谁生产，又是谁来购买？根据目前的定义，旅游产品的生产者是旅游企业，购买者是旅游者，也是最终的消费者。曲玉镜从"旅游产品是旅游活动的产品"的定义出发，认为旅游活动的主体是旅游者，而"凡形成于某种活动中的产品都是该活动的主体借助一定的媒体通过施加其体力或脑力于客体之上生产出来的"，因此旅游产品是旅游者在旅游活动中生产出来的。

此处所指的旅游产品，区别于旅游业产品，是指"旅游者在旅游活动中拍照、录像、题词、绘画、考察、狩猎、垂钓、采集等行为的产物——照片、音像、楹联、画卷、游记、资料、猎物、标本，甚至奇花、异草、珍木、怪石"。如果这些东西旅游者的目的是用来"交换"，则与目前旅游界采用比较多的"艾斯特定义"——旅游是非定居者的旅行和暂时居留而引起的现象与关系的总和。这些人不会导致长期定居，并且不从事任何谋利的活动——相矛盾。如果其目的不是为了交换，则这些东西只能是旅游活动的衍生物，而非我们所说的旅游产品。说"旅游产品是由旅游者生产的"，从旅游产品的核心部分——旅游者的一段旅游经历——来看，好像是正确的。旅游经营者提供的同样的旅游产品，不同的旅游者购买后获得的"经历"会完全不同。这不同于"1/4 英寸的钻孔"可以度量，"经历"完全是一种心理体验、精神体验，不同的旅游者借助于旅游经营者提供的旅游产品会产生不同的"经历"。而旅游经营者只是促使旅游者获得一种美好的、满意的体验。但旅游经历只能说是旅游者购买了"产品"且消费了"产品"以后得到的一种"效用"，这正是旅游产品的使用价值所在。可见，旅游产品的"经历说"也是站不住脚的。

（二）本书的观点

旅游产品是指旅游经营者为了满足旅游者在旅游活动中的各种需求，而向旅游市场提供的各种物质产品、精神产品和旅游服务的组合。旅游产品是一个整体概念，它是由旅游资源、旅游设施、旅游服务和旅游商品等多种要素组合而成。其特征是旅游服务成为旅游产品构成的主体，其具体展示主要有线路、活动和食宿。

1. 从旅游目的地的角度出发

旅游产品是指旅游经营者凭借着旅游吸引物、交通和旅游设施，向旅游者提供的用以满足其旅游活动需求的全部服务。

2. 从旅游者的角度来看

旅游产品是指旅游者花费了一定的时间、费用和精力所换取的一次完整的旅游经历。

对于旅游产品，除了可以考察其利益上的构成以外，还可以考察其物质上的构成。作为旅游产品既有物质形态的成分，也有非物质形态的成分。旅游产品，又称旅游服务产品，是指由实物和服务构成。它包括旅行商集合景点、交通、食宿、娱乐等设施设备、项目及相应服务出售给旅游者的旅游线路类产品，以及旅游景区、旅游饭店等单个企业提供给旅游者的活动项目类产品。

对上面定义作以下几点说明。

（1）旅游经营者包括旅游目的地政府、旅游企业。

（2）"提供"而非"生产"，因为旅游企业中有旅游产品的生产单位，也有旅游中间商。

（3）购买旅游产品的虽然最终是旅游者，但因旅游中间商的存在，用"人们"比用"旅游者"恰当。

（4）旅游中间商购买旅游产品的目的在于获利，旅游者购买的目的在于获得一段旅游经历。

（5）旅游的发展已经把地点、组织、想法作为旅游产品在旅游市场上进行交换。

从这种意义上说，一个旅游地、一个景点、一条旅游线路、一间客房、一次午夜供餐、一件旅游纪念品、一次特殊服务、一次民俗歌舞、一条咨询建议、一个在会议中心召开并以团队价格安排与会者住在附近饭店的大会等，以及这些的各种组合，只要是用于旅游者旅游活动的都是旅游产品。总之，从形态上讲，旅游产品有"点"、有"线"、有"面"（包括"体"），有"静"、有"动"，有"实"、有"虚"，有"有形的"、有"无形的"，从单项要素讲，形态多样，而旅游者一次旅游活动则是不同形态的要素的组合。

拓展阅读 1-1

高速的服务区也能成为网红景点

现在许多家庭出游时都喜欢自驾游，自驾游不受约束，想去哪儿就去哪儿，还可以享受沿途的风景。自驾游的游客常常会去服务区，有这样几个服务区，不仅不脏，还堪称"服务区之豪华版"。

1. 江苏：涌湖服务区

说到这个服务区，那确实能让人眼前一亮，堪称"中国最奢华的高速公路服务区"。该服务区占地面积接近10万平方米，塔楼高61.7米，地上有9层，地下有1层，采用英国维多利亚风格设计。来到这儿，或许你会心里咯噔一下："我这是来到了迪士尼？还是某景区？"因为这里不仅外面看起来豪华，里面餐厅、加油站、住宿等也一应俱全。塔楼间由两层的"云中餐厅"相连。第一层大厅可以容纳288人一起用餐，二层是包厢，内部装潢如同五星级酒店一般豪华。该服务区如今已经变成了网红打卡地。

2. 无锡：梅村服务区

来到这里，你或许会以为自己来到了某家大型购物中心。这里的卫生间也是非常豪华，而且随时都保持得非常干净卫生（这不正是许多人去服务区真正想要的吗）。此外，还通过扫码免费取纸这种方式，来提倡节约用纸。还设有紧急呼叫按钮的残疾人卫生间，更是尽显周到。

3. 浙江：桐庐服务区

虽然这个服务区看起来没有其他服务区那么豪华，但是它提供的服务非常令人满意。服务区内部卫生工作做得很好，设有很多年轻人喜爱的星巴克和各种各样的特色美食与小吃店铺。最重要的是，该服务区设有女士专用停车位。虽然这一设计最初饱受争议，但也确实解决了一些女性司机停车麻烦的问题，让她们感到十分满意。

过去我们从来没有想过要把服务区变成景点，但今天面对这些人性化的设计，我们相信下一个网红设计应该不远了！

（资料来源：https://baijiahao.baidu.com/s?id=1617738070093913337&wfr=spider&for=pc）

二、旅游产品的特点

旅游产品区别于其他商品，除了其自身的基本特征外，还具有综合性、无形性、生产与消费同时性、不可转移性等特点。

（一）综合性

从旅游者角度看，一个旅游目的地的旅游产品是一种总体性产品，是旅游企业为满足旅游者的各种需求而提供设施和服务的总和。大多数旅游者前往某一目的地旅游作出购买决定时，都不仅仅考虑一项服务或产品，而是将多项服务或产品结合起来进行考虑。例如，一个度假旅游者在选择度假目的地的游览点或参观点的同时，还会考虑该地的住宿、交通、饮食等一系列的设施和服务情况。从这个意义上说，旅游产品是一种综合性的群体产品或集合产品。

国外有些经济学家认为旅游业是所有工业的综合，这种说法是有道理的。旅游产品的涉及面比任何经济部门都要广。任何一个部门（即一个环节）出现失误，都会导致整个产品的滞销。

（二）无形性

旅游产品是各种旅游企业为旅游者提供的设施和服务，无形的部分在旅游产品中起主导作用。旅游产品的开发和生产可以凭借非物质的、无形的资源。如民俗、历史传说、神话故事、民间节庆、历史文化知识等，这些都是非物质的。无形的资源要转变成旅游产品必须凭借一定的载体和环境，否则，就不能促使游客对其消费。另外，产品最终的质量和价值在很大程度上是凭消费者的印象、感受来评价和衡量的，而这种主观的感受本身就是无形的。

（三）生产与消费同时性

旅游产品与一般有形产品相比，具有生产与消费的同时性，即旅游产品的生产过程同时也是旅游者对旅游产品的消费过程，二者在时空上不可分割。旅游者来到旅游目的地，旅游经营者才开始旅游产品的生产，生产与消费具有同时性和同步性。

由于旅游产品往往不存在独立的生产过程，因此具有不可储存性的特点。如果在一定时间段内没有旅游者消费，该时间段的价值也就无从实现。旅游产品的即时生产和即时消费受一些客观条件的制约，比如，产品供给单位的协调程度、服务人员的技能技巧、参加人员的生理及心理等因素的影响，其质量不能严格控制，具有不稳定性，这些对于供需双方来说都是极大的挑战。

（四）不可转移性

旅游产品进入流通领域后，必将一直固定在一定的位置上，旅游者只能到旅游产品的生产所在地进行消费。这一点，一方面补充和完善了传统的国际贸易理论，同时也使交通运输成为实现旅游活动的重要因素。另一方面，旅游者在购买旅游产品后，这种买卖交易并不发生所有权的转移，仅仅是使用权的转移。对于游客而言，旅游过程结束即是旅游产品消费的结束，旅游者在旅游过程中享有使用各种设施的权利，但不能带走（旅游商品除外）。

三、旅游产品的分类

对旅游产品的分类是重新认识旅游产品，深入研究产品，进行开发设计的需要。同时，也应当注意运用科学的方法和分类的技巧，按照研究开发的需要进行分类，从理论上和实践上对旅游产品进行有序的分类，找到其中的规律，为开发提供有力的依据。由于旅游产品概念认知上的不一致，在分类研究中，结论也较多。目前，比较为大家接受的分类是以下几种。

（一）按照旅游产品的功能划分

国家体系的分类就是以旅游产品功能为依据，原国家旅游局在 1999 年将旅游产品分为以下几种类别：度假型旅游产品、观光型旅游产品、康体休闲型旅游产品、商务型旅游产品、文化型旅游产品、专项旅游产品和特色旅游产品。具体分类见表 1-1。

表 1-1　原国家旅游局旅游产品分类

序号	产品类型	具体分类
1	观光型旅游产品	自然观光、名胜古迹、城市风光等
2	度假型旅游产品	海滨度假、山地、温泉、乡村、野营
3	专项旅游产品	文化、商务、体育健身等
4	生态类旅游产品	生态旅游最初作为一种新的旅游形式出现，主旨是保护环境、回归自然，变革了以往的旅游发展模式
5	旅游安全产品	旅游保护用品，旅游意外保险产品，旅游防护用品

（二）按照旅游产品的层次划分

对旅游产品的认知分两个层次，一是总体旅游产品；二是单项旅游产品。总体上，对于总体旅游产品，可以从供需两个方面来理解。

从供给方看，总体旅游产品是一个旅游目的地为满足来访旅游者的活动开展而提出的各种接待条件和相关服务的综合，是目的地为旅游者提供的旅游供给的全部内容集合体，如景区、各种旅游设施和服务，以及旅游者所需要的社会氛围。

从需求者的角度来说，总体旅游产品是旅游者从筹划这次旅游活动开始，到离家外出，直到整个旅游活动完成，这期间一系列的、全部的旅游经历的总和，即总体旅游产品是以旅游目的地为基础的、旅游者所获得的一次完整的旅游经历。

而单项旅游产品主要是针对旅游者而言，就是指旅游企业所经营的设施和服务，或者是旅游企业借助一定的设施设备向旅游者提供的某一项目的服务。单项旅游产品可以看作整体旅游产品的一部分，也可以看作独立的旅游项目的个体。比如，酒店餐厅提供的食物、客房的床等，可以看作酒店产品的一部分；而独立餐厅提供的产品就只有食物，这时候单项的食物也构成了单个的产品。

（三）按照时间特征或者旅游者的需求划分

我国旅游经济学家迟景才在 1998 年将旅游产品分为传统型和新兴型两种类型的旅游产品。传统型旅游产品包括观光旅游、升级版的观光旅游、文化旅游、商务旅游、度假旅游、社会旅游六大类。新兴型旅游产品包括康养型旅游产品、业务旅游产品、享受旅游产品、刺激类旅游产品、替代类旅游产品、活化类旅游产品六大类。

（四）按照时空特征划分

美国学者 Gunm（冈恩）在 1988 年将旅游吸引物分为两种基本类型，即环路型吸引物或者线型吸引物和长时间滞留吸引物或聚集型吸引物。前者包括路旁景区、醒目的自然地区、营地、水上游览区、圣殿和文化遗址、餐饮和娱乐场所、历史建筑和旧址、民族地区、购物场所等。长时间滞留的旅游产品包括度假区、营地、狩猎及水上运动区、节日庆典、会议会展区、运动场馆、贸易市场、主题公园等。

（五）按照地域范围划分

按照地域范围划分，这是本书的亮点之一。因地域不同，旅游景观的特点也不同。北有雾凇冰雪，南有阳光沙滩，我国复杂的地理因素造就了天南海北千差万别的资源景观。按地域范围，把旅游产品划分为国际和国内旅游产品。国际旅游产品包括亚洲、欧洲、大洋洲、美洲及港澳台地区的旅游产品，国内旅游产品包括东北、华北、华东、华中、华南、西南、西北等地的旅游产品。本书的编写是按照此类划分依据，在分析各地区所拥有的旅游资源的基础上，进行产品的综合开发与设计。

第二节 旅游产品开发过程

一、旅游产品开发的主要内容

旅游产品开发是一个综合性的过程，要考虑的问题也很多，如资源特色、社会配套、综合条件、客源地经济条件、资源保护策略等。应当做到综合分析、整体规划，在此基础上进行产品开发。

（一）旅游地开发

旅游地是旅游产品的地域载体，是游客的目的地。旅游地开发是指在旅游经济发展战略指导下，根据旅游市场需求和旅游产品特点，规划区域内旅游资源，建造旅游吸引物，建设旅游基础设施，完善旅游服务，落实区域旅游发展战略的具体措施等。因此，旅游地开发就是在一定地域空间上建设旅游吸引物，使之与其他相关旅游条件有机结合，成为旅游者停留与活动的目的地。旅游地开发通常可分为以下七种形式。

1. 以自然景观为主的开发

以自然景观为主的开发以保持自然风貌的原状为主，主要进行道路、食宿、娱乐等配套设施建设，以及环境绿化、景观保护等。如一个地区的特殊的地貌、生物群落、生态特征，这些都是可供开发的旅游资源。自然景观只要有特点就可以，不必非要具备良好的生态环境，比如，沙漠、戈壁开发好了也是值得一游的旅游吸引地。但是，自然景观式景点的开发必须以严格保持自然景观原有面貌为前提，并控制景点的建设量和建设密度，确保自然景观内的基础设施和人造景点应与自然环境协调一致。

2. 以人文景观为主的开发

以人文景观为主的开发是指对残缺的文化历史古迹进行恢复和整理。如对具有重要历史文化价值的古迹、遗址、园林、建筑等，运用现代建设手段，对之进行维护、修缮、复原、重建等工作，当这些古迹恢复原貌后，自然就具备了旅游功能，成为旅游吸引物。但是，人文景观的开发一定要以史料为依据，以遗址为基础，切忌凭空杜撰。而且，人文景观的开发一般需要较大的投资和较高的技术。

3. 在原有资源和基础上的创新开发

在原有资源和基础上的创新开发主要是利用原有资源和开发基础的优势，进一步扩大和新添旅游活动的内容与项目，以达到丰富特色、提高吸引力的目的。比如，在湖滨自然景观旅游中增添一些水上运动项目，如飞行伞、划艇、滑水等，这样不仅不会破坏原有景观，还可以和原有的湖光山色相映成趣，成为新的风景点。

4. 非商品性旅游资源开发

非商品性旅游资源一般是指地方性的民风、民俗、文化艺术等，它们虽然是旅游资源但还不是旅游商品，本身并不是为旅游而产生，也不仅仅为旅游服务。对这类旅游资源的开发，涉及的部门和人员较多，需要进行广泛的横向合作，与有关部门共同挖掘、整理、改造、加工和组织经营，然后再开发成各种旅游产品。应该引起开发者注意的是，这些地区一旦成为旅游目的地，大量游客进入景点后，会改变原地居民的生活方式和习俗，同时游客带来的外来文化也会对当地的文化生态造成一定的影响。

5. 利用现代科学技术成果进行旅游开发

利用现代科学技术成果进行旅游开发是运用现代科学技术所取得的一系列成就，经过精心构思和设计，再创造出颇具特色的旅游活动项目，如"迪士尼乐园""未来世界"等就是成功的例子。现代科技以其新颖、奇幻的特点，融娱乐、游艺、刺激为一体，大大开拓和丰富了旅游活动的内容与形式。

6. 旅游交通的开发

在旅游资源的开发中，交通建设是一项主要的开发内容。没有方便的交通把客源地和旅游目的地联结起来，旅游资源只是一种潜在的资源，而并不具有现实意义。在旅游产品中，交通运输服务也是一项重要的服务内容，是旅游收入的重要来源。我国的海外游客在华的旅游消费中，交通花费占有很大的比重。旅游交通与一般的客运、货运交通相比，有其自身的特点，即游客沿交通线上的移动，不但是为了完成空间位移，而且本身还是一种旅游的经历和体验，是旅游者最终获得的旅游体验中的组成部分。

在旅游过程中，旅游者会利用已有的基础交通线路（并非为旅游而修建的交通线路），但旅游者往往是根据自身的需要和目的地的分布来选择组合自己的交通线路和交通方式的。交通线路和旅游线路的高度统一，表现在：一般旅行社推出的旅游产品即是借助交通线路把各旅游地和景点串联拼合起来，形成一条旅游线路，再向市场销售。

从空间层次上划分，旅游交通可分为三个层次：第一层次是外部交通，是指从客源地到旅游地所依托的中心城市的交通，跨越的空间尺度大。外部交通的主要方式是航空交通和铁路交通，也有部分水运和公路交通。第二层次是在旅游区内由中心城市到旅游地、风景区的交通，跨越的是中小尺度的空间，交通方式主要以公路或铁路为主。第三层次是内部交通，是指旅游地、风景区内部的交通，跨越的是微观或小尺度空间，交通方式以特种交通为主，如索道、游艇、电瓶车、畜力车、骑马等，甚至步行。旅游交通的选线、建设主要考虑大中尺度的交通，景区和旅游地内部交通一般是旅游地、风景区规划设计的内容。

7. 旅游地社会资源综合开发

旅游地社会资源综合开发是在资源开发的基础上进行的，涉及医疗卫生、银行金融、水电、社会治安等各方面，是旅游地资源开发赖以生存的基本条件。这些社会资源能够在一定程度上形成旅游地的核心竞争力，满足游客在旅游活动中方方面面的需要，创造完美的体验。这些因素是旅游地社会服务能力综合提升的结果，在很大程度上制约着旅游地形象的整体提升。

（二）旅游线路开发

旅游线路是旅游产品的具体表现方式，也是对单个旅游产品进行组合的具体方式，是旅游地向外销售的具体形式。旅游线路开发就是按不同目标游客的需求特点，把旅游资源、旅游吸引物、旅游设施和旅游服务进行特定组合。在旅游线路的组合中,单项旅游产品只是其中的一个组件,开发者并不对单项旅游产品进行实质性的改动,而是针对不同游客的需求特点、支付能力进行相应的搭配。比如,海南3日游和海南5日游,后者是在前者的基础上,增加一些景点和旅游服务项目;如果再适度调整海南5日游的交通、餐饮和住宿的档次,那么也就有了海南5日标准游和豪华游的旅游产品。我们可以把海南游视为一条旅游产品线,而对这一旅游产品线在保持旅游目的地不变的前提下,调整该线路的不同旅游产品要素,以形成不同的旅游品种,满足不同类型的消费者需要,如双飞5日游、火车5日游、海南潜水5日游等海南游品种。因此,旅游线路开发实质上是根据不同目标市场游客的需求特点对旅游产品进行组合搭配。

从不同角度,旅游线路可以分为以下种类。

(1)按旅游线路的性质分类,可以划分为普通观光旅游线路和特种专项旅游线路两大类,也可以是二者结合的混合游线路,比如在度假旅游中加入观光,在观光旅游中加入探险旅游。

(2)按旅游线路的游程天数分类,可以分为一日游线路与多日游线路。

(3)按旅游线路中主要交通工具分类,可以分为航海旅游线路、航空旅游线路、内河大湖旅游线路、铁路旅游线路、汽车旅游线路、摩托车旅游线路、自驾车旅游线路、自行车旅游线路、徒步旅游线路,以及几种交通工具混合使用的综合型旅游线路等。

(4)按使用对象的不同性质分类,可以分为包价团体旅游线路、自选散客旅游线路、家庭旅游线路等。

拓展阅读 1-2

中国平原森林城市旅游项目规划

一、旅游开发条件

(一)区域概况

(二)旅游资源特征

1. 环城林带规模庞大。
2. 土固堆文化源远流长。
3. 名人文化资源厚实。
4. 菏泽古城文化底蕴深厚。
5. 潜在的现代城市旅游资源丰厚。

(三)旅游产业发展现状

相比其他县,牡丹区旅游开发较早,基础设施和旅游接待服务设施较为齐全与先进,产业系统较为健全。

旅游产业进一步发展尚存在五大制约因素,主要表现在以下方面。

一是旅游开发启动较早,有一定的市场知名度,但是开发理念较为落后,旅游资源没有发挥应有的功能与价值。

二是城市建设和城市经营落后，旅游地形象不突出。作为一个传统城市，菏泽城市建设多依靠政府财政投入，城市的建设、发展、管理理念落后，城市产业化配套机制尚未建立，与全国各地如火如荼的经营城市相比，菏泽明显落伍。

三是尚未建立起有效的旅游开发投入机制，政府主导的痕迹较重。旅游业的社会认知度、社会参与度低，开发资金投入不足，制约了旅游产业发展的速度和规模。

四是旅游产业要素仍不健全，有的领域实力弱，有的领域尚属空白，如旅游服务水平低，配套设施和服务功能不完善；旅游娱乐和旅游购物开发尚不充分。

五是旅游管理体系刚刚建立，规范化、标准化建设有待进一步完善。

二、旅游开发思路

（一）总体思路

1. 以环城林带及周边村落为载体，按照"中国平原林城"项目要求来改造林带和改变城市绿化，构建"林海绿原 休闲天堂"，打造森林温泉度假、林海绿原休闲、林海科技修学三大系列旅游产品，完善和优化旅游功能，构建环城市特色游憩带。

2. 做好城市形象与旅游形象的整合，加强营销与宣传，营造"中国平原林城"的旅游形象。

3. 加强城市历史文化资源保护，凸显古城魅力，提高城市的文化品位，使菏泽成为省级历史文化名城。

4. 积极发展城市旅游，完善中心城市旅游功能，建设富有地方特色的城市游憩设施和游憩商业区。

5. 加强城市旅游设施建设，积极创建中国优秀旅游城市，提高城市的知名度与美誉度。

（二）主题定位

中国平原森林城市。

（三）功能定位

林带游憩、旅游集散。

（四）开发目标

将牡丹区建设成菏泽市旅游基地；建设环城林带，打造中国平原森林城市；中国牡丹城，打造中国国花牡丹第一品牌。

（五）空间格局

依据资源的空间分布和旅游产品开发需要，以环城林带为依托，以周边景点为辅助，形成"两城"的旅游空间结构。

三、旅游项目规划设计

（一）概况

从"林本身"来说，一是菏泽外围有500米宽、110千米的林带；二是西北的黄河滩区，东北的沙岗还有大面积的树林；三是菏泽城区内也有不少林地。此外，还有分布在全市新旧黄河大堤内外、县城区外围、湿地周边以及沙岗地上的树林。

从"林形象"来说，取得了中国林产品交易会的举办权，并于2003年4月建成了中国林展馆和举办了中国林产品交易会，2004年国家林业局确定在菏泽市建立中国林产品交易中心，并以此地为常设会址，每年举办中国林产品交易会。目前，已经初步具有"平原林城"的社会形象。

（二）开发定位

形象定位：林海绿原　休闲天堂。

特色定位：林＋水（地热泉水、河水、渠水、湖水），（林＋农，林＋果，林＋牧，林＋渔，林＋花）。

（三）开发目标

1. 产业目标：

（1）环城林带由经济林、生产林变成融村林、生态、旅游三大功能为一体的效益林。

（2）打造菏泽旅游由单一的牡丹品牌变成全方位综合性的林城花乡品牌。

2. 社会目标：

（1）国家级城市森林公园。

（2）国家级生态旅游与农业旅游示范区。

（3）国家4A级旅游区。

（4）联合国教科文组织命名"最佳人居环境城市"。

（四）开发思路

以"平原林海"作为独特性卖点和市场需求，竖起"中国平原森林城市"的大旗，按照"中国平原森林城市"项目要求来改造林带和改变城市绿化，以环境友好城市来迅速提升知名度，以"世界人居城市"称谓来夯实"中国平原林城"的品牌质量，以"林海绿原休闲天堂"来定位林带，打造森林温泉度假、林海绿原休闲、林海科技修学三大系列旅游产品，规划六大景区、五大景点和两条旅游专线，以高端市场为主导，以菏泽市民消费为主体来建设环城林带。

（五）项目建设要点

1. 六大景区：大美林汤景区、氧吧会所景区、洋阳羊牧场、大农乐园景区、波尔多葡萄园、香雪海梨景区。

2. 五大景点：凝香园、冉庙、何楼大排档—森林剧场、高科技林果示范园、东穆李民俗村。

3. 两条旅游专线：

（1）旅游交通专线，为连接六区五点的旅游交通专线，利用现有道路，组织交通专线。

（2）漂流旅游专线，包括万福河、赵王河、赵王河公园、环城公园、雷泽湖水库等，充分利用菏泽市可以用黄河水补源的优势，使水系贯通，启动漂流项目，开辟水上游线，在河两岸分段种植特色树种与花卉品种，河内配植水生植物，形成滨水生态景观带。

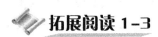
拓展阅读 1-3

旅游产品的设计应该让客人尖叫

在当今旅游市场中,海量的同质化产品铺天盖地,做旅游的人麻木了,出门旅游的人难以选择。没有新意,没有创新,没有亮点,是旅游产品的最大痛点。

如何让客人发现行程亮点,如何创造让客人尖叫的产品?

没有教科书会告知统一的模式,也没有统一的模板,因为一旦统一了,就意味着失去了个性。

所以,要有自己的独特内容,别人的终归是别人的,只能借鉴而已。以下分享三个案例,或许会有所启发。

1. 把平淡变成震撼

许多时候由于长期的自我状态,许多旅游资源被标签化,在设计产品上会延续传统思路,难以跳出套路。而野三坡国旅把平淡变成了震撼,让不温不火的野三坡产品变成了引爆不同年龄层关注的精品,化腐朽为神奇,让平淡变为了震撼。在原有百里峡精品线路中,国旅增加了龙门天关这一让人尖叫的元素,使整个野三坡旅游充满了活力。

在过去京都通往塞外,龙门天关是一个重要关隘,也成为历代兵家必争之地,这里的山势险峻,山石地貌独具特色。这里怪石嶙峋,千姿百态,透过那摩崖石刻,仿佛能穿越几百年,感受那"塞上秋风鼓角,城头落日旌旗"的独特景观。这里不同于一般常见的旅游风景,更有一种"旌旗缤纷两河道,战鼓惊山欲倾倒"的磅礴气势。而景区顺势而为,近年打造了一系列惊险、刺激颇具挑战性的娱乐项目,让平淡的旅游变成了一种震撼体验。

【悬崖秋千】在高差 500 米的悬崖顶上,长长的秋千在悬崖上飘荡,低头望去便是整个景区的层峦山脉。

【步步惊心】长 30 米,位于高差 500 米的悬崖上的云梯,在梯上挑战游客的胆识。

【飞天索桥】在官帽山主峰与次峰之间,海拔 920 米的山峰上,设有一条长 70 米的索桥。随着游客走过,索桥上下起伏、左右摇摆,在伴风牵云中俯瞰如诗如画的野三坡。

2. 让观赏变参与,强化互动,让客人心跳

在青海,有一群年轻人,他们心怀理想,立足家乡,为青海旅游的发展默默作出贡献,在牧场、在机房都留下了他们的身影。他们利用自身优势和所学专业知识,摒弃传统青海旅游的模式,开发出更多主题的青海湖畔的参与性项目,让游客在这里得到不一样的享受。

比如,一场环青海湖赛马会,过去只是带领游客进行观赏,如今把产品进一步延伸,让客人参与其中,使得客人随时关注赛马进程,让每一位参与者感受心跳。

3. 黄山脚下一农庄,只有欢呼和疯狂

在黄山脚下的祥云客栈,仅仅是一个不为人知的小小农庄,却因为他们的到来变得疯狂。

> 一批批的中老年游客，在这里找回了青春芳华，大家相聚在一起诉说衷肠。人生几十年的风风雨雨，都在这欢呼中飘荡，青春在这里再次闪亮，使游客忘却了流逝的时光，只有那灿烂的辉煌。
> 　　旅游产品的设计，一定是切中客人需求，根据年龄喜好群体来进行专项的设计。在易沃克旅游人讲堂上，张旭老师曾经说过，一个药方治百病是笑话，一个行程通百人也同样是笑话。只有精准的定位产品，才能设计出令客人尖叫的产品。
> （资料来源：https://baijiahao.baidu.com/s?id=1615741897210523015&wfr=spider&for=pc）

二、旅游产品开发原则

（一）创新原则

传统型旅游产品老化、内容单一、主题重复、缺乏变化，旅游产品的创新成为一种必然的趋势。随着旅游市场进入买方市场，旅游产品的竞争变得异常激烈，现在的旅游市场需求总体呈现出细分化、差异化、复杂化、个性化的趋势，产品的创新成了最根本、最迫切的需求。创新主要体现在以下几个方面。

1. 结构创新

从旅游产品的结构来看，产品结构创新主要是对现有旅游产品的补充，即选择性旅游产品的开发。对原有产品的组合状况进行整合，加强度假、商务、会议、特种旅游等多种旅游产品的开发，完善产品的结构。

2. 类型创新

产品类型是由旅游目的地的市场和资源的双向比较因素决定的，而旅游经营者和管理者的旅游观念是其形成的主观因素。产品类型直接决定了目的地旅游业的性质和特点。产品类型的创新主要是全面提升原有产品质量和开发新产品。

3. 功能创新

功能创新是指运用最新的高科技手段，多角度地开发旅游景点和休闲活动的文化内涵，对某些特殊景点和服务设施进行多功能化的综合设计。运用相应的宣传促销理念和手段，来改变或诱导游客，以此帮助旅游服务人员树立新的旅游理念，提高游客和服务人员的旅游文化档次，加强景点与游客的沟通。

4. 过程创新

过程创新是指坚持以市场为导向，在不改变产品本身的情况下，以更有效地满足消费者的需求为出发点，对产品生产的过程进行重新认识、重新设计，强调过程对市场的适应力。

5. 主题创新

主题创新是指在主体资源不变的情况下，根据旅游产品时尚周期理论的指导思想，随着市场形势的变化，适时推出新的产品，在动态中把握并引导旅游需求，并充分依托市场，引领消费时尚。这一点对于主题公园等人造景观来说尤为关键。

（二）市场观念原则

旅游产品的开发必须从资源导向转换到市场导向，牢固树立市场观念，以旅游市场需求作为旅游产品开发的出发点。没有市场需求的旅游产品开发，不但不能形成有吸引力的旅游目的地和旅游产品，而且还会造成对旅游资源的浪费和生态环境的破坏。

根据市场观念原则，在产品开发时要做到以下三点。一是要根据社会经济发展及对外开放的实际状况，进行旅游市场定位，确定客源市场的主体和重点，明确旅游产品开发的针对性，提高旅游经济效益。二是要根据市场定位，调查和分析市场需求与供给，把握目标市场的需求特点、规模、档次、水平及变化规律和趋势，从而形成适销对路的旅游产品。三是要针对市场需求，对各类旅游产品进行筛选、加工或再创造，然后设计、开发和组合成具有竞争力的旅游产品，并推向市场。总之，要树立市场观念，以市场为导向，才能使旅游产品开发有据有序，重点突出，确保旅游产品的生命力经久不衰。

（三）效益观念原则

旅游业作为一项经济产业，在其开发过程中必须始终把提高经济效益作为主要目标；同时，旅游业又是一项文化事业，因而在讲求经济效益的同时，还必须讲求社会效益和环境效益。也就是说，要从整个开发的总体水平考虑，谋求综合效益的提高。

根据效益观念原则，在产品开发时要做到以下三点。一是要讲求经济效益，无论是旅游地的开发，还是某条旅游线路的组合，或是某个旅游项目的投入，都必须先进行项目可行性研究，认真进行投资效益分析，不断提高旅游目的地和旅游线路投资开发的经济效益。二是要讲求社会效益，在旅游地开发规划和旅游线路产品设计中，要考虑当地社会经济发展水平，要考虑政治、文化及地方习惯，要考虑人民群众的心理承受能力，形成健康文明的旅游活动，并促进地方精神文明的发展。三是要讲求生态环境效益，按照旅游产品开发的规律和自然环境的可承载力，以开发促进环境保护，以环境保护提高开发的综合效益，从而形成"保护—开发—保护"的良性循环，创造出和谐的生存环境。

（四）产品形象原则

旅游产品是一种特殊商品，是以旅游资源为基础，对构成旅游活动的食、住、行、游、娱、购等各种要素进行有机组合，并按照客源市场需求和一定的旅游线路而设计组合的产品。因此，拥有旅游资源并不等于拥有旅游产品，而旅游资源要开发成旅游产品，还必须根据市场需求进行开发、加工和再创造，从而组合成适销对路的旅游产品。

根据产品形象原则，在产品开发时要做到以下四点。一是要以市场为导向，根据客源市场的需求特点及变化，进行旅游产品的设计。二是要以旅游资源为基础，把旅游产品的各个要素有机结合起来，进行旅游产品的设计和开发，特别是要注意在旅游产品设计中注入文化因素，增强旅游产品的吸引力。三是要树立旅游产品的形象，充分考虑旅游产品的品位、质量及规模，突出旅游产品的特色，努力开发具有影响力的拳头产品和名牌产品。四是要随时跟踪分析和预测旅游产品的市场生命周期，根据不同时期旅游市场的变化和旅游需求，及时开发和设计适销对路的旅游新产品，不断改造和完善旅游老产品，从而保持旅游业的持续发展。

（五）独特性原则

所谓产品开发的独特性，是指产品应具有鲜明的特色，具有"新"和"奇"的特点，能够在市场上对旅游者产生强烈的吸引力。例如，山东省潍坊市举办的国际风筝节、黑龙江省哈尔滨市举办的冰灯节等，都属于按照这个原则向市场推出的产品。

 拓展阅读 1-4

廊坊市平原森林城市建设综述 风景如画正蓬勃

杨柳婆娑，枝叶扶苏，碧水微澜，恰似仙境一般美妙的景物在廊坊6429平方千米的土地上随处可见，这是廊坊市平原森林城市建设战略部署的直接呈现。

从2014年廊坊市"两年攻坚战、造林一百万"的重大目标任务的提出，到2015年5项市级重点造林绿化工程和3项县级重点造林绿化工程的提出与实施；从2014年当年造林57万亩，超额完成省下达的4年任务，到2015年造林43万亩，全市植树造林在8个方面实现较大突破。廊坊"平原森林城市"的城市名片既华美又朴实。生态涵养工程的成功都是廊坊人倾尽全力，真诚付出结出的硕果。

廊坊特殊的区位状态和缺山缺水的现实，使廊坊打造"平原森林城市"时并不容易。省委、省政府每年下达的13万亩造林绿化任务，需要廊坊以极大的勇气和魄力权衡在短期内造环境与利长远之间的取舍，廊坊市委、市政府着眼大局，肯于"割肉"，舍弃短期利益，确保生态环境的长远效益。

重点工程加快推进　绿意绕全城

从廊道绿化基本全覆盖，到规模造林实现新突破，再到城镇林带全线贯通以及村庄绿化即将全部达标，廊坊建设"平原森林城市"的步伐不可谓不快。

特殊的区位使廊坊全部县（市、区）都与京津地区水土相连、道路相通。加之京津冀协同发展战略的提出，使廊坊对自己提出了更高的要求：以环京津边界绿化为牵引，全面建设与京津无差别的绿廊、绿道、河道，加快实现生态协同。

2015年春季，全市依托国家、省重点林业生态工程，全力实施5项市级重点造林绿化工程和3项县级重点造林绿化工程。工程包括开展生态廊道绿化工程、规模化造林工程、环京津边界绿化工程、重要交节点绿化工程、村庄绿化工程、城镇绿化工程、高标准农田林网建设、名优林果苗木基地建设八大造林绿化工程。

此外，廊坊市还开展生态廊道绿化，让交通运输穿绿衣；通过规模化造林，让经济效益和生态效益双丰收；通过环京津边界绿化工程的建设，让廊坊绿化质量达到或超过京津绿化水平；依赖重要交节点绿化工程，努力打造独具特色、能展示地方形象、为人们提供休闲、旅游、健身的景观游园、森林公园；结合农村面貌改造提升，重点推进"精品线"和重要道路两侧的村庄绿化，形成绿树村边合的美丽乡村；改善城镇生态环境，提高主城区环境质量，让森林环抱的绿色生态圈长驻廊坊；通过名优林果苗木基地建设和高标准农田林网建设，让经济效益、生态效益充分发挥。

这些都是廊坊人对打造"平原森林城市"作出的努力，每一棵树、每一片草、每一朵花都是廊坊人造林绿化的明证，每一项工程的实施都是廊坊人全面布局、精心谋划的结果。

机制创新　主体明确　经济效益高

2014年开始，廊坊抢抓造林机遇，创新造林机制，从各地自然、地域、传统条件出发，创新大户流转、政府补贴、规模造林、政府奖励等14种机制，2015年进一步探索更适应社会需求的方式，采取"谁造林、谁所有，谁经营、谁收益"的新模式，着力破解资金、土地、管护等瓶颈。通过机制创新，为造林绿化建立起可持续的投入保障机制，2014年以来已撬动社会资金72亿元，占到总投资的72%以上，真正形成了政府引导、多元投资、广泛参与的良好态势。

除了创新机制之外，明确责任主体是加快造林绿化、实现生态良好的又一重要环节。为此，廊坊市相关部门着力改变政府主体造林、群众义务造林的传统模式，大力引进社会工商资本、域外资金投入造林，大力发展公司化造林、专业化管护，扶持培育起以企业、大户为代表，多元化的新型造林主体。2014年以来，全市带动500多家公司、企业、大户、合作社主动参与造林。

有了科学、先进的机制和清晰明确的主体，造林绿化实现了良好的生态效益。但单有生态效益还不够，经济效益也要跟得上。为此，廊坊市将造林绿化与产业致富结合起来，大力提升果树、用材林和苗圃等经济林种比例；建设了三河苹果"三优"栽培基地、三河燕赵园林苗圃基地等一批名优林果基地、速丰林基地和苗木基地；通过扶持壮大文安县津文畜禽养殖有限公司等一大批龙头企业，大力发展林粮间作、林草间作、林下食用菌和林下养殖等林下经济，进一步延伸产业链条，实现以林养林、以林养人的目标。

强化部署加强督导　绿化成果显著

廊坊市一直本着真造林、造真林的态度，实打实地推进造林绿化工程。市委、市政府高密度部署绿化工作，市委书记王晓东和市长冯韶慧从规划、项目、投入、动员、督导全程亲力亲为，并与市县主要领导签订责任状，确保造林绿化工作落到实处。同时，在各级媒体开辟专栏、密集宣传，形成家喻户晓、人人参与的良好氛围。

各级人员努力将绿化工程做实，造林前所有造林小组建立起电子档案，标明位置、面积、林种、机制和产权管护主体，百亩地块向全社会公示。造林中，日督导、周巡回，推广人员常驻一线搞服务，落实技术规程。造林后，抽调专人采取现场丈量、GPS绕测、卫星遥感监测等科学手段，逐县逐块检查验收，真正做到人进地、人树地见面。

目前，廊坊市廊道绿化基本全覆盖，全市廊道植树19.45万亩，已基本实现所有道路河渠绿化的全覆盖。规模造林实现了新突破，村庄绿化即将全部达标，2015年年底前实现全市所有农田四周、田间道路、河渠两侧的全覆盖。城镇林带全线贯通，全市建成园林式重要交节点38个，精品线路总长度达到456.7千米，包括大厂旅游环线3000亩郊野公

> 园、安次南三通道绿化、固安 8600 亩法桐林等一大批精品亮点工程。村庄绿化全部达标，2015 年年底前全市 3222 个村都基本达到"平原森林城市"绿化标准。
>
> 　　生态良好、环境优美将成为廊坊的城市标志，廊坊打造"平原森林城市"的名片也会因廊坊植树造林、涵养水源之行动而更加明亮、耀眼。
>
> （资料来源：http://hebei.news.163.com/15/0926/10/B4ECQLDV02790NA3.html）

三、旅游产品开发程序

　　旅游新产品开发要经历一个漫长的过程，可以把从产生创意到试制成功、投放市场的整个过程分为以下七个步骤。

（一）产生创意

　　旅游企业可围绕企业长期的发展战略和市场定位，来确定新产品开发的重点，确定旅游新产品的创意和构思。旅游新产品的创意和构思来源主要有以下几个方面。

1. 游客

　　游客的需求是旅游新产品开发的原始推动力。企业可以通过对游客进行调查，收集游客对旅游新产品的创意建议，然后进行整理和筛选，捕捉有价值的创意。

2. 旅游的从业人员

　　旅游的从业人员，包括旅游产品策划人员、销售人员和导游。他们处于旅游第一线，与游客和竞争者接触密切，最了解游客的需求，最能提出旅游新产品的创意。

3. 竞争者

　　企业可以通过分析其他的竞争企业的产品的成功与不足之处，将其进行改良和强化，这也是不错的新品开发思路。

4. 旅游科研和策划机构

　　旅游科研和策划机构处于新产品开发第一线，对旅游产品见多识广，加上一定的理论功底和职业素养，对旅游业的发展颇具前瞻性，企业应该重视旅游科研和策划机构人员的创意。

5. 旅游企业的高层管理人员

　　旅游企业的高层管理人员熟悉旅游行业特征和旅游企业运行规律，他们也是旅游新产品开发的重要成员。

（二）创意筛选

　　收集到若干旅游新产品的创意后，应根据企业自身的战略发展目标和拥有的资源条件对新产品进行评审与选择。

（三）旅游产品概念的发展与测试

　　经过筛选后的构思需转变为具体的旅游产品概念。如果构思是提供了产品开发的一个思路，那么产品概念则是这种思路的具体化。游客购买的不是产品构思，而是具体的旅游产品，因此需要用游客所能理解的项目将构思作进一步具体描述，就形成了具体的旅游产品概念。比如，针对大城市中的少年儿童对农作物和农业的陌生，旅游企业确立了"农村、农业、农事"的旅游创意，但是这一创意还待具体开发成景点和旅游线路。针对这一创意，可以开发多种农业旅游产品项目，比如，"城郊双休务农游""秋季果园摘果游""春种游"等具体的旅游产品概念。旅行社可以把这些具体的产品构思，形成形象化的文字资料和设计相应的旅游线路计划，对潜在游客进行调查和测试，了解他们对产品概念的意见和建议，使新产品概念更加完善，并测试市场接受情况。然后，再进行具体的旅游新产品的细节设计和制订相应的营销计划。

（四）商业分析

在拟订出旅游新产品的概念和营销策略方案后，需要企业对此项目进行商业分析。商业分析是指对项目的经济可行性分析，具体可以从以下三个方面进行。

1. 投资分析

对新产品所需的投资总额进行测算，规划资金的来源，比如，是企业独家投资，还是合资开发，还是引进新的战略投资者，以及投资的回收方式和投资回收年限。

2. 销售量预测

需要确定新产品的旅游目的地，以及各旅游目的地最乐观的销售量和最悲观的销售量。同时，还需要进行新产品的生命周期各阶段的预测，尤其是导入期所需的时间。对于一个从业多年的旅游企业，可以将类似旅游产品销售额的历史资料作为参考。

3. 新产品的量、本、利分析

在预测出旅游产品各时间段的销售额的基础上，进一步测算新产品的成本和价格，并据此计算出新产品的损益平衡点和实现损益平衡的大致时间，进而预测在各阶段的盈亏情况。

在确保旅游新产品在经济上的可行性以后，才能进入具体开发阶段。

（五）产品开发

产品开发阶段是旅游新产品开发计划的实施阶段，大量的资金投入是从实质性开发阶段开始的。产品开发包括旅游产品具体项目设施的建设，基础设施的建设，员工的招聘和培训，以及原有旅游项目的利用和整合。

（六）旅游产品的试销

当旅游新产品的开发已初具规模，具备一定的接待能力时，就可以利用已有的服务项目，组建成一定的旅游产品组合，选择一些典型的目标客源市场进行试销。为减少产品不完善的负面影响，可以邀请一些专家和业内人士提前试用，从其试用中，收集亲历的感受，整理其意见和建议，适当对旅游新产品进行完善。然后，再小范围、小规模地向普通游客试销产品，以进一步改进。

（七）正式上市

通过旅游新产品的试销，企业可以获得新产品上市的试点经验，以帮助进行上市的决策。在新产品正式上市之前，企业需要对旅游新产品上市的时间、上市的地点、预期旅游客源地和目标游客等进行决策。

1. 上市的时间决策

对于季节性较强的旅游产品，最好选择由淡转旺的季节上市，这样能使新产品的销售量呈上升趋势。但也要避免在旅游旺季上市，因为毕竟产品尚不完善，如果游客大量涌入会使旅游企业因经验不足而应接不暇，因此最好是设置一个从少到多的适应和完善过程。

2. 上市的地点决策

企业需要确定推出旅游新产品的客源地。是在所有潜在的客源地市场全面推出，还是由点到面地逐步扩散？由于各地的经济收入水平不同，消费特点不同，对新产品的接受也会表现出较大的差异，所以，应该对不同市场的吸引力作出客观的评价。评价的指标有市场潜力、企业在当地的声望、产品的分销成本、对其他市场的影响力以及市场竞争的激烈程度等。企业可根据有关数据来选择主要的市场，并制订新产品的地区扩展计划。当然，最好是选择那些政治、经济、文化中心城市推出新产品，这样可对周边市场产生较大的辐射效果。

3. 目标游客决策

在新产品的市场开拓中，企业应将销售和促销的重点集中于最佳的潜在游客群。最佳的潜在游客群应具备以下特征：愿意最早使用新产品；对新产品持肯定和赞赏态度；乐于传播信息；对周围的消费者有较大的影响；购买量较大。在这样的目标市场上，企业容易较快地获得高销售额，有利于调动销售人员的积极性，也能较快地渗透企业的整个市场。

 案例 1-1

解读国民旅游休闲产品概念内涵，探究产品开发思路

1. 自行车旅游

自行车旅游是指旅游者以自行车为主要交通工具，以强身健体、游览体验旅游目的地自然、人文风光为目的，并获得骑行体验和乐趣的一种户外旅游体验活动。随着全球环境保护意识的重视和深度体验旅游的追求，自行车旅游凭借其低碳环保、强身健体的特点，从单车旅游发展到成团结队自行车旅游，从周边出行到远距离旅游，自行车旅游发展规模日渐壮大。对于旅游目的地而言，原生态的环境、多样的地形地貌是发展自行车旅游的有利条件，网络化便捷的绿道、专用的自行车慢行交通系统以及完善安全的自行车综合服务系统是保障自行车旅游产品成功开发的前提。

2. 自驾车旅游

自驾车旅游是以私有或租借的车辆为交通工具，以旅游休闲度假为目的，前往目的地旅游的连续过程以及在旅游地进行的一系列食、住、行、游、购、娱等活动的组合。"驾"

与"游"体验的结合是产品开发的关键，重点需要做好三项工作：一是以风貌和谐的道路交通为基础，将旅游交通建设纳入城市交通规划体系中，把主要的旅游交通动线按照风景道标准进行建设，新加坡的主题公路可谓成功的案例。二是以智慧化的自驾游旅游信息服务系统为保障，清晰的道路指引、必备的汽车维修加油补给、动态更新的目的地容量数据等软实力的建设，也都需要在规划中予以重视。三是以个性化的配套设施为支撑，迎合自驾车游客群向往个性、自由等特点，导入一定的主题，开发团体性强的汽车影院、汽车营地、BBQ（户外烧烤）等产品。

3. 邮轮游艇旅游

邮轮、游艇正在成为人们娱乐休闲的新型消费品，也成为国际旅游目的地产品集群中不可或缺的形象代号。邮轮游艇产业是一个融合制造业与服务业的互动发展体系，开发邮轮游艇产品有助于拉动产业蓬勃发展。企业可以以邮轮游艇消费为驱动，做强邮轮游艇服务业，进一步带动邮轮游艇装备制造业，循序渐进壮大产业体系。同时，建立邮轮游艇信息平台，加快推进互联互通破解跨区域航行限制障碍，实现区域内出入境邮轮游艇信息数据传输与对接，促进资源共享。

4. 乡村度假

乡村度假是以乡村为载体，以乡野农村生态环境和乡村生产、生活等乡土活动为吸引物，以城市居民为主要目标市场，满足旅游者回归自然、放松心情的旅游形式。乡村度假是农家乐旅游的高级形态，业已成为乡村旅游产品发展的主流趋势。目前国内成熟的产品开发模式主要有产业庄园式乡村、文化乡村聚落、养生乡村、景区配套四种。

在乡村度假产品开发时需要重点把握四个方面：通过营造原生态的乡土环境来体现浓郁的乡村风情，通过集聚食、住、行、游、购、娱要素来搭建复合型的度假设施，以规范化的管理来保障产品可持续发展，以农旅品牌有机渗透来驱动乡村旅游全面发展。

5. 体育健身游

体育健身游是旅游者以参与体验各类体育运动项目、会议、交流、观看体育赛事为目的，是旅游产业与体育产业交叉的产物。据国际体育旅游委员会统计，全球体育旅游的收入占世界旅游业总收入的32%。从山地冰川、河流湖泊、海岸沙滩到民族体育文化，我国有丰富多元的体育旅游资源，这为开发体育健身游奠定了良好的基础。

结合资源特性和市场需求及区位条件，体育健身旅游产品的开发可选择三种模式。一是资源运动化。依托山地、湖泊、沙滩湖泊等资源，复合山地徒步、高尔夫、水上运动项目、滑雪等功能，打造丰富多彩的产品体系。二是体育赛事驱动。以重大国际性专业体育赛事为引爆点，以专业竞技类体育健身产品为主，娱乐消遣性项目为辅。三是特色运动品牌驱动。这种模式适用于旅游度假区内，培育一个体育运动品牌，将其发展到极致，继而带动整个片区的旅游发展，如新西兰皇后镇的极限运动。

6. 医疗养生游

医疗养生游是以医治、康复、疗养、养生为目的，以一定的医疗设施为条件，依托旅游目的地各种医疗资源或有利于其恢复健康的养生资源,并伴随着一般意义上的旅游活动的一种社会经济活动的总和,体现了旅游产业与医疗服务业的融合效应。全球每年医疗旅游市场规模达1000亿美元,已经成为增加目的地吸引力的重要手段。

医疗养生游在中国起步时间较晚,开发门槛和风险系数相对较高。对于医疗养生游来说,强有力支持的政策条件是重要的先决条件,一流的养生生态环境是吸引客源的基础,权威专业的医疗资源是核心。国内医疗养生开发主要有两种模式,一种模式主要存在于旅游度假目的地区域,依托温泉、中药等资源,开发以"疗"为目的的综合康复型的度假产品。另一种模式主要存在于少数城市,如上海、成都、北京、天津,以医疗服务产业为导向,以特色医院为核心驱动力,吸引周边区域以及入境市场,开发以"治"为目的的旅游产品。

7. 温泉冰雪游

对于温泉旅游而言,经历了从第一代温泉泡池到疗养院到温泉酒店到第四代温泉度假村的发展过程,温泉旅游的规模在不断扩大。第五代的温泉旅游,以具有一定规模的温泉度假区为载体,必将成为温泉休闲旅游发展的趋势。目前的温泉产品更加注重文化性、娱乐性、保健性、主题化的开发,以各具风情的室内外泡池、汤屋为基础,延伸SPA、水疗、水游乐等休闲产品,关联康疗、会议、度假、运动、温泉农业等相关产业,实现圈层化发展。对于冰雪旅游而言,其市场已呈现大众化、国际化的趋势。为了更好释放冰雪资源的价值,在产品开发上,运动化、民俗化、节庆化、艺术化将成为重点开发方向。

8. 红色旅游

红色旅游是指以1921年中国共产党建立以后的革命纪念地、纪念物及其所承载的革命精神为吸引物,组织接待旅游者进行参观游览,实现学习革命精神,接受革命传统教育和振奋精神、放松身心、增加阅历的旅游活动。目前开发的红色旅游多是以历史人物和革命事件的展示、复原为主,具有被动教育性、政治严肃性、静态展示性等特点,缺乏多元化、立体化和休闲娱乐化的体验方式。因此,提升红色旅游景区的吸引力和影响力关键,宜在产品游憩上设计创新体验。为此,要做好三大转变:从静态展示到动态场景,变被动学习为主动探索;从历史事迹到时代精神,变历史瞻仰为思想感召;从红色景区到红色产业,变单点开发到产业集群。

9. 旅游演艺

旅游演艺是以吸引游客参与体验为目的,运用各种表演艺术的形式来表现旅游区的特定主题,为旅游者提供的各种商业演艺活动。各种形式多样的旅游演艺产品已经成为提升旅游区吸引力的一个法宝。与吸引力伴生的问题就是投资较大、运营成本高,对旅游市场规模有较高的要求。但从可持续、长远发展来看,对演艺产业链的培育将是一种必然的趋势。

国内旅游演艺主要有三类:一是在主题景区内结合一定主题开发的节目式表演,开封的清明上河园属于此类。二是以旅游地的山水环境为舞台,结合人工景观,开发山水实景秀,是夜间旅游开发的主要方向,以张艺谋的印象系列为代表。三是以剧院、文化演艺中心、商务度假酒店为载体，面向游客旅游体验，兼顾城市文化消费，适当运用高科技手段开发的系列室内文艺表演，如《宋城千古情》《唐长安乐舞》等。

10. 休闲购物游

从旅游心理上看，在旅游休闲中有一种现象叫作旅游购物欲扩张，是指旅游者在旅游购物时常常导致冲动购物消费，这就为发展休闲购物产品提供了良好的市场潜力。可以肯定地说，购物机会是旅游者决策出行目的地的重要因素。休闲购物游并非简单的买卖双方的销售与购买，而是以提供享受型购物体验为目的的一种休闲活动。休闲购物游产品的开发需要把握三个层次的问题：一是购买什么样的商品，是知名品牌商品如奥特莱斯那种，还是本土特色手工艺等。二是如何享受购物的过程，迪士尼乐园式的购物值得借鉴，即通过主题化、情境化方式丰富购物的体验过程。三是购物的空间载体，规划开发时需要在充分结合地块特点和整体功能布局的统筹安排下，筛选商业街、购物 MALL、购物度假村、商品交易中心等其他产品形态。

（资料来源：https://baijiahao.baidu.com/s?id=1622425814815124312&wfr=spider&for=pc）

思考：

1. 开发不同类型的产品时，应该注意什么？
2. 在这些产品设计开发过程中，应该如何深入发掘其特色？

分析：

1. 不同类型的产品，其特色不同，价值不同，开发与保护的措施也不同。因此，对于不同类型的产品，开发设计的重点也不同。
2. 特色既应该是产品自身的，也应该是可以被人类利用的。在这一过程中，应当是在坚持旅游产品开发的基本原则的基础上进行特色的发掘。

本 章 小 结

本章主要介绍了旅游产品的基本含义，阐述了旅游产品的特点、开发的基本原则及开发的过程。其中，旅游产品的基本含义及开发过程是本章的重点。

习 题

一、单项选择题

1. 下列关于旅游产品的概述中，不正确的是（　　）。

　　A. 旅游产品跟其他商品没有什么不同　　B. 旅游产品是用于旅游者消费的产品
　　C. 旅游产品包括物质产品与精神产品　　D. 旅游产品是旅游地提供的

2. 关于旅游产品的具体类型，不包括（　　）。

　　A. 旅游吸引物　　B. 旅游建筑物　　C. 旅游纪念物　　D. 旅游交通

3. 旅游产品按照功能来划分，包括（   ）旅游产品。
   A. 观光型　　　B. 度假型　　　C. 专项　　　D. 生态类

二、多项选择题

1. 旅游产品开发的主要内容有（   ）。
   A. 旅游地的开发　　　　　　　B. 旅游线路的开发
   C. 旅游交通的开发　　　　　　D. 创造新的旅游景观
2. 旅游产品开发的基本原则有（   ）。
   A. 市场原则　　B. 效益原则　　C. 创新原则　　D. 独特性原则
3. 在旅游产品开发设计的过程中，应该考虑的因素有（   ）。
   A. 资源自身的特色　　　　　　B. 当地的交通条件
   C. 资源地的经济发展水平　　　D. 客源地市场的需求状况

三、简答题

1. 简述旅游产品的基本特点。
2. 简述旅游产品开发的基本过程。

四、实务题

结合实际，谈谈如何开发休闲度假类的旅游产品，在开发过程中应该注意哪些问题。

五、案例分析题

教育+文旅：研学旅游目的地产品模式解析

古有"读万卷书，行万里路"的古训，今有陶行知先生"知行合一"的倡导，无不强调行中去悟、实践中学、学以致用的教育理念。近些年，随着国家政策的引导、经济的快速发展和人民生活水平的显著提高，家长对于孩子的教育理念也在逐渐发生变化，从过去对学习成绩的单纯追求到更加注重孩子综合素质的全面培养。在众多因素促使下，研学旅游开始兴起。研学旅游活动的开展离不开研学旅游目的地的承载。随着研学旅游教育内容的细分，地产商开始踏入研学旅游目的地建设，尤以万科、华侨城、万达、东方园林为代表，小到研学营地、田园农庄，大到文旅城、民族村，无不受到热捧。

一、研学旅游的由来

（一）何谓"研学旅游"

研学旅游是指学生集体参加的有组织、有计划、有目的的校外参观体验实践活动。从狭义角度来讲，是指为了达到让学生学习知识、了解社会、培养人格等目的，由学校集体组织的校外专项旅游活动。而广义角度来讲，是指将出于文化求知、实践探索、自然发现的目的而到异地开展研究性、探究性、实践性学习的活动，都纳入研学旅游范畴之内。

研学旅游的雏形起源于美国早期的营地教育，可追溯到1861年，距今已有超过160年的历史。目前，研学旅游已发展成为一个具有标准化、细分化、专业化、产业化等特点的成熟产业。

（二）"研学旅游"在国内的兴起

1. 政策推动，研学旅游上升到国家战略

2016年11月，教育部联合国家发改委、旅游局等11个部门发布了《关于推进中小学生研学旅行的意见》。该意见明确指出，要将研学旅游纳入中小学教育教学计划，加强研学旅游基地建设，并对组织管理、安全责任体系和经费筹措机制进行了详细阐述。研学旅游已由促进旅游业发展的单一角度，上升到全面提高中小学生综合素质教育的国家战略高度。国家关于研学旅游相关政策如表1-2所示。

表1-2 国家关于研学旅游相关政策

时　　间	部　　门	政　策　文　件
2013年2月	国务院	《国民休闲旅游纲要》
2014年7月	教育部	《中小学学生赴境外研学旅行活动指南》
2014年8月	国务院	《关于促进旅游业改革发展的若干意见》
2015年8月	国务院	《关于进一步促进旅游投资和消费的若干意见》
2016年1月	原国家旅游局	《首批中国研学旅游目的地和全国研学旅游示范基地》
2016年11月	教育部等11部门	《关于推进中小学生研学旅行的意见》
2017年7月	教育部	《教育部办公厅关于开展2017年度中央专项彩票公益金支持中小学生研学实践教育项目推荐工作的通知》
2017年9月	教育部	《中小学综合实践活动课程指导纲要》

2. 经济发展引领消费升级，研学旅游迎来重要机遇

国内生产总值的不断提升带动城乡居民收入持续快速增长，引领居民消费持续升级。目前，我国正处于第三次消费结构升级阶段，居民教育、旅游休闲、医疗保健等领域的消费支出增长迅速。其中，教育文化娱乐消费支出占全国居民人均消费支出的比例已超过11%。以往传统消费模式逐渐向高端化、个性化等方向不断升级变迁，以研学旅游为代表的体验式教育作为服务型消费模式的代表之一，正处于重要的发展机遇期。2010—2017年我国城镇居民可支配收入如图1-1所示。2017年全国居民人均消费支出及其构成如图1-2所示。

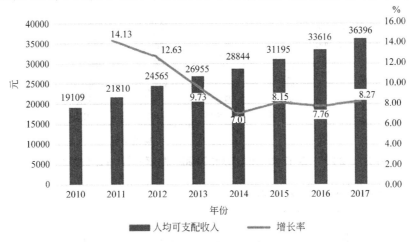

图1-1 2010—2017年我国城镇居民可支配收入（单位：元）

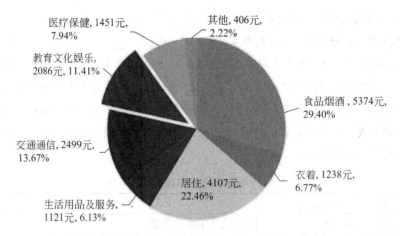

图 1-2　2017 年全国居民人均消费支出及其构成（单位：元）

3. 教育理念的转变为研学旅游带来发展动力，未来市场空间巨大

新一代的"80 后""90 后"家长对孩子的教育理念有着不同的主张，他们更加注重互动教育方式，提倡素质教育，对新的教育产品接受度也普遍较高。据调查显示，约 3/4 的学生家长了解研学旅游，80% 以上的家长表现出让孩子参加研学旅游的意愿。并且，从消费价格来看，人均花费接受度在 3000～10000 元的占比高达 88%。新一代的父母教育观念的革新和消费能力的提升，为研学旅游市场带来了强劲的发展动力。

另根据中国旅游研究院《中国研学旅行发展报告》数据显示，过去几年我国研学旅游市场增长迅速，国内研学旅游出行人次与市场规模均出现快速增长，出行人次年复合增长率超过 34%，市场规模年复合增长率接近 60%。而目前我国研学旅游的学校渗透率仅 5% 左右，与发达国家如日本 98% 的学校渗透率相去甚远，发展潜力与空间巨大。据不完全统计，在未来 3～5 年里，研学旅游市场总体规模将超过千亿元。2014—2017 年国内游学和国际游学人数对比如图 1-3 所示，2015—2017 年研学旅游市场规模如图 1-4 所示。

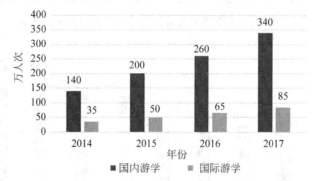

图 1-3　2014—2017 年国内游学和国际游学人数对比（单位：万人次）

（三）研学旅游在国内的发展阶段

1. 1.0 阶段：精英国培阶段

新中国成立初期，国家为了培养顶尖人才，开展具有奖励性质的公派游学，只有少数优

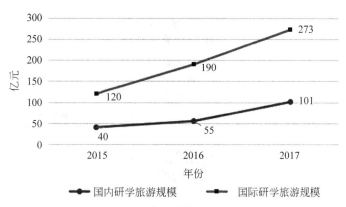

图1-4　2015—2017年研学旅游市场规模（单位：亿元）

秀大学生才能参加，属于精英国培型。

2. 2.0阶段：旅行阶段

20世纪90年代，大众旅游时代到来，以学校作为组织主体，全员参与型研学旅游活动开始兴起。目的地主要以区域内政府公建的自然景点、人文景点、历史景点为主，活动内容以重观光、轻教育，以游览、讲解模式的单向教育为主。

3. 3.0阶段：研学阶段

21世纪以来，研学旅游进入快速发展时期，学校、旅行社、培训机构与留学中介之间开始实现跨界融合。双向互动式教育模式兴起，更加注重学生的参与度。目的地的选择也呈现出多样化特点，开发主体逐渐由政府主导转向企业主导，地产商、教育集团、文旅企业开始发挥重要作用。

二、研学旅游目的地四类产品模式

在文化旅游业发展的大时代下，研学与科技旅游、文化旅游、乡村旅游及户外拓展等结合，呈现四类研学旅游目的地，成为文化旅游开发运营商发展研学旅游的重要产品选择，如图1-5所示。

（一）"研学旅游+科技"：科技研学旅游目的地

科技研学旅游目的地主要是通过VR/MR、3D/4D等高科技手段来静态展示或创造科技体验，来实现科技教育的目的地。科技研学旅游目的地主要包括展馆类、科研类和园区类。其中，展馆类旅游目的地主要以知识普及类博物馆、科技馆为主，具有占地面积较小、投资金额适中、内容灵活、复制性强等特点；科研类旅游目的地主要依托高科技企业、科研单位的实验室、生产工厂等，复制性弱；园区类旅游目的地则主要是动物园与植物园，科技含量相对较低，占地面积较大。科技研学产品圈如图1-6所示，国内外科技研学旅游目的地主要代表如表1-3所示。

图 1-5 研学旅游产品模式

图 1-6 科技研学产品圈

表 1-3 国内外科技研学旅游目的地主要代表

项 目 名 称	地点	开 发 主 体
微生物博物馆（Micropia Museum）	荷兰	—
图卢兹太空城（Cité de l'Espace）	图卢兹	—
梦东方·未来世界	河北燕郊	梦东方未来世界（三河）娱乐有限公司
中国酒泉卫星发射中心	甘肃酒泉	政府投资
远大科技研发研学基地	湖南长沙	远大科技集团
上海科技馆	上海	政府公建项目
东方科幻谷	贵州贵阳	贵州双龙航空港产业投资有限公司
中国海藻生物科技馆	山东青岛	青岛明月海藻集团

（二）"研学旅游+农业"：农旅研学旅游目的地

目前以农业为主题的研学旅游基地主要分为两种类型，一种是以现代化农业示范基地、农业研究院、农业示范园等为代表的农业研究型旅游基地；另一种是以农庄、田园综合体等为代表的田园体验型旅游基地。

1. 农业研究型

以参观游览、知识讲解为主要活动内容,通过直接观察现代农业的相关生产生活,进行农业知识科普教育。活动场所多以农业生产型基地为主,在生产种植的基础上,开展研学旅游。农业研究型研学旅游目的地的开发主要依赖于农业科研院所,大部分属于政府行为。农业研学项目如表 1-4 所示。

表 1-4　农业研学项目

项 目 名 称	地点	开 发 主 体
北京精准农业研究示范基地	北京	北京市农林科学院信息技术研究中心
恒大现代农业基地	湖北武汉	恒大集团
江门市现代农业综合示范基地	广东江门	政府投资
现代农业科技示范园	陕西杨凌	杨凌现代农业示范园区开发建设有限公司

2. 田园体验型

田园体验型研学旅游目的地是将生态农业与休闲观光相结合,让青少年亲身参与到农业生产活动中去,在实践中学习、在体验中游玩,在轻松愉快的氛围中完成农业知识科普教育。田园体验型研学旅游目的地的开发,多以旅游活动为主,农业种植为辅,除农业种植板块外,还设有农产品加工与交易、购物、游玩、手工、居住、餐饮、教育等功能。田园体验型农业研学旅游基地如表 1-5 所示。

表 1-5　田园体验型农业研学旅游基地

项 目 名 称	地点	开 发 主 体
田园东方	江苏无锡	无锡田园东方投资有限公司
多利农庄	四川成都	多利农庄
蓝城农庄小镇	浙江绍兴	蓝城集团
南和农业嘉年华	河北邢台	南和区政府与中国农业大学
青龙农业迪士尼	河北秦皇岛	青龙满族自治县腾飞投资有限责任公司
花漾星球太空农场	浙江台州	台州茂达受精科技有限公司
华腾猪舍里庄	浙江桐乡	华腾牧业

代表案例:南和农业嘉年华。

南和农业嘉年华位于河北邢台南和区,项目总占地 1446 亩,总投资 2.2 亿元,温室面积达 50000 多平方米,育有 1000 多个果熟品种,拥有 108 项先进农业技术。南和农业嘉年华是南和区政府与中国农业大学合作打造的农业经济综合体项目,由河北富硕农业科技发展有限公司运营。

项目包括以下六大核心部分。

(1)创意体验馆:温室 99 亩,有疏朗星空、畿南粮仓、本草华堂、童话果园、花样年华、同舟共冀六大主题子场馆。

（2）高新农业示范区：占地 1000 余亩的现代化农业科技示范基地，设有育苗工厂、缤纷果园、花溪苗园等。

（3）农业迪士尼乐园：占地 128 亩，围绕农事活动、宠物经济、花海游赏、职业体验、亲水活动、非动力游乐、特色美食等主题，将视、听、嗅、触觉设计融入娱乐活动，将主题化景观形态融入农业环境中。

（4）生态养生餐厅：占地面积 5044 平方米，可容纳 900 人次的就餐，提供药膳。

（5）农业采摘区：拥有多种不同季节的时令水果和蔬菜。

（6）花海景观区：100 亩大片花卉种植，不同季节次第开放。

开业至今，南和农业嘉年华携手周边邢台、邯郸等地的中小学幼儿园，组织开放式现场教学。目前已有 2 万多名中小学生和幼儿园孩子接受了农业基础知识的学习实践。

（三）"研学旅游+文化"：文化研学旅游目的地

我国历史悠久，文化资源丰富，各类文化类研学旅游目的地众多，每年参加文化类研学旅游活动的青少年学生数量处于领先地位。其中以传统文化类、红色文化类、民族文化类占据绝大多数。

1. 传统文化类

传统文化类研学旅游基地主要充分挖掘本地有价值、有特色的传统文化，集中在语言、文学、历史、思想等领域，具有较强的地域属性。一方面，由政府平台公司主导兴建，如曲阜孔庙、绍兴三味书屋等；另一方面，近年来发展较热的是由企业主导开发的、以传统文化为核心的研学小镇，如光合新兴产业集团潜心打造的帕兰研学小镇。传统文化类研学旅游基地如表 1-6 所示。

表 1-6　传统文化类研学旅游基地

项目名称	地点	开发主体
陕西历史博物馆	陕西西安	政府公建项目
曲阜孔庙	山东曲阜	政府公建项目
王懿荣纪念馆	山东烟台	政府公建项目
三味书屋—鲁迅故里	浙江绍兴	政府公建项目
帕兰研学小镇	山东临淄	光合新兴产业集团
古滇名城	云南昆明	昆明七彩公司
拈花湾	江苏无锡	灵山集团
良渚文化村	浙江杭州	万科

2. 红色文化类

以红色文化为主题的研学旅游活动是文化类研学旅游活动中的主要组成部分。我国红色文化教育基地大多集中在革命老区，通常属于公建类市政工程，由政府负责主导建设。红色文化类研学旅游基地如表 1-7 所示。

表 1-7　红色文化类研学旅游基地

项 目 名 称	地　点	开 发 主 体
卢沟桥中国人民抗日战争纪念馆	北京	政府公建项目
井冈山红色教育基地	井冈山	政府公建项目
南京大屠杀纪念馆	南京	政府公建项目
南湖革命纪念馆	嘉兴	政府公建项目

3. 民族文化类

我国少数民族众多，并且有着丰富的民族资源。能够开展多民族研学旅游教育的场所，主要以大型园区形式存在。园区除了可开展研学教育外，也是区域内地标性景区。园区内部一般设有民族博物馆、展览馆、少数民族村寨等项目，并且举办少数民族特色民俗与民间节日等节庆活动。民族文化类研学旅游基地如表1-8所示。

表 1-8　民族文化类研学旅游基地

项 目 名 称	地　　点	开 发 主 体
中国民俗文化村	深圳	深圳锦绣中华发展有限公司
云南民族村	昆明	云南民族村有限责任公司
中华民族园	北京	雷学金先生发起兴建
上海民族文化村	上海	上海园林（集团）公司

（四）"研学旅游+拓展"：营地研学旅游目的地

青少年拓展教育是一种户外体验式学习，通过室外拓展训练等活动，达到磨炼意志、增强自信、完善人格、团队协作等教育目的。青少年拓展基地以专业化的户外拓展营地为主，营地多建立在远离市中心的自然环境中。营地内除设有餐厅、宿舍等基本生活设施外，还配备拓展场、竞技场等训练设施，以及医务室等辅助保障设施。

在营地教育领域，万科已经走在了地产商的前列。万科不仅开发了松花湖营地、九龙湖国际户外营地、良渚假日营地等多个户外营地，还与亿通营地教育、启行营地教育、世纪明德等多家机构联合设立了中国营地教育联盟（CCEA），旨在促进中国营地教育行业永续发展。

（资料来源：http://www.sohu.com/a/241931179_494876）

问题：

1. "教育+研学旅游"产品的开发应当包含哪些方面的内容？
2. 如何做好研学旅游产品？

第二章

华南、华东、华中地区旅游产品开发

第二章　华南、华东、华中地区旅游产品开发

【学习目标】

通过本章的学习，熟悉华南、华东、华中地区旅游资源特色；熟悉该地区的主要旅游城市；掌握华南、华东、华中地区旅游产品开发技能。

【关键词】

旅游产品　华南　华东　华中　旅游线路

引导案例

文旅融合引领旅游产业再升级

美丽中国，毓秀山河；人文中华，一脉相承。2018 年，文化和旅游系统坚持"宜融则融、能融尽融"的总体思路，积极挖掘文化资源和旅游资源，文化和旅游融合发展已初步显现成效。2019 年 1 月 3 日至 4 日，2019 年全国文化和旅游厅局长会议在北京召开。会上对推进文化和旅游融合发展等重点工作进行了部署，提出按照"尊重规律、因地制宜、稳中求进、鼓励创新"的要求来推进这项大课题、新任务。随着文化和旅游领域供给侧结构性改革的持续推进，新时代文化和旅游融合发展道路将越走越宽广。

"读万卷书，行万里路。"人文资源是发展旅游的基础，旅游集物质消费与精神享受于一体，旅游与文化密不可分。2018 年，以文化和旅游部以及省级文化和旅游行政部门挂牌组建为标志，文化和旅游融合发展工作翻开了新的一页，从观念上达成广泛共识到促进融合的政策举措谋划、制定和落地，新时代文化和旅游融合发展正向纵深推进。"以文促旅、以旅彰文"让"文化+旅游"实现了"1+1>2"，给文化"加码"，更为旅游"赋能"。

2018 年 4 月 8 日，文化和旅游部正式挂牌，截至当年年底，省级文化和旅游行政部门机构改革阶段性任务基本完成。特别是为深入贯彻落实中央关于统筹推进文化事业、文化产业和旅游业发展的决策部署，文化和旅游部与各地坚持"宜融则融、能融尽融"的总体思路。对文化和旅游系统而言，挂牌组建新的机构实现了开好局、起好步，而且，推进文化和旅游融合发展的工作思路进一步明确，重点任务进一步明晰，具体政策举措正在制定。

2019 年全国文化和旅游厅局长会议在总结 2018 年工作时指出，文化和旅游融合发展已初步显现成效，在文旅融合背景下的旅游工作，成为各项业务工作中的突出亮点。会议对 2019 年九大工作任务进行部署的同时，重点分析了文化和旅游之间相辅相成、相互促进、相得益彰的关系，提出要着力推进理念融合、职能融合、产业融合、市场融合、服务融合、对外和对港澳台交流融合。各地围绕推动文化与旅游融合发展，进行了积极的谋划和探索。其中，山东、河南、江苏、广东、江西等地将旅游业作为一项动力产业来培育。江苏提出主动对接全域旅游示范市等全新创建项目；江西致力于把绿色生态、红色文化和地域特色等优势转化为旅游发展优势，充分激发旅游发展新动能；山东注重将旅游业作为综合性产业、基础产业，增强旅游的文化内涵，进一步助力旅游业实现更高质量的发展。

（资料来源：上海市文化与旅游局官网，http://lyw.sh.gov.cn/lyj_website/HTML/DefaultSite/lyj_ywzx_ywdt/2019-01-15/Detail_141171.htm）

> 思考：文化与旅游之间的关系是什么？
>
> 分析：文化是旅游的灵魂，旅游是文化的载体，二者相辅相成、互相促进。文旅融合给文化"加码"，更为旅游"赋能"，推动文化和旅游的深度融合、和合共生，进而实现"1+1>2"的效果。一方面，可以挖掘旅游资源的文化内涵，用文化养分滋养旅游，不断提升旅游品位，更好地满足个性化游客的需要，实现旅游产业做大做强和可持续发展；另一方面，让更多文化资源、文化要素转化为旅游产品，不断拓展旅游空间，进一步推动旅游特色化、优质化、效益化发展。

第一节　广东、广西旅游产品开发

一、区域旅游资源概况

广东，简称"粤"，省会广州。其名由岭南东道、广南东路演变而来，位于南岭以南，南海之滨，东邻福建，北接江西、湖南，西连广西，南临南海，珠江口东西两侧分别与香港、澳门特别行政区接壤，西南部雷州半岛隔琼州海峡与海南省相望，下辖21个地级市（其中2个副省级城市），122个县级行政区（包括65个市辖区、20个县级市、34个县、3个自治县）。广东珠三角9市联手港澳打造粤港澳大湾区，成为与纽约湾区、旧金山湾区、东京湾区并肩的世界四大湾区之一。

广西壮族自治区，简称"桂"，自治区首府南宁。广西位于中国华南地区，东连广东，南临北部湾并与海南隔海相望，西与云南毗邻，东北接湖南，西北靠贵州，西南与越南接壤，广西陆地面积23.76万平方千米，海域面积约4万平方千米。

（一）自然旅游资源

1. 广东自然旅游资源

广东地处中国大陆最南部，东西跨度约800千米，南北跨度约600千米，北回归线从"南澳—从化—封开"一线横贯广东。全省沿海共有面积500平方米以上的岛屿759个，数量仅次于浙江、福建两省，居全国第三位；全省大陆海岸线长4114千米，居全国首位。

广东省山脉大多与地质构造的走向一致，以北东—南西走向居多，如罗平山脉和莲花山脉。平原以珠江三角洲平原面积最大，潮汕平原次之。台地以"雷州半岛—电白—阳江"一带和"海丰—潮阳"一带分布较多。构成各类地貌的基岩岩石以花岗岩最为普遍，局部还有景色奇特的红色岩系地貌，如著名的丹霞山和金鸡岭等，丹霞山和湖光岩先后被评为世界地质公园。此外，沿海还拥有数量众多的优质沙滩以及位于雷州半岛西南岸的珊瑚礁。

广东省属于东亚季风区，从北向南分别为中亚热带、南亚热带和热带气候，是中国光、热和水资源最丰富的地区之一，年平均气温22.3℃。受地形的影响，在有利于水汽抬升形成降水的山地迎风坡，有恩平、海丰和清远3个多雨中心；在背风坡的罗定盆地、兴梅盆地和沿海的雷州半岛、潮汕平原，则属于少雨区。

广东自然旅游资源特色可总结为海岸线绵长，多温泉，地貌形体复杂。例如，丹霞山为丹霞地貌典型，肇庆七星岩岩溶地貌独特，汕头海蚀地貌奇特。

 案例 2-1

清远打好"温泉+旅游"组合牌

鼓声响起，水舞飞扬，一场水鼓舞开场秀拉开了"2018 清远温泉旅游文化节"的序幕，活动以"清泉润心·共鉴温情"为主题，旨在打造"中国温泉之城"品牌，提升清远温泉在市场的知名度与美誉度，吸引更多的游客前来体验清远的真山真水真温泉。

近年来，清远以创建国家和省级全域旅游示范区工作为抓手，积极推动全市旅游发展从"景点旅游"转向"全域旅游"模式，努力开拓旅游发展新局面，逐步形成了"闲情山水、亲情温泉、激情漂流、奇情溶洞、热情民族、浓情美食"六大特色旅游品牌。据统计，2017 年清远接待旅游总人数 3986.0 万人次，增长 14.1%；实现旅游总收入 314.5 亿元，增长 16.6%，其中温泉旅游接待人数接近 800 万人次。

在此次温泉旅游文化节的启动仪式上，清远市人民政府秘书长胡兴桂表示，一年一度的清远温泉旅游文化节在清远市委、市政府的高度重视下，品牌形象日趋成熟，品牌效应日益扩大。该节庆自 2007 年至今已举办 11 届，每届都有不一样的精彩，是康养、文化和旅游深度融合的有效载体，更是省内外旅游业交流合作的重要平台。他希望各温泉企业借温泉旅游文化节的强劲东风，进一步加快旅游资源的开发，特别是冬季旅游产品的开发，提升清远市旅游的品牌形象，为清远旅游的全面升级发展作出新的贡献。

清远是中国温泉之城，目前，清远共有 30 多家温泉景区和企业，含 6 家国家 4A 级景区，其中清远第一代品牌温泉清新温矿泉正在大规模升级改造中。一直以来，清远致力于打造温泉旅游名片，多地举办温泉旅游节庆，推动产业融合发展。2015 年，在英德奇洞温泉度假区举办网络温泉节；2016 年，在佛冈熹乐谷举办"魅力温泉之城，活力养生之都"温泉节；2017 年，在英德宝晶宫国际旅游度假区举办"水恋山俊，茶合泉意"温泉节……节庆效应为清远温泉旅游实现了造势与引流，同时也使其温泉品牌的效益日趋成熟，成为不少游客的旅游首选。

据悉，此次文化节主会场的美林湖温泉大酒店于 2012 年正式开业，是一座极具欧式风格的古堡酒店，以"意大利山城"为主题打造，其中，泉区共占地 2 万平方米，依山势起伏而建，园内绿树成荫，温泉池错落有致。意式文化体现在它的建筑风格、服务、餐饮等细节上，为其注入了不一样的风采。

事实上，美林湖温泉大酒店是清远温泉旅游挖掘文化基因的一个发展侧影。近几年，清远多地温泉景区或企业都积极开发文化元素与温泉旅游的融合，力求推动温泉旅游产业的差异化发展，形成百花齐放的特色温泉品牌。佛冈县森波拉火山温泉在羊角山原远古火山遗址的基础上复原了活火山喷发的情景，是广东首个以火山奇景为主题的温泉，被誉为"中国第五代主题温泉"的开创者。金龟泉生态度假村设置的是苏州园林建筑风格，让游客仿佛穿越到了《红楼梦》的大观园当中，是将中式古典美与温泉旅游进行融合的典型，也是清远"最苏式"的山水园林。

在英德宝晶宫国际旅游度假区中，天鹅湖温泉度假酒店是以"茶语温泉"命名的泉池区，是广东首个以"茶"文化为主题打造的温泉区。它拥有近40个功效各异、独具特色的温泉池，将茶与温泉两者结合，调制出英红九号池、禅茶一味池、大叶青茶池、金毫SPA池等温泉池。景观以英德独有的英石和百年老茶树巧妙间隔，游客可以呼吸大自然的气息与茶树的清香，品尝甘醇的清茶和人生况味，感受茶道的修身养性之美。

英德奇洞温泉度假区位于英德望埠镇，是广东省内首家以自然溶洞生态景观为主题的温泉度假酒店。温泉与溶洞完美结合，钟乳石和石笋造型奇特、形态各异地悬挂洞顶，别具风貌。

（资料来源：http://www.gdta.gov.cn/info-function.html?id=43264&code=dsdt&type=dsdt&tag=gzdt）

思考： 清远的"温泉+旅游"发展具有哪些借鉴意义？

分析： 以节促旅打造特色温泉品牌；注入文化力推差异化发展。

2. 广西自然旅游资源

广西的地形特征是山岭连绵、岩溶广布；平原狭小、丘陵错综，素有"八山一水一分田"之说。地处中国地势第二台阶中的云贵高原东南边缘，两广丘陵西部，南临北部湾海面。西北高、东南低，呈西北向东南倾斜状。山岭连绵、山体庞大、岭谷相间，四周多被山地、高原环绕，中部和南部多丘陵平地，呈盆地状，有"广西盆地"之称。

广西海拔高于1500米的山峰有数十座，大多山体雄伟，气势磅礴，林木葱郁，景色优美，动植物资源丰富，适于科学考察和远足攀登，如猫儿山、大瑶山、大明山、元宝山等。

广西境内喀斯特地貌广布，集中连片分布于桂西南、桂西北、桂中和桂东北，约占土地总面积的37.8%，发育类型之多实为世界少见。而广西的峰林是发育完美的热带岩溶地貌的典型代表。它们平地拔起，气势超群，造型奇特。形态最典型、风景最秀美的是桂林、阳朔一带的石灰岩峰林，曾被明代旅行家徐霞客誉为"碧莲玉笋世界"。此外，在桂东北、桂中、桂东南、桂西等地也随处可见石灰岩峰林。

广西河流众多，清澈娟秀，在地域上多与奇峰相配，形成一派山环水绕、山水相依的秀丽景色。除举世闻名的漓江外，景色优美的还有融水的贝江、资源的资江、宜州的下枧河、大新的黑水河、崇左的左江、宁明的明江等。

广西的自然旅游资源非常丰富而且极具品位，较知名的自然旅游资源有"山水甲天下"的桂林、号称"中国第一滩"的北海银滩、富有南国情调的边关览胜、被誉为亚洲第一大跨国瀑布的德天瀑布、国家5A级景区的漓江风景区等。

(二) 人文旅游资源

1. 广东人文旅游资源

广东文化源远流长，是岭南文化的主体，在中华民族文化的发展史上居于重要地位，起着重要作用，是中华民族灿烂文化中最具特色和活力的地域文化之一。岭南文化由本根文化（即语言认同文化）、百越文化（即固有的本土文化）、中原文化（即南迁的中原汉文化）、海外文化（即舶来的域外文化）四部分组成，其内涵丰富多彩。具体而言，涵盖了岭南建筑、岭南园林、岭南画派、戏曲音乐、工艺美术、民俗节庆、宗教文化、饮食文化、语言文化、侨乡文化等众多内容。从地域上，又分为广府文化、广东客家文化和潮汕文化。

岭南园林是中国传统造园艺术的三大流派之一，在现代园林的创新和发展上，更有举足轻重的作用。岭南园林的独特风格是求实兼蓄，精巧秀丽。佛山市顺德区的清晖园、佛山市禅城区的梁园、番禺的余荫山房和东莞的可园四座古典园林并称为"岭南四大园林"，也可以称为"广东四大园林"或"粤中四大园林"。

广府民系的工艺美术，品类繁多。其工艺精品有肇庆端砚；广州的象牙雕刻、玉器、红木家具、积金彩瓷、朱义盛首饰和广绣等；佛山陶瓷、木版年画、剪纸、金银铜锡箔、染色纸、南狮狮头、彩扎灯色；新会葵扇；东莞和南海烟花爆竹以及各地在建筑装饰中的木雕、泥塑、灰塑、砖雕等，其中以端砚、粤绣、雕刻、陶瓷最具特色；潮汕有潮州木雕、潮绣、潮汕抽纱、潮州工艺瓷等工艺精品。其他还有雷州换鼓、雷州石狗等。

广东地方风味菜——粤菜，是中国的八大菜系之一，由广州菜（也称"广府菜"）、潮州菜（也称"潮汕菜"）、东江菜（也称"客家菜"）三种地方风味组成。广东的粤剧、潮剧属于中国的十大地方剧种。广东的民俗庆典活动也非常丰富，包括南狮、佛山行通济、广州广府庙会、佛山秋色、潮州大锣鼓、英歌、烧塔、烧龙、飘色、粤西年例、佛山北帝诞庙会、广州波罗诞庙会、盘古王民俗文化节、傩舞等。

拓展阅读 2-1

广东 13 处全国红色旅游经典景区

（1）广州市红色旅游系列景区（毛泽东同志主办农民运动讲习所旧址，广州起义纪念馆和烈士陵园）。

（2）梅州市梅县区叶剑英纪念馆。

（3）惠州市惠阳区叶挺纪念馆。

（4）深圳市博物馆（新馆）及莲花山公园。

（5）汕尾市海丰县红宫红场旧址、彭湃故居。

（6）中山市孙中山故居和纪念馆。

（7）广州市三元里人民抗英斗争纪念馆。

（8）广州市黄花岗七十二烈士墓。

（9）广州市黄埔陆军军官学校旧址。

> （10）东莞市鸦片战争博物馆。
> （11）梅州市大埔县"八一"起义军三河坝战役纪念园。
> （12）韶关南雄市梅关古道景区。
> （13）河源市兴龙县中央苏区苏维埃政府旧址及兵工厂旧址。
> （资料来源：http://www.gdta.gov.cn/ggfw-list.html?code=lyjd&tag=ggfw-lyml&type=lyjd）

2. 广西人文旅游资源

广西历史悠久，古人类、古建筑、古文化遗址、古水利工程、石刻、墓葬等古文物及革命斗争纪念遗址众多。比较著名的有年代久远的柳州白莲洞、桂林的甑皮岩、南宁豹子头等古人类遗址，兴安灵渠等古水利工程，宁明花山壁画，著名的古建筑有桂林王城、容县真武阁、柳州柳侯祠、兴安严关、恭城的文庙、合浦的大士阁等。近现代的一些革命活动纪念地，如太平天国的发祥地——桂平金田村、百色红七军军部、龙州红八军军部旧址、钦州刘永福故居、李宗仁故居、抗战时期的八路军驻桂林办事处等，也都非常具有考察、参观和瞻仰的价值。

广西世代居住着壮、汉、瑶、苗、侗等12个民族。壮族是我国55个少数民族中人口最多的民族，而广西是全国壮族人口最多的地区。此外，广西还是全国瑶族人口最多的地区。各民族的语言、服饰、建筑物、生活习惯、风土人情、喜庆节日、民间艺术、工艺特产、烹调技术等，构成了广西多姿多彩的民族风情，为民族风情观光旅游提供了良好的条件。如壮族的三月三歌节、瑶族的达努节和盘王节、苗族的踩花山、仫佬族的走坡节、侗族的花炮节，以及别有风味的打油茶等，都充满着浓郁的民族风情。

二、主要旅游城市介绍

（一）广东主要旅游城市

1. 广州

广州，简称"穗"，别称"羊城""花城"，广东省省会，国家历史文化名城，国家重要的中心城市、国际商贸中心、综合交通枢纽，也是华南区域性的金融、贸易、经济、航运、物流、文化和科技中心。近年来，广州荣膺"国际花园城市""中国优秀旅游城市"等称号，还荣获"联合国改善人居环境最佳范例奖"和"中国人居环境范例奖"等奖项。

广州自秦汉至明清2000多年间，一直是中国对外贸易的重要港口城市。汉武帝时期，中国船队从广州出发，远航至东南亚和南亚诸国通商贸易，东汉时期航线远达波斯湾。唐代时期，广州发展成为世界著名的东方大港，是当时世界最长的海路航线"广州通海夷道"的起点，中央王朝曾委派专门管理对外贸易的官员市舶使于广州。宋代，在广州首设全国第一个管理外贸机构市舶司。明清时期，广州是特殊开放的口岸，在一段较长时间里是全国唯一的对外贸易港口城市。

广州是具有光荣革命传统的英雄城市。在近代史上，有三元里人民反抗帝国主义侵略的抗英斗争、孙中山领导的反对封建统治的"三·二九"起义（又称黄花岗起义）、中国共产党领导的广州起义。因此，广州既是中国资产阶级民主革命的策源地，又是无产阶级政党领导人民群众进行革命斗争的英雄城市。

广州旅游资源丰富，其中以花城广场、广州塔、白云山、长隆旅游度假区、珠江夜游、陈家祠、宝墨园、沙面、圣心大教堂、岭南印象园、沙湾古镇、越秀公园、南越王博物馆、中山纪念堂、黄埔军校、南沙湿地公园、海珠湖国家湿地公园、从化温泉等景点最为盛名。"塔耀新城""珠水流光""云山叠翠""越秀风华""古祠流芳""荔湾胜景""科城锦绣""湿地唱晚"并称为"羊城新八景"。

 案例 2-2

2019"广州过年 花城看花"春节旅游推广

2018年11月下旬开始，由中共广州市委宣传部指导，广州市旅游局主办的2019"广州过年 花城看花"春节旅游主题宣传推广活动，分别在长沙、福州、北京、青岛、太原、沈阳、长春、上海、南京等城市举行。

推广活动围绕"花城广州 幸福之旅"主题内容进行了精心布置，以图片、文字、粤剧表演、美食制作品尝、特色景区和旅游商品及岭南非遗展示等方式，向嘉宾们呈现了独特的岭南文化，展现了广州春节过年的绚丽多姿。活动现场还精心制作了极具视觉冲击力的视频来展示广州的人文历史、城市文化、美食美景和广式春节特色等。穿插于视频环节的节目表演极具岭南魅力，粤剧大秀与现代街舞的碰撞，展现了广州创意活力与创新的一面。"食在广州"声名远播，活动现场还有鸡仔饼、老婆饼等广州特色糕点和休闲食品供现场观众品尝。

此外，推介活动还宣传推介了广州的丰富旅游资源等。广州市旅游局向各地市民发出诚挚邀请：广州的新年有万紫千红的迎春花市，有岭南韵味浓郁的广府庙会，有享誉世界的美味佳肴。欢迎来广州过年，到花城逛花街、赏美景、品美食、坐邮轮，在温暖的艳阳天里，在姹紫嫣红的鲜花中，和家人一起缓缓而行，感受岭南文化的别样风味，感受"花城广州"的别样精彩，过一个花样的幸福年！

（资料来源：http://www.gdta.gov.cn/info-function.html?id=43208&code=dsdt&type=dsdt&tag=gzdt）

思考："广州过年 花城看花"春节旅游产品开发突出哪些特色？

分析：依托广州"迎春花市""广府庙会""食在广州"等特色吸引游客。

---

2. 深圳

深圳，简称"深"，别称"鹏城"，广东省省辖市、计划单列市、副省级市、国家区域中心城市、超大城市，国务院定位的全国经济中心城市和国际化城市、国家创新型城市、国际科技产业创新中心、全球海洋中心城市、国际性综合交通枢纽，中国三大全国性金融中心之一。

深圳是中国设立的第一个经济特区，是中国改革开放的窗口和新兴移民城市。如今，深圳已发展成为有一定影响力的现代化、国际化大都市，创造了举世瞩目的"深圳速度"，享有"设计之都""时尚之城""创客之城""志愿者之城"等美誉。

深圳市内著名景点有世界之窗、欢乐谷、深圳红树林、东部华侨城、莲花山、梧桐山、大小梅沙、仙湖植物园、东门老街、大鹏湾、中英街、欢乐海岸、大鹏所城等。而"大鹏所城""莲山春早""侨城锦绣""深南溢彩""梧桐烟云""梅沙踏浪""一街两制"和"羊台叠翠"，共同组成了新的"深圳八景"。

3. 珠海

珠海，中国最早实行对外开放的经济特区之一。作为珠江口西岸的核心城市，珠海东与香港隔海相望，南与澳门相连，西邻江门市新会区、台山市，北与中山市接壤，是珠三角中海洋面积最大、岛屿最多、海岸线最长的城市，146个海岛星罗棋布在漫长的海岸线上，为珠海赢得了"百岛之市"的美誉。作为珠三角独树一帜的新型花园城市，珠海是国家新颁布的"幸福之城"，是全国唯一以整体城市景观入选"中国旅游胜地四十佳"的城市，其海洋水清沙细、风光旖旎；陆地峰峦重叠、石奇洞秀，海与山相辅相成，将"幸福之城"诠释得惟妙惟肖。"青山碧海市中园，四季花香鸟语喧"，一句画龙点睛之颂词，让珠海这个滨海城市的独特风情生动地呈现出来。

珠海陆地峰峦重叠，河网纵横，山川形胜，石奇洞秀，对于发展海滩旅游、海岛旅游和山岩旅游具有得天独厚的资源优势。圆明新园、东澳岛（丽岛银滩）、唐家共乐园（鹅岭共乐）、珠海渔女（渔女香湾）、梅溪牌坊（梅溪寻芳）、农科中心（农科观奇）、飞沙滩（飞沙叠浪）、珠海烈士陵园（狮山浩气）、黄杨山景区（黄杨金台）、淇澳岛（淇澳访古）十个景点，并称为"珠海十景"。此外，珠海长隆国际海洋度假区、珠海海泉湾度假区、情侣路、珠海梦幻水城、珠海国际赛车场等也是珠海的特色旅游景观。

4. 惠州

惠州，背靠罗浮山，南临大亚湾，境内东江蜿蜒100多千米，属珠江三角洲、粤港澳大湾区东岸。惠州毗邻深圳，北连河源市、韶关市，东接汕尾市，西邻东莞市和广州市，是珠江三角洲中心城市之一。作为国家历史文化名城，惠州在隋唐时期已是"粤东重镇"，一直是东江流域政治、经济、军事、文化中心和商品集散地，素有"岭南名郡""粤东门户""半城山色半城湖"之美誉。惠州还是客家人的重要聚居地和集散地之一。

惠州主要景观有罗浮山风景名胜区、朱明洞景区、惠州西湖、南昆山生态旅游区、南昆山温泉大观园、龙门铁泉、尚天然国际温泉小镇、惠州海滨温泉旅游度假区、永记生态园、巽寮滨海旅游区、香溪堡旅游区、冠和博物馆、惠东港口海龟国家级自然保护区、象头山国家级自然保护区、白盆湖国家生态风景区、惠州古田自然保护区、惠东莲花山自然保护区等。

5. 韶关

韶关地处广东省北部，北江上游，浈江、武江、北江三水交汇处，东南面、南面和西面分别与本省河源、惠州、广州及清远等市接壤，北与湖南省、江西省交界，素有"三省通衢"

之称。韶关是"马坝人"故乡，石峡文化发祥地，在历史上被誉为"岭南名郡"。

韶关是中国优秀旅游城市，也是广东省旅游资源最丰富、旅游文化品位较高的地区之一。丹霞山、南华禅寺、珠玑巷、马坝人遗址、梅关古道、广东大峡谷、满堂客家大围、南岭国家自然保护区等，都是韶关的知名旅游景观。

6. 清远

清远，南接广州，北界湖南，东连韶关，西邻广西，是一个三省通衢的重地，更是连接珠三角核心区与内陆城市、南融北拓的桥头堡；是广东省地域面积最大的地级市、广东省少数民族的主要聚居地，也是中国优秀旅游城市、中国漂流之乡、中国温泉之城。

清远以山地丘陵为主，大龙山、瑶山、云开大山与北江、连江、滃江、湟江在这里交汇，从而孕育出雄奇险陵的高山峡谷、松涛如海的原始森林、纯如深闺的湖泊温泉，以及豪放古朴的瑶、壮民族风情。清远的主要景观有飞霞风景名胜区、广东第一峰、清新温矿泉、宝晶宫、英西奇特峰林、连州地下河、湟川三峡、三排瑶寨、大旭山瀑布群，新兴的以"唐风禅韵"为主体的御金街少林禅院和凤凰台等。清远漂流、四驱越野车节塑造了"山水清远，活力之乡"旅游的整体形象。清远旅游发展着力打造清新生态、飞霞风景名胜区、英西奇特峰林、英佛湖光山色、连阳民族风情"五条热线"和温泉休闲、漂流感受、山水风光、溶洞奇观、民族风情"五大品牌"。

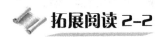

拓展阅读 2-2

广东有 8 个国家级历史文化名城和 12 个国家 5A 级旅游景区

1. 广东的国家级历史文化名城

（1）广州：广府文化兴盛地之一，"海上丝绸之路"的起点之一。

（2）潮州：潮州文化的重要发源地。

（3）肇庆：岭南文化的发源地。

（4）佛山：南派武术之乡。

（5）梅州：千年古邑世界客都。

（6）雷州：石狗雷神之乡。

（7）中山：古色古香的广东香山。

（8）惠州：半城山色半城湖。

2. 广东的国家 5A 级旅游景区

（1）广州市长隆旅游度假区（2007 年，国家景评委）。

（2）深圳市华侨城旅游度假区（2007 年，国家景评委）。

（3）广州市白云山风景名胜区（2011 年，国家景评委）。

（4）韶关市丹霞山风景名胜区（2011 年，国家景评委）。

（5）深圳市观澜湖休闲度假区（2011 年，国家景评委）。

（6）梅州市雁南飞茶田旅游度假区（2011 年，国家景评委）。

(7) 清远市连州地下河（2011年，国家景评委）。
(8) 佛山市西樵山风景名胜区（2012年，国家景评委）。
(9) 惠州市罗浮山风景名胜区（2013年，国家景评委）。
(10) 佛山市长鹿旅游休博园（2014年，国家景评委）。
(11) 阳江市海陵岛大角湾海上丝路旅游区（2001年4A，2015年5A，国家景评委）。
(12) 中山市孙中山故里旅游区（2001年4A，2016年5A，国家景评委）。

（资料来源：http://gd.qq.com/a/20180219/006769.htm; http://www.gdta.gov.cn/ggfw-desc.html?id=40848&type=lyjd&code=lyjd&tag=ggfw-lyml）

（二）广西主要旅游城市

1. 桂林

桂林昔称"八桂""桂州"，是首批国家历史文化名城，是华夏文明重要发祥地之一，桂林因桂树繁多、桂花成林而得名。桂林是具有万年历史的人类智慧胜地，是目前世界上唯一具有三处万年古陶遗址（甑皮岩、大岩、庙岩）的城市，桂林甑皮岩发现的"陶雏器"填补了世界陶器起源的空白点，是桂林向世界展现中华民族"万年智慧"的历史文化名片。桂林还拥有世界自然遗产桂林山水、世界灌溉遗产灵渠两大世界遗产。

桂林北接湖南，西南连柳州，东邻贺州，属山地丘陵地区及典型喀斯特岩溶地貌，遍布全市的石灰岩经亿万年风化侵蚀，形成千峰环立、一水抱城、洞奇石美的独特景观。桂林是世界著名的风景游览城市、国家对外开放重要的国际旅游城市、国际性旅游航运枢纽、全国健康旅游示范基地、国务院批复确定的国际旅游胜地、联合国世界旅游组织/亚太旅游协会旅游趋势与展望国际论坛永久举办地。

桂林漓江景区、桂林乐满地休闲世界、桂林独秀峰王城景区、桂林两江四湖·象山景区、甑皮岩洞穴遗址，与古运河、都江堰并称"中国古代三大著名水利工程"的兴安灵渠，中国规模最大、保存最完好的明靖江王府和靖江王墓群，中国四大孔庙之一的恭城文庙，集历代摩崖石刻之大成的桂海碑林，历史悠久、具有"楚南第一名刹"的全州湘山寺，近代的八路军办事处、李宗仁故居等，都是桂林的重要旅游景观。

2. 北海

北海是古代"海上丝绸之路"的重要始发港，是国家历史文化名城、广西北部湾经济区重要组成城市。北海区位优势突出，地处华南经济圈、西南经济圈和东盟经济圈的结合部，处于泛北部湾经济合作区域结合部的中心位置，是中国西部地区唯一列入全国首批14个进一步对外开放的沿海城市，也是中国西部唯一同时拥有深水海港、全天候机场、高速铁路和高速公路的城市。

北海拥有银滩国家旅游度假区、涠洲岛鳄鱼山景区、北海老城景区、金海湾红树林生态旅游区、北海园博园、北海汉闾文化园、海底世界、海洋之窗、嘉和·冠山海、星岛湖旅游度假区、"世外桃源"斜阳岛、冠头岭国家森林公园、山口国家级红树林自然保护区、儒艮（美人鱼）国家自然保护区等一批旅游景点、景区。

3. 南宁

南宁，简称"邕"，广西壮族自治区首府。南宁位于广西南部，地处亚热带、北回归线以南，中国华南、西南和东南亚经济圈的结合部，是泛北部湾经济合作、大湄公河次区域合作、泛珠三角合作等多区域合作的交汇点。

南宁的旅游景观有青秀山风景区、伊岭岩风景区、大明山风景区、嘉和城温泉谷、九曲湾温泉度假村、南宁市动物园、广西药用植物园、南宁八桂田园、民歌湖、南宁乡村大世界、南宁花花大世界、九龙瀑布群国家森林公园、良凤江国家森林公园、金莲湖景区、龙虎山风景名胜区、广西民族博物馆、广西壮族自治区博物馆、南宁博物馆、广西自然博物馆、广西地质博物馆等。

4. 柳州

柳州，简称"柳"，别称"壶城""龙城"，国家历史文化名城。"柳州奇石甲天下"，被誉为"中华石都"。柳州市区青山环绕，水抱城流，描绘出"百里柳江，百里画廊"的景色，有着"山清水秀地干净""世界第一天然大盆景"的美誉。以柳州为圆心的 250 千米半径范围内，集中了广西80%以上的4A级旅游风景区，与毗邻的桂林市共同构成享誉世界的大桂林旅游风景区。

柳州是广西拥有国家级 A 级景区第二多的城市，旅游人口及收入位列广西第三位，是区内重要的旅游目的地，市区内有众多优质旅游资源，拥有两个国家级重点公园景区柳侯公园和大龙潭风景区。此外，百里柳江景区、东门城楼、鱼峰山景区、柳州博物馆、柳州工业博物馆、柳州军事博物馆、柳州奇石馆、三门江国家森林公园、石门仙湖景区、贝江风景区、双龙沟景区、三江大侗寨景区、三江程阳风雨桥、丹洲古镇、中渡古镇等，都是其主要旅游景观。

三、旅游线路产品开发

（一）广东旅游产品开发总体思路

加强"活力广东·心悦之旅"旅游形象建设，整合资源，以"岭南文化、活力商都、黄金海岸、美食天堂"为支撑，以暖冬、乡村、滨海、美食、亲子、历史文化、游学、商务会展等为载体，塑造"活力广东·心悦之旅"新形象，不断地丰富广东旅游形象内涵。

针对国内和入境客源市场需求，突出广东旅游特色，强化沿线互补性旅游产品组合，重点开发七大主题鲜明的旅游精品线路。

(1) 世界遗产游：韶关（丹霞山、南华寺）—广州（黄埔古港）—江门（开平碉楼、赤坎古镇）—阳江（南海一号）。

(2) 广深珠现代都市游：广州（珠江夜游、广州塔）—深圳（太子湾、东部华侨城）—珠海（横琴长隆海洋度假区、珠海大剧院）。

(3) 潮汕文化美食游：潮州（广济桥、潮州古城）—汕头（南澳岛、陈慈黉故居）—揭阳（阳美玉都、黄满寨瀑布群）—汕尾（红海湾、玄武山）。

(4) 客家风情游：梅州（雁南飞、客天下、大埔围屋）—河源（万绿湖、巴伐利亚庄园）—

惠州（南昆山、罗浮山）。

（5）海丝文化游：江门（上下川岛）—阳江（海陵岛）—茂名（浪漫海岸、放鸡岛、冼太故里）—湛江（五岛一湾、徐闻古港）。

（6）岭南山水游：韶关（丹霞山、广东大峡谷、南岭国家森林公园）—清远（北江三峡、连州地下河、连南千年瑶寨）—肇庆（七星岩、鼎湖山）。

（7）禅宗文化游：云浮（国恩寺）—肇庆（六祖寺、庆云寺）—广州（光孝寺、六榕寺）—韶关（南华寺、云门寺）。

（二）广西旅游产品开发总体思路

1. 桂林山水文化体验游

主要线路：龙胜—桂林—阳朔—荔浦—蒙山—昭平—贺州。依托桂林国际旅游城市，推进桂林国际旅游胜地建设，整合桂林市、贺州市以及梧州市部分区域的旅游资源，突出山水生态特色，进一步完善接待服务设施和旅游公共服务体系，重点针对团队游客和自驾车游客，推广桂林山水精华游线路。

2. 北部湾休闲度假跨国游

主要线路：北海—钦州—防城港—东兴—越南下龙。结合"一带一路"国家倡议，抓住北部湾经济区强势崛起的历史机遇，推动北海、钦州、防城港特色旅游城市建设。突出北部湾滨海特色，通过海陆联动、中越联动，大力发展滨海休闲、避寒养生、海岛度假等特色海洋旅游产品，打造精品旅游线路。

3. 巴马长寿养生休闲游

主要线路：南宁—田阳—百色—巴马—凤山—东兰—河池—都安—大化—南宁。结合巴马长寿养生国际旅游区建设，整合以巴马为中心的盘阳河流域旅游资源，突出长寿养生主题，加强中医药、民族医药文化与养老养生旅游的融合开发，打造"世界长寿之乡"休闲养生游精品旅游线路。

4. 中越边关风情游

主要线路：南宁—防城港—东兴—爱店—宁明—凭祥—龙州—大新—龙邦—靖西—百色。依托优美的边境山水风光、神秘的边关风情和跨国特色，以中越边境公路为纽带，发挥南宁市旅游集散作用，整合区域旅游资源，突出跨国风情、南疆河山、骆越文化、特色边贸、红色爱国等资源要素，完善旅游接待服务设施和旅游公共服务体系，重点针对团队游客和自驾车游客，推广中越边关国家风景道精品旅游线路。

5. 桂西北少数民族风情游

主要线路：柳州—宜州—罗城—融水—三江—龙胜—临桂—桂林。整合少数民族风情旅游资源，突出民族风情特色，结合民族地区优美的自然山水风光，以壮、苗、瑶、侗、仫佬等多彩民族风情特色为主题，加强民族文化保护与旅游开发，完善接待服务设施和旅游公共服务体系，推广少数民族风情游精品旅游线路。

6. 左右江红色之旅

主要线路：东兴—爱店—凭祥—龙州—崇左—靖西—田东—百色—巴马—东兰。发挥

"百色起义""东兰起义"和"胡志明小道"的品牌效应，以百色市、崇左市为重点，整合巴马、东兰、东兴等周边地区红色资源，打造左右江红色之旅品牌线路。

7. 环大瑶山历史文化生态游

主要线路：柳州—鹿寨—金秀—蒙山—桂平—来宾—柳州。以大瑶山为中心，突出桂中自然生态和民族文化特色，加强自然山水资源的保护和开发，挖掘民族文化资源内涵，推广桂中生态和文化游精品线路。

8. 桂东岭南风光及文化之旅

主要线路：南宁—贵港—玉林—梧州—贺州—桂林。以梧州、贺州和玉林为重点，突出岭南文化寻根、客家文化怀古、美食文化体验等特色，完善接待服务设施和旅游公共服务体系，推广岭南文化西江风情游线路。

9. 海上丝路邮轮游

主要线路：北海、防城港—越南—柬埔寨—泰国—马来西亚—新加坡—印度尼西亚—文莱—菲律宾—香港—三亚—北海、防城港。结合"一带一路"国家倡议，推动广西与泛北部湾地区各国旅游线路对接，打造以海上跨国邮轮度假旅游为主体的"21世纪海上丝绸之路"国际精品旅游线路。

（三）旅游线路产品实例

1. 广东旅游线路产品实例

1）产品名称

广东生态·民族风情两日游

2）行程特色

（1）入住第一峰天泉度假村，浸泡南岭下真泉真意。

（2）行走天泉温泉绿色栈道，置身天然森林大氧吧。

（3）观赏瑶族舞蹈载歌载舞，品味真情淳朴瑶乡情。

（4）参与一年一度开耕盛典，体验瑶族踏青农耕文化。

3）行程安排

第1天：广州—第一峰度假区—篝火晚会—入住天泉大酒店

8:00，广州东站汽车客运站一楼游客服务中心集中出发，乘车前往阳山（车程约3小时），抵达阳山县城后先安排午餐，后前往第一峰度假区（车程约1小时），游览第一峰天泉瀑布（游览约1.5小时）。晚餐在天泉餐厅内用。晚餐后观赏露天篝火晚会欣赏瑶族风情舞蹈（游览约30分钟，视天气情况而定，如果下雨改为餐厅室内进行），然后客人可自由浸泡温泉。当晚入住第一峰度假区内天泉大酒店。

第2天：连南千年瑶寨—回程

早餐后，乘车前往连南千年瑶寨游览（车程约2小时，游览约2小时），当天午餐由客人自行安排，约13:00回程，送回广州越秀公园地铁站，结束愉快行程。

"开耕节"盛典活动内容：古老祭祀仪式、原生态歌舞、排瑶婚俗、过九州民俗、瑶族长桌宴、耍猴表演、踏春赏樱、体验原始农耕。

千年瑶寨被誉为"中国瑶族第一寨",建于宋代,已有 1000 多年的历史,古寨占地 160 亩,有近 700 间古民宅。古寨依坡而建,房屋层层叠叠,一律是外墙用青砖、内用木质的结构。连南瑶族自治县南岗千年瑶寨,是目前全国规模最大、最古老、极具特色的瑶寨。

4)费用说明

(1)费用已含:旅游观光汽车费用、住宿费、餐费、包价项目景点(区)的第一道门票费以及导游服务费(导游服务费标准为 500 元/团)。

(2)儿童收费:此收费包括车位和餐费(不包含景点费用),由于各景点对儿童门票收费的身高标准规定不同,其景点门票费用由客人按各景点的收费标准自行购买。

(3)婴儿收费:2 岁以下执行婴儿收费标准,此收费仅包括车位费,其余全不包。

5)行程标准

(1)本团 20 人成团。

(2)住宿:入住天泉大酒店双人标间/三人房,每个成人 1 个床位。

(3)用餐:含 2 正餐和 1 早餐,早餐 15 元/成人,正餐 30 元/成人(儿童餐费一样);餐饮风味、用餐条件各地有一定的差异,请大家有所心理准备。

(4)用车:全程地接用车将根据团队人数安排 9~55 座旅游空调车,保证每人 1 个正座。

(资料来源:广之旅官网,http://www.gzl.com.cn/around/402880225458144d01547ac93c3d76c0.html)

2.广西旅游线路产品实例

1)产品名称

桂林、阳朔、兴坪漓江、遇龙河漂流、动车 4 天游

2)行程特色

(1)碧波双重奏:8 人竹筏游览遇龙河,兴坪船游漓江,赏山青、水碧、竹翠、桥奇、村巧的桂林山水风光。

(2)乐享视觉宴:观赏张艺谋执导的山水实景演出《印象·刘三姐》,跟随光影走进传奇桂林的前世今生。

(3)探秘聚龙潭,观溶岩地貌的鬼斧神工,赏石芽、钟乳、瀑布、落水洞、地下河构筑的地下王宫。游天籁·蝴蝶泉,俯瞰阳朔田园风光,寻踪蝶舞纷飞的生态美景。游图腾古道,解密烟雨峰峦中千古之谜。

(4)游桂林地标象鼻山,访六百年前古韵的靖江王府,体验古代科举考试制度,变身状元郎。

(5)品尝阳朔啤酒鱼宴、桂林米粉宴,感受地道广西风味。

3)行程安排

第 1 天:广州—桂林—阳朔—兴坪漓江—《印象·刘三姐》—西街

广州乘动车(车程约 2.5 小时)前往素有"山水甲天下"之称的桂林。抵达后前往阳朔

（车程约 1 小时），乘船游览兴坪漓江（游览约 2 小时），后观看张艺谋执导的山水实景演出《印象·刘三姐》（表演约 70 分钟），后自由漫步有"洋人街"之称的西街。

第 2 天：图腾古道—蝴蝶泉—聚龙潭—遇龙河漂流

早餐后乘车前往游览图腾古道（游览约 90 分钟），后前往游览天籁蝴蝶泉（游览约 60 分钟），中餐享用啤酒鱼，后乘车前往聚龙潭（游览约 60 分钟），后乘 8 人竹筏游览遇龙河漂流（约 40 分钟），后返回酒店休息。

第 3 天：阳朔—桂林—靖江王府

早餐后，乘车返回桂林（车程约 1.5 小时），抵达后前往游览靖江王府（游览约 2 小时），晚餐享用米粉宴，后入住酒店休息。

第 4 天：象山景区—桂林—广州

早餐后，前往游览桂林市城徽——象山景区（游览约 50 分钟），后乘动车（约 2.5 小时）返回广州，结束愉快行程。

4）费用说明

（1）费用已含：旅行社代订动车票等城市间交通费用、旅游观光汽车费用、住宿费、餐费、包价项目景点（区）的第一道门票费、导游服务费（导游服务费含全陪/地陪，标准为 12 周岁及以上人士 40 元/人，儿童 20 元/人，婴儿免收）。

（2）儿童收费：2～11 周岁的执行儿童收费标准，此收费提供车位、餐位及景点第一道门票半票（若超过身高标准要求，请在当地自行补足门票、环保车及缆车等景区内交通差价），不提供住宿床位。

儿童标准收费的游客不含动车票，没座位，超高者由家长在车上现补票，身高 1.2 米以下的儿童免票（不占座位，1 个家长带 1 个儿童），身高 1.2～1.5 米的儿童如需占座，请于前台补二等座半票 250 元/往返（含手续费及服务费），身高 1.5 米以上的儿童如需占座，请于前台补二等座全票 400 元/往返（含手续费及服务费）。

（3）婴儿收费：2 周岁以下（不含 2 周岁）的执行婴儿收费标准，此收费不提供车位、餐位、床位及景点费用。

（4）门票优惠：此行程为旅游包价产品，客人若持学生证、军官证等有效证件能获得景区减免或优惠，旅行社将根据减免或优惠后门票价格与旅行社采购价的差价，在团费中退减。

（5）外籍人士报名，需加收 100 元/人。

5）行程标准

（1）本团 10 人成团，16 人以上派全陪导游，团队 8 人起必须打导游旗。

（2）住宿：全程入住超豪华酒店，每成人每晚 1 个床位，入住双人标间。酒店住宿若出现单男/单女，旅行社会安排同团的同性团友与其拼住；若无其他同性单男/单女人员，则安排加床（折叠床/钢丝床）；若客人无法接受旅行社安排或旅行社无法安排的，则须在当地补房差，入住双人标间。

（3）用餐：含 5 正餐和 3 早餐（酒店房费含早餐），正餐标准为 30 元/成人（儿童餐费减半）；正餐八菜一汤不含酒水（10～12 人/桌，人数未达到一桌的，将对菜式或数量将作出相应的调整或减少）；如遇特殊情况，整团出发人数不足 6 人，则当地正餐由客人自理，按以上餐标退回；餐饮风味、用餐条件各地有一定的差异，请大家有所心理准备。

(4) 用车：全程地接用车将根据团队人数安排 9～55 座旅游空调车，保证每人 1 个正座。

（资料来源：广之旅官网，http://www.gzl.com.cn/domestic/0F1ACAEBFA1041DDE0532429030A5D63.html）

第二节 海南旅游产品开发

一、区域旅游资源概况

海南，简称"琼"，经济特区，省会海口，位于中国华南地区。北以琼州海峡与广东划界，西临北部湾与广西、越南相对，东濒南海与台湾对望，东南和南部在南海与菲律宾、文莱、印度尼西亚和马来西亚为邻。海南省陆地总面积 3.54 万平方千米，海域面积约 200 万平方千米。

（一）自然旅游资源

海南岛的岛屿轮廓形似一个椭圆形大雪梨，地势四周低平，中间高耸，呈穹隆山地形，以五指山、鹦哥岭为隆起核心，向外围逐级下降，由山地、丘陵、台地、平原等地貌构成。海南属热带海洋性季风气候，全年暖热，雨量充沛。海南自然旅游资源包括以下几方面。

1. 海岸带景观

在海南长达 1823 千米的海岸线上，沙岸占 50%～60%，沙滩宽数百米至数千米不等，向海面坡度一般为 5 度，缓缓延伸；多数地方风平浪静，海水清澈，沙白如絮，清洁柔软；岸边绿树成荫，空气清新；海水温度一般为 18～30℃，阳光充足明媚，一年中多数时间可进行海浴、日光浴、沙浴和风浴。当今国际旅游者喜爱的阳光、海水、沙滩、绿色、空气这 5 个要素，海南环岛沿岸均兼而有之。

2. 山岳、热带原始森林

海南岛有海拔 1000 米以上的山峰 81 座，绵延起伏，山形奇特，气势雄伟。颇负盛名的有山顶部成锯齿状、形如五指的五指山，气势磅礴的鹦哥岭。海南的山岳最具特色的是密布热带原始森林，最著名的有乐东县尖峰岭、昌江县霸王岭、陵水县吊罗山和琼中县五指山 4 个热带原始森林区，其中以尖峰岭最为典型。

3. 珍禽异兽

为了保护物种，海南已建立若干个野生动物自然保护区和驯养场，包括昌江县霸王岭黑冠长臂猿保护区、东方市大田坡鹿保护区、万宁市大洲岛金丝燕保护区、陵水县南湾半岛猕猴保护区等。

4. 大河、瀑布、水库风光

南渡江、昌化江、万泉河等河流，滩潭相间，蜿蜒有致，河水清澈，是旅游观景的好地方，尤以闻名全国的万泉河风光最佳。

5. 火山、溶洞、温泉

历史上的火山喷发，在海南岛留下了许多死火山口。最为典型的是位于海口的石山，石山有海拔 200 多米的双岭，岭上有 2 个火山口，中间连着凹一下的山脊，形似马鞍，又名马鞍岭。石山附近的雷虎岭火山口、罗京盘火山口也保存得十分完整。千姿百态的喀斯特溶洞也有不少，著名的有三亚市的落笔洞、保亭县的千龙洞、昌江县的皇帝洞等。岛上温泉分布广泛，多数温泉矿化度低、温度高、水量大、水质佳，属于治疗性温泉，且温泉所在区域景色宜人。

（二）人文旅游资源

海南具有历史意义的古迹主要有为纪念唐宋两代被贬谪来海南岛的李德裕等 5 位历史名臣而修建的五公祠，北宋大文豪苏东坡居琼遗址东坡书院和为纪念苏轼而修建的苏公祠，清代分巡雷琼兵备道焦映汉所修建的琼台书院，明代名臣丘濬墓，明代大清官海瑞墓，受汉武帝派遣率兵入海南的将军马援为拯救兵马而下令开凿的汉马伏波井，以及崖州古城、韦氏祠堂、文昌孔庙等。

革命纪念地有琼崖纵队司令部旧址、嘉积镇红色娘子军纪念园、金牛岭烈士陵园、白沙起义纪念馆等，还有宋庆龄祖居及陈列馆等。

海南岛的世居少数民族有黎族、苗族、回族。各少数民族至今保留着许多质朴敦厚的民风民俗和生活习惯，使海南的社会风貌显得独特而多彩。海南是我国唯一的黎族聚居区，黎族颇具特色的民族文化和风情，具有独特的旅游观光价值。

二、主要旅游城市介绍

（一）海口

海口，别称"椰城"，海南省省会，是"一带一路"的支点城市之一，北部湾城市群中心城市，也是海南省政治、经济、科技、文化中心和最大的交通枢纽。海口地处热带，资源呈现多样性，是一座富有海滨自然旖旎风光的南方滨海城市。

海口拥有"中国魅力城市""中国最具幸福感城市""中国优秀旅游城市""国家园林城市""国家历史文化名城"等荣誉称号，荣获"中国人居环境奖"，全球首批"国际湿地城市"。

海口市的主要景点有明代海南卫所在地城门楼的府城鼓楼、西天庙、冼太夫人庙、海瑞墓、五公祠、中共琼崖第一次代表大会旧址、长影环球 100·奇幻乐园、海南省博物馆、海口骑楼小吃风情街、万绿园、东寨港国家级自然保护区、海口假日海滩旅游区、雷琼海口火山群世界地质公园、海南热带野生动植物园、桂林洋热带农业公园等。

拓展阅读 2-3

海口发布 6 条"教育+旅游"研学新线路

为贯彻国家重大方针政策，2016 年教育部等 11 部门印发了《关于推进中小学生研学旅行的意见》；海南省政府发布的《海南省 2018 年政府工作报告》也提出，要培育研学旅行旅游新业态，拉动内需，促进经济社会发展；2018年2月，海南省教育厅等12部门联合印发了《关于推进中小学生研学旅行的实施意见》，并公布了首批20个省级中小学生研学旅游实践教育基地名单。

2019年1月21日，"今日游学海口出发"研学产品发布系列活动启动，现场发布了6条海口"教育+旅游"研学新线路，为春节到访海南海口的市民、游客提供了更多出游优选。

据了解，此次共发布了"湿地植物博物馆+长影100电影主题博物馆/海上丝路""红树林科普教育基地+椰子研究中心""海南热带野生动植物研学基地+金林海口甲子通航机场""国家帆船帆板教学基地""火山口地质研学基地+火山村""红树林科普+火箭发射科普基地"6条线路，充分融合了海口生态、人文等特色资源，为游客提供了全岛6天5晚游、海口1日游及海口周边2日游等多种选择。同时，海口市旅游委也借此发出了岛内外游客来海口"过大年"的邀请。

海口是海南的省会城市，地处热带，旅游文化资源呈现多样性，湿地风光、火山奇观、热带动植、海洋文化、风土人文、红色旅游等资源兼而有之，是一座富有海滨自然旖旎风光的南方滨海城市。生态环境是海口的核心竞争力，独一无二的热带火山湿地资源等优势因素汇聚在一起，让海口从全国12个城市中脱颖而出，成为被国家林业和草原总局、国家湿地办推举申报的首批"国际湿地城市"的六个城市之一，也让以湿地文化为主打文化的海口研学旅游产品独具魅力。

（资料来源：http://tourism.hainan.gov.cn/ywdt/zwdt/201901/t20190122_2261772.html）

（二）三亚

三亚，简称"崖"，古称"崖州"，别称"鹿城"，是海南省下辖地级市。三亚位于海南岛的最南端，东邻陵水县，西接乐东县，北毗保亭县，南临南海，是一个具有热带海滨风景特色的国际旅游城市，又被称为"东方夏威夷"。

三亚旅游景观众多，包括亚龙湾国家旅游度假区、天涯海角旅游区、南山文化旅游区、鹿回头旅游区、西岛海洋文化旅游区、落笔洞旅游风景区、三亚国家珊瑚礁自然保护区、大小洞天游览区、海棠湾、蜈支洲岛度假中心、崖州古城、椰梦长廊、呀诺达热带雨林景区、大东海旅游风景区、西岛海上游乐世界、西沙群岛、三亚湾、黎村苗寨等。

三、旅游线路产品开发

（一）海南旅游产品开发总体思路

围绕国际旅游岛建设任务和国家"一带一路"倡议，重点建设海洋旅游、康养旅游、森林旅游、文体旅游、城镇旅游、乡村旅游、会展旅游、购物旅游、产业旅游和专项旅游十类旅游产品，构筑医疗养生康体度假旅游线路、热带森林旅游线路、民族文化体验旅游线路、乡村风情旅游线路、探险和产业科技旅游线路、宗教文化体验旅游线路、特色美食体验旅游线路、海南岛—西沙群岛邮轮旅游线路、环海南岛游船旅游线路、环南海邮轮旅游线路、环岛自驾休闲旅游线路、环岛动车观光旅游线路、昌化江旅游线路、万泉河旅游线路、南渡江旅游线路 15 条精品旅游线路，突出休闲度假、医疗养生、民俗风情等特色主题，塑造"蓝绿互动"（蓝色滨海旅游和绿色生态旅游互动）、具有海南特色的旅游品牌和旅游产品体系。

 案例 2-3

玩转春节假期：海口推出五大旅游产品、十条旅游线路

登火山、玩海、看熊猫、逛长影、品年味、玩穿越……2019 年春节假期，市旅游委联合四区及各涉旅企业，结合海口旅游优势资源，提前部署，周密安排，推出内容丰富、特色鲜明、精彩纷呈、年味十足、互动性强的五大旅游产品、十条旅游线路，供市民游客选择，让市民游客充分感受美好新海口全域旅游创建的发展成果。

春节期间，这五大旅游产品，即新春欢乐家庭游、春节假期游学湿地游、精彩无限迎新春滨海游、福满园科普赏花游、年味古韵文艺游，及延伸出来的十条旅游线路任游客选择。市民游客在海口过大年，可以游火山口，"玩海"——体验多个海上项目。可以参与"合家欢 福满天"环球 100 过大年国际风情新春开幕系列活动、海南热带野生动植物园"熊猫金猪齐贺岁，海野春节最吉祥"系列活动，或到富有浓厚年味的万春会赏灯，细细品读独具海口地方特色的历史街区——骑楼老街独特的文化，以及到岁月年轮穿越感浓厚的观澜湖华谊冯小刚电影公社和引领都市消费时尚的观澜湖新城尽情玩耍。

海口新春旅游线路推荐如下。

1. 新春欢乐家庭游

A 线：长影环球 100（上午：嗨玩海南版"迪士尼"乐园，万国风情集结，世界名吃荟萃）—假日海滩温泉乐园（下午：温泉戏水）—欢乐海岸夜市（晚上：琼味美食）

B 线：海南热带野生动植物园（上午：看国宝熊猫、参加"金猪纳福，好运'滚滚'来"的主题活动，徜徉热带雨林，和野生动物一起狂欢）—冯塘绿园（晚上："健康有氧徒步游，古屋书香"书画展、敲锣打鼓辞旧岁迎新年、橄榄宝宝闹新春活动）

2. 春节假期游学湿地游

A 线：东寨港国家级红树林自然保护区（上午：骑行远观红树林日出）—连理枝（中午：品尝鲜美海鲜、参加新春拓展活动）—星辉村（下午：赶海摸螺）

B 线：新坡新发地（上午：欢乐采摘瓜果）—潭丰洋湿地（下午：感受全球首批湿地城市海口湿地魅力）—斌腾村（品尝石斛鸡）

3. 精彩无限迎新春滨海游

A 线：低空游海口（上午：乘坐水上飞机，换个角度俯瞰海口，领略长影 100、海甸岛、世纪大桥、火山口、西海岸观光带等风光）—海口国家帆船帆板基地公共码头（下午：亲水游玩）—海垦花园夜市（品尝海南物色美食）

B 线：华彩杰鹏游艇会（上午：游艇、BOTE 板、帆船）—万绿园（下午：万绿园民俗风情美食街）—滨海夜游或万春会（晚上：观赏夜晚海口灯光秀）

> 4. 福满园科普赏花游
> A线：桂林洋热带农业公园（上午：科普赏花、体验热带滑雪、参加"福猪闹春庆周年，万元大礼免费送"活动）—香世界庄园（下午：品尝花香美食、千人广场"采福"大行动、亲子手工DIY制作"大红花灯"）
> B线：雷琼海口火山群世界地质公园（上午：登城市火山、探幽热带雨林深呼吸、观赏新春火山海南特色文艺演出）—人民骑兵营（美社村内文艺骑行、观赏火山特色民居）—石斛园（赏石斛花、观红色党建基地）—开心农场（入住火山特色精品民宿）
> 5. 年味古韵文艺游
> A线：观澜湖华谊冯小刚电影公社（白天：穿越民国、新春民俗嘉年华、逛庙会）—观澜湖新城（上午：NBA体验馆、海口巴萨世界、泰迪熊博物馆、海免购物）—火车头万人海鲜广场（晚上：舌尖上的味蕾肥美海鲜）
> B线：海口骑楼老街（上午：看南洋百年建筑，观赏琼剧、八音表演）—美舍河凤翔湿地公园（下午：感受全球首批湿地城市海口湿地魅力）—福地美食街（晚上：体验舌尖上的美食）
> （资料来源：http://tourism.hainan.gov.cn/ywdt/zwdt/201901/t20190131_2304233.html）
> **思考**：海口新春旅游线路有哪些特色？
> **分析**：新春欢乐家庭游、春节假期游学湿地游、精彩无限迎新春滨海游、福满园科普赏花游、年味古韵文艺游，及延伸出来的十条旅游线路，充分体现了海口的旅游特色。

（二）旅游线路产品实例

1. 产品名称

海口、三亚双飞4天游

2. 行程特色

（1）精选酒店：全程入住3晚超豪华酒店，打破常规住宿，三亚2晚，不住兴隆。

（2）明星景点：蜈支洲岛、南山观音、亚龙湾沙滩、热带天堂森林公园、椰田古寨。

（3）特色美食：海南四大名菜（文昌鸡、加积鸭、东山羊、和乐蟹）特色宴。

3. 行程安排

第1天：广州—海口

晚上于广州白云机场集中，乘机飞往美丽的椰城——海口（飞行约70分钟），抵达后安排入住。

第2天：海口—三亚—亚龙湾热带天堂森林公园—亚龙湾沙滩

早餐后，乘车前往三亚（车程约4小时），游览亚龙湾热带天堂森林公园（游览约2小时）。后游览亚龙湾沙滩（游览约1小时）。

景点介绍：

【亚龙湾热带天堂森林公园】是三亚市第一个森林公园。植被类型为热带常绿性雨林和热带半落叶季雨林，其生物、地理、天象、水文、人文和海景景观资源丰富、独特的区位优势,使之成为发展热带雨林旅游的首选之地。

【亚龙湾沙滩】是海南最南端的一个半月形海湾,全长约 7.5 千米,沙滩绵延 7 千米且平缓宽阔,沙粒洁白细软,海水澄澈晶莹、蔚蓝。

第 3 天:三亚—蜈支洲岛

早餐后,游览《私人定制》取景拍摄地——蜈支洲岛(游览含船程约 4 小时)。下午返回酒店自由活动,晚餐享用四大名菜宴,餐后入住酒店休息。

景点介绍:

【蜈支洲岛】享有"中国第一潜水基地"美誉。四周海域清澈透明,海水能见度 6～27 米,水域中盛产夜光螺、海参、龙虾、马鲛鱼、海胆、鲳鱼及五颜六色的热带鱼,南部水域海底有着保护很好的珊瑚礁,是世界上为数不多的、唯一没有礁石或者鹅卵石混杂的海岛,是国内最佳潜水基地。极目远眺,烟波浩渺,海天一色。

第 4 天:三亚—南山文化旅游区—椰田古寨—广州

早餐后,游国家 4A 级海天一色的南山文化旅游区(游览约 2 小时),后游览 CCTV《影响力对话》战略合作伙伴椰田古寨(游览约 2 小时)。然后,乘车前往三亚凤凰国际机场,乘飞机返回广州,结束愉快行程。

景点介绍:

【南山文化旅游区】尽情感受"福泽之地"的园林风光及佛教文化,漫步长寿廊、长寿谷,观 108 米南山海上观音风采等。

【椰田古寨】有古老文化、奇特风情、椰风飘香、神秘傩蛊、小锤叮当五大游览区,以独特的角度全方位地展示海南苗家原生态的生活场景,感受千年传统手工艺。

4. 费用说明

(1) 费用已含:旅行社代订飞机票等城市间交通费用、旅游观光汽车费用、住宿费、餐费、包价项目景点(区)的第一道门票费、导游服务费(导游服务费含全陪/地陪,标准为 12 周岁及以上人士 40 元/人,儿童 20 元/人,婴儿免收)。

(2) 蜈支洲岛的门票包含船票费用,且没有儿童门票半票政策,所以此团儿童收费未含蜈支洲岛门票。故儿童 1.2 米以下免票,1.2 米(含)以上请补交全票 150 元/人。

(3) 此行程为旅行社综合包价产品,客人若持学生证、军官证等有效证件享受门票优惠,旅行社将按照采购价在团费中退减相应门票差价。

5. 行程标准

(1) 本团 6 人成团,16 人派全陪,团队 8 人起必须打导游旗。

(2) 住宿:全程入住超豪华酒店,每成人每晚 1 个床位,入住双人标间。酒店住宿若出现单男/单女,旅行社会安排同团的同性团友与其拼住,若客人无法接受旅行社安排或旅行社无法安排的,则须在当地补房差入住双人标间。

(3) 用餐:含 4 正餐和 3 早餐,3 个正餐 40 元/人/餐(儿童减半)、四大名菜 60 元/人(儿童同价)餐费标准。正餐八菜一汤不含酒水(10～12 人/桌,人数未达到一桌的,将对菜式或数量作出相应的调整或减少）；餐饮风味、用餐条件各地有一定的差异，请大家有所心理准备。

（4）用车：现海南所有旅行团用车均由海南省统一旅游汽车服务中心根据团队人数统一派车及司机，旅行社对用车及司机服务不能直接监控；如有不便，敬请谅解。

（资料来源：广之旅官网，http://www.gzl.com.cn/domestic/402880245af6741e015b1960ce660cc8.html）

第三节　上海及江浙旅游产品开发

一、区域旅游资源概况

上海，简称"沪"，别称"申"，省级行政区、直辖市，全国的科技、贸易、信息、金融和航运中心。上海位于中国华东地区，地处长江入海口，东隔中国东海与日本九州岛相望，南濒杭州湾，西接江苏、浙江两省，2018年末，上海全市行政区划面积为6340.5平方千米。

江苏，简称"苏"，省会南京，位于中国大陆东部沿海，北接山东，东濒黄海，东南与浙江和上海毗邻，西接安徽，江苏省总面积为10.72万平方千米。

浙江，简称"浙"，省会杭州，位于中国东南沿海，东临东海，南接福建，西与安徽、江西相连，北与上海、江苏接壤，浙江陆域面积为10.55万平方千米。

（一）自然旅游资源

1. 上海自然旅游资源

上海是长江三角洲冲积平原的一部分，平均海拔高度2.19米。海拔最高点是位于金山区杭州湾的大金山岛，海拔为103.7米。西部有天马山、薛山、凤凰山等残丘，天马山为上海陆上最高点，海拔高度为99.8米，立有石碑"佘山之巅"。海域上有大金山、小金山、浮山（乌龟山）、佘山岛、小洋山岛等岩岛。

在上海北面的长江入海处，有崇明岛、长兴岛、横沙岛3个岛屿。崇明岛为中国第三大岛，由长江挟带下来的泥沙冲积而成，面积为1041.21平方千米，海拔为3.5~4.5米。长兴岛面积为88.54平方千米，横沙岛面积为55.74平方千米。

2. 江苏自然旅游资源

江苏地貌包含平原、山地和丘陵3种类型，其中平原面积占比86.9%，主要由苏南平原、黄淮平原、江淮平原和东部滨海平原组成。江苏是全国地势最低的一个省区，绝大部分地区在海拔50米以下，低山丘陵集中在西南和北部地区，占江苏省总面积的15%，主要有老山山脉、云台山脉、宁镇山脉、茅山山脉、宜溧山脉。连云港云台山玉女峰为江苏省最高峰，海拔为624.4米。长江横贯江苏东西433千米，京杭大运河纵贯南北718千米，海岸线长954千米。

江苏的山虽不高，但多负盛名。著名的山有南京钟山，镇江北固山、金山，句容和金坛交界处的茅山，南通狼山，苏州天平山，徐州云龙山和连云港花果山等。江苏的水兼具江河湖海之美，中国第一大河长江，横穿东西，江面辽阔。世界上最古老的运河京杭大运河纵贯南北，蔚为壮观。我国第三大淡水湖太湖及第四大淡水湖洪泽湖烟波浩渺，碧波万顷。连云港的海滨浴场和南通盐城的湿地滩涂则是江苏的沿海旅游资源。江苏的名泉也极多，有"天下第一泉"镇江中泠泉、"天下第二泉"无锡惠山泉、"天下第三泉"苏州虎丘憨憨泉。

3. 浙江自然旅游资源

浙江陆域面积中，山地占74.63%，水面占5.05%，平坦地占20.32%，故有"七山一水两分田"之说。

在浙江，浙南地区的山区，浙北地区水网密集的冲积平原，浙东地区的沿海丘陵，舟山市的海岛地貌，可谓"山河湖海无所不有"。西南多为千米以上的群山盘结，其中位于龙泉市境内的黄茅尖，海拔1929米，地形大致可分为浙北平原、浙西中山丘陵、浙东丘陵、中部金衢盆地、浙南山地、东南沿海平原及滨海岛屿等六个地形区。

浙江境内有西湖、东钱湖等容积100万立方米以上湖泊30余个。水系主要有钱塘江、瓯江、灵江、苕溪、甬江、飞云江、鳌江、曹娥江八大水系和京杭大运河浙江段，其中，钱塘江为浙江省内第一大江。浙江省的海洋资源也十分丰富，海岸线总长6715千米，居中国首位。其中，大陆海岸线长2218千米。

浙江是旅游大省，自然旅游资源类型丰富，有重要地貌景观800余处，水域景观200余处，生物景观100余处，人文景观100多处。浙江拥有西湖、"两江两湖"（富春江、新安江、千岛湖、湘湖）、温州雁荡山、永嘉楠溪江、文成百丈漈、舟山普陀山、嵊泗列岛、绍兴诸暨五泄、台州天台山、仙居、湖州德清莫干山、宁波奉化雪窦山、衢州江郎山、金华双龙洞、永康方岩、丽水缙云仙都等国家级风景名胜区。

（二）人文旅游资源

1. 上海人文旅游资源

上海建城始于元朝初期，到16世纪上海已成为全国棉纺织手工业中心，19世纪中叶，上海已成为商贾云集的繁华港口。鸦片战争以后，上海被殖民主义者辟为"通商"口岸。

作为一座历史文化悠久且经济发达的城市，上海迄今仍保留着我国唐、宋、元、明、清以来的若干古迹和富有特色的园林，出名的有龙华寺、孔庙、豫园、玉佛寺、方塔、朱家角等。同时，上海也是具有光荣革命历史传统的城市，留下了无数革命者足迹和不少革命遗址，如中共一大会址、中共二大会址、孙中山故居、鲁迅故居、周公馆、毛泽东故居等。此外，上海又是极具现代化的城市，浦西的外滩和新天地、浦东的东方明珠广播电视塔与金茂大厦、上海环球金融中心等建筑共同组成了上海的地标，也是全球最壮丽的天际线之一。

上海素有"美食天堂"之称。外国餐饮方面，汇聚了30多个国家和地区的风味；中餐方面，汇聚了苏、锡、宁、徽、川等20个地方风味，著名的饮食文化区有老城隍庙、云南路、黄河路、乍浦路、仙霞路等。此外，上海还是闻名遐迩的"购物乐园"，"中华商业第一街"南京路、繁华高雅的淮海路是闻名全国的商业大街；正大广场、港汇恒隆广场等商业设施更是时尚商品、顶级品牌云集。

拓展阅读2-4

> **M50园区尝试"微更新"，转角遇见"小美好"**
>
> 　　老水塔外墙上出现了纺织女工的"身姿"；原锅炉房后门的大铁门化身成了"搪瓷杯"……M50园区历时2个月，甄选了8组作品，让市民游客在转角处遇见"小美好"。
>
> 　　位于普陀的M50园区前身是徽商周氏家族企业信和纱厂，建厂至今跨越了80多年的历史。园区里仍然保留着厂房、仓库、锅炉房、食堂、烟囱等各个时期的历史建筑，是一部"活着的民族工业建筑史"。此次园区尝试开展"微更新"，通过涂鸦创作让更多的历史痕迹展现给市民游客。
>
> 　　走进M50手工体验区域，你会看到，在6号楼后的水塔外立墙面上，用涂鸦的形式描绘出了9名戴着白色帽子、穿着白色围裙的纺织女工形象，涂鸦中的她们与一名活泼的孩童一起，向来往路人投出灿烂的笑容。经过的游客，纷纷驻足观赏留影，感受历史的同时体会幸福生活的美好。
>
> （资料来源：http://lyw.sh.gov.cn/lyj_website/HTML/DefaultSite/lyj_mlsh_jd/2019-02-13/Detail_141326.htm）

2. 江苏人文旅游资源

　　江苏有小桥流水人家的古镇水乡，有众口传颂的千年名刹，有精巧雅致的古典园林，有烟波浩渺的湖光山色，有规模宏大的帝王陵寝，有雄伟壮观的都城遗址，纤巧清秀与粗犷雄浑交汇融合，真可谓是"吴风汉韵，各擅所长"。比如，南京的六朝胜迹、苏州的古镇园林、常州的主题公园、镇江的寺院山林、扬州的汉唐文化、泰州的国粹遗韵、盐城的红色历史（新四军重建军部）、淮安的伟人故居、徐州的秦汉遗迹……这些共同构成了江苏丰富多彩的人文旅游资源。

3. 浙江人文旅游资源

　　浙江省会杭州是中国七大古都之一，距今6000—7000年的河姆渡文化和距今4000—5000年的良渚文化，是浙江悠久灿烂的史前文化的杰出代表。浙江自古手工业发达，丝绸、制瓷、造纸、印刷和造船业等均居于当时中国领先地位。人才辈出，古代文学家有陆游、袁枚、龚自珍等；近现代文学家有鲁迅、徐志摩、茅盾、艾青、穆旦等；还有国学大师王国维、章太炎等。

　　从地域上来说，浙江北部拥有最著名的江南小镇，如乌镇、西塘、南浔等；浙江东部的宁波、绍兴，有如天童寺、阿育王寺等佛国名刹，以及鲁迅笔下的水乡气息。

二、主要旅游城市介绍

(一) 上海主要旅游景观

截至 2017 年年底，上海共有 A 级景区（点）99 家，其中 5A 级景区（点）3 家，4A 级景区（点）50 家，3A 级景区（点）46 家。

主要旅游景观有东方明珠广播电视塔、金茂大厦、环球金融中心、上海中心大厦、中华艺术宫（原世博会中国馆）、世博会主题馆、上海国际金融中心、上海科技馆、港汇恒隆广场、正大广场、上海欢乐谷、梅赛德斯奔驰文化中心（原世博文化中心）、上海迪士尼乐园、国家会展中心、尚街、8 号桥、M50 园区、南京路、淮海路、豫园、老城隍庙、中共一大会址、中共二大会址、和平饭店、汇中饭店、百乐门、上海美术馆、国际饭店、佘山国家森林公园、东滩世界地质公园、淀山湖、奉贤碧海金沙海滩、上海野生动物园、上海植物园、上海世纪公园等。

(二) 江苏主要旅游城市

1. 南京

南京，简称"宁"，古称"金陵""建康"，江苏省省会，南京都市圈核心城市，首批国家历史文化名城，是中华文明的重要发祥地之一，有 50 万年人类活动史、近 2500 年建城史和约 450 年建都史，有"六朝古都""十代都会"之称。

南京是首批中国优秀旅游城市、国家历史文化名城、国家全域旅游示范区。截至 2018 年年底，南京有世界文化遗产 1 项、世界文化遗产预备名单 2 项、全国重点文物保护单位 49 处、江苏省文物保护单位 109 处、市级以上文物保护单位 516 处、国家级历史文化街区 2 个、省级历史文化街区 7 个、国家级历史文化名镇（村）3 个、国家等级旅游景区 53 家，其中 4A 级以上景区 24 家。

夫子庙—秦淮风光带、中山陵、总统府、颐和路公馆区、美龄宫、明孝陵、明城墙、朝天宫、玄武湖、鼓楼、阅江楼、中华门、大报恩寺、鸡鸣寺、栖霞寺、灵谷寺等，都是南京的主要景点。

2. 苏州

苏州，古称"吴"，又称"姑苏""平江"等。苏州是中国首批 24 座国家历史文化名城之一，有 2500 多年历史，是吴文化的发祥地，为清代"天下四聚"之一，有"人间天堂"的美誉。苏州古城和苏州园林为世界文化遗产与世界非物质文化遗产"双遗产"集于一身，昆曲、阳澄湖大闸蟹、周庄是三张国际级、重量级的品牌，而京杭大运河（苏州段）也入选世界遗产名录。

苏州素来以山水秀丽、园林典雅而闻名天下，有"江南园林甲天下，苏州园林甲江南"的美称，又因其"小桥流水人家"的水乡古城特色，有"东方水都"之称。苏州现有 2 个国家历史文化名城苏州、常熟，12 个中国历史文化名镇昆山周庄、吴江同里、吴江震泽、吴江黎里、吴中甪直、吴中木渎、太仓沙溪、昆山千灯、昆山锦溪、常熟沙家浜、吴中东山、张家港凤凰，保存较好的古镇，如吴江的黎里、盛泽、平望，太仓的浏河等，中国历史文化名村吴中陆巷古村、明月湾，中国首批"十大历史文化名街"之二的平江路、山塘街。

3. 无锡

无锡位于江苏省南部，地处长江三角洲平原，被誉为"太湖明珠"。无锡是国家历史文化名城，自古就是鱼米之乡，素有"布码头""钱码头""窑码头""丝都""米市"之称。

无锡太湖国家旅游度假区、无锡中视影视基地（三国城、水浒城、唐城）、无锡市灵山景区、鼋头渚风景区、寄畅园、东林书院、中国吴文化博览园、梅园横山风景区、崇安寺景区、南禅寺景区、蠡园公园、薛福成故居等，都是无锡的重要旅游景观。

拓展阅读 2-5

中外旅行商走进镇江

2019年1月9日下午，由镇江市旅游发展委员会、市旅游协会指导，镇江文广集团、镇江文旅集团主办，江苏文广国旅、江苏省镇江中旅承办的第九届中国旅游合作联盟大会暨"中外旅行商走进镇江"推介会召开。来自匈牙利、美国、俄罗斯、韩国、泰国、日本、菲律宾、缅甸等国家的旅行商代表，中国旅游合作联盟及全国各地旅行社等420余家单位的负责人以及镇江市旅游景区代表等共470多人参会。

镇江"有山有水有故事"。镇江文旅集团围绕"三山一湖"，推介大江风貌和历史文化，介绍金山、焦山、北固山等景区的门票政策，推介镇江经典文化品鉴一日游、二日游线路等。西津渡文化旅游公司推介西津渡渡口文化、救生文化、宗教文化、租界文化、民国文化、商贾文化等，对镇江"三怪"美食、民宿等也做了重点介绍。镇江市圌山旅游文化公司重点推介镇江"宜文化"及圌山温泉、途居露营地、航空小镇、东乡美食等旅游产品。中国旅游合作联盟还与镇江文旅集团签订了旅游合作协议。

根据会议安排，前去镇江的中外旅行商开展了专家论坛、业界交流等活动，并对金山、西津渡等景区进行了踩线。此次推介活动是镇江市近年来举办的规模与层次都较高的一次旅游推介活动。

（资料来源：http://ly.jiangsu.gov.cn/art/2019/1/15/art_37647_8090775.html）

（三）浙江主要旅游城市

1. 杭州

杭州，浙江省省会、长江三角洲城市群中心城市、国际重要的电子商务中心。杭州自秦朝设县治以来已有2200多年的历史，曾是吴越国和南宋的都城。因风景秀丽，杭州素有"人间天堂"的美誉。

杭州人文古迹众多，世界遗产西湖及其周边有大量的自然景观及人文景观。杭州的代表性文化西湖文化、运河文化、钱塘江文化。此外，流传下来的许多故事传说也成为杭州文化代表。杭州拥有两个国家级风景名胜区：西湖风景名胜区、"两江两湖"（富春江、新安江、千岛湖、湘湖）风景名胜区；两个国家级自然保护区：天目山、清凉峰自然保护区；七个国家森林公园：千岛湖、大奇山、午潮山、富春江、青山湖、半山和桐庐瑶琳森林公园；一个国家级旅游度假区：之江国家旅游度假区；全国首个国家级湿地：西溪国家湿地公园。著名的旅游胜地有瑶琳仙境、桐君山、雷峰塔、岳庙、三潭印月、苏堤、六和塔、宋城、南宋御街、灵隐寺、跨湖桥遗址等。

2. 嘉兴

嘉兴，别称"禾城"，建制始于秦，有2000多年的人文历史，自古为繁华富庶之地，素有"鱼米之乡""丝绸之府"美誉，是一座具有典型江南水乡风情的国家历史文化名城。

嘉兴自然风光以"潮、湖、河、海并存"而驰誉江南，是中国优秀旅游城市和国家园林城市，拥有南湖、乌镇、西塘三个5A级景区，以及盐官（钱江潮）、南北湖、绮园、月河历史街区、梅花洲、九龙山、东湖、莫氏庄园、茅盾故居、徐志摩故居等著名景点，构成了江南水乡特色。此外，中共一大在嘉兴胜利闭幕，嘉兴是中国共产党诞生地，是中国近代史上重要的革命纪念地。2013年起，嘉兴每年举办乌镇戏剧节和西塘汉服文化周。2014年，嘉兴乌镇成为世界互联网大会的永久会址。

3. 宁波

宁波，简称"甬"，长三角五大都市圈中心城市之一，国家历史文化名城，中国著名的"院士之乡"。宁波的人文积淀丰厚，历史文化悠久，属于典型的江南水乡兼海港城市，是京杭大运河南端的出海口，"海上丝绸之路"的东方始发港。

宁波拥有众多文化古迹，除了著名的奉化溪口镇之外，余姚河姆渡遗址、灵山保国寺、中国现存年代最早的私家藏书楼天一阁等，也都是知名的人文旅游景观；而西靠四明山、东临东海，这种独特的地理位置赋予了宁波独特的自然风光。松兰山、九峰山、九龙湖、五龙潭、南溪温泉、野鹤湫旅游风景区、浙东大峡谷等，都是宁波有名的生态旅游景观。

拓展阅读 2-6

"诗画浙江"品牌体系和宣传语

杭州市：东方休闲之都（品质之城、休闲之都）。

宁波市：书藏古今、港通天下。

温州市：诗画山水、传奇温州。

湖州市：乡村旅游第一市、滨湖度假首选地。

嘉兴市：运河水城、秀美嘉兴。

绍兴市：老绍兴、醉江南。

金华市：旅居福地、信义金华。

衢州市：南孔圣地、休闲衢州。

舟山市：海天佛国、渔都港城——中国·舟山群岛。

> 台州市：佛宗道源、山海台州。
>
> 丽水市：秀山丽水、养生福地。
>
> （资料来源：http://xxgk.luqiao.gov.cn/InfoPub/ArticleView.aspx?ID=256122）

三、旅游线路产品开发

（一）上海旅游产品开发总体思路

在上海中心城区，主要挖掘资源、强化整合，以开放式景区建设为抓手，推动商旅文化的融合发展，培育更多的都市观光产品、都市休闲产品、都市度假产品，进一步丰富和夯实都市旅游核心圈功能区；在郊区，主要结合新型城镇化和美丽乡村建设，进一步强化乡村旅游发展，积极引进项目、做大增量、夯实空间，为市民游客休闲度假提供更多产品；在滨海临江区域，充分利用好水上资源，大力发展邮轮、游艇、游船等新兴业态。同时，积极服务"一带一路"、长江经济带和长三角国家战略，更好地发挥在推进区域旅游发展上的作用，提升对区域旅游资源的配置和产业发展的带动能力。

充分发挥迪士尼等旅游项目的辐射和带动效能，提升上海城市旅游的整体吸引力；积极引入大型旅游项目、大型国际赛事或展会，探索建设原创旅游项目，打造高能级旅游产品。加大政策扶持力度，加快推进水上旅游、邮轮旅游、房车旅游、医疗旅游、老年旅游、会展旅游、研学旅游等旅游新业态发展；积极规范和开发乡村休闲度假类乡村旅游产品。

（二）江苏旅游产品开发总体思路

根据江苏旅游资源特色，旅游产品开发分为以下三大系列。

1. 观光旅游产品

其包括名胜遗产旅游产品、滨海风光旅游产品、城市景观旅游产品、特色农业旅游产品、珍稀动植物旅游产品、自然生态旅游产品、书画观光旅游产品、主题公园旅游产品八类观光旅游产品。

2. 休闲度假旅游产品

其包括都市休闲度假旅游产品、乡村休闲度假旅游产品、温泉休闲度假旅游产品、养老休闲度假旅游产品、情感休闲度假旅游产品、海滨休闲度假旅游产品、运动健康休闲度假旅游产品、研修体验度假旅游产品八类休闲度假旅游产品。

3. 专项旅游产品

其包括商务会展旅游产品、研学旅游产品、自驾旅游产品、低空飞行旅游产品、红色旅游产品、宗教旅游产品、体育旅游产品、工业旅游产品、书香旅游产品九类专项旅游产品。

（三）浙江旅游产品开发总体思路

以中心城市为龙头，以都市区为依托，构建市场共享、分工合作的四大都市旅游经济圈。

1. 杭州都市旅游经济圈

以都市风情、商务会展、江南水乡风情、运河古镇文化、吴越文化和太湖文化为依托，以杭州、湖州、嘉兴和绍兴为主体，重点发展都市休闲、古镇休闲、乡村旅游和滨湖度假。

2. 宁波都市旅游经济圈

充分发挥宁波港口城市的综合优势和舟山群岛新区的政策优势，着力谋求海洋旅游和都市休闲旅游的新突破，打造浙江旅游的海上门户。

3. 温州都市旅游经济圈

发挥山海并举的资源优势、工商繁荣的产业优势、民营企业发达的资本优势，加快温州、台州两地联动发展，以雁荡山—楠溪江、百岛洞头、神仙居—天台山、大陈岛、石塘半岛为核心板块，着力创新休闲度假业态，提升休闲度假品质。

4. 金华—义乌都市旅游经济圈

依托金华历史文化名城、义乌国际商贸城、横店影视城和武义温泉城等，加快推进旅游一体化发展，着力建设以历史文化、商贸购物、温泉养生和影视文化为特色的国际化旅游区。衢州、丽水宜加大与四大都市旅游经济圈的对接合作，着力增强中心城市的旅游功能，加快培育以生态休闲、康体养生为特色的都市旅游经济圈。

案例2-4

浙江沿海高速文旅主题推广活动启动

2019年1月19日，"甬抱台温美丽湾区"——2019浙江沿海高速文旅主题推广活动启动仪式在象山影视城举行。本次活动由浙江省文化和旅游厅指导，浙江省旅游宣传推广中心、宁波市文化广电旅游局、温州市文化广电旅游局、台州市文化和广电旅游体育局、象山县人民政府主办，以浙江沿海高速公路通车运行为契机，将"山海诗意"的浙江画卷徐徐展开。

浙江沿海高速串联起了鄞州、象山、宁海、三门、临海、椒江、路桥、温岭、玉环、乐清、龙湾、瑞安、平阳、苍南14个山海旅游资源非常丰富的地区。

在启动仪式上，"美丽山海"浙江沿海高速文旅推广联盟正式成立，并发布了经成员单位共同讨论形成的《象山宣言》。借浙江沿海高速公路正式通车的契机，浙江省旅游推广中心联合甬台温三地，共同策划推出诸如"美丽乡村生活周""穿越美丽乡村·国际越野行走大会""山海之约主题相亲旅行节""沿海自驾旅行生活节"等丰富多彩的主题推广活动。

浙江沿海高速公路的全长约376千米，一路风景秀丽，不仅有跨越三门湾、台州湾及乐清湾的海景，还有宁波、台州、温州沿山的景致。这条线路是名副其实的黄金旅游线，由北至南依次辐射西塘、南湖、乌镇、普陀山、天一阁、溪口—滕头、天台山、神仙居、雁荡山九大5A级景区，以及临海古城、蛇蟠岛、长屿硐天、象山影视城等多个争创5A级景区的优质旅游目的地。

（资料来源：http://gotrip.zjol.com.cn/xw14873/lyjsb/201901/t20190120_9288182.shtml）

思考：如何打造浙江沿海高速文旅主题旅游产品？

> **分析：** 浙江沿海高速公路开通，必会推动沿线各地充分发挥自然资源优势，成功打造出以沿海经济带为依托的沿海旅游观光带。

（四）旅游线路产品实例

1. 产品名称

华东五市双飞 6 天

2. 行程特色

（1）游览灵山大佛景区，探秘灵山梵宫佛光神迹。

（2）惬意江南，巧夺天工的苏州园林，"最后的枕水人家"乌镇西栅，于闲庭信步间饱览江南风采。

（3）奇幻迪士尼，点亮心中奇梦，探索一个成人与孩子共同的神奇世界。

3. 行程安排

第 1 天：广州—上海

广州乘航班飞往上海，抵达后入住酒店。

第 2 天：上海—苏州

享用酒店自助早餐后，乘车前往苏州（车程约 1.5 小时），抵达后游览留园（游览约 1.5 小时）。游览七里山塘及玉涵堂（游览约 1 小时）。后于平江路历史街区进行自由活动（约 1 小时，客人在此自由品尝当地特色小吃，晚餐自理）。后入住酒店。

景点介绍：

【留园】中国著名古典园林，与苏州拙政园、北京颐和园、承德避暑山庄并称"中国四大名园"，以园内建筑布置精巧、奇石众多而知名。

【七里山塘】自古有"姑苏第一名街"之称。参观江南名宅、明代南京吏部尚书吴一鹏的故居——玉涵堂。

【平江路历史街区】距今已有 2500 多年的历史，是苏州现存最典型、最完整的古城历史文化保护区。该街区至今保持着路河并行的双棋盘城市格局，保留着小桥、流水、人家以及幽深古巷的江南水城特色。

第 3 天：苏州—上海

享用酒店自助早餐后，乘车前往上海迪士尼乐园，于迪士尼乐园自由活动（全天正餐自理）。后返回酒店。

景点介绍：

【上海迪士尼乐园】将为客人呈现令人流连忘返的神奇体验。客人将探索一个前所未有的神奇世界，每个人都能在这里点亮心中奇梦。可在此游览全球最大的迪士尼城堡——奇幻童话城堡，探索别具一格又令人难忘的七大主题园区：米奇大街、奇想花园、梦幻世界、探险岛、宝藏湾、明日世界和玩具总动员。

第 4 天：上海—乌镇—杭州

享用酒店自助早餐后，乘车前往乌镇二期——西栅景区（车程约 1 小时，游览约 2.5 小时）。游览完毕后，乘车前往杭州（车程约 1.5 小时），游览西湖（游览约 1.5 小时）。后入住酒店。

景点介绍：

【乌镇西栅景区】中国罕有的观光加休闲体验型古镇景区，完美地融合了观光与度假功能，街区内的名胜古迹、手工作坊、经典展馆、民俗风情、休闲场所让人流连忘返。

【西湖】世界文化遗产，江南三大名湖之一，国家 5A 级旅游景区，以秀丽的湖光山色和众多的名胜古迹而成为闻名中外的旅游胜地。

第 5 天：杭州—无锡

享用酒店自助早餐后，游览西溪湿地一期（含船游，游览共约 2.5 小时），后于杭帮菜博物馆品尝杭帮菜。后乘车前往无锡（车程约 2.5 小时），游览灵山大佛景区（游览约 3 小时），晚餐后入住酒店。

景点介绍：

【西溪湿地一期】罕见的城中次生湿地，是目前国内第一个也是唯一的"集城市湿地、农耕湿地、文化湿地于一体"的国家湿地公园。整个园区中有六条河流纵横交汇，形成了西溪独特的湿地景致。

【灵山大佛景区】分为三期：一期灵山大佛，是迄今为止我国最高的巨型佛像；二期九龙灌浴表演，大型动态群雕表演，再现了佛祖诞生的场景；三期灵山梵宫是佛教文化艺术的博览圣殿。

第 6 天：无锡—南京—广州

享用酒店自助早餐后，前往参观中山陵（游览约 1.5 小时），后前往夫子庙市场自由活动（约 1 小时，晚餐自行安排），后乘航班飞返广州（飞行约 2 小时）。

景点介绍：

【中山陵】中国近代民主革命先行者孙中山的陵墓及其附属纪念建筑群。

【夫子庙秦淮风光带】以夫子庙建筑为中心，以秦淮河为纽带，集古迹、园林、画舫、市街、楼阁、民俗民风和地方风味小吃于一体。

4. 费用说明

（1）费用已含：旅行社代订飞机票等城市间交通费用、旅游观光汽车费用、住宿费、餐费、包价项目景点（区）的第一道门票费、导游服务费（导游服务费含全陪/地陪，标准为 12 周岁及以上人士 60 元/人，儿童 30 元/人，婴儿免收）。

（2）儿童收费：儿童标准收费的游客含上海迪士尼乐园儿童门票（1～1.4 米），请家长根据儿童具体身高情况在报名时现补费用：1.4 米以上补门票144 元/张/天（请家长落实身高，不保证入园当天能现场补买门票）。

（3）上海迪士尼乐园门票优惠：如客人持有 65 周岁（含）以上的身份证证件，可以获得景区的优惠，则旅行社按照 144 元/张/天在团费中退减；如儿童 1 米及以下，可获得景区免票，则旅行社按照 380 元/张/天在团费中退减。

(4) 门票优惠（不含迪士尼乐园）：此行程为旅游包价产品，客人若持学生证、军官证等有效证件能获得景区减免或优惠，旅行社将根据减免或优惠后门票价格与旅行社的采购价的差价，在团费中退减。

5. 行程标准

(1) 本团10人成团，16人派全陪导游。

(2) 住宿：4晚入住豪华酒店，每成人每晚1个床位，1晚入住超豪华酒店（每成人每晚1个床位），入住双人标间。酒店住宿若出现单男/单女，旅行社会安排同团的同性团友与其拼住，若无其他同性单男/单女人员则安排加床（折叠床/钢丝床）；若客人无法接受旅行社安排，则须在当地补房差入住双人标间。

(3) 用餐：含6正餐和5早餐（酒店房费含早餐），正餐30元/成人，其中杭帮菜50元/成人（儿童餐费减半）；正餐八菜一汤不含酒水（10~12人/桌，人数未达到一桌的，将对菜式或数量作出相应的调整或减少），餐饮风味、用餐条件各地有一定的差异，请大家有所心理准备。

(4) 用车：全程地接用车将根据团队人数安排9~55座旅游空调车，保证每人1个正座。

（资料来源：广之旅官网，http://www.gzl.com.cn/domestic/4028802453a417190153a85268b86528.html）

第四节　河南旅游产品开发

一、区域旅游资源概况

河南，简称"豫"，省会郑州，位于中国中部，东接安徽、山东，北界河北、山西，西连陕西，南邻湖北，河南省总面积16.7万平方千米。

（一）自然旅游资源

河南省地势呈望北向南、承东启西之势，地势西高东低，北、西、南三面由太行山、伏牛山、桐柏山、大别山沿省界呈半环形分布，中东部为黄淮海冲积平原，西南部为南阳盆地。平原盆地、山地丘陵分别占总面积的55.7%、44.3%。灵宝市境内的老鸦岔为全省最高峰，海拔2413.8米；海拔最低处在固始县淮河出省处，海拔仅23.2米。

河南省地跨长江、淮河、黄河、海河四大流域，省内河流大多发源于西部、西北部和东南部山区，流域面积100平方千米以上的河流有560条。河南动植物资源丰富，现有省级以上森林公园121处，其中国家级森林公园32处；已知陆生脊椎野生动物520种，国家级重点保护野生动物94种。

云台山景区、尧山大佛景区、嵖岈山景区、淇河生态旅游区为国家生态旅游示范区。嵩山、白云山、鸡公山、王屋山、尧山、太行大峡谷、宝天曼、老界岭、云梦山、南湾湖、丹江口等均属山水奇观。黄河自西向东流经河南700余千米，其中郑州至开封段因泥沙淤积而导致河床平均高出两岸地面3~5米，形成了"地上悬河"的独特景观，可谓"河从屋顶过，船在空中行"。"人工天河"红旗渠被誉为世界奇迹,是国家首批"全国研学旅游示范基地"。龙门石窟是首批国家旅游示范单位,被评为"中国人文旅游示范基地"。

(二)人文旅游资源

河南历史文化悠久,是世界华人宗祖之根、华夏历史文明之源;文化灿烂,人杰地灵、名人辈出,是中国姓氏的重要发源地。

中华民族的人文始祖黄帝诞生在今河南新郑,中华文明的起源、文字的发明、城市的形成和统一国家的建立,都与河南有着密不可分的关系。在5000年中华文明史中,河南作为国家的政治、经济、文化中心长达3000多年,先后有20多个朝代在此建都,200多个皇帝在此执政。中国八大古都中河南就有四个,即十三朝古都洛阳、八朝古都开封、殷商古都安阳、商都郑州。中国古代四大发明也均源自河南。河南文物古迹众多,有记载着祖先在中原大地繁衍生息的裴李岗文化遗址、仰韶文化遗址、龙山文化遗址;有"人祖"伏羲太昊陵、黄帝故里和轩辕丘;有最古老的天文台周公测景台;有历史上最早的关隘函谷关、最早的佛教寺院白马寺;有"天下第一名刹"嵩山少林寺和闻名中外的大相国寺等。洛阳、开封、安阳、南阳、商丘、郑州、浚县、濮阳是全国历史文化名城。

中原大地孕育的风流人物灿若星辰,如古代哲学家、思想家老子、庄子、墨子、韩非、程颢、程颐,政治家、军事家姜子牙、商鞅、苏秦、李斯、刘秀、张良、司马懿、岳飞,文学家、艺术家杜甫、韩愈、白居易、李贺、李商隐、司马光、褚遂良、吴道子,科学家张衡、僧一行,医学家张仲景,佛学家玄奘等,还有现当代史上的抗日英雄吉鸿昌、杨靖宇,革命先辈邓颖超、彭雪枫、吴焕先、许世友,"县委书记的榜样"焦裕禄等。

"万姓同根,万宗同源"。河南是中华姓氏的重要发源地,当今的300个大姓中根在河南的有171个,依人口数量多少而排列的100个大姓中有78个姓氏的源头或部分源头在河南,有"陈林半天下,黄郑排满街"之称的海外四大姓氏也均起源于河南。

拓展阅读 2-7

豫见中国,老家河南

2017年2月,新版河南旅游宣传片《豫见中国,老家河南》发布。"豫见中国,老家河南"是继"壮美中原,老家河南""记忆中原,老家河南"后"老家"系列的第三部。"老家"系列已在央视累计播放2000余次,成功地在观众心目中刻画了文化厚重、风光秀美的河南旅游新形象。

这部名为《豫见中国,老家河南》的宣传片,时长7分37秒,是由河南省旅游局拍摄制作的新版河南旅游宣传片。该宣传片内容分为四个部分:遇见中国河、遇见中国字、遇见中国艺术、遇见中国功夫。四个部分深刻挖掘了中华文化的源头和最核心部分,充分体现了河南的文化软实力。同时,在拍摄过程中精心选取能够准确表达、生动反映出主题和立意的画面,并利用现代化的手段和制作技术,以具有冲击力的视觉效果展示了"老家河南"。

（资料来源：http://henan.sina.com.cn/city/csgz/2017-02-14/city-ifyamkzq1292937.shtml）

二、主要旅游城市介绍

（一）洛阳

洛阳，简称"洛"，别称"洛邑""洛京"。远在旧石器时代，已有先民在洛阳繁衍生息，禹划九州，河洛属古豫州。洛阳是华夏文明的重要发祥地、丝绸之路的东方起点、隋唐大运河的中心，历史上先后有13个王朝在洛阳建都。洛阳有5000多年文明史、4000多年城市史、1500多年建都史。

作为中国优秀旅游城市、全国园林城市，洛阳除了有二里头遗址、偃师商城遗址、东周王城遗址、汉魏故城遗址、隋唐洛阳城遗址五大都城遗址外，还有龙门石窟、白云山、老君山、鸡冠洞、龙潭大峡谷、关林、白马寺、重渡沟、龙峪湾国家森林公园、栾川抱犊寨景区、养子沟、伏牛山滑雪场、天池山国家森林公园、木札岭原始生态旅游区、神灵寨国家森林公园、黄河小浪底风景区、中国国花园等旅游景观。截至2018年年末，洛阳市共有A级旅游景区44处，其中4A级以上景区有26处。此外，洛阳市还组织有中国洛阳牡丹文化节、河洛文化旅游节等节日活动。

（二）郑州

郑州，简称"郑"，古称"商都"，河南省省会。郑州是华夏文明的重要发祥地、中国历史文化名城、"中国八大古都"之一、"国家六大遗址片区"之一。郑州历史上曾五次为都，为中华人文始祖轩辕黄帝的故里，各类文物古迹达10000余处。

郑州是中国优秀旅游城市，拥有历史人文景观众多，自然山水资源丰富。有世界文化遗产2处，登封"天地之中"历史建筑群和大运河（通济渠郑州段）；"天下第一名刹"禅宗祖庭少林寺；闻名全球的少林功夫；首批世界地质公园中岳嵩山；海内外华人的精神家园轩辕黄帝故里；我国现存最早的天文观星台；最古老的道教庙宇中岳庙；"中国四大书院"之一的嵩阳书院等。

拓展阅读 2-8

少林寺武术馆携手腾讯，"功夫+科技"助推文旅新发展

2018年12月21日上午，由嵩山少林寺武术馆和腾讯共同打造的全息互动功夫光影秀在嵩山少林寺武术馆演武厅内震撼首演，给游客们带来了耳目一新的感官体验。这是腾讯在与长城、故宫和敦煌达成战略合作后与少林文化的深度结合。少林寺武术馆与腾讯签订了"新文创项目合作框架协定"。双方整合优势资源，以少林传统文化为基点，运用"科技+文化+旅游"的新模式，开展相应的功夫主题策划、推广及营销活动。

在网络、科技手段日益发达的当下，传统文化的传播发扬需要不断采取新手段。此次

> 少林寺武术馆通过武术与科技结合的方式，吸引了更多民众，特别是年轻人对中国传统文化的关注目光，推动了传统文化的创新发展。
>
> 　　此次全息互动功夫光影秀是武术馆和腾讯开启新文创项目系列合作的首次尝试。此后，双方继续深挖少林功夫文化内涵，开展更加深入的互动合作。
>
> （资料来源：http://www.hnta.cn/Gov/News/s/2018-12/22509431112.shtml）

（三）开封

开封，古称"汴州""东京""汴京""汴梁"等，简称"汴"，地处中原腹地、黄河之滨。开封是首批国家历史文化名城、"中国八大古都"之一、著名的"八朝古都"。

开封具有"文物遗存丰富、城市格局悠久、古城风貌浓郁、北方水城独特"四大特色。作为"八朝古都"，开封迄今已有 4100 余年的建城史和建都史，先后有夏，战国时期的魏，五代时期的后梁、后晋、后汉、后周，北宋和金相继在此定都，孕育了上承汉唐、下启明清、影响深远的"宋文化"。宋朝都城"东京城"是当时世界第一大城市。开封是清明上河图的创作地，有着"琪树明霞五凤楼，夷门自古帝王州""八荒争凑，万国咸通""汴京富丽天下无""东京梦华"的美誉。此外，开封还是戏曲之乡，中国主要剧种之一豫剧即发源于此。开封的人文景观和自然风光交相辉映，拥有国家 5A、4A 级旅游景区 10 家，全国重点文物保护单位 19 处。中国开封清明文化节、中国开封菊花文化节的特色非常突出。

（四）安阳

安阳，简称"殷"或"邺"，是国家历史文化名城、"中国八大古都"之一、素有"七朝古都"之称、豫晋冀三省交界地区的区域性中心城市。

安阳是华夏文明和中华民族的重要发源地。早在 25000 年前旧石器时代晚期，先民就在此生活。远古传说时期"三皇五帝"中的颛顼、帝喾二帝先后在此建都。公元前 1300 年，商王盘庚迁都于殷（今安阳市区小屯一带），在此传八代十二王。三国两晋南北朝时，先后有曹魏、后赵、冉魏、前燕、东魏、北齐等在此建都。

安阳还是甲骨文发现地、司母戊大方鼎出土地、易经发源地。而盘庚迁都于殷、商王武丁中兴、奴隶傅说拜相、女将军妇好请缨、文王拘而演周易、西门豹投巫治邺地、蔺相如降生古相村、信陵君窃符救赵、项羽破釜沉舟、曹操邺城发迹、抗金名将岳飞精忠报国等名人轶事更是数不胜数。

安阳的人文景观和山水风光丰富，拥有殷墟和大运河滑县段 2 处世界文化遗产，殷墟、红旗渠·太行大峡谷 2 家国家 5A 级旅游景区，以及羑里城、曹操高陵、岳飞庙等 24 处国家级重点文物保护单位。

三、旅游线路产品开发

（一）旅游产品开发总体思路

适应大众旅游发展，优化旅游产品结构，推进中国功夫、古都文化、根亲文化国际旅游目的地和山地休闲、养生度假特色旅游目的地建设。坚持景观延续性、文化完整性、产业集聚性原则，依托丰富的人文资源、自然资源和便利的交通运输体系，连接重要旅游城市和品牌景区，打造黄河华夏文明旅游线路、中国功夫体验旅游线路、中国古都文化旅游线路、中国姓氏寻根旅游线路、丝绸之路河南探访旅游线路、游河南·知中国研学旅游线路、中原山水生态休闲度假旅游线路、薪火相传红色旅游线路、老家记忆民俗旅游线路九大精品旅游线路。

案例 2-5

> **"春满中原 老家河南"，欢迎全球华人回"老家"过大年**
>
> 　　2019 年 1 月 12 日上午，河南省文化和旅游厅举办的"春满中原 老家河南"主题系列活动在郑州市紫荆山公园等 6 个地方全面启动。启动仪式分为 1 个主会场和 5 个分会场，除郑州主会场外，另外 5 个分会场分别在兰考东坝头张庄、世界文化遗产安阳殷墟、商丘汉文化旅游区芒砀山、驻马店生态旅游示范区老乐山和三门峡民俗文化区地坑院。12 日和 13 日，一系列精彩纷呈的文旅活动将在这些地方同时上演。
>
> 　　活动突出了三个特点：一是渲染"喜"的氛围。通过"春满中原"系列主题活动、优秀主题文艺演出和"红色文艺轻骑兵走基层"活动、"红红火火过大年"非物质文化遗产展示展演活动、"过大年回老家"等系列活动，努力在中原大地营造欢乐喜庆的节日气氛。二是展示"新"的气象。将陆续推出"十大村晚""十大读书""十大展览""十大公益演出""十大数字文化""十大讲座""十大非遗展示"等主题活动，开展各类公共文化活动 5.8 万场以上，举办各类非遗展演展示活动 1836 场次。三是亮出"惠"的本色。策划了文化游、民俗游、山水游、冰雪游、温泉游、功夫游、红色游、乡村游八大主题线路，238 个景区推出了门票免费或优惠举措，100 余家文化企业拿出了惠民实招，一批名人名家、名戏名曲将走进 14 个县 20 个贫困村慰问演出，让节日文化旅游更加亲民、更加惠民。
>
> （资料来源：http://www.hnta.cn/Gov/News/s/2019-01/12079206101.shtml）
>
> **思考**："春满中原 老家河南"主题活动的三个特点对其他地区有哪些借鉴意义？
>
> **分析**：春节假期是旅游旺季，各地要结合地方特色推出特色旅游产品，以吸引全国各地游客。

（二）旅游线路产品实例

1. 产品名称

"牡丹花开·霓裳倾城"赏花之行——河南洛阳、开封、郑州双飞 4 天游

2. 行程特色

（1）赏花色·旅拍洛阳　精选牡丹园寻芳，赠送情景美照必备神器牡丹扇一把和牡丹丝巾一条。

（2）弄花姿·汉服赴古城　换装精美汉服，广袖翩翩游洛邑古城，了解华夏文明，梦回

千年。

(3) 绘花开·艺术初体验　探访平乐牡丹文化村，赏牡丹绘画，亲手绘出属于自己的"牡丹真国色"。

(4) 品花茗·解芳香密码　非遗传承地牡丹香坊，专家讲解香文化，参与牡丹香牌DIY，品花茶，听牡丹古颂，沐心养性，享浮生闲逸。

(5) 豫舌尖·盛唐皇家味　品"洛阳三绝"之一的武皇水席，跟随舌尖重回大唐盛世。品河南特色风味河南烩面，尝开封小宋城小吃风味开封灌汤小笼包。

3. 行程安排

第1天：广州—郑州—洛阳

从广州乘坐飞机前往郑州（飞行约2.5小时），抵达后乘车赴"千年帝都，牡丹花城"洛阳（车程约2小时）。然后，游览"中国三大石窟"之一的龙门石窟（游览约2小时，含景区内环保车费用，含耳机讲解）。晚餐后入住酒店。

龙门石窟是中国石刻艺术宝库，保存着从北魏晚期延绵至唐代400余年间大规模营造和精雕细琢的佛像，令人叹为观止。瞻仰6层楼高的卢舍那大佛，传说这尊卢舍那大佛的面容就是武则天的面容。

第2天：洛阳一地游

早餐后，乘车赴牡丹园（游览约2小时），会依照花开开放情况选择游览隋唐植物园、中国国花园、神州牡丹园、国家牡丹园、国际牡丹园其中之一。千姿百态、万紫千红的牡丹观赏区让您真正领略"花如海、人如潮""天下真花独牡丹"那壮丽的花王风采。然后，游览世界文化遗产定鼎门遗址（游览约40分钟），之后游览洛邑古城和非物质文化遗产传承地牡丹香坊，穿汉服，听导游讲解香文化，亲身体验香牌的制作（游览+制作约3小时）。晚餐后入住酒店。

第3天：洛阳—开封

早餐后，乘车赴隋唐洛阳城遗址公园和天堂明堂（车程约3小时，参观约1.5小时），跟随跑男的脚步赏隋唐遗址，晓武周历史，观近景演出，享盛世繁华，重新了解一代女皇波澜壮阔的一生。明堂景区，为您展现盛世之美，体验穿越之风。午餐后，乘车赴洛阳平乐牡丹文化村（车程约30分钟，参观制作约2小时），欣赏红红火火的牡丹画，了解牡丹绘画状况，品评牡丹绘画作品，并亲手作画。活动结束后，乘车赴中国历史文化名城、"中国八大古都"之一开封（车程约3小时）。历史上的开封有着"琪树明霞五凤楼，夷门自古帝王州""汴京富丽天下无"的美誉。晚餐后入住酒店。

第4天：开封—郑州—广州

早餐后，游览开封府（参观约1小时），后乘车前往开封人的待客厅小宋城（自由活动约1小时），可自行品尝当地小吃，尽享吃货天堂。游览结束后，乘车赴新郑国际机场（车程约1.5小时），乘机返回广州温馨的家（飞行约2.5小时），结束愉快的河南之旅。

4. 费用说明

（1）费用已含：旅行社代订飞机票等城市间交通费用、旅游观光汽车费用、住宿费、餐费、包价项目景点（区）的第一道门票费、导游服务费（导游服务费含全陪/地陪，标准为12周岁及以上人士40元/人，儿童20元/人，婴儿免收）。

（2）儿童收费：2～11周岁的执行儿童收费标准，此收费提供机位、车位、餐位及景点第一道门票半票（若超过身高标准要求，请在当地自行补足门票、环保车及缆车等景区内交通差价），不提供住宿床位。

（3）门票优惠：此行程为旅行社综合包价产品，客人若持学生证、军官证等有效证件享受门票优惠，旅行社将按照采购价在团费中退减相应门票差价。

5. 行程标准

（1）本团10人成团，16人派全陪导游，此团可能与正价团队拼团一起出发。

（2）住宿：全程入住豪华酒店，每成人每晚1个床位，入住双人标间。酒店住宿若出现单男/单女，旅行社会安排同团的同性团友与其拼住，若无其他同性单男/单女人员则安排加床（折叠床/钢丝床）；若客人无法接受旅行社安排或旅行社无法安排的，则须补房差入住双人标间。

（3）用餐：含5正餐和3早餐（酒店房费含早餐），4正餐30元/人；赠送1特色餐——武皇水席宴，价值980元/桌（挂牌价），若个别客人因自身原因不能享用特色餐，或因不可抗力等原因无法享用特色菜，无任何费用可退，敬请谅解。正餐八菜一汤不含酒水（10～12人/桌，人数未达到一桌的，将对菜式或数量作出相应的调整或减少）；餐饮风味、用餐条件各地有一定的差异，请大家有所心理准备。

（4）用车：全程地接用车将根据团队人数安排9～55座旅游空调车，保证每人1个正座，全车预留4个或以上空位。

（资料来源：广之旅官网，http://www.gzl.com.cn/domestic/402880245a426e4f015a8285 f8337850.html）

第五节　湖南、湖北旅游产品开发

一、区域旅游资源概况

湖南，简称"湘"，省会长沙，位于我国中部、长江中游，因大部分区域处于洞庭湖以南而得名"湖南"，因省内最大河流湘江流贯全境而简称"湘"。湖南自古盛植木芙蓉，五代时就有"秋风万里芙蓉国"之说，因此又有"芙蓉国"之称。全省总面积为21.18万平方千米。

湖北，简称"鄂"，省会武汉，位于我国中部，东邻安徽，南界江西、湖南，西连重庆，西北与陕西接壤，北与河南毗邻。全省土地总面积为18.59万平方千米。

（一）自然旅游资源

1. 湖南自然旅游资源

湖南地貌类型多样，以山地、丘陵为主，大体上是"七山二水一分田"，其中山地面积占全省总面积的51.2%，丘陵及岗地占29.3%，平原占13.1%，水面占6.4%。湖南三面环山，形成了从东南西三面向东北倾斜开口的不对称马蹄状，境内最低点是临湘市的黄盖湖，海拔24米，最高点是石门境内的壶瓶山，海拔2099米。有国家地质公园14个。

湖南山清水秀，河网密布，水系发达，5千米以上的河流有5341条，淡水面积达1.35万平方千米，洞庭湖是全国第二大淡水湖，湘江、资水、沅水和澧水四大水系覆盖全省，其中湘江是长江七大支流之一，全省天然水资源总量为南方九省之冠。湖南属亚热带常绿阔叶林带，植被丰茂，四季常青。2019年，已批准建设自然保护区有180个。

湖南生物资源丰富多样，是全国乃至世界珍贵的生物基因库之一，有华南虎、云豹、白鹤等18种国家一级保护动物；有种子植物约5000种，数量居全国第7位，其中包括水杉、珙桐、绒毛皂荚等国家保护珍稀野生植物55种，占全国总量的17.7%。

湖南古有"潇湘八景"（即潇湘夜雨、平沙落雁、烟寺晚钟、山市晴岚、江天暮雪、远浦归帆、洞庭秋月、渔村夕照），现有张家界武陵源风景区、邵阳崀山丹霞地貌2处世界自然遗产、22个国家级风景名胜区、7个5A级景区。其中，张家界武陵源风景区被联合国教科文组织列入《世界文化和自然遗产名录》，而南岳衡山则是"中华五岳"之一。

2. 湖北自然旅游资源

湖北处于中国地势第二级阶梯向第三级阶梯过渡地带，湖北省地势呈三面高起、中间低平、向南敞开、北有缺口的不完整盆地。地貌类型多样，山地、丘陵、岗地和平原兼备。号称"华中屋脊"的神农架在湖北省西部，其最高峰神农顶海拔达3106.2米；此外，湖北省西、北、东三面被武陵山、巫山、大巴山、武当山、桐柏山、大别山、幕阜山等山地环绕，山前丘陵、岗地广布，中南部为江汉平原。湖北素有"千湖之省"之称。境内湖泊主要分布在江汉平原。纳入全省湖泊保护名录的湖泊755个，水面面积100平方千米以上的湖泊有洪湖、长湖、梁子湖、斧头湖。

湖北山川秀美，自然风景独特，境内驰名世界的自然风景名胜有雄伟壮丽的长江三峡、古奥莫测的原始森林神农架、联合国"人与生物圈保护区网"成员1家、国家级风景名胜区7个、国家级森林公园37个、国家级地质公园4个、国家级自然保护区8个。

（二）人文旅游资源

1. 湖南人文旅游资源

湖南是华夏文明的重要发祥地之一。相传炎帝神农氏在此种植五谷、织麻为布、制作陶器，坐落于株洲市的炎帝陵成为凝聚中华民族的精神象征；舜帝明德天下，足历洞庭，永州九嶷山为其陵寝之地。湖南境内历史遗存众多，出土和发现的澧县城头山古城遗址、里耶秦简、走马楼三国吴简以及凤凰古南方长城、岳麓书院、岳阳楼，是湖南悠久历史的浓缩与见证。其中，出土于宁乡黄材镇的四羊方尊，是目前世界上发现的最精美的商代青铜器，也是中国现存最大的商代青铜方尊；出土于桃源县漆家河的商代皿方罍，是迄今为止出土的方罍中最大、最精美的一件，堪称"方罍之王"；湘西龙山出土的里耶秦简，是继秦始皇陵兵马俑之后秦代考古的又一重大发现。特别是长沙马王堆汉墓的发掘更是震惊世界，出土的素纱禅衣薄如蝉翼，仅重49克；长眠其中已2100多年的辛追夫人尸身在出土后仍保存完好，被誉为"世界第八大奇迹"。悠久的历史孕育了灿烂的文化，湖南自古有"古道圣土""屈贾之乡"和"潇湘洙泗"的美誉。

目前，湖南省有长沙、岳阳、凤凰、永州4座国家级历史文化名城，有秋收起义文家市会师旧址、洪江古建筑群等228处全国重点文物保护单位。其中，炭河里遗址是已知南方地区最早的西周城址。湖南自古崇文重教，书院最多时达280所，宋代以来，尤以长沙岳麓书院、衡阳石鼓书院闻名遐迩；19世纪末创立于长沙的时务学堂，开近代书院制度改革和新式学堂设立的风气之先。湖南民俗多姿多彩，湘绣、滩头木版年画、皮影戏、江永女书等118项民俗艺术被列为国家非物质文化遗产项目，花鼓戏、湘昆、湘剧、祁剧和常德丝弦等民间歌舞享誉中外；湘西苗族的巫傩文化、德夯苗寨风情、以茅古斯和摆手舞为特色的土家情调等民俗别具一格；湘菜源远流长，早在汉朝就已形成菜系，是汉族饮食文化八大菜系之一。

湖南人文荟萃，英才辈出，曾经有过"惟楚有材，于斯为盛"的鼎盛气象，还有"伟人故里""将帅之乡""革命圣地""红色摇篮"之称。

2. 湖北人文旅游资源

湖北省位居华中腹地，是中华民族灿烂文化的重要发祥地之一。在湖北郧县（今郧阳区）等地考古发现的远古时代郧阳人、长阳人化石表明，早在七八十万年前，我们的祖先就在这块土地上辛勤劳作，繁衍生息，创造了光辉灿烂的历史文化。中华民族的始祖炎帝的故里在湖北。春秋战国时期的楚国在长达800年的历史中，创造了楚文化。湖北还具有光荣的革命传统。从武昌起义到新中国成立，湖北为中国革命胜利作出了重要贡献。

湖北名胜古迹众多，有世界文化遗产2处——武当山及明显陵，有武汉、荆州、襄阳、随州、钟祥5座中国历史文化名城，国家级文物保护单位89处，楚城遗址5座，楚文化遗址73处，三国古战场遗址及陈迹140多处。湖北还有屈原出生地秭归县、铜绿山古矿冶遗址、商代的盘龙城、"江南三大名楼"之一的黄鹤楼，以及明代伟大医药学家李时珍的故里蕲春县、武当山的道教建筑群及武术、汉文化代表的兴山县王昭君故里。此外，还有被誉为"东方奇迹"的曾侯乙编钟、越王勾践剑等，目前馆藏于湖北省博物馆。

拓展阅读 2-9

当"诗和远方"走到一起——培育荆楚文旅融合新业态

2018年4月，在参观湖北省博物馆精品文物展时，习近平总书记指出，荆楚文化是悠久的中华文明的重要组成部分，在中华文明发展史上的地位举足轻重。《政府工作报告》提出，要推动文化与旅游深度融合，大力发展文旅产业。2018年11月16日，新组建的湖北省文化和旅游厅挂牌。当"诗和远方"走到一起，将碰撞出怎样的火花？

炎帝神农文化、楚文化、三国文化、红色文化……璀璨的荆楚文化与旅游融合，将催生新业态，焕发新生机，带来新机遇。湖北作为文化大省、旅游大省，通过"抓转化"，将把全省文物、非遗、演艺、文创等文化资源变成旅游资源，把文化产品变成旅游产品；通过"抓提升"，赋予现有景点、景区旅游产品更多的文化内涵，提升其文化品质；通过"抓创新"，打造一批新的荆楚文化和旅游融合发展示范项目。

在实践中，要推动文物"活起来"。将各类文物资源要素纳入全省文化旅游信息数据平台并有效整合，为多规合一的编制实施、文旅资源的统筹保护与利用、文物景点的宣传推介等提供基础性支持。而且，要发挥全省文博创意产品开发联盟和国家智慧文博新融合产业基地的作用，深度参与"互联网+中华文明"行动计划，积极推进文博创意产品开发，培育形成体现荆楚特色的文化创意类旅游纪念品。同时，加快形成文化传播和旅游推广合力，更好地展示湖北形象，彰显荆楚文化影响力。

而要想做好荆楚文化的保护和传承工作，则要坚持创造性转化、创新性发展，不断激发荆楚文化遗产传承的活力。据介绍，湖北省文化和旅游厅将大力实施荆楚大遗址传承发展工程。从2019年到2023年，用5年时间，围绕"人类起源""文明起源""楚文化""三国文化""土司文化""红色文化""荆楚名人"等主题，建成开放的国家考古遗址公园和湖北省文化遗址公园不少于20个，使大遗址保护管理能力和水平得到显著提升，荆楚大遗址传承发展体系基本形成，打造中国大遗址保护南方示范区。

具体，将开发"楚文化游""三国文化游""红色荆楚游"等荆楚大遗址优质旅游产品，发展全域旅游，助力脱贫攻坚；以荆楚大遗址为核心素材，研发荆楚特色文创产品，壮大文化产业；推动遗址公园建设与休闲农业、康养基地、特色小镇建设的融合。

此外，还将实施传统工艺振兴计划，加强荆州传统工艺工作站建设；扎实推进文化生态保护实验区建设；实施中国非遗传承人群研培计划，继续做好国家级、省级非遗代表性传承人抢救性记录工作，广泛开展"非遗进校园、进社区、进景区"系列活动。

（资料来源：http://lyw.hubei.gov.cn/news/lyyw/20190118/news-120220.html）

二、主要旅游城市介绍

（一）湖南主要旅游城市

1. 长沙

长沙，湖南省省会，是长江中游地区重要的中心城市。长沙是首批国家历史文化名城，历经3000年城名、城址不变，有"屈贾之乡""楚汉名城""潇湘洙泗"之称，凝练出"经世致用、兼收并蓄"的湖湘文化。存有马王堆汉墓、四羊方尊、三国吴简、岳麓书院、铜官窑等历史遗迹。而且，长沙既是清末维新运动和旧民主主义革命策源地之一，又是新民主主义的发祥地之一。

2. 张家界

张家界位于湖南省西北部，原名大庸市，辖2个市辖区（永定区、武陵源区）、2个县（慈利县、桑植县），是湘鄂川黔革命根据地的发源地和中心区域。

张家界因旅游建市，是中国最重要的旅游城市之一。武陵源风景区拥有世界罕见的石英砂岩峰林峡谷地貌，由中国第一个国家森林公园张家界国家森林公园和天子山自然保护区、索溪峪自然保护区组成，风景区面积达 369 平方千米，是中国首批世界自然遗产、中国首批世界地质公园、国家首批 5A 级旅游景区。而"武陵之魂"天门山国家森林公园、"世界罕见的物种基因库"八大公山国家级自然保护区、道教圣地"南武当"五雷山、"百里画廊"茅岩河、万福温泉等景区，也都景色秀美、风光独特。贺龙故居、湘鄂川黔革命根据地省委旧址是全国重点文物保护单位，普光禅寺、玉皇洞石窟群、老院子等 8 处人文古迹是省级重点文物保护单位。

3. 湘西土家族苗族自治州

湘西土家族苗族自治州，是湖南省唯一的少数民族自治州。湘西历史悠久，文化灿烂，辖区内有首批国家历史文化名城凤凰县，2015 年入选首批国家全域旅游示范区。州内人文古迹众多，老司城及其周边有大量的自然景观及人文景观遗迹。湘西也是武陵文化的发源地之一。

4. 岳阳

岳阳，古称"巴陵"，又名"岳州"，公元前 505 年建城，是一座有着 2500 多年悠久历史的文化名城。岳阳人文深厚、风景秀丽，集名山、名水、名楼、名人、名文于一体，是中华文化重要的始源地之一。

岳阳为江南最早的古城之一，以"洞庭天下水、岳阳天下楼"著称于世。境内有岳阳楼、君山岛、灵雾山、屈子祠、铁山水库、大云山国家森林公园、张谷英古建筑群等风景名胜 193 处，有平江起义纪念馆、任弼时纪念馆等革命文物纪念地 22 处。

岳阳市主要旅游资源品位高，知名度大。岳阳市拥有 1 处纳入联合国"国际湿地公约"的重要湿地、2 个 5A 级风景旅游度假区、1 个国家级自然保护区、1 个世界非物质文化遗产、2 处国家重点风景名胜区、3 个国家级森林公园、6 处国家重点文物保护单位。

（二）湖北主要旅游城市

1. 武汉

武汉，别称"江城"，位于长江中游，湖北省省会。市区由隔长江和汉水鼎立的武昌、汉口、汉阳三镇组成。龟山和蛇山雄踞大江南北，两山对峙使武汉成为长江中游的咽喉和南北交通枢纽，素有"九省通衢"之称。武汉历史悠久，自商周、春秋、战国以来即为重要的古城镇，盘龙城为中国最古老的城市之一。宋、元、明、清以来就是全国重要名镇。武汉是革命的城市。辛亥革命的开端武昌起义、"二七"大罢工、"八七"会议等都发生在这里。现存的革命遗址、名胜古迹有武昌起义军政府旧址、"二七"罢工旧址、"八七"会议会址、向警予和施洋烈士墓及胜象宝塔、洪山宝塔、归元寺、黄鹤楼、东湖风景名胜区等。1986 年 12 月，武汉被国务院公布为第二批国家历史文化名城。

2. 宜昌

宜昌，古称"夷陵"，位于湖北省西南部、长江上中游分界处，建制历史逾 2000 年。宜昌依长江而建，是三峡大坝、葛洲坝等国家重要战略设施所在地，被誉为"世界水电之都"。

宜昌市境内有三峡大坝旅游区、三峡人家风景区、清江画廊度假风景区、屈原故里文化旅游区、三游洞、白马洞、桃花村、黄陵庙、金狮洞、白果树瀑布、晓峰悬棺、猇亭古战场、高岚风光、三国古战场、玉泉寺等众多历史文化古迹和风景名胜。

3. 十堰

十堰市是鄂、豫、陕、渝毗邻地区的区域性中心城市，是鄂西生态文化旅游圈的核心城市。十堰市是一座山城，是"中国优秀旅游城市"，是世界文化遗产著名道教圣地武当山、南水北调中线工程调水源头丹江口水库、东风商用车有限公司总部所在地。

4. 荆州

荆州位于湖北省中部偏南，地处长江中游，江汉平原西部，南临长江，北靠近汉水，西控巴蜀，南通湘、粤，又称"江陵"。从春秋战国时的楚国到五代十国时的荆南（南平），先后有34位帝王在此建都，历时515年。秦置南郡，汉置荆州刺史部，唐为江陵府，明、清为荆州府治所，是中国历史上的名城重镇。江陵地理位置重要，水陆交通方便，三国时诸葛亮称它"北据汉沔，利尽南海，东连吴会，西通巴蜀"，为历代兵家必争之地。荆州气候温和，物产丰富，经济发达，是长江流域的重要商业城市。荆州城内的古物古迹很多，著名的古迹有楚纪南故城遗址、八岭山古墓群、明代城垣，以及元妙观、太晖观等古建筑。1982年2月，荆州被国务院公布为第一批国家历史文化名城。

5. 襄阳

襄阳位于湖北省西北部，汉水中游，为中国历史悠久的地区之一。远在60万年前，人类已在此繁衍生息。襄阳以地处襄水（今南渠）之阳而得名。襄阳筑城于汉初。自东汉献帝初平元年（190年）荆州牧刘表徙治襄阳开始，襄阳历来为府、道、州、路、县治所。襄阳交通发达，自古即为交通要辏，素有"南襄隘道""南船北马""七省通衢"之称，历来为南北通商和文化交流的通道。襄阳文物资源丰富，园林较多，城西的隆中山为"三顾茅庐""隆中对"的发生地，现有邓城故地、鹿门寺、夫人城、隆中诸葛亮故居、广德寺多宝佛塔、襄阳王府绿影壁、米公祠、杜甫墓、习家池等胜迹。1986年12月，襄阳被国务院公布为第二批国家历史文化名城。

6. 钟祥

钟祥位于湖北省中部，汉江中游，国家历史文化名城，是楚文化发祥地之一，有文字记载历史长达2700余年。钟祥在春秋战国时期称郊郢，系楚国陪都；在明朝嘉靖年间升为全国三大直辖府之一承天府所在地。钟祥有"大地博物馆"的美称。悠久的历史孕育了光辉灿烂的楚文化，造就了楚辞文学家宋玉、楚歌舞艺术家莫愁女等一批在历史上产生深远影响的人物；明嘉靖皇帝曾发迹于此，构筑全国最大的单体帝陵显陵和气势恢宏的明代建筑群。

钟祥是中国优秀的旅游城市，旅游资源丰富，有世界文化遗产——明显陵，原名献陵，是明嘉靖皇帝的父亲朱祐杬和母亲蒋氏的合葬墓，是中南六省唯一的一座明代帝陵；还有国家级大洪山风景区，国家级大口森林公园等自然景观，特别是黄仙洞2万余平方米的喀斯特地貌，为世界罕见之景观。

三、旅游线路产品开发

(一)湖南旅游产品开发总体思路

湖南立足于区位优势,挖掘旅游资源特色,主动融入和对接"一带一路"战略、长江经济带战略和国家扶贫攻坚战略,加强区域旅游合作,以打造长(沙)岳(阳)湖湘文化旅游走廊、张(家界)崀(山)桂(林)旅游走廊和郴(州)广(州)旅游走廊为重点突破,带动 12 个旅游功能区规划建设的整体推进,加快构建以长沙市为中心,以张家界市为龙头,以岳阳市、怀化市、郴州市为增长极,以"一带(湘江旅游带)四圈(长株潭、环洞庭湖、大湘西、大湘南)"为骨架的区域旅游发展格局,着力打造 19 条精品旅游线路,其中,省级精品旅游线路 8 条、跨省精品旅游线路 6 条、跨境精品线路 5 条。

(1)省级精品旅游线路。世界遗产精品旅游线路(长沙—武陵源—老司城—崀山)、张吉怀生态文化精品旅游线路(长沙—常德—张家界—吉首—凤凰—怀化—邵阳)、湘南寻根祭祖精品旅游线路(长沙—南岳—炎帝陵—舜帝陵)、湘东红色文化与休闲精品旅游线路(长沙—平江—浏阳—醴陵—攸县—茶陵—炎陵—桂东—汝城)、湘中大梅山文化精品旅游线路(双峰—涟源—冷水江—新化—隆回—溆浦—安化—桃江)、湘北环洞庭湖生态文化度假精品旅游线路(岳阳—益阳—常德)、伟人故里"红三角"精品旅游线路(韶山—花明楼—乌石)、湘江生态精品旅游线路(永州—衡阳—湘潭—株洲—长沙—岳阳)。

(2)跨省精品旅游线路。京广高铁精品旅游线路(北京—石家庄—郑州—武汉—岳阳—郴州—广州—深圳)、沪昆高铁精品旅游线路(上海—杭州—南昌—株洲—怀化—贵阳—昆明)、长江黄金水道邮轮线路(上海—南京—芜湖—九江—武汉—岳阳—宜昌—重庆)、湘鄂赣红色文化旅游线路(井冈山—株洲—湘潭—长沙—武汉)、张吉怀桂山水民族精品旅游线路(张家界—吉首—凤凰—怀化—桂林)、湘赣闽红色文化与生态休闲精品旅游线路(郴州—赣州—瑞金—龙岩—漳州—厦门)。

(3)跨境精品旅游线路。邮轮度假精品旅游精品线路(日韩—长江—岳阳—长沙)、红色文化休闲精品旅游线路(俄罗斯—北京—长沙—韶山)、观光与民俗体验精品旅游线路(韩国—张家界—凤凰)、海外同胞寻根祭祖精品旅游线路(东南亚—港澳台—株洲—永州)、观光度假精品旅游线路(港澳台—衡阳—长沙—张家界—凤凰)。

拓展阅读 2-10

湖南凭这些登上全球旅游目的地榜单

锦绣潇湘,魅力无限,湖南旅游正逐步走向世界。2019 年 1 月 17 日召开的湖南省文化和旅游局长会议上,"湖南入选《孤独星球》全球十大最物超所值旅行地"这项荣誉,被列为全省 2018 年文化和旅游工作十大亮点之一。

三湘大地处处是景，季季有景

"这儿是毛泽东的出生地，风景迷人。喀斯特山峰如塔似林，中国最神奇的国家公园张家界森林公园在绿色的山谷中巍然耸立；人们在自然奇观中创造了梯田，那里独有的文化令人目不暇接……"

全球最权威的旅行指南《孤独星球》对湖南的描述娓娓道来。2018年，湖南入选《孤独星球》全球十大最物超所值旅行地，是中国唯一获此殊荣的省份。

湖南是旅游资源大省，全省有70个旅游资源重点县（市、区），占到全省122个县级行政区总数的57.38%。

"相比北京、上海等都市，湖南的自然美景震撼人心，特别是张家界，相信法国人民都会喜欢。"2018年湖南国际旅游节期间，法国旅行商卡纳达等业界人士点赞湖南。

挖掘湖南旅游资源优势，近年来，以"锦绣潇湘"为品牌的全域旅游基地建设正如火如荼。目前，全省实施在建重点旅游项目有387个，总投资达6001.15亿元，累计完成投资达1631.46亿元。

过去，外籍游客旅湘，只有韶山、马王堆、橘子洲"老三样"和岳阳楼。随着崀山、东江湖、桃花源、铜官窑旅游度假区等一批重点景区和大型文旅项目被逐渐推向市场，湖南旅游频添新名片。全省现有张家界、崀山、老司城3处世界遗产；有A级景区393家，其中5A级景区9家、4A级100家；还有407家星级饭店，万豪、希尔顿、洲际等一批国际品牌旅游饭店也纷纷落户湖南。

从景点到全域，三湘大地处处是景、季季有景。村庄、田园、茶园、水库，正变身为旅游目的地；乡村游、红色游、研学游、生态游、工业游等业态层出不穷；地球仓、飞行体验馆、自驾营地等旅游新场景，让游客直呼"玩得刺激、住得新奇"。

2018年，全省接待国内外旅游者达7.53亿人次，比上年增长12.5%。各种跨界融合的旅游产品，引来了大量海内外游客，他们愿意花更多时间在湖南旅行。

创新营销，提升旅游品牌的国际影响力

2018年，新版湖南形象宣传片《青春湖南》*This is Hunan* 刮起阵阵旋风；《锦绣潇湘 伟人故里——湖南如此多娇》旅游宣传片，登陆中央电视台，湖南借此向全球游客发出热情的邀请。

以"开放主题年"为契机，2018年湖南省大力开展以"锦绣潇湘"为总体品牌的系列推广活动。该活动以国际直航城市为重点，组织到27个国家和地区开展"锦绣潇湘"走进"一带一路"文化旅游合作交流系列活动60场次，邀请17个国家和地区300名境外旅行商与媒体来湘考察，实施"湖南入境旅游全球战略合作伙伴计划"，加快构建全域旅游开放发展新格局。

数据显示，2018年前三季度，湖南省接待外国游客同比增长达30%以上的国家有韩国、日本、美国、泰国、英国、越南、德国等国家；2018年全年接待入境旅游者达365.08万人次，同比增长13.14%。

> "不断通过事件、节会、网络等方式展开创新营销,坚持'走出去'与'请进来'相结合,吸引更多境内外游客来到湖南。"省文化和旅游厅厅长陈献春介绍,湖南要以世界眼光看湖南,提升"锦绣潇湘"旅游品牌的国际影响力,推动湖南省从内陆大省向开放强省转变。
>
> 湖南省旅行社协会牵头研发并推出了10条针对香港市民的精品旅游线路。省旅行社协会会长左毅介绍,以湖南至香港高铁开通为契机,将邀请香港永安等重点旅行社来湘踩线,在湘南板块推出一款"花田喜宴"产品。这款产品主题鲜明,有赏花、有祈福、有互动,专门为香港市民"烹制"。左毅说:"突出文创引领,旅游产品才能更好地对接市场。"
>
> (资料来源:http://lfw.hunan.gov.cn/xxgk_71423/gzdt/mtjj/201901/t20190123_5265324.html)

(二)湖北旅游产品开发总体思路

湖北按照"旅游核心景区、旅游风情小镇、旅游度假基地、旅游中心城市"四位一体模式,打造十大新型旅游区,让游客体验"在景"观光、"出门"享受综合服务、"入镇(村)"休闲度假、"进城"集散的旅游消费模式。

(1)武汉商贸休闲旅游区。以黄鹤楼、东湖5A级景区为核心吸引景区,利用武汉的绝佳区位,整合武汉都市资源、武汉大学、省博物馆、东湖人文自然资源等,打造集国际商务、滨湖休闲、文化体验、研学旅游于一体的城市综合旅游区。

(2)三峡国际度假旅游区。以三峡大坝、三峡人家5A级景区为核心吸引景区,整合宜昌市及周边众多旅游区,打造集水电观光、山水游赏、文化体验、生态度假于一体的世界著名水电主题度假旅游区。

(3)神农架生态体验旅游区。以神农架5A级景区为核心吸引景区,整合周边山水资源、乡村资源,结合林区首府松柏镇,打造集生态休闲、山水观光、养生度假、文化创意于一体的神农架复合型旅游区。

(4)武当·太极湖国家旅游度假区。以武当山5A级景区和太极湖国家旅游度假区为核心吸引景区,整合周边山水资源、乡村资源,打造集道文化深度体验、山水观光、养生度假、汽车主题旅游于一体的世界一流山水养生旅游区。

(5)襄阳文化休闲旅游区。以古隆中景区为核心吸引景区,整合襄阳古城、鱼梁洲、碧水汉江、岘山等优势资源,整体开发沿汉江旅游资源,打造集文化体验、文化娱乐、养生度假、山水观光于一体的复合型旅游区。

(6)清江生态民俗旅游区。以长阳清江画廊、恩施大峡谷5A级景区为核心吸引景区,整合周边乡村资源,融合土家民俗资源,打造集生态观光、民风体验、休闲养生、文化体验于一体的原乡生态文化旅游区。

(7)荆州荆楚文化旅游区。以荆州古城、楚纪南城遗址为核心吸引景区,以楚文化、三国文化为内涵,整合周边生态、乡村旅游资源,打造集文化休闲、创意体验、乡村休闲、湖泊度假于一体的荆楚文化复合型旅游区。

(8)大洪山生态休闲旅游区。加快打造核心吸引景区,以生态休闲为主题,整合周边乡村、湖泊、河流等资源，加强随州、荆门区域合作，打造集山水生态休闲、佛教文化养生、乡村休闲度假于一体的大洪山休闲养生旅游区。

（9）咸宁温泉休闲养生旅游区。以咸宁新区温泉群为核心吸引景区，整合温泉文化、桂月文化、嫦娥文化等资源，打造国际温泉休闲养生旅游目的地，打造集夜游、夜购、夜浴、夜演、夜宴、夜娱于一体的中国月光旅游区。

（10）大别山红色生态旅游区。以龟峰山、天堂寨、大别山主峰为核心吸引景区，整合大别山区域山地生态、红色文化资源，打造集山地运动、红色文化创意、研学旅游于一体的山地生态文化创意旅游区。

拓展阅读 2-11

灵秀湖北开辟全域旅游新天地

知音湖北，楚楚动人；绿色发展，旅游先行。全域旅游是新时代旅游高质量发展的新篇章，湖北省以"推进规划统筹布局、推进资源统筹利用、推进设施统筹配套、推进产业统筹融合、推进品牌统筹创建、推进市场统筹营销、推进民众统筹共享、推进发展统筹合力"的"八推进八统筹"为着力点，以16个国家全域旅游示范区、17个省级全域旅游示范区创建单位为龙头，促进全域旅游发展，取得良好成效，一幅全域旅游新画卷徐徐展开。

全域旅游适应的是大众化旅游时代，构建的是景点旅游与非景点旅游并存的格局，提供的是观光游、休闲游、度假游等复合型旅游产品，满足的是团队、自助、自驾游等多样化旅游需求。推进全域旅游是我国新阶段旅游发展战略的再定位，是一场具有深远意义的变革，最终实现从小旅游格局向大旅游格局转变。

湖北大力实施"旅游+""+旅游"战略，推动旅游与农业、林业、水利、工业、文化、教育、科技、体育、健康养生等有机融合，以融合裂变新业态、新产品。大冶市龙凤山庄园是以农业种植、养殖、加工为主要内容的体验式景区，2017年接待游客75万人次，旅游综合收入达1.3亿元，其中60%来自旅游消费收入，30%来自农副产品加工售卖收入，10%来自种植业收入，带动周边种植万余亩，吸收周边2000多户农民入社，成为农旅融合的榜样。宣恩县伍家台茶场，万亩茶园变公园后被建为国家4A级旅游景区，每年茶叶产品销售收入2000万元，旅游观光收入则达到2500万元，成为茶旅融合的旗帜；黄石市是中国老工业基地，现在追求的是"最美工业旅游城市"，成为工旅融合的代表。

旅游业在精准扶贫方面也大显身手。武汉市黄陂区旅游业带动了15万农民吃上了"旅游饭"，景区周边50多个村从过去的贫困村一跃成为全区最富裕的山村，带动1.5万人脱贫。恩施州通过全域旅游规划，把全州八县市旅游资源进行重点保护、规划，相关公共设施统筹规划建设，全州旅游带动了一产、二产的快速发展。英山县县长田洪光深有体会地说，发展全域旅游是促进英山整个经济社会发展的一个非常重要的抓手，已成为带动县域经济发展的重要引擎。全县大约15%的贫困村和25%的贫困户依托景区或乡村旅游吃上"旅游饭"，实现了精准脱贫。近年来，湖北结合乡村振兴，大力发展乡村旅游，带动农村

> 创业就业 100 多万人，近 80 万贫困人口通过旅游脱贫，243 个旅游扶贫重点村通过旅游年人均增收 5000 多元。全省已经脱贫摘帽的 3 个县（红安、神农架、远安）均是国家全域旅游示范区创建单位。
>
> （资料来源：http://lyw.hubei.gov.cn/news/lyyw/20190107/news-120094.html）

（三）旅游线路产品实例

1. 湖南旅游线路产品实例

1）产品名称

湖南张家界、凤凰古城高铁 4 天游

2）行程特色

(1) 天门山：被誉为"世界最美的空中花园"和"天界仙境"的天门山景区（含世界最长的户外缆车）。

(2) 大峡谷玻璃桥：走进魅力湘西，体验云天渡大峡谷玻璃桥。

(3) 凤凰古城：一代文豪沈从文笔下的边城之恋，就发生在这座等你千年的凤凰古城。

(4) 全程升级入住精选当地超豪华酒店，特别安排入住一晚桃花源里的城市——"浪漫之城"常德，休闲出行不赶路。

(5) 舌尖美食：品尝土家族当地特色宴——土家三下锅；品尝苗族当地特色宴——苗家土鸡宴；品尝当地山珍大宴——野山菌菇宴。

3）行程安排

第 1 天：广州南—衡阳东—常德

早上乘高铁前往衡阳东（车程约 2 小时），抵达后乘车前往浪漫之城——常德（车程约 3.5 小时），游览枫林花海（游览约 1 小时）。走进枫林花海，那一片亮黄，一抹清丽，可以全身感受到花海带来的清香气息。晚上，游览沈从文笔下的沅水之畔——常德大小河街。

第 2 天：张家界天门山—玻璃桥

早餐后，乘车前往张家界（车程约 3 小时）。中餐后，游览天门山国家森林公园（游览约 3 小时，已含首道门票、玻璃栈道、缆车+景区车，注：天门洞至山顶必须乘坐电扶梯方可抵达，自理参考价 32 元/人），体验新开放的玻璃栈道，对于喜欢刺激点的游客可以选择这样走过；反之可以绕旁边的石道而过。前往体验湘西老腔（赠送项目），把千年湘西、神秘湘西、浓情湘西用最具感染力的民俗表演、最鲜活老戏体验的方式呈现给大家。晚上，在湘菜名店——爷爷的土钵菜享用当地山珍大宴——野山菌菇宴。

第 3 天：张家界—墨戎苗寨—凤凰古城

早餐后，乘车前往张家界大峡谷玻璃桥（车程约 1.5 小时，游览约 1 小时，已含景区 C 线玻璃桥门票 138 元/人，一经报名，此项目已经订购确认，不退不换），登上世界最长、最高的全透明的玻璃桥，欣赏峡谷之间的风景。中餐时，品尝土家族当地特色宴——土家三下锅，后前往湘西最大、民俗风情最浓郁、最美丽的苗寨、湘西古丈苗寨——墨戎苗寨（车程约 2.5 小时，游览约 1.5 小时)，尊享湘西苗家最高礼仪——拦门酒、拦门歌的迎宾礼仪，对了歌、喝了酒、击完鼓之后，才能走进这个神奇的苗寨。在寨子里品茶之余，还可以最真实地去感受苗族人巫傩文化的神奇和魅力。后乘车前往凤凰古城（车程约 1 小时），抵达后可自行漫步沱江，夜游凤凰古城，或自行前往沱江边放祈福喝灯，也可于沱江边小酒吧落座，欣赏沱江两岸醉人的"凤凰夜景"。

第 4 天：凤凰古城—衡阳东—广州

早餐后，于古城内自由活动（自行游览，自由活动约 3 小时，温馨提示：不含凤凰套票，参考价格约 148 元/人），客人可漫步于长长的青石板街，虹桥、万名塔、吊脚楼群，还可走走被誉为"小西街"的小商品一条街。然后，乘车前往衡阳东（车程约 5.5 小时），乘高铁返广州（车程约 2 小时），结束愉快旅程。

4）费用说明

（1）费用已含：旅行社代订高铁票等城市间交通费用、旅游观光汽车费用、住宿费、餐费、包价项目景点（区）的第一道门票费、导游服务费（导游服务费含全陪/地陪，标准为 12 周岁及以上人士 40 元/人，儿童 20 元/人，婴儿免收）。

（2）儿童收费：不含高铁票、没座位，超高者由家长在高铁上现补票，身高 1.2 米以下者免票（不占座位，1 个家长带 1 个儿童），身高 1.2~1.5 米儿童须在高铁上补半票（参考约 240 元/往返，建议在前台补，含手续费及服务费），身高 1.5 米以上儿童须在高铁上补全票（参考约 480 元/往返，建议在前台补，含手续费及服务费）。

（3）门票优惠：此行程为旅游包价产品，客人若持学生证、军官证等有效证件能获得景区减免或优惠，旅行社将根据减免或优惠后门票价格与旅行社采购价的差价，在团费中退减。

① 长者门票优惠（仅适用于持中国大陆居民身份证人士）：如客人持有 60~69 周岁（含）证件的，可以获得景区的优惠，则旅行社按照 100 元/人（采购价）在团费中退减；如客人持有 70 周岁（含）以上证件的，可以获得景区的优惠，则旅行社按照 140 元/人（采购价）在团费中退减。

② 学生门票优惠（仅适用于持中国大陆居民身份证人士）：如客人为 12（含）~19 周岁全日制的在校学生，报成人价；如凭有效学生证获得景区的优惠，则旅行社按照 100 元（采购价）在团费中退减。

5）行程标准

（1）本团 10 人成团，30 人以上派全陪导游。

（2）住宿：全程入住超豪华酒店，每成人每晚 1 个床位，入住双人标间。酒店住宿若出现单男/单女，旅行社会安排同团的同性团友与其拼住，若无其他同性单男/单女人员，则安排加床（折叠床/钢丝床）；若客人无法接受旅行社安排或旅行社无法安排的，则须在当地补房差入住双人标间。

（3）用餐：含 5 正餐和 3 早餐（酒店房费含早餐），特色餐 40 元/人（儿童餐费减半），正餐 25 元/人（儿童餐费减半），正餐八菜一汤不含酒水（10~12 人/桌，人数未达到一桌的，将对菜式作出相应的调整或减少），餐饮风味、用餐条件各地有一定的差异，请大家有所心理准备。

（4）用车：全程地接用车将根据团队人数安排 9～55 座旅游空调车，保证每人 1 个正座，全车预留 2 个或以上空位。在游览过程中可能会出现换车现象，敬请谅解。

（资料来源：广之旅官网，http://www.gzl.com.cn/domestic/1359F46BA23C50C7E0532429030AC502.html）

2. 湖北旅游线路产品实例

1）产品名称

湖北恩施、神农架、宜昌、武汉高铁 6 天游

2）行程特色

（1）湖北省博物馆：国家级博物馆，曾侯乙编钟、越王勾践剑、元青花梅瓶、秦简等国宝级文物数不胜数。

（2）神农架自然保护区：海拔从 1200 米到 2880 米，秋季的原始森林色彩变幻莫测。

（3）恩施大峡谷：中国的"科罗拉多大峡谷"，电视剧《三生三世十里桃花》取景地。秋季如画，地缝峡谷、暗河陡峰错落有致。

（4）高峡平湖：秋季的西陵峡，江水清澈，两岸植被层次分明，错落有致。

3）行程安排

第 1 天：广州—武汉—宜昌

在广州南站 1 楼 9 号门集合，办理手续后，乘坐武广高铁前往江城武汉（高铁车程约 4 小时）。抵达后享用中餐，而后乘车前往湖北省博物馆（逢周一闭馆，参观约 1.5 小时），博物馆内中有中国规模最大的古乐器陈列馆，其中以 1978 年夏出土的、《芈月传》中楚国之乐器——编钟最为壮观，为古代乐器中罕见之珍品。晚餐后，乘车前往宜昌（车程约 4.5 小时），抵达后入住酒店。

第 2 天：宜昌—神农架—神农坛景区—官门山景区

早餐后，乘车赴神农架林区（车程约 3.5 小时）。中餐后，游览神农坛景区（车程约 50 分钟，游览约 1.5 小时），而后游览官门山景区（车程约 10 分钟，游览约 1 小时）。晚餐后，入住酒店休息。

第 3 天：神农架—神农架自然保护区—恩施

早餐后，游览神农架核心景区——神农架自然保护区（游览约 160 分钟，团费已含景区换乘车 60 元）。中餐后，前往恩施土家族苗族自治州（车程约 6 小时）。

第 4 天：恩施大峡谷一日游

早餐后，乘车前往恩施大峡谷景区（车程约 1.5 小时）。抵达后，游览云龙河地缝（游览约 1 小时），而后游览七星寨（游览约 3 小时，成人已含景区环保车 30 元/人）温馨提示：含七星寨景区上行索道，上行索道参考价格 105 元/人，不含下行索道费用，参考价格 100 元/人，不含景区扶梯费用，参考价格 30 元/人。客人自行安排午餐。餐后乘车返回恩施市区（车程约 1.5 小时）。

第 5 天：恩施—宜昌

早餐后，乘车赴宜昌（车程约 4 小时）。中餐后，前往三峡大坝风景区（游览约 2.5 小

时）。而后乘车赴宜昌市区入住酒店。

三峡大坝旅游区位于湖北省宜昌市境内，于1997年正式对外开放，2007年被国家旅游局评为首批国家5A级旅游景区，现拥有坛子岭园区、185园区及截流纪念园等园区，总占地面积共15.28平方千米。

第6天：宜昌—武汉东湖磨山樱花园赏樱—广州

早餐后，乘车返回武汉（车程4小时）。中餐后，游览东湖磨山樱花园风景区（游览约1.5小时）。然后，乘高铁返回广州（车程约4小时15分钟），结束愉快行程。

4）费用说明

（1）费用已含：旅行社代订高铁票等城市间交通费用、旅游观光汽车费用、住宿费、餐费、包价项目景点（区）的第一道门票费、导游服务费（导游服务费含全陪/地陪，标准为12周岁及以上人士60元/人，儿童30元/人，婴儿免收）。

（2）儿童收费：2~11周岁的执行儿童收费标准，此收费提供车位、餐位及景点第一道门票半票（若超过身高标准要求，请在当地自行补门票、环保车及缆车等景区内交通差价），不提供高铁票、住宿床位。儿童标准收费的游客，不含高铁票、没座位，超高者由家长在高铁上现补高铁票，身高1.2米以下儿童免票（不占座位，1个家长带1个儿童），身高1.2~1.5米儿童请在前台补交半票（占座位，参考约480元/往返，必须在前台补，含订票手续费），身高1.5米以上儿童须补全票，请在前台补交960元/往返（必须在前台补，含订票手续费），若上车后再补票则未必安排到座位。

（3）婴儿收费：2周岁以下（不含2周岁）的执行婴儿收费标准，此收费不提供车位、餐位、床位及景点费用。

（4）门票优惠：此行程为旅游包价产品，客人若持学生证、军官证等有效证件能获得景区减免或优惠，旅行社将根据减免或优惠后门票价格与旅行社采购价的差价，在团费中退减。

持70周岁（含）以上证件的，旅行社将按照170元/人的采购价（神农架套票70元，恩施套票100元）在团费中退减。

优惠费用客人在前台报名时直接减免，请客人出发携带身份证等有效证件。如在当地购票点因客人未携带有效证件导致无法购买相应优惠门票，客人须在当地补齐门票差价。

5）行程标准

（1）本团10人成团，16人以上派全陪导游。

（2）住宿：全程入住豪华酒店，每成人每晚1个床位，双人标间，恩施酒店共2晚入住当地超豪华酒店。住宿若出现单男/单女，客人须与其他同性客人同住；若不能服从旅行社安排或旅行社无法安排的，客人须当地补房差入住双人标间。

（3）用餐：含9正餐和5早餐（酒店房费含早餐），正餐30元/成人（儿童餐费减半）；正餐八菜一汤不含酒水（10~12人/桌，人数未达到一桌的，将对菜式或数量作出相应的调整或减少）；餐饮风味、用餐条件各地有一定的差异，请大家有所心理准备。

（4）用车：全程地接用车将根据团队人数安排9~55座旅游空调车，保证每人1个正座。

（资料来源：广之旅官网，http://www.gzl.com.cn/domestic/40288024605a886b01607903f1933a75.html）

本 章 小 结

本章介绍了华南、华东、华中的自然旅游资源和人文旅游资源状况，列举了华南、华东、华中的主要旅游景观或旅游城市，华南、华东、华中旅游线路设计是本章学习中应重点掌握的内容。

习　　题

一、单项选择题

1. 被称为"北回归线上的绿洲"的是（　　）。
   A. 罗浮山　　　　　B. 鼎湖山　　　　　C. 西樵山　　　　　D. 白云山
2. 被称为"亚洲第一大跨国瀑布"的是（　　）瀑布。
   A. 白水　　　　　　B. 吊水楼　　　　　C. 德天　　　　　　D. 钙华
3. 我国55个少数民族中人口最多的民族是（　　）族。
   A. 回　　　　　　　B. 蒙古　　　　　　C. 满　　　　　　　D. 壮
4. 我国唯一的黎族聚居区在（　　）。
   A. 海南　　　　　　B. 河南　　　　　　C. 广东　　　　　　D. 广西
5. 具有"六朝古都""十朝都会"之称的是（　　）。
   A. 上海　　　　　　B. 杭州　　　　　　C. 南京　　　　　　D. 柳州

二、多项选择题

1. 在广东被评为"世界地质公园"的景观有（　　）。
   A. 丹霞山　　　　　B. 万绿湖　　　　　C. 湖光岩　　　　　D. 珠江
2. 属于"广东四大园林"的有（　　）。
   A. 余荫山房　　　　B. 可园　　　　　　C. 静园　　　　　　D. 清晖园
3. 三亚的旅游景观包括（　　）。
   A. 亚龙湾　　　　　B. 蜈支洲岛　　　　C. 天涯海角　　　　D. 西岛
4. 以下城市属于华东的有（　　）。
   A. 贺州　　　　　　B. 无锡　　　　　　C. 苏州　　　　　　D. 杭州
5. 安阳的世界文化遗产有（　　）。
   A. 殷墟　　　　　　B. 曹操墓　　　　　C. 岳飞庙　　　　　D. 大运河

三、简答题

1. 上海旅游资源特色有哪些？
2. 浙江可以开发哪些类型旅游产品？
3. 简述河南旅游产品开发总体思路。

四、实务题

结合实际,谈谈旅游计调或旅游产品策划人员在设计旅游产品时该如何突出地方特色。

五、案例分析题

"体育+旅游"助脱贫,马山开出致富花

马山县是"中国黑山羊之乡""中国长寿之乡""中国民间文化艺术之乡""中国会鼓之乡""国家生态文明先行示范建设县""广西特色民族体育之乡",地处桂中腹地,南宁市北面,县城距南宁市 96 千米,属环首府生态旅游圈。马山全县总人口为 56.33 万人,2015 年全县建档立卡的贫困村有 75 个,贫困户达 23691 户、94366 人。

2016 年,马山县启动扶持古零羊山村等 8 个贫困村发展旅游业,全县实现旅游脱贫人数 5491 人,旅游扶贫成果丰硕,全县旅游业增加值占国内生产总值的比重已超过 30%。环弄拉生态旅游区通过促进旅游与相关产业融合发展,带动贫困人口脱贫率已达 25% 以上。

2017 年,全县通过旅游脱贫 2734 人,重点扶持亲爱、新联、福兰、龙塘 4 个贫困村发展旅游产业,带动贫困村和周边地域建设,吸收贫困人口就业,促进贫困村经济平稳较快发展。其中,乔老村于 2017 年通过旅游脱贫了 72 户、299 人,已实现了整村脱贫。

马山县不断加快体育旅游产业的发展步伐,先后举办了中国—东盟山地马拉松系列赛(马山站)、环广西公路自行车世界巡回赛、中国东盟山地户外体育旅游大会暨攀岩精英挑战赛等一系列国际级赛事。这些赛事活动还不断探索优化"全民健康运动+精品赛事+户外基地+扶贫"的一体化运作模式,让贫困群体拥有更多在家门口就业、创业的机会,加快脱贫摘帽的步伐,使"体育+旅游+扶贫"成为马山县扶贫模式的典范,让"马山模式"成为区市乃至全国的典范。

2017 年 5 月 6 日,中国—东盟山地户外体育旅游大会在马山县三甲屯拉开序幕,其中一项重要内容是攀岩精英挑战赛,这场赛事被多家媒体报道,引起了社会广泛关注。

在国家体育总局登山运动管理中心的大力支持下,马山县全面启动了三甲体育旅游特色小镇的策划打造工作。2017 年 8 月,马山县三甲攀岩小镇正式入选首批全国"运动休闲特色小镇"。

过去的三甲,因为天然存在的岩壁,许多人"靠山不能吃山";如今的马山,却能依托天然存在的岩壁和"绿水青山",开启"体育+旅游+扶贫"的模式,把绿水青山变成贫困户的"靠山"。

马山县在发展体育旅游产业的同时,通过发展乡村旅游,实现了带动贫困群众增收目标。农民从乡村旅游发展中获得了增收:一是通过入股经营,从景区的收益当中获得收入;二是参与景区建设,通过务工增加收入;三是通过售卖农特产品来增加收入。

相信在不久的将来,马山县将实现生态与产业发展的良性互动,实现旅游带动脱贫致富的目标,"体育+旅游+扶贫"产业将引领当地居民走上脱贫致富奔小康的阳光大道上。

(资料来源:http://www.gxta.gov.cn/home/detail/40160)

问题:

1. 简要总结马山县依靠"体育+旅游"助脱贫的主要经验。
2. 马山县给其他偏远地区依托旅游业发展地方经济带来哪些启示?

第三章 西南、西北地区旅游产品开发

第三章　西南、西北地区旅游产品开发

【学习目标】

通过本章的学习，熟悉西南、西北地区旅游资源特色；熟悉其主要旅游城市；掌握西南、西北地区旅游产品开发技能。

【关键词】

旅游产品　西南　西北　旅游线路

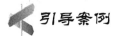引导案例

> ### 陕甘宁蒙联合打造无障碍旅游区
>
> 2017年5月，陕甘宁蒙"丝绸之路"旅游协同发展与合作的内蒙古推广活动启动，陕西省、甘肃省、宁夏回族自治区、内蒙古自治区的旅游部门签署旅游合作框架协议和联盟倡议书，决定联合打造无障碍旅游区，共同开发特色旅游产品精品线路，共同研发打造"丝绸之路"节点城市新的旅游产品。
>
> 同时，四省区参会嘉宾及媒体代表还在内蒙古自治区巴彦淖尔市及阿拉善盟进行了踩线活动，参观了纳林湖、梦幻峡谷、阿贵庙及匈奴城等旅游景点。
>
> 据了解，内蒙古西部地区与陕、甘、宁毗邻，均地处黄河流域，其旅游产品的互补性强、旅游市场的合作潜力极大。四省区将利用区位、交通、旅游资源等优势，合作建立无障碍旅游区，为周边游客提供更便捷的旅游服务和更优惠的休闲旅游产品。
>
> 按照合作安排，四省区鼓励各地旅游企业之间开展业务合作，共同打造黄河旅游带。四省区将建立旅游产品网络推广联盟，通过旅游推介、互送客源等途径，共同开拓旅游市场，实现旅游资源优势互补，为游客提供更为丰富的旅游产品。
>
> （资料来源：http://difang.gmw.cn/nmg/2017-05/24/content_24583708.htm）
>
> **思考**：不同省份之间合作建立无障碍旅游区，这对旅游产品开发有哪些好处？
>
> **分析**：共同开发具有地方特色和丰富文化内涵的旅游产品，实现旅游资源共享、市场联动、信息互通，推动旅游经济的快速发展。

第一节　云贵川旅游产品开发

一、区域旅游资源概况

云南，简称"滇"或"云"，省会昆明，位于中国西南边陲，东部与贵州、广西为邻，北部与四川相连，西北部紧依西藏，西部与缅甸接壤，南部和老挝、越南毗邻，总面积为39.41万平方千米。

贵州，简称"黔"或"贵"，省会贵阳，地处中国西南内陆地区腹地，东毗湖南、南邻广西、西连云南、北接四川和重庆，总面积为17.62万平方千米。

四川，简称"川"或"蜀"，省会成都，位于中国西南地区内陆，东连重庆，南邻云南、

贵州，西接西藏，北界陕西、甘肃、青海，总面积为48.6万平方千米。

（一）自然旅游资源

1. 云南自然旅游资源

云南地势呈现西北高、东南低的特征，自北向南呈阶梯状逐级下降，属山地高原地形，山地面积占全省总面积的84%。地形以元江谷地和云岭山脉南段宽谷为界，分为东西两大地形区。东部为滇东、滇中高原，是云贵高原的组成部分，表现为起伏和缓的低山和浑圆丘陵；西部高山峡谷相间，地势险峻，形成奇异、雄伟的山岳冰川地貌。云南地跨长江、珠江、红河、澜沧江、怒江、伊洛瓦底江六大水系。

复杂多样的地形地貌和立体气候，形成了各种植物、花卉的大量分布，使云南享有"植物王国""天然花园""香料之乡""药物宝库"等美誉。茂密的植物资源，为野生动物栖息繁衍提供了条件。云南动物种类数堪称全国之冠，素有"动物王国"之称。

云南东部的云贵高原，历经200万年的溶蚀风化冲刷，形成了奇特瑰丽的初级喀斯特地貌、溶岩地形，其中，尤以路南石林、九乡风景区为最。

西双版纳地处北回归线以南的热带北部边沿地带，属热带季风气候，终年温暖、阳光充足、湿润多雨。这里是地球北回归线沙漠带上唯一的一块绿洲，是中国热带雨林生态系统保存最完整、最典型、面积最大的地区，也是当今地球上少有的动植物基因库，被誉为"地球的一大自然奇观"。

2. 贵州自然旅游资源

贵州地貌属于中国西部高原山地，境内地势西高东低，自中部向北、东、南三面倾斜，地貌高原山地居多，素有"八山一水一分田"之说。全省地貌可概括分为高原山地、丘陵和盆地三种基本类型，其中92.5%的面积为山地和丘陵。贵州属亚热带季风气候，地跨长江和珠江两大水系。

境内山脉众多，重峦叠嶂，绵延纵横，山高谷深。北部有大娄山，自西向东北斜贯北境，川渝黔要隘娄山关高1444米；中南部苗岭横亘，主峰雷公山高2178米；东北境有武陵山，由湘蜿蜒入黔，主峰梵净山高2572米；西部高耸乌蒙山，属此山脉的赫章县珠市乡韭菜坪海拔2900.6米，为贵州境内最高点。贵州岩溶地貌发育非常典型。喀斯特（出露）面积为109084平方千米，占全省国土总面积的61.9%。境内岩溶分布范围广泛，形态类型齐全，地域分布明显，构成一种特殊的岩溶生态系统。

贵州是迷人的"天然公园"。境内自然风光神奇秀美，山水景色千姿百态，溶洞景观绚丽多彩，野生动物奇妙无穷，山、水、洞、林、石交相辉映，浑然一体。这里有闻名世界的黄果树大瀑布、龙宫、织金洞、马岭河峡谷等国家级风景名胜区，以及铜仁梵净山、茂兰喀斯特森林、赤水桫椤、威宁草海等国家级自然保护区。

3. 四川自然旅游资源

四川东部是秀丽的四川盆地，地势低陷，丘陵河川纵横，城市乡镇、田园村舍散布点缀；西部是雄伟的高原、山脉世界，地势高峻，崇峰深峡相间，雪山、冰川、沼泽、草原地理形态各异……春日赏花，盛夏避暑，秋观红叶，冬泡温泉，四川开展旅游的时空环境十分优越，素有"风景省"的美称。此外，四川还被誉为"大熊猫的故乡"，世界上 85% 的野生大熊猫栖息在四川西北部的崇山峻岭之中。

四川是旅游资源大省，拥有美丽的自然风景、悠久的历史文化和独特的民族风情，至 2018 年年末，全省有世界遗产 5 处，其中：九寨沟、黄龙、大熊猫栖息地世界自然遗产 3 处，峨眉山—乐山大佛世界文化与自然遗产 1 处，青城山—都江堰世界文化遗产 1 处。被列入世界《人与生物圈保护网络》的保护区有 4 处：九寨沟、黄龙、卧龙、稻城亚丁。有"中国旅游胜地 40 佳" 5 处：峨眉山、九寨沟—黄龙、蜀南竹海、乐山大佛、自贡恐龙博物馆。全省拥有国家级风景名胜区 15 处，省级风景名胜区 79 处。有国家级自然保护区 32 个，国家级湿地公园 29 个，国家级森林公园 44 处。发现地质遗迹 220 余处，有 3 处世界级地质公园。有国家历史文化名城 8 座，国家级非物质文化遗产名录 139 项。

四川自古以来便有"天下山水在于蜀"之说，并有"峨眉天下秀，青城天下幽，剑门天下险，金城天下奇"之誉。四川有贡嘎山（蜀山之王）、四姑娘山（蜀山皇后）、华蓥山（天下情山）、金城山（道教仙境）、青城山（四大道教名山之一）、峨眉山（四大佛教名山之一）、螺髻山、天台山、千佛山、蒙顶山、西岭雪山等著名山峰，有横断山系的雀儿山、大雪山、邛崃山、岷山，以及大凉山、小凉山、龙门山、丹景山、葛仙山、米仓山、大巴山、龙泉山等大小山脉。

（二）人文旅游资源

1. 云南人文旅游资源

云南是人类重要发祥地之一。生活在距今 170 万年前的云南元谋猿人，是迄今为止发现的我国和亚洲最早人类。云南的人文旅游资源以文物古迹、传统园林及少数民族风情等为特色。

"一山不同族，十里不同天。"在这块红土高原上，人口在 6000 人以上的世居少数民族有 25 个，由于各自不同的自然环境，他们呈现出不同的社会文化形态。云南各民族丰富多彩的风俗民情，是一个活的历史博物馆。每一个民族的衣、食、住、行及婚恋、丧葬、生育、节典、礼仪、语言、文字、图腾、宗教、禁忌、审美，结成了一条条个性鲜明的文化链；纳西族的东巴文化、大理的白族文化、傣族的贝页文化、彝族的贝玛文化……泼水节、刀杆节、插花节、火把节、木鼓节、三月街……神话、史诗、歌舞、绘画、戏曲、古乐……各类民俗文化莫不独具特色，深邃而幽远。云南瑰丽独特的风景名胜和光辉灿烂的历史文化，都具有极高的游览、观赏和考察价值。

2. 贵州人文旅游资源

贵州有以遵义会址和红军四渡赤水遗迹为代表的举世闻名的红军长征文化，让人不由得驻足凭吊，追思缅怀。贵州还是多民族聚居的省份，除汉族外，还居住着 48 个民族。各民族历史悠久，形成自己独特的民族文化和习俗。每年举办的民族节日达 1000 多个。贵州少数民族粗犷豪放、热情质朴，民族歌舞也各具特色，丰富多彩。

3. 四川人文旅游资源

据考古证明，在旧石器时期，今四川境内就有人类活动。在距今4000—5000年，成都平原地区是长江上游区域文化的起源中心。其中，广汉三星堆和成都金沙遗址，是古蜀国政治、经济和文化中心。

四川历史悠久，文化灿烂。从古代水利工程、古镇民居到名人故居，从佛寺道观、石刻壁画到现代艺术博物馆，从史前遗址到现代都市风貌，经三国，历汉唐，从两蜀历史到明清遗风，应有尽有。古蜀金沙出土的太阳神鸟被确定为"中国文化遗产"标志。

作为文化资源大省，四川的古蜀文明、三国文化、民族文化、红色文化等交相辉映，并形成了金沙遗址、三星堆、武侯祠、剑门关、青城山建福宫、乐山大佛寺、吉娜羌寨、甲居藏寨、小平故里、朱德故居等一大批精品文化旅游景区。

四川是我国民族种类最多的省份之一。自有史记载以来，有数十个民族先后在这里活动、生息、繁衍和相互融合，故有"民族走廊"之称。四川是全国第二大藏族聚居区、最大的彝族聚居区和唯一的羌族聚居区。川菜、川茶、川酒享誉四方、香飘四海，节庆活动精彩不已。

二、主要旅游城市介绍

（一）云南主要旅游城市

1. 昆明

昆明，云南省省会，国家历史文化名城，云南省政治、经济、文化、科技、交通中心。昆明位于云南省中部，是我国面向东南亚、南亚乃至中东、南欧、非洲的前沿和门户，具有"东连黔桂通沿海，北经川渝进中原，南下越老达泰柬，西接缅甸连印巴"的独特区位优势。市域地处云贵高原，总体地势北部高，南部低，由北向南呈阶梯状逐渐降低。中部隆起，东西两侧较低。以湖盆岩溶高原地貌形态为主，红色山原地貌次之。大部分地区海拔在1500~2800米。城区坐落在滇池坝子，海拔1891米，三面环山，南濒滇池，湖光山色交相辉映。昆明属低纬度高原山地季风气候，冬无严寒，夏无酷暑，四季如春，年平均气温在15℃左右，年均日照为2200小时左右，无霜期在240天以上，年均降水约1000毫米。鲜花常年开放，草木四季常青，是著名的"春城""花城"，是休闲、旅游、度假、居住的理想之地。

2. 大理

大理全称大理白族自治州，地处云南省中部偏西，市境东巡洱海，西及点苍山脉。大理气候温和，土地肥沃，山水风光秀丽多姿，是中国西南边疆开发较早的地区之一。远在4000多年前，大理地区就有原始居民的活动。大理有"风花雪月"的美称，即下关风、上关花、苍山雪、洱海月。

大理历史悠久，文物古迹众多，在大理古城及周围分布甚广，它们以古城为中心，沿苍山之麓、洱海之滨呈线状分布。大理有国家级文保单位25项，省级文保单位52项。大理古城已有1200多年的建造历史，屏山镜水环境优美，古朴典雅生意盎然，并成为当地历史文化的主要载体，国家级重点文物保护单位崇圣寺三塔、太和城遗址、元世祖平云南碑、苍山神祠、佛图寺塔、喜洲白族民居建筑群等文物古迹，纵贯了唐（南诏）、宋（大理国）、元、明、清及民国等各个历史时期。

大理的主要人文古迹旅游景点有崇圣寺三塔、云南驿古镇、巍山古城、白族村寨周城（扎染之乡）、严家院、剑川木雕、千年白族村、云龙太极图、大慈寺火葬墓群、虎头山古建筑群。

3. 丽江

丽江位于中国云南省西北部，金沙江中游，北连迪庆藏族自治州，南靠大理白族自治州，西临怒江傈僳族自治州。丽江位于青藏高原和云贵高原的交界地区，境内多山，主要有玉龙雪山和老君山两大山脉。此外，还有金沙江和澜沧江两大水系。

丽江拥有众多高海拔的景点：玉龙雪山（5596 米）、丽江古城（2416 米）、云杉坪（3205 米）、白水河（2950 米）、甘海子（3100 米）、玉峰寺（2760 米）、白沙壁画（2500 米）、虎跳峡（1800 米）、长江第一湾（1850 米）、泸沽湖（2685 米）、牦牛坪（3800 米）、老君山主峰（4247 米）、玉龙雪山四季滑雪场（4500 米）、冰塔林（4600 米）。

文物古迹有木氏土司府邸、明代创建的五凤楼、保存有纳西族古代壁画的大宝积宫琉璃殿、玉峰寺、普济寺，还有纳西族古代象形文字的"东巴经"、纳西古乐等。

拓展阅读 3-1

世外桃源——云南普者黑

都说云南是最接近天空的地方，每一次旅游都能近距离与天空对话，所以大家对"彩云之南"总是念念不忘。一次偶然的机会，听说有个普者黑的地方，开始以为与黑有关，其实不是这样的。它不但不黑，反而通透明亮，山清水秀，河流密布，荷花盛开，蜿蜒曲折的河道环绕着山林，一个古老的村庄依山傍水，是藏在云贵高原的一处世外桃源。

普者黑位于云南省文山壮族苗族自治州丘北县境内，距县城 13 千米，是典型的喀斯特地貌。它因综艺节目《爸爸去哪儿》和电视剧《三生三世十里桃花》而名声大振，现在又因南昆高铁的开通，游客越来越多。

来到普者黑村，风景如画，视野开阔，好一派田园风光。在蓝天白云之下，一片乡土人情；走在田野之上，让人瞬间回到童年时光。平静的河流中，不时有小船经过，那是游客在河里泛舟，看沿途美景，只留下条纹波浪向两岸奔来。两岸郁郁葱葱，一片生机盎然，房屋点缀在河岸之上、峰林之下，一幅典型的新农村气象，完全看不出古村落的痕迹。

客栈的小院格外精美别致，让人心情大好。从客栈里遥望窗外，真是开门见山。这里的山类似于桂林的山，但没有桂林的山俊秀；少了一点灵性，但多了一分野性；如同一个乡下的村姑，有几分含蓄又显得落落大方。

普者黑景区主要以山水洞为主，是一处少见的人间仙境、世外桃源，很适合来这里避暑或过慢生活，在缓慢的节奏中度过有意义的一天。来这里看炊烟袅袅、日出日落，也是一种乡野的生活体验。在这里，还可以体验彝族的民族风情，享受不同的人生。

资料来源：http://baijiahao.baidu.com/s?id=1604959299514608950&wfr=spider&for=pc

（二）贵州主要旅游城市

1. 贵阳

贵阳，简称"筑""金筑"，贵州省省会，有"林城"之美誉，是西南地区中心城市之一、全国生态休闲度假旅游城市。

贵阳位于贵州"金三角"旅游区，本区域内旅游资源丰富多彩，已开发的景点涉及32个景型，有山地、河流、峡谷、湖泊、岩溶、洞穴、瀑布、温泉、原始森林、人文、古城楼阁等各类旅游资源。

2. 遵义

遵义，简称"遵"，古称"播州"，位于贵州省北部，是黔、川、渝三省市结合部的中心城市，是国家全域旅游示范区、首批国家历史文化名城，拥有世界文化遗产海龙屯、世界自然遗产赤水丹霞。遵义享有"中国长寿之乡""中国金银花之乡""中国高品质绿茶产区""中国名茶之乡"等称号，获得全国创建文明城市工作先进城市、国家森林城市、中国优秀旅游城市等多项殊荣，同时也是中国三大名酒"茅五剑"之一的茅台酒的故乡。1935年1月，中国共产党在遵义召开了著名的"遵义会议"，成为党生死攸关的转折点，遵义自此被称为"转折之城""会议之都"。

3. 安顺

安顺地处长江水系乌江流域和珠江水系北盘江流域的分水岭地带，是世界上典型的喀斯特地貌集中地区。安顺素有"中国瀑乡""屯堡文化之乡""蜡染之乡""西部之秀"的美誉，是中国优秀旅游城市、全国甲类旅游开放城市。

黄果树风景名胜区、龙宫风景区、镇宁夜郎洞风景区、红枫湖风景区、紫云格凸河穿洞风景区、九龙山国家森林公园、关岭化石群国家地质公园等，都是安顺的典型旅游景观。

4. 黔东南苗族侗族自治州

黔东南苗族侗族自治州有以阳河和云台山为代表的山水风光；有以凯里、台江、雷山为代表的苗族风景和以黎平、从江、榕江为代表的侗族风景；还有施秉杉木河、黄平野洞河、剑河温泉、岑巩龙鳌河等景点，这些构成了黔东南的旅游景观。黎平高屯天然石拱桥和述洞侗族独柱鼓楼、榕江车江八宝寨古楼等世界之最，已被列入吉尼斯世界纪录。在1992年的国际旅游年会上，黔东南被列入世界"返璞归真、重返大自然"十大旅游景区之一，随后又被联合国保护世界乡土文化基金会列为"世界少数民族文化保护圈"；而黎平肇兴堂安侗寨和锦屏隆里古城已成为中国与挪威国际合作项目生态博物馆。黔东南境内有"潕阳河"和"黎平侗乡"两个国家风景名胜区、雷公山自然保护区、苗岭国家地质公园。

案例 3-1

桃源铜仁致游客朋友的一封信

亲爱的游客朋友：

一元伊始，万象更新。回首2018，桃源铜仁五彩缤纷、尽显芳华。有您见证，梵净

山成功列入世界遗产名录，晋升5A级旅游景区；有您关心，铜仁旅游产业发展快速转型、"一区五地"加快推进。2019，我们期待与您相约铜仁！

　　桃源铜仁，交通便捷。沪昆高铁、湘黔铁路、渝怀铁路穿境而过，已开通至贵阳的城际快速铁路。杭瑞、沪昆等5条高速横贯全境、连接景区。千里乌江航道入重庆、抵上海。铜仁凤凰机场开通13条国际、国内航线。北、上、广、深等国内大中城市游客，一日内均可抵达铜仁。

　　桃源铜仁，生态良好。全市森林覆盖率达63.49%，其中梵净山高达95%以上，周边年平均气温为22~24℃，是中国十大避暑名山，有"地球之肺、天然氧吧"的美誉。热矿泉遍及全域，星罗棋布，可沐可饮，全国罕见。县县有穿城秀水，乡乡有青山绿水，村村有田园山水，处处涌动着山水脉动和绿色气息。空气清新、气候怡人、醒目健肺、疗养身心，是疗养的胜地、避暑的天堂。

　　桃源铜仁，风景秀丽。铜仁山水交融、四季如画。登世界遗产梵净山，万步云梯直入"天空之城"，赏雄奇与俊秀，看"云瀑、禅雾、幻影、佛光"。来万山朱砂古镇，体验玻璃栈道，看万山红遍。穿地下桂林潜龙洞，看石笋钟乳交相辉映，感自然鬼斧神工。跋历史遗存的乌江纤夫栈道，听美丽的传说。游锦江河畔体验山水共生、田园相望的栖居生活。铜仁步步是美景，处处有奇观，风光秀丽，冠绝西南。

　　桃源铜仁，文化多彩。生态文化与历史文化、民族文化、红色文化交相辉映、熠熠生辉，催生了多彩的民俗文化与独特的民族风情。傩戏、木偶戏、高台戏等地方戏曲，土家山歌、说春、花灯等民间艺术，毛龙、滚龙等传统民俗活动，"上刀山""下火海"等绝技绝艺，汇聚成了桃源铜仁的民族民间文化的宝库。古村古寨、古城古巷、古桥古井、古文庙古寺庙随处可见，农耕文明传承千年。文化盛宴"天天有活动、月月有大餐"。

　　桃源铜仁，环境优良。铜仁是社会稳定风险评估的发源地，国家全域旅游示范区创建单位，贵州省首批旅游综合改革示范市。通过不懈努力，这里的旅游服务设施更好，服务品质更高，人民更热情。因为一路有您，我们还在不断努力；因为一生有您，我们将持之以恒。

　　春风伴您，百花盛开。诚挚邀请您来铜仁泡温泉、赏雪景，祈福登山过大年。热忱欢迎您开启2019铜仁之旅，品享自然风光、体验民族风情、久居休闲养生！

　　祝您在新的一年里吉祥如意，身体健康，阖家幸福！

铜仁市文体广电旅游局
2019年春节

（资料来源：http://www.gztour.gov.cn/lyzx/szdt/201902/t20190203_2236034.html）

思考：桃源铜仁旅游资源特色有哪些？

分析：空气清新、气候怡人、风景秀丽，山水交融、四季如画，是疗养的圣地、避暑的天堂。生态文化与历史文化、民族文化、红色文化交相辉映、熠熠生辉，催生了多彩的民俗文化与独特的民族风情。

（三）四川主要旅游城市

1. 成都

成都，简称"蓉"，别称"蓉城""锦城"，四川省省会。成都位于四川盆地西部、成都平原腹地，境内地势平坦、河网纵横、物产丰富、农业发达，属亚热带季风性湿润气候，自古享有"天府之国"的美誉。成都是国家历史文化名城，古蜀文明发祥地，"中国十大古都"之一。

作为中国最佳旅游城市，成都的知名景点众多，有都江堰、青城山、武侯祠、杜甫草堂、金沙遗址、文殊院、昭觉寺、西岭雪山、洛带古镇、黄龙溪古镇等，还拥有名扬四海的大熊猫基地。

2. 乐山

乐山，历史上属古蜀国，有"海棠香国"的美誉，是国家历史文化名城、中国旅游版图的重镇、中国最佳旅游目的地和中国世界自然与文化遗产城市之一与世界著名的生态和文化旅游胜地。乐山是中国唯一一个拥有三处不同类型世界遗产的城市，它们分别是乐山大佛、峨眉山、东风堰。此外，还有郭沫若故居、东方佛都、夜游三江等景点。

3. 绵阳

绵阳，四川省历史文化名城，大九寨国际旅游环线和三国蜀道文化国际旅游线路上的主要节点，拥有"北川羌城旅游区"5A级景区，以及七曲山大庙、九皇山、报恩寺、窦圌山、江油李白纪念馆等13个4A级景区。

嫘祖文化、大禹文化、三国蜀汉文化、李白文化、文昌文化、羌族文化、白马藏族文化等特色鲜明，文昌庙会、睢水踩桥等大众文化活动源远流长。目前，绵阳的主要景点有以李白故里、翠云廊、富乐山、越王楼、报恩寺为代表的历史文化景区，有以北川老县城遗址、"5·12"汶川特大地震纪念馆、北川新县城为代表的"三基地一窗口"示范区，有以王朗国家级自然保护区、猿王洞、涪江六峡、小寨子沟为代表的自然生态景区，有以仙海湖、罗浮山温泉为代表的休闲度假景区，以花城果乡、香草园为代表的乡村旅游景区，还有以跃进路1958、芙蓉汉城、新北川"巴拿恰"为代表的特色街区。

三、旅游线路产品开发

（一）云南旅游产品开发总体思路

云南应优化旅游产品结构，适应全面建成小康社会的旅游需求新变化和新特点，巩固提升生态观光游览、民族风情体验等传统旅游产品，着力打造康体健身、红色文化、边境跨境、休闲农业、乡村旅游、自驾车游等大众休闲度假旅游产品，积极发展商务会展、养生养老、医疗保健、科考探险、研学旅游、户外运动、航空旅游等专项旅游产品。

（二）贵州旅游产品开发总体思路

贵州由于具有丰富的景观、自然保护区和森林公园，群山、溶洞、湖泊和河流构成了其多样的自然特征，在开展徒步、宿营、漂流、探险、登山、生态研究、自然观光、湖滨休闲等旅游产品方面具有得天独厚的条件。此外，贵州还可以以贵州的民间传说、人类学、历史、服饰、仪式、歌舞、宗教以及建筑等为依托，开发文化遗产旅游产品。

（三）四川旅游产品开发总体思路

（1）打造大九寨国际旅游线路产品和品牌。联动阿坝、绵阳等市州，以九寨沟景区灾后恢复重建为牵引，发展生态休闲度假、民族文化、运动康养、科普游学等新业态；提升九寨沟、黄龙、李白故里、报恩寺等景区的自然价值和人文价值；完善茂县凤仪、松潘川主寺、九寨沟漳扎等旅游集镇以及沿线的综合配套功能和接待服务水平；开发汶理茂乡村休闲旅游带、神仙池等新产品。推动开放九黄机场为国际航空口岸，提升入境游市场规模。

（2）打造大峨眉国际旅游线路产品和品牌。联动乐山、眉山、雅安等市，发展佛教文化、生态科普、农业基地观光、森林温泉休闲、亲水游乐等新业态；提升峨眉山、乐山大佛、三苏祠、瓦屋山等景区的自然价值和人文价值；完善峨眉新城等集散中心以及沿线的综合配套功能和接待服务水平；开发"峨眉金顶—张沟"环线、黑竹沟和生态美食之旅等新产品。

（3）打造大熊猫国际旅游线路产品和品牌。以大熊猫栖息地世界自然遗产和大熊猫国家公园为主体，以实施"大保护"为前提，提升成都大熊猫基地、卧龙、四姑娘山、碧峰峡、喇叭河等景区的开发水平；延伸文创产业链，充分彰显大熊猫及其故乡的生态价值、科普价值和艺术价值；完善汶川映秀等集散中心以及沿线的综合配套功能和接待服务水平；推动王朗、唐家河、大风顶等建设生态旅游示范区，推出以"熊猫老家"为主题的国际旅游精品线路。

（4）打造大香格里拉国际旅游线路产品和品牌。以稻城亚丁机场为核心，构建大香格里拉旅游圈，发展特种山地旅游、藏乡田园休闲和亚高山健康旅游等新业态；提升亚丁、泸沽湖等景区的自然价值和人文价值；推广高压仓、生物降解等新技术，完善稻城香格里拉集散中心以及沿线的综合配套功能和接待服务水平；开发格聂山、措普湖、木里洛克九百里等新产品。抓住甘孜机场通航的契机，推进格萨尔故里、德格印经院、玉龙拉措等新产品的开发。

（5）打造大贡嘎国际旅游线路产品和品牌。整合康东地区以及冕宁、石棉、天全等县，以山地索道轨道交通为突破口，发展山地户外、生态科普、温泉康养等新业态；提升海螺沟、泸定桥、木格措、彝海等景区的自然价值和人文价值；完善磨西、新都桥等集散中心以及沿线的综合配套功能和接待服务水平；加快贡嘎西坡、亚拉雪山、党岭—杨柳坪、王岗坪等新产品的开发，沿大渡河谷构建四川的第二条阳光休闲度假旅游带。

（6）打造大竹海国际旅游线路产品和品牌。围绕竹景、竹居、竹食、竹材、竹艺和白酒文化主题，联动宜宾、泸州、自贡、内江等市，提升蜀南竹海、石海洞乡、自贡"三绝"等景区的自然价值和人文价值；完善旅游集散中心以及沿线的综合配套功能和接待服务水平；加快佛宝、黄荆老林和川南美食之旅等新产品的开发。

（7）打造大成都古堰灌区国际旅游线路产品和品牌。以都江堰灌区为主体，联动成都、德阳、绵阳、眉山、资阳、遂宁等市，以农耕文明和川西林盘为主题，提升都江堰—青城山、西岭雪山、天台山—天府河谷、黑龙滩、圣莲岛、花舞人间、农科村、战旗村、宝山村、明月村等景区的自然价值和人文价值，完善配套服务水平；加快龙泉山、三岔湖、天府慢城等新产品的开发。

（8）打造大蜀道国际旅游线路产品和品牌。联动绵阳、广元、巴中、达州、南充、广安等市，以剑门蜀道为核心，整合金牛道、米仓道、阴平道、荔枝道、嘉陵道，发展蜀道文化体验、三国及汉唐文化创意、运动休闲、生态康养等新业态；提升剑门蜀道、光雾山—诺水河、华蓥山、八台山、巴山大峡谷等景区的自然价值和人文价值；完善阆中古城、昭化古城等集散中心以及沿线的综合配套功能和接待服务水平；加快白龙湖—嘉陵江水上旅游和三国文化等新产品的开发；沿曾家山—光雾山—空山天盆等，打造米仓山—大巴山生态休闲度假带。

（9）打造古蜀文明大遗址国际旅游线路产品和品牌。以三星堆为核心，联动金沙、宝墩等古遗址，深度挖掘研发，高水平规划设计，广泛运用新技术，弘扬华胥、女娲、嫘祖、颛顼、大禹、蚕丛鱼凫、望帝、丛帝等中华民族先祖精神，打造文化体验、游学科考等"中国上古三大文明之一"的古蜀文明精品旅游线路产品。

（10）打造茶马古道国际旅游线路产品和品牌。联动雅安、凉山、攀枝花、甘孜等市州，围绕茶文化和藏彝走廊主题，提升邛海、螺髻山、蒙顶山、二滩、火把节等产品的自然价值和人文价值；完善西昌、会理古城、红格温泉等集散中心及沿线的综合配套功能和接待服务水平；加快栗子坪、马湖、悬崖村、谷克德等新产品开发；沿安宁河流谷和金沙江河谷，构建四川第一阳光休闲度假旅游带。

（四）旅游线路产品实例

1. 云南旅游线路产品实例

1）产品名称

云南丽江香格里拉双飞5天游

2）行程特色

(1) 最搭配：直飞丽江往返，纯玩团，行程更轻松。

(2) 醉美香格里拉：观赏小中甸草原上五颜六色的野花海——杜鹃花海。

(3) 最精华：赏中国最南、北半球最南的雪山——玉龙雪山，乘坐大索道登冰川公园。游中国最深峡谷之——虎跳峡；重走茶马古道——独克宗古城；童话世界、摄影爱好者的天堂——普达措国家森林公园。

(4) 特色体验：赏"东方普罗旺斯"——丽江雪山玫瑰园，从最美角度拍摄玉龙雪山，庄园内DIY鲜花饼。

(5) 舒适享受：全程入住豪华酒店，香格里拉+1元/人可升级一晚超豪华酒店；入住三晚丽江，充足时间逛古城小道，观赏小桥流水，享受古城的慢生活节奏。

(6) 品美食：藏式风味牦牛小火锅、丽江纳西喜宴。

3）行程安排

第1天：广州—丽江

于广州白云机场集合，然后乘航班飞往丽江（约2小时50分钟），抵达后入住酒店休息。

第 2 天：丽江—香格里拉

酒店早餐后，乘车前往"消失的地平线"——香格里拉（车程约 3.5 小时），途中游览长江第一湾，后游览虎跳峡（游览约 1 小时）。虎跳峡是世界上著名的大峡谷，以奇险雄壮著称于世。从虎跳峡镇过冲江河，经哈巴雪山山麓顺江而下，即可进入峡谷。上虎跳距虎跳峡镇有 9 千米，是整个峡谷中最窄的一段，峡宽仅 30 余米，江心有一块 13 米高的大石——虎跳石。巨石犹如孤峰突起，屹然独尊，江流与巨石相互搏击，山轰谷鸣，气势非凡。到达香格里拉市区后，游览独克宗古城，它是中国保存得最好、最大的藏民居群，而且是茶马古道的枢纽，有世界上最大的转经筒。晚餐自理，晚上可自费参加土司宴或藏民家访。走进藏民家，直接了解和体验当地独特的藏族文化与少数民族风情。后入住酒店。

第 3 天：香格里拉—丽江

酒店早餐后，游览中国第一个国家公园普达措国家森林公园（游览约 3 小时，已含门票和环保车）。这里是一个无任何污染的童话世界，鸟语花香，水清天蓝，风景绝美。普达措也是摄影爱好者的天堂，一年四季的景色各不相同。春天有百花盛开的高山草甸，夏天是满山碧绿的美景，秋天有色彩斑斓的层层密林，冬天可欣赏一片雪白下的碧蓝湖波。后返丽江，途中游览小中甸草原（免费景点，停留约 30 分钟），5—6 月可观赏到五颜六色的野花海。杜鹃花在 5 月下旬盛开，大多是紫色的灰背杜鹃，花包很小，呈米粒状，青绿色的叶子被花朵衬托着，几朵花之间就有几片叶子在其间点缀着，但盛开的时候却是一大片一大片的，蔚为壮观。一大片的紫，宛若晚霞，开得灿烂而肆意，就像藏家姑娘的热情，不娇柔，不掩饰，随意又自在地点缀在草甸上。观赏鲜花较受天气和季节性影响，花期会因应天气情况提前或推后，行程上推荐的赏花花期为根据往年花期提供的参考，实际花期以当地实际情况为准。而后游览国家 5A 级景区丽江古城四方街（含成人古城维护费，游览约 1.5 小时），在世界文化遗产丽江古城中寻味纳西民族的纯朴和文化。后入住酒店，晚餐自理。晚上可自费观赏丽江千古情大型歌舞表演。

第 4 天：丽江

在酒店用早餐后，前往丽江玉龙雪山（含进山门票、环保车费用，游览约 2.5 小时），途经甘海子高山草甸，乘坐冰川公园大索道上冰川公园，然后游白水河、蓝月谷（蓝月谷景区的区间车费须自理，参考价 60 元/人）。后游览束河古镇（游览约 1 小时），束河古城是世界文化遗产丽江古城的重要组成部分，于 2005 年入选 CCTV "中国魅力名镇"。晚餐后，自行选择丽江各色美食。

第 5 天：丽江—广州

早餐后，伴随着高原的晨风、明媚的阳光，游览黑龙潭公园（游览约 45 分钟）。黑龙潭位于古城的正北方，是丽江古城的水源头，距离丽江大水车古城入口约 500 米。在黑龙潭的出水口处有一个观景台，是拍摄玉龙雪山倒影的最佳位置。秋冬季节，黑龙潭的水质清澈透亮，高耸的玉龙雪山映在碧绿的水面，构成了绝美的风光大片。黑龙潭泉水清澈如玉，水底游鱼如梭，楼台亭阁点缀其间，潭畔花草树木繁茂，参天古树遍布，在秋色中更加绚丽多姿。而后前往丽江雪山玫瑰园（游览约 1 小时），这里是玉龙雪山的最佳拍摄地。还可采用最新鲜的食材，DIY 制作鲜花饼，制作鲜花饼以家庭为单位，每个家庭可派出一位代表参加（每个家庭制作一枚鲜花饼，可带走）。根据航班时间送客人至机场，而后乘飞机返回广州。

4）费用说明

（1）成人费用：含往返经济舱机票及机场税、交通费、住宿费、餐费（不含酒水）、景点的第一道门票费。

（2）儿童费用（2~12周岁）：含往返经济舱机票、交通费、半价餐费（不含酒水）；全程不含景点门票、不含景区区间交通（缆车、环保车、渡轮等）费用、不占床位（儿童可补床位差价，具体价格请咨询旅行社销售人员）。含儿童早餐，行程中儿童早餐各酒店或因儿童身高、年龄不同等因素而执行不同的收费标准，团费只含酒店最低标准的儿童早餐，超出部分则由客人自行在酒店支付差价，实际金额以酒店公布为准（如不享用，无费用可退），敬请留意。

（3）婴儿费用（2周岁以内）：不占座位、不含景点门票、不含当地旅游车位、全程不占床位、不提供早餐及餐费。仅含旅行社责任险费用。婴儿参团出游，需提前与旅行社销售人员沟通，否则旅行社有权拒绝随行，敬请留意。

（4）费用已含基本导游服务费、旅行社责任险。

5）行程标准

（1）满 30 人（不含婴儿）安排全陪导游；如人数未达到全陪标准，则安排目的地地陪服务。

（2）住宿：全程入住豪华酒店，住宿安排为 2 成人 1 间标准双人房/大床房。由于酒店房型有限，客人不能指定标双或大床房，通常情况下默认为标准双人房；如客人在报名时提出，旅行社尽量优先安排，但不作为合同履行之必要内容。若出现单男/单女，且团中无同性团友可同住，请客人在当地补房差或由旅行社安排在同组客人房内加床；如酒店房型不能安排加床，请补单间房差。酒店不设 3 人间，单人入住需要补单间房差，具体费用请咨询旅行社前台。注意：按照中国有关治安管理规定，酒店每间房最多只可安排入住 2 位成人和 2 位儿童，如超出人数，请自行补房差，否则酒店有权拒绝入住。当地有特殊规定者除外。

（3）用餐：含 4 正餐和 4 早餐，早餐为房价包含，如不使用不退款。正餐标准为 30 元/人（不含酒水），11~12 人一桌，正餐九菜一汤，9~10 人一桌，正餐八菜一汤，6~8 人一桌，正餐六菜一汤；若整团出发时人数不足 6 人，则当地正餐由客人自理，将按合同约定的餐标退回餐费。

（4）用车：具有资质的旅游巴士，旅行社承诺实际座位数量比该团实际旅游者数量大于等于 2，注意：10 人以下成团线路用车除外。

2. 贵州旅游线路产品实例

1）产品名称

乐玩苗寨·水秀大小七孔·灵动瀑布，贵州 5 天游

2）行程特色

（1）一次玩尽黄果树和荔波大小七孔两大山水名片，最具民族特色的西江千户苗寨，"世界天文科技之最"——中国天眼，全球最多非遗文化聚集地的丹寨万达小镇，体验西江特色拦门酒、打糍粑、免费民族服装拍照。

（2）由贵阳入，从都匀/三都县/贵阳出，不走回头路，省4小时车程。

（3）在贵阳、荔波入住特别升级超豪华酒店，在丹寨、凯里入住温泉豪华酒店，无限次泡温泉。

（4）品尝侗家新年饭、长桌宴、苗家酸汤鱼以及超豪华自助晚餐。

（5）成人赠荔波小七孔、黄果树、西江环保车；纯玩无购物。

（6）赠粮食甘露茅台镇酱香型酒1瓶（2两礼品装）。

3）行程安排

第1天：广州（动车）—贵阳

请各位团友自行于指定的时间、地点集合，乘坐动车二等座前往既有高原城市的明丽市容，又有岩溶区特色旖旎风光的贵州省贵阳市，晚餐自理，抵达后入住酒店，团友们可自行自费前往二七路小吃一条街等小吃街自费品尝贵州当地特色美味小吃。

第2天：贵阳（汽车）—黄果树瀑布（汽车）—贵阳

酒店早餐后，乘车（车程约2.5小时）前往安顺，游览国家5A级风景区——黄果树景区，换乘景区环保车（含环保车），游览有"水上石林、天然盆景"之称的天星桥盆景园（游览约1小时），游览瀑布群最宽的陡坡塘瀑布（游览约0.5小时），游览黄果树大瀑布（游览约2小时，注：不含上下扶梯单程30元/人，往返50元/人，属景区内不必须自费项目），你可以从前、后、左、右、上、下、里、外8个角度欣赏这个亚洲最大的瀑布。之后乘车（车程约2.5小时）返回贵阳，入住酒店，品尝超豪华酒店自助晚餐。

第3天：贵阳（汽车）—平塘（汽车）—荔波

酒店早餐后，前往平塘县天眼景区（含观光车，游览约2.5小时）。在导游的带领下寄存电子产品后，排队安检乘坐摆渡车前往大射电望远镜观景台下，上观景台观看500米口径球面射电望远镜（简称FAST）。500米口径球面射电望远镜被誉为"中国天眼"，由中国科学院国家天文台主导建设，是具有我国自主知识产权、世界最大单口径、最灵敏的射电望远镜。与德国波恩100米望远镜相比，"天眼"的灵敏度提高了约10倍，与美国阿雷西博350米望远镜相比，"天眼"的综合性能也提高了约10倍。午餐后，游览天文体验馆，听讲解员讲解太空知识（含门票，游览约1.5小时），后进入天象影院，体验游走太空的感觉（含门票，游览约22分钟）。然后，乘车（车程约4小时）前往荔波古城。抵达后入住酒店，晚餐自理，团友们可自行前往小吃街，自费品尝荔波当地特色美味小吃。

第4天：荔波（汽车）—丹寨/凯里/西江

酒店早餐后，乘车前往小七孔景区（游览约2.5小时，含环保车），景点之间需换乘电瓶车。小七孔景区因一座建造于清道光十五年（1835年）的小七孔石桥而得名，景区被称为"超级盆景"。该景区集山、水、洞、林、湖、瀑布等于一体，在长不到 2000 米的峡谷内，起迭着 68 级瀑布，顺势而下，奔泻而去，拉雅瀑布精巧醉人，水珠飞溅；而在长不到 600 米的水上森林里，树根盘在错石上，清澈的水流冲刷着青石，行走于其中，如同身临琼瑶仙池。午餐后，前往大七孔景区（游览约 1.5 小时），步行游览以原始森林、峡谷、地下河为主体的大七孔，主要景点有恐怖峡、天生桥、妖风洞等美景。传说游人到此不能高声叫喊，否则恐怖峡中会飞沙走石，妖风洞里会旋起狂风，洪水会突然袭来，水春河里也见不着鱼的影子。接着，乘车（车程约 3.5 小时）前往丹寨万达小镇（游览约 1.5 小时）。丹寨地处都柳江、清水江上游，融合了都柳江系、清水江系苗族文化的特点，至今仍保留着古朴、浓郁、独特的民族风情。苗族、水族等世居民族在千年变迁和繁衍生息中，创造了自己独特的文化。晚餐自理，团友们可在丹寨自费享用当地特色斗鸡等小吃。晚上入住丹寨万达锦华温泉度假酒店/凯里温泉酒店，可无限次泡温泉（注：不占床位的，不含温泉票；自备泳衣裤等洗漱用品）。

第 5 天：西江/凯里（汽车）— 都匀东/三都县/贵阳（动车）—广州

早餐后，游览天下第一大苗寨——西江千户苗寨（含电瓶车，游览约 2.5 小时），走进苗家人的生活，走街串巷，参观苗家生活博物馆，上观景台，欣赏西江全景、苗寨世外桃源般优美的田园风光和浓郁的原生态少数民族风情；赠送打糍粑、穿苗服体验；午餐品尝长桌宴。餐后乘动车返回广州，结束愉快旅程。

温馨提示：因贵广高铁线车次较少而且停靠车站变化较大，有可能于都匀东/三都县/贵阳送站，请以出团通知落实为准，敬请注意。

4）费用说明

（1）成人费用：含往返动车票二等座、交通费、住宿费、餐费（不含酒水）。

（2）儿童费用（2～12 周岁）：含往返动车二等座半票（适合身高 1.5 米以下，超过 1.5 米儿童须自行于列车上补差价，支付全价票）。注意：每位持票成人仅可携带 1 名 1.2 米以下儿童免票乘搭（不占座），1.2 米以下儿童报名时，可选择不占座，减往返二等座半票（请自行根据实际身高谨慎选择）。含交通费、半价餐费（不含酒水）；全程不含景点门票、不含景区区间交通（缆车、环保车、渡轮等）费用、不占床位（儿童可补床位差价，具体价格请咨询旅行社销售人员）。含儿童早餐，行程中儿童早餐各酒店或因儿童身高、年龄不同等因素而执行不同的收费标准，团费只含酒店最低标准的儿童早餐，超出部分则由客人自行在酒店支付差价，实际金额以酒店公布为准（如不享用，无费用可退），敬请留意。

（3）婴儿费用（2 周岁以内）：不占座位、不含景点门票、不含当地旅游车位、全程不占床位、不提供早餐及餐费。仅含旅行社责任险费用。婴儿参团出游需提前与旅行社销售人员沟通，否则旅行社有权拒绝随行，敬请留意。

（4）费用已含基本导游服务费、旅行社责任险。

5）行程标准

（1）满 40 人（不含婴儿）安排全陪导游；如人数未达到全陪标准，则安排目的地地陪服务。

(2）交通：动车票为二等票，往返动车票为团队票，不可单张票退票或改签，请客人注意。

（3）住宿：荔波/贵阳升级入住超豪华酒店，丹寨/凯里/西江入住豪华酒店；住宿安排为2成人位1间标准双人房/大床房。由于酒店房型有限，客人不能指定标双或大床房，只能尽量安排。若出现单男/单女，且团中无同性团友可同住，请客人在当地补房差或由旅行社安排在同组客人房内加床；如酒店房型不能安排加床，请补单间房差。酒店不设3人间，单人入住需要补单间房差，具体费用请咨询旅行社前台。

（4）用餐：含5正餐和4早餐，早餐为房费内包含，如不使用不退款。行程欢送餐标准为40元/人（不含酒水），其余正餐标准为30元/人（不含酒水）；11~12人一桌，正餐九菜一汤，9~10人一桌，正餐八菜一汤，6~8人一桌，正餐六菜一汤；若整团出发人数不足6人，则当地正餐由客人自理，将按以上餐标退回餐费。

（5）用车：具有资质的旅游巴士，旅行社承诺实际座位数量比该团实际旅游者数量大于等于2。注意：10人以下成团线路用车除外。

3．四川旅游线路产品实例

1）产品名称

纯净九寨·朝圣峨乐，四川6天游

2）行程特色

(1) 走进世界自然遗产九寨沟景区，亲身感受大自然鬼斧神工之杰作。

(2) 深入黄龙风景区，近距离欣赏规模宏大、结构奇巧、色彩丰艳的地表钙化景观。

(3) 登上中国四大佛教名山之一，俯瞰峨眉佛光金顶、云海，祈愿佛缘有心人。

(4) 观赏中国最大的摩崖石刻弥勒坐像乐山大佛，感受"天下第一大佛"的磅礴气势。

(5) 打卡宽窄巷子，探寻地道成都美食：麻辣香锅、三大炮、甜水面……

3）行程安排

第1天：广州（飞机）—成都（汽车）—茂县

客人于指定时间在广州新白云国际机场集合，乘飞机前往成都，抵达后乘车前往成都游览宽窄巷子景区。在那里，你能触摸到历史留下的痕迹，也能体味到成都最原汁原味的生活方式。宽窄巷子被认为是最成都也是最世界的、最古老也是最时尚的老成都名片和新都市会客厅。游览完毕后，乘车前往茂县入住酒店。

第2天：茂县（汽车）—黄龙（汽车）—九寨沟

早餐后，乘车（车程约4.5小时）前往人间瑶池——黄龙风景区（游览约3小时，含门票，景区索道费须自理，参考价格上行索道80元/人，下行索道40元/人）。黄龙风景区以彩池、雪山、峡谷、森林"四绝"著称于世，是中国唯一的保护完好的高原湿地，拥有迎宾彩池、飞瀑流晖、洗身洞、金沙铺地、争艳池、黄龙寺、五彩池等景点。游览完毕后，乘车（车程约3小时）前往九寨沟县入住酒店。

第3天：九寨沟（汽车）一天游

早餐后，前往游览人间仙境、童话世界——九寨沟风景区（游览约6小时）。进入景区后，换乘景区观光车（含门票，景区观光车费须自理，参考价格90元/人），游览诺日朗瀑布、树正群海、五彩池、长海等景点。此行程为参考行程，景区内实际开放景点及游玩方式按景区当日公布为准，实行专车专导、团队游览方式。蓝绿色的高原海子（湖泊）在阳光辉映下，色彩斑斓，您将带着满目的惊喜开始迷人的色彩之旅。游览完毕后，入住酒店。

第4天：九寨沟（汽车）一成都

早餐后，乘车前往（车程约2小时）特色藏寨（游览约1.5小时）。走进藏族的村寨，飘扬的经幡、屹立的白塔、神圣的天葬、藏族老工匠绝世的手工艺等浓厚的高原特色，无一不在提醒着我们已走进了神秘的青藏高原。后乘车参观历史上有名的边陲重镇——松潘古城（游览约15分钟）。松潘古城已有千年历史，千年城楼散发出古老沧桑。后乘车（车程约5.5小时）前往成都，抵达后入住酒店。

第5天：成都（汽车）一乐山（汽车）一峨眉山

早餐后，乘车（车程约2小时）前往历史名城乐山市。抵达后，游览乐山大佛，乐山大佛建造从公元713年修建到公元803年，历时90年，历经三代建造者，四位皇帝。景区依山傍水，风光旖旎，文化景观和自然景观和谐统一，构成了一幅多彩的山水画卷（游览约2小时）。后乘车（车程约40分钟）前往峨眉象城。这是一座体验佛教文化、旅游观光购物、休闲度假鉴赏、感受地方文化特色的旅游目的地。景区内建有剧院、戏台、客栈、主题会所、商务别院、四合院、商铺等建筑，建有"象象如意"雕像、"朝圣起点"牌坊，是城市中的"诗与远方"。景区内还倾力打造了世界级场景灯光秀、非遗庙会、盛世灯会等炫彩节目；三江坝子大舞台演出365天，天天精彩；乐山峨眉地区精品美食荟萃，十步一景观，俯拾皆非遗，可以说这里是峨眉山市文旅金名片、城市会客厅。后入住酒店。

第6天：峨眉山（汽车）一成都（飞机）一广州

早餐后，乘车前往峨眉山景区，游览享有"巴蜀奇景""中国四大佛教名山"之美誉的峨眉山（含门票，已含金顶上下山交通费90元/人以及金顶往返缆车费120元/人，游览约5小时）。乘缆车上峨眉山主峰金顶，观十面普贤像、金银铜三大殿，游览金顶风光。如果运气好，可以看到云海、佛光、圣灯等风光。参观华藏寺，在山顶眺望可尽览峨眉山的秀丽景色。游览完毕后，乘车（车程约2.5小时）前往成都机场，乘飞机返回广州。

4）费用说明

（1）成人费用：含往返经济舱机票及机场税、交通费、住宿费、餐费（不含酒水）、景点的第一道门票费。

（2）儿童费用（2～12周岁）：含往返经济舱机票、交通费、半价餐费（不含酒水）；全程不含景点门票、不含景区区间交通（缆车、环保车、渡轮等）费用、不占床位（儿童可补床位差价，具体价格请咨询旅行社销售人员）。含儿童早餐，行程中儿童早餐各酒店或因儿童身高、年龄不同等因素而执行不同的收费标准，团费只含酒店最低标准的儿童早餐，超出部分则由客人自行在酒店支付差价，实际金额以酒店公布为准（如不享用，无费用可退），敬请留意。

(3) 婴儿费用（2周岁以内）：不占座位、不含景点门票、不含当地旅游车位、全程不占床位、不提供早餐及餐费。仅含旅行社责任险费用。婴儿参团出游，需提前与旅行社销售人员沟通，否则旅行社有权拒绝随行，敬请留意。

(4) 费用已含基本导游服务费、旅行社责任险。

5）行程标准

(1) 满 20 人（不含婴儿）安排全陪导游；如人数未达到全陪标准，则安排目的地地陪服务。

(2) 住宿：全程入住 5 晚豪华酒店，住宿安排为 2 成人 1 间标准双人房/大床房。由于酒店房型有限，客人不能指定标双或大床房，通常情况下默认为标准双人房；如客人在报名时提出，旅行社尽量优先安排，但不作为合同履行之必要内容。若出现单男/单女，且团中无同性团友可同住，请客人在当地补房差或由旅行社安排在同组客人房内加床；如酒店房型不能安排加床，请补单间房差。酒店不设 3 人间，单人入住需要补单间房差，费用请咨询旅行社前台。注意：按照中国有关治安管理规定，酒店最多只可安排入住 2 位成人和 2 位儿童，如超出人数，请自行补房差，否则酒店有权拒绝入住。当地有特殊规定除外。

(3) 用餐：含 8 正餐和 5 早餐，早餐为房费包含，如不使用恕不退款。正餐标准为 20 元/人（不含酒水），11~12 人一桌，正餐九菜一汤，9~10 人一桌，正餐八菜一汤，6~8 人一桌，正餐六菜一汤；若整团出发时人数不足 6 人，则当地正餐由客人自理，将按合同约定的餐标退回餐费。

(4) 用车：具有资质的旅游巴士，旅行社承诺实际座位数量比该团实际旅游者数量大于等于 2。注意：10 人以下成团线路用车除外。

第二节　青海、西藏旅游产品开发

一、区域旅游资源概况

青海，简称"青"，省会西宁，位于中国西北内陆，北部和东部同甘肃相接，西北部与新疆相邻，南部和西南部与西藏毗连，东南部与四川接壤，总面积为 72.23 万平方千米。

西藏自治区，简称"藏"，首府拉萨市，是中国五个少数民族自治区之一，位于青藏高原西南部。全自治区总面积为 120.28 万平方千米，约占全国总面积的 1/8，仅次于新疆维吾尔自治区。

（一）自然旅游资源

1. 青海自然旅游资源

青海是世界屋脊青藏高原的重要组成部分，是名山大川的发源地，长江、黄河、澜沧江等发源于青海，昆仑山、唐古拉山、祁连山等著名山脉纵横于青海南北，自然景观可开发利用之处颇多。目前,青海省已定级的国家风景名胜区有青海湖;自然保护区有三江源、可可西里、青海省鸟岛、玉树隆宝滩、孟达天池5处。此外,诸如昆仑山、日月山、坎布拉风景区、李家峡水库、麦秀林场、茶卡盐湖、金银滩大草原、阿尼玛卿和年保玉则雪山等都可开发成为新的旅游经济增长点。而且,青海的自然旅游资源大都保留了未经雕饰的原始风貌,景观独特,充满着新奇感、神秘感、粗犷感和原始感。

2. 西藏自然旅游资源

西藏位于青藏高原的西部和南部,占青藏高原面积的一半以上,海拔4000米以上的地区占全区总面积的85.1%,素有"世界屋脊"和"地球第三极"之称,是世界上海拔最高的地方。

西藏地形复杂多样、景象万千,有山脉、沟峡、冰川、裸石、戈壁等多种地貌类型;有分属寒带、温带、亚热带、热带的种类繁多的奇花异草和珍稀野生动物;有垂直分布的"一山见四季""十里不同天"的自然奇观等。全区地形可分为藏北高原、雅鲁藏布江流域、藏东峡谷地带三大区域。

西藏有"世界屋脊"奇异的地质地貌和独特的自然风光。全世界14座海拔8000米以上的山峰有5座在西藏,包括"世界第一高峰"珠穆朗玛峰。西藏群山绵延耸立,湖泊星罗棋布。阿里地区的"神山之王"冈仁波齐峰,是信徒们心中的世界中心;三大"圣湖"纳木错、羊卓雍错、玛旁雍错,如同一颗颗璀璨的明珠,镶嵌在这片雪域高原上。

(二)人文旅游资源

1. 青海人文旅游资源

昆仑文化在华夏文化中占有重要地位,是中华民族伟大的文化图腾。"千水之源、万山之祖",昭示着百川归海、华夏同根。青海有原始墓葬群柳湾墓地,有青铜器时期当地土著文化代表的诺木洪文化遗址,有丝绸之路遗址,有唐代早期的都兰热水吐蕃大型墓葬群,有唐蕃古道遗址,有文成公主进藏时所修建的文成公主庙,还有红军西路军与青海军阀马步芳作战的红色旅游项目。

青海也是个多民族聚居的省份,截至2019年年末,少数民族人口占总人口的47.71%。诸如藏、回、蒙古、土、撒拉等少数民族,都有着悠久的历史和优秀的文化传统,保持着独特的、丰富多彩的民族风情和习俗。如汉族社火、藏族藏戏、土族安昭都有着鲜明的地域特色。

青海藏传佛教影响最大。中国最奇特的藏传佛教景区——莱巴沟就在青海。西宁塔尔寺是我国六大喇嘛寺之一,是黄教创始人宗喀巴的诞生地。玉树结古寺有"世间第一大玛尼石堆"。此外,化隆夏琼寺、互助佑宁寺、乐都瞿昙寺、西宁北禅寺等都是青海当地的名刹。除藏传佛教外,回族和撒拉族世代都信奉伊斯兰教。

2. 西藏人文旅游资源

西藏有别具一格的社会人文景观。藏传佛教在西藏已有1000多年历史,佛教文化已渗透进藏族人的生活,仅寺庙在历史上最盛时就有2700多座,还有不少宫殿、园林、城堡、要塞、古墓、古碑等。如布达拉宫、大昭寺、罗布林卡、哲蚌寺、色拉寺、甘丹寺、小昭寺、楚布寺、雍布拉康、扎什伦布寺、夏鲁寺、白居寺、宗山炮台等，都是西藏的人文旅游景观。

二、主要旅游城市介绍

（一）青海主要旅游城市

1. 西宁

西宁，古称"青唐城""西平郡""鄯州"，取"西陲安宁"之意，青海省省会。西宁历史文化源远流长，有其得天独厚的自然资源和绚丽多彩的民俗风情，是青藏高原一颗璀璨的明珠，更是中国优秀旅游城市。青唐城遗址、塔尔寺、东关清真大寺、南禅寺等，都是西宁的著名景观。

2. 玉树藏族自治州

玉树藏族自治州境内有独特的高原自然景观和民俗风情，有玉树歌舞、藏族服饰和奇特的风土人情，有文成公主庙和众多教派的佛教寺院，有新寨嘉那玛尼石堆和岗察寺殿内的宗喀巴佛像，有三江源、隆宝滩和可可西里三个国家级自然保护区。全州有供旅游观光的景观、景点达40余处。此外，玉树的民俗风情独具魅力，比如，规模盛大的玉树赛马节。

3. 海西蒙古族藏族自治州

海西蒙古族藏族自治州是青藏高原的衢地，南通西藏，北达甘肃，西出新疆，处于青、甘、新、藏四省区交汇的中心地带，也曾是通往西域的古"丝绸之路"辅道。海西州有茶卡盐湖、长江源、昆仑山、天峻山、大柴旦温泉、无极龙凤宫、吐蕃墓葬群等旅游景观。

拓展阅读 3-2

海西：这里不仅有"天空之镜"

2018年1—10月，海西蒙古族藏族自治州接待游客1642.7万人次，旅游收入达95.96亿元，同比分别增长23.90%和16.51%。星级宾馆入住率达到53%，比2017年提高4个百分点。自驾游依然占据主导模式，青甘线路成为游客首选。假日旅游成为新热点，五一、十一期间旅游人次激增。大柴旦旅游保持高增速，成为继茶卡旅游之后又一新的增长点。

茶卡盐湖景区的品牌效应依旧凸显，五一期间成为全省接待游客最多的旅游景区，荣获"2018中国最具影响力景区"。柴达木自驾车营地6月正式运营，水上雅丹、天空壹号等新景区、景点先后开园，一批宾馆酒店相继开工建设，旅游接待能力日益增强，辐射带动作用更加明显。

按照海西州发布《加快发展"全域旅游·全景海西"的实施办法》，以创建自驾车旅游示范州作为发展全域旅游的突破口，按照全域旅游发展总体要求，突出"寻踪"和"探秘"两大推手，做足"盐湖""昆仑"和"雅丹"三篇文章，积极构建"两环""两翼""两极""三廊道""五板块"的发展格局，统筹"通道廊道+景区+城镇+营地"的全域旅游要素，推动旅游业与关联产业深度融合，打造中国西部最具影响力的旅游黄金目的地。

（资料来源：http://www.qh.gov.cn/dmqh/system/2018/12/13/010319545.shtml）

（二）西藏主要旅游城市

1. 拉萨

拉萨，西藏自治区首府，是西藏的政治、经济和科教中心，也是藏传佛教圣地。作为首批国家历史文化名城，拉萨以风光秀丽、历史悠久、风俗民情独特、宗教色彩浓厚而闻名于世，先后荣获"中国优秀旅游城市""欧洲游客最喜爱的旅游城市""世界特色魅力城市200强""2018畅游中国100城"等荣誉称号。

拉萨有许多古迹遗址，布达拉宫、大昭寺和罗布林卡被列为世界文化遗产。主要旅游景点有哲蚌寺、色拉寺、小昭寺、宗角禄康、藏王陵、楚布寺、拉萨清真寺、曲贡遗址、西藏博物馆、药王山、直贡噶举派寺庙群等，主要商业区有八廓街、宇拓路步行街、拉萨百货大楼等。拉萨周围具有经济价值和医疗作用的地热温泉遍地，如堆龙德庆区的曲桑温泉、墨竹工卡县的德中温泉享誉整个藏区。

2. 日喀则

日喀则的冰峰雪山、原始森林带、神山、圣湖、草原、名寺古刹都是当地的旅游特色景观。日喀则市境内有世界第一高峰珠穆朗玛峰，有"西藏三大圣湖"之一的羊卓雍错。桑珠孜宗堡和江孜古堡都是曾经的政教中心。有扎什伦布寺、白居寺、萨迦寺等一批著名寺庙。此外，日喀则还有亚东口岸、樟木口岸和吉隆口岸。日喀则喜马南麓的六大名沟，被称为"西藏小江南"或"西藏江南"：亚东沟、陈塘沟、嘎玛沟、绒辖沟、樟木沟、吉隆沟。

3. 林芝

林芝位于西藏东南部，风景秀丽，很多地带被誉为"西藏江南"，如林芝桃花节涉及的南伊沟、八一镇等；有世界第一大峡谷雅鲁藏布大峡谷。林芝还是喜马拉雅山、念青唐古拉山以及横断山的余脉汇集之处。雅鲁藏布及其支流尼洋河、帕隆藏布、易贡藏布等众多河流的冲切，形成了高峡深谷的地貌，最著名的雅鲁藏布大峡谷即位于此。在大峡谷马蹄形大拐弯处的"冰山之父"南迦巴瓦峰海拔7782米，这座雪山号称"世界上最漂亮的雪山"。

三、旅游线路产品开发

（一）青海旅游产品开发总体思路

青海应不断优化精品旅游线路，做好精品景区串联工作，不断延长拓展精品旅游线路。围绕精品景区的分布情况，继续优化旅游线路设计，重点推出环西宁自驾、民族风情、黄河廊道旅游线路、青海湖人文旅游线路、世界屋脊探险旅游线路、唐蕃古道旅游线路、激情穿越柴达木旅游线路、环青海湖骑行旅游线路、祁连风光精品旅游线路、世界级非遗体验10条精品旅游线路。

青海省启动"一千万"旅游项目

2019年2月12日，青海启动"一张网、千辆车、万间房"旅游项目，以引入大巴客运合作机构、完善住宿配套设施等方式，解决"旅游网络服务最后一千米"和"一车难求、一房难求"的问题。

随着大美青海的知名度越来越高，到青海旅游的游客数量和旅游收入都在逐年增长，但每到青海旅游旺季，热门景区周边"一车难求、一房难求"却是一个严重的问题。

而"一张网、千辆车、万间房"项目是青海省旅游投资公司提出的新型"一体两翼"旅游商业模式。"一张网"是依托"互联网+旅游服务"的理念，通过线上线下手段，全面覆盖和满足游客在青海的游前、游中、游后各项需求，实现旅游公共服务、商业服务的青海智慧旅游平台。"千辆车"平台则在旺季服务于青海旅游，在淡季服务于省外热门区域，能有效缓解旅游高峰运力不足的问题，提升青海旅游整体接待能力。"万间房"项目以打造"全国生态旅游示范省""自驾旅游示范省"为主，以万间以上的旅游客房服务，提升青海接待能力。

（资料来源：http://www.tibet.cn/cn/Instant/culture/201902/t20190214_6503538.html）

（二）西藏旅游产品开发总体思路

围绕落实建设"具有高原和民族特色的世界旅游目的地"的目标，以世界顶级自然生态和藏文化资源富集地为基础，结合西藏当前旅游业发展实际和未来五年的发展趋势，科学构建"12345"旅游空间布局：一心（以拉萨为中心）、两区（林芝国际生态旅游区、冈底斯国际旅游合作区）、三廊（茶马古道、唐竺古道、西昆仑廊道）、四环（东、西、南、北四条精品环线）、五圈（珠峰生态文化旅游圈、雅砻文化旅游圈、康巴文化旅游圈、羌塘草原文化旅游圈、象雄文化旅游圈），加快由景点旅游发展模式向全域旅游发展模式的转变。

(1) 打造拉萨国际文化旅游产品。以国际文化旅游城市建设和全域旅游发展为核心，重点发展历史宗教文化、城市休闲、高原会展节庆、乡村休闲度假等旅游产品，将其打造成为世界级旅游精品。

(2) 打造林芝国际生态旅游产品。全力推动国际生态旅游城市建设和全域旅游发展，发展G318线、丙察察线、林邛公路等经典自驾旅游线路，重点建设以墨脱、鲁朗、巴松错、雅鲁藏布大峡谷为代表的生态旅游景区，做好生态旅游产品的开发推广。推进旅游与农业、体育、藏医药、会议、科教、文化等领域的融合，开发徒步、滑翔、自行车、藏医保健、避暑康养等特色产品，发展南伊珞巴、察隅僜人、墨脱门巴、巴松措工布的乡村民俗体验产品，将其打造成为世界级生态旅游区。

(3) 打造冈底斯边境旅游产品。围绕冈底斯国际旅游合作区，开发神山圣湖宗教朝觐、象雄文化体验、高原主题摄影、乡村观光休闲、高原探险科考等旅游产品。重点发展神山圣湖、札达土林、古格王国都城遗址、班公错、阿里暗夜公园以及札达、改则、日土、革吉野生动物保护观赏等旅游精品，重点开发古象雄文化旅游精品内环线，拓展喜马拉雅五条沟精品旅游。

(4) 打造珠峰生态文化旅游圈。进一步做强宗教文化旅游，做大登山、探险等专项旅游，做特边境商贸休闲旅游，逐步推进自驾徒步、乡村体验、民俗节庆、科考摄影、温泉养生、城镇休闲等特色旅游，建设珠峰国家登山旅游基地，打造珠峰世界级中高端登山徒步探险旅游目的地品牌。

(5) 打造雅砻文化旅游圈。围绕"藏民族之宗，藏文化之源"主题，加快推进雅鲁藏布江观光带建设，做精、做优藏源圣地文化旅游品牌，加快羊卓雍错、拉姆拉错、勒布沟及扎日精品景区建设，着力发展雅砻文化体验、宗教朝觐、乡村休闲度假、民俗文化节庆等旅游产品，切实打造藏源文化旅游基地。

(6) 打造康巴文化旅游圈。突出"康巴文化""三江并流""茶马古道"等资源优势和G317、G318、G214沿线的区位优势，依托芒康盐井、然乌湖、来古冰川等精品景区，有序推进冰川科考探险游、茶马古道自驾游、康巴文化体验游、温泉藏医药养生游、洒咧营地休闲游、森林健康旅游、红色旅游等产品。

(7) 打造羌塘草原文化旅游圈。全面整合那曲地区高原游牧风情、草原文化、羌塘可可西里野生动物园、唐古拉山一怒江源风景名胜区等高原特色旅游资源，着力打造高原草甸观光摄影、羌塘文化体验、冰川雪山科考、野生动物观赏游、研学旅游、藏医药健康养生、格萨尔文化旅游、古象雄文化长廊游、唐蕃古道游等定制化、高端化的旅游产品或线路。

(8) 打造象雄文化旅游圈。以象雄神秘文化、神圣信仰和神奇自然为核心吸引物，整合阿里地区神山圣湖、古格王朝遗址和札达土林奇观等西藏独有的生态和文化旅游资源，以狮泉河镇为中心，积极推动普兰口岸建设，全面推进南亚朝觐祈福旅游市场的开拓。

案例 3-2

做大做强珠峰特色旅游业

习近平总书记指出，旅游是发展经济、增加就业的有效手段，也是提高人民生活水平的重要产业。

2018年，西藏自治区日喀则市旅发委根据旅游资源特色，牢牢把握自治区大力发展旅游的机遇，加大对旅游业的投入力度、对旅游资源整合和宣传促销的力度，旅游产业发展取得了长足发展。但是，随着西藏旅游业面临的新机遇和新挑战，要做大做强珠峰特色旅游业，应从以下几点加强。

(1) 要进一步加强合作与交流。通过珠峰文化旅游节主、分会场等形式，积极与援藏省市对接，使援藏省市进一步参与日喀则市旅游业发展，充分发挥援藏省市的优势资源，创新载体举措，打响西藏旅游的品牌，更好地发展日喀则市旅游业。同时，日喀则市要积极与阿里、山南、拉萨等兄弟市地合作，开发"拉萨—山南—日喀则—阿里"的精品旅游线路，整合资源，共同发展。此外，要积极融入南亚大通道建设，建设边境旅游环线，推出吉隆至加德满都的国际旅游线路，不断拓宽日喀则的旅游空间。

(2) 要优化旅游精品线路。喜马拉雅五条沟是日喀则市有名的旅游精品线路，吸引了无数游客。一条好的旅游线路可以带给游客别有风味的旅行体验，深入了解当地民俗风情，留下一段回味无穷的旅游回忆。日喀则市要着眼实际，以为游客提供优质服务为目标，进一步优化旅游精品线路，提升服务水平，加强旅游基础设施建设，为打造精品旅游奠定

> 坚实基础。同时，要大力鼓舞群众参与到旅游中来，不断研发新的旅游产品，增加旅游副产品销售收入，为打赢脱贫攻坚战而发力。
>
> （3）要充分展现西藏文化的魅力。文化是一个民族、一个区域特有的独特之处，也是吸引游客眼球的重点。日喀则市要把深厚的文化底蕴进一步挖掘出来，打造精品节目或者精品景点，把吸引游客眼球的点放大，让它成为西藏旅游业的"魂"，成为发展旅游业的力量源泉。同时，充分利用自媒体、网络、报纸等传播手段，加大宣传力度，扩大西藏旅游的知名度和美誉度，让游客乘兴而来、尽兴而归。
>
> （资料来源：http://www.xzta.gov.cn/lydt/jdxw/system/2019/02/19/000008344.html）
>
> **思考**：西藏如何围绕珠峰开发旅游产品？
>
> **分析**：要进一步加强合作与交流；要优化旅游精品线路；要充分展现西藏文化的魅力。

（三）旅游线路产品实例

1．青海旅游线路产品实例

1）产品名称

遇见双湖·青海西宁双飞6天游

2）行程特色

（1）畅游经典：茶卡盐湖、青海湖、塔尔寺。

青海湖，"中国最美的五大湖泊"之首、中国最大的内陆咸水湖。

茶卡盐湖，"天空之境""东方的玻利维亚"，摄影者的天堂。

塔尔寺，"格鲁派创始人"宗喀巴大师的诞生地，被誉为"世界第二蓝毗尼花园"的藏传佛教圣地。

（2）舒心住宿：全程入住豪华酒店，舒适旅途贴心享受。

3）行程安排

第1天：广州—西宁

从广州白云机场乘飞机飞往西宁（飞行约3.5小时，航班可能经停），抵达后前往参观青海省博物馆（游览约1小时），游毕入住酒店休息，晚餐自理。

第2天：西宁—塔尔寺—西宁

早餐后，前往游览塔尔寺（车程约30分钟，游览约2小时），后入住酒店休息。

景点介绍：

【塔尔寺】是著名的藏传佛教寺院，"格鲁派创始人"宗喀巴大师的诞生地，参观寺庙建筑、白塔经幡、转经的藏民和喇嘛，塔尔寺"三绝"——酥油花、壁画、堆绣。另外，寺内还珍藏了许多佛教典籍和历史、文学、哲学、医药、立法等方面的学术专著。每年举行的佛事活动"四大法会"，更是热闹非凡。塔尔寺是中国藏传佛教格鲁派（黄教）六大寺院之一，也是青海省首屈一指的名胜古迹和全国重点文物保护单位。塔尔寺的酥油花雕塑栩栩如生，远近闻名。

第3天：西宁—茶卡盐湖—青海湖

早餐后，乘车前往茶卡盐湖（车程约5.5小时，游览约2小时；小火车及环保车50元/人及观景台20元/人自理）。游毕乘车前往青海湖（车程约2.5小时），晚餐后入住酒店休息。

景点介绍：

【茶卡盐湖】位于青海柴达木盆地，出产的盐类形状十分奇特，有的像璀璨夺目的珍珠，有的像盛开的花朵，有的像水晶，有的像宝石，因此才有了珍珠盐、玻璃盐、钟乳盐、珊瑚盐、水晶盐、雪花盐、蘑菇盐等许多美丽动人的名称。与青海湖的湛蓝不同，茶卡盐湖是一片白色，清澈的湖水在白色的盐结晶帮衬下形成了一面巨大的反光镜，天空中的蓝天、白云倒映出来，被称为中国的"天空之镜"。

第4天：青海湖—西宁

早餐后，前往游览青海湖（含门票，如乘坐环保车及游船请自理，游船140元/人，环保车20元/人，游览约2.5小时）。游毕乘车返回西宁（车程约3小时），晚餐后入住酒店休息。

景点介绍：

【青海湖】是中国最大的内陆咸水湖，国家5A级景区。蒙语"库库诺尔"，意为"青色的湖"。碧波连天的湖水，在艳阳下清澈透亮，就像一颗镶嵌在群山里的蓝宝石，美得让人心无杂念；像晴空万里的天空，但比天空蓝得纯粹，蓝得清澈。雪山连绵，绿茵如毯，羊群似白云飘动，使人陶醉于诗情画意般的景色中。

第5天：西宁

早餐后，自由活动。

当地特色活动推荐（自愿选择，费用自理）：阿什贡七彩丹霞国家地质公园（380元含门票、车费、导服费，游览约2小时），阿什贡七彩峰丛地貌多姿多彩，秀丽壮美；麻吾峡风蚀地貌鬼斧神工，变幻无穷；黄河景观美轮美奂，如花似锦；龙羊峡谷陡峭险峻，气势磅礴。多种多样的地质遗迹反映了地质历史时期青藏高原的演化过程，也记录了黄河的发育史和贵德自然环境的变迁。

第6天：西宁—广州

早餐后，前往机场，乘机返回广州，结束愉快旅程。

4）费用说明

（1）费用已含：旅行社代订飞机票等城市间交通费用、旅游观光汽车费用、住宿费、餐费、包价项目景点（区）的第一道门票费、导游服务费。

（2）费用未含：个人投保的旅游保险费、航空保险费、合同未约定由旅行社支付的费用，行程中发生的客人个人费用（包括交通工具上的非免费餐饮费、行李超重费、住宿期间的洗衣、电话、酒水饮料费、个人伤病医疗费等），不可抗力因素所产生的额外费用等。

（3）大小同价，小童不含门票、不占床、不得按成人报。

5）报名提示

（1）港澳台人士报名，需要收酒店差价350元/人，因政策性原因，港澳台人士游个别地区时需入住指定酒店,请客人知悉并服从安排。因地区限制不接受持护照的外籍人士或持护照的中国人士报名,不便之处敬请谅解。

(2)西北旅游行程跨度大,对游客身体状况要求较高,70周岁以上的长者暂不接受报名。

(3)此线路为特价优惠线路,不做任何门票优惠(如老人证、学生证、军官证等);一经报名确认,费用不退。

(4)如遇特殊情况导致航班有变化,取消或变更时间,则另行通知或改线或全款退还,不另作赔偿,特此说明。

6)行程标准

(1)本团10人成团,30人以上派全陪导游。

(2)住宿:全程入住豪华酒店,升级1晚超豪华酒店,每成人每晚1个床位,入住双人标间。酒店住宿若出现单男/单女,旅行社会安排同团的同性团友与其拼住;若客人无法接受旅行社安排或旅行社无法安排,则须在当地补房差入住双人标间。

(3)用餐:含4正餐和5早餐(酒店房费含早餐),正餐标准为25元/人(儿童餐费减半);正餐八菜一汤不含酒水(10~12人/桌,人数未达到一桌的,将对菜式或数量作出相应的调整或减少);餐饮风味、用餐条件各地有一定的差异,请大家有所心理准备;若不可抗力等其他原因造成客人没有享用特色餐,则统一按照团购价退回客人。

(4)用车:全程地接用车将根据团队人数安排9~55座旅游空调车,保证每人1个正座,全车预留3个或以上空位。

(资料来源:广之旅官网,http://www.gzl.com.cn/domestic/40288022668792860166d36eea5b775a.html)

2.西藏旅游线路产品实例

1)产品名称

雪域桃源,西宁拉萨林芝桃花节8天游

2)行程特色

(1)舒适:搭乘青藏列车由低海拔向高海拔入藏。

(2)畅游:参观高原圣殿布达拉宫,著名的转经道与旅行商业中心八廓街。

(3)品尝:林芝特色火锅——鲁朗石锅鸡。

(4)体验:抵达拉萨后,献哈达迎接游客,特别安排游客穿上精美的藏族服装在桃花林拍照;藏族风情,藏族家访。

(5)安心:每人赠送高原保健品红景天,以便游客更好地适应高原气候。

3)行程安排

第1天:广州—兰州—西宁

于广州白云机场指定地点集合,乘飞机前往兰州(飞行约4.5小时,可能经停约1小时),后乘车(车程约3小时)前往"中国夏都"——西宁。西宁有"西海锁钥"之称,是古"丝绸南路"和"唐蕃古道"的重镇，是古代东西往来的必经之地。

第 2 天：西宁—拉萨

早餐后，前往参观东关清真大寺（游览约 1 小时）。该寺是西宁古城著名的建筑，是我国西北地区大清真寺之一。该寺建造雄奇，坐西面东，具有我国古典建筑和民族风格的建筑特点，雕梁彩檐、金碧辉煌，大殿内宽敞、高大、明亮，可以同时容纳 3000 多穆斯林进行礼拜。殿内和整个大寺处处都显得古朴雅致，庄严肃穆，富有浓郁的伊斯兰特色。参观完毕后，前往（车程约 10 分钟）西宁火车站，搭乘青藏列车（车程约 22 小时）开始青藏天路旅程。

第 3 天：青藏列车—拉萨

列车行驶在青藏高原，沿途可以在车上欣赏到令人叫绝的青藏铁路沿线的美丽风光。晚上抵达青藏铁路的终点站拉萨市后，入住酒店休息，以适应高原气候。注：青藏列车沿途景色观赏根据实际发车的车次时间而定。为了更好地适应高原气候，建议当天晚上避免洗头、洗澡，保证充足的睡眠，这是减轻高原反应的好方法。

第 4 天：拉萨—林芝

早餐后，乘车（车程约 5 小时）前往被誉为"雪域江南"的林芝，游览位于 318 国道（拉萨至林芝段）距巴宜区 1.5 千米处的尼洋阁（游览约 1 小时）。尼洋阁是融藏东南文化遗产博物馆、林芝娘乳湿地观景台、藏东南人文风情为一体的综合性、最具特色的人文风情旅游景区。晚餐品尝林芝特色火锅——鲁朗石锅鸡，后入住酒店。

第 5 天：林芝

早餐后，乘车前往（车程约 30 分钟）林芝嘎拉桃花沟（游览约 1 小时），拍摄雪峰下的野桃林（具体花期需视当地气候及气温而定），这里是观赏桃花的最佳去处之一。桃花沟三面雪山环绕，四周林木葱茏，终年碧绿苍翠，远处是尼洋河流水，清澈见底；春日，桃花竞相绽放、美不胜收。然后，前往游览尼洋河风光带（游览约 30 分钟）。作为雅鲁藏布的支流，尼洋河在林芝机场附近汇入雅江，其下游河道成宽阔河谷，河道分散成辫状，水流清澈舒缓，而两岸桃花田园更增添其闲适安逸之美。

第 6 天：林芝—拉萨

早餐后，乘车（车程约 5 小时）返回拉萨，途中可见到雪峰下的藏南门巴、珞巴小村寨，前往藏族村寨参观藏式民居（藏式民居一般为内院回廊形式，二层或三层，屋顶的各个接角则用五色布条和树枝插成的"五色幡"），参加藏族同胞独具特色的家访活动（品酥油茶、尝特色小零食），领略藏家文化。抵达拉萨后，入住酒店休息，夜晚可自行到布达拉宫广场拍摄夜景。

第 7 天：拉萨

早餐后，前往参观当今世界上海拔最高的古代宫堡式建筑群——布达拉宫（殿内游览约 1 小时），注：布达拉宫门票限量发售，如当天无法购买门票，有可能调整行程游览顺序。然后，游览龙王潭公园（游览约 1 小时），接着前往拉萨最古老的集市八廓街自由活动。八廓街，又名"八角街"，是拉萨乃至整个藏区人文景观的缩影，这里会聚集来自各地的朝拜者。客人可在此领略藏传佛教文化，感受藏族对佛教的虔诚。晚餐自理，自行返回酒店休息。

第 8 天：拉萨—广州

早餐后，前往拉萨贡嘎机场（车程约 1 小时），乘机飞往成都/重庆/昆明/西安机场，中转后返回广州。自行办理中转手续，中转航班时间较长，客人可在机场稍作休整，逐渐适应过氧环境，以免因醉氧导致身体不适。结束愉快的旅程。

4）费用说明

（1）成人费用：含往返机票及机场税、交通费、住宿费、餐费（不含酒水）、景点的第一道门票费。

（2）儿童费用（2~12 周岁）：含往返机票、交通费、半价餐费（不含酒水）；全程不含景点门票、不含景区区间交通（缆车、环保车、渡轮等）费用、不占床位（儿童可补床位差价，具体价格请咨询旅行社销售人员）。含儿童早餐，行程中儿童早餐各酒店或因儿童身高、年龄不同等因素而执行不同的收费标准，团费只含酒店最低标准的儿童早餐，超出部分则由客人自行在酒店支付差价，实际金额以酒店公布为准（如不享用，无费用可退），敬请留意。

（3）婴儿费用（2 周岁以内）：不占座位、不含景点门票、不含当地旅游车位、全程不占床位、不提供早餐及餐费。仅含旅行社责任险费用。婴儿参团出游需提前与旅行社销售人员沟通，否则旅行社有权拒绝随行，敬请留意。

（4）费用已含基本导游服务费、旅行社责任险。

5）行程标准

（1）满 30 人（不含婴儿）安排全陪导游；如人数未达到全陪标准，则安排目的地地陪服务。

（2）交通：往返飞机经济舱机票和中间段火车硬卧票。

（3）住宿：全程入住高级酒店，住宿安排为 2 成人 1 间标准双人房/大床房。由于酒店房型有限，客人不能指定标双或大床房，通常情况下默认为标准双人房；如客人在报名时提出，旅行社尽量优先安排，但不作为合同履行之必要内容。若出现单男/单女，且团中无同性团友可同住，请客人在当地补房差或由旅行社安排在同组客人房内加床；如酒店房型不能安排加床，请补单间房差。酒店不设 3 人间，单人入住需要补单间房差，具体费用请咨询旅行社前台。注意：按照中国有关治安管理规定，酒店最多只可安排入住 2 位成人和 2 位儿童，如超出人数，请自行补房差，否则酒店有权拒绝入住。当地有特殊规定除外。

（4）用餐：含 7 正餐和 6 早餐，早餐为房费包含，如不使用不退款。正餐标准为 30 元/人、石锅鸡标准为 40 元/人（不含酒水），11~12 人一桌，正餐九菜一汤，9~10 人一桌，正餐八菜一汤，6~8 人一桌，正餐六菜一汤；若整团出发人数不足 6 人，则当地正餐由客人自理，将按合同约定餐标退回餐费。

（5）用车：具有资质的旅游巴士，旅行社承诺实际座位数量比该团实际旅游者数量大于等于 2。注意：10 人以下成团线路用车除外。

第三节　陕甘宁旅游产品开发

一、区域旅游资源概况

陕西，简称"陕"或"秦"，省会西安，位于中国西北内陆地区，东邻山西、河南，西连宁夏、甘肃，南抵四川、重庆、湖北，北接内蒙古，总面积20.56万平方千米。

甘肃，简称"甘"或"陇"，省会兰州，位于中国西北内陆地区，东接陕西，西倚新疆，南瞰四川、青海、北扼宁夏、内蒙古，西北端与蒙古国接壤，总面积42.59万平方千米。

宁夏回族自治区，简称"宁"，自治区首府银川，位于中国西北内陆地区，东邻陕西，西、北接内蒙古，南连甘肃，总面积6.64万平方千米。

（一）自然旅游资源

1. 陕西自然旅游资源

复杂多样的气候特点和地形地貌，孕育出万千物种和世间珍奇，堪称自然博物馆，有"小中国"之称。陕西地势的总特点是南北高，中部低，而且由西向东倾斜。北山和秦岭把陕西分为三大自然区域：北部是黄土高原区，中部是关中平原区，南部是秦巴山区。

在自然景观方面，陕西有位于华阴市的西岳华山、宝鸡眉县的太白山，还有西安周边的临潼骊山华清池、终南山、翠华山，秦晋交界处的黄河壶口瀑布等。

2. 甘肃自然旅游资源

甘肃地形呈狭长状，地貌复杂多样，山地、高原、平川、河谷、沙漠、戈壁，类型齐全，交错分布，四周为群山峻岭所环抱，地势自西南向东北倾斜。甘肃省地处青藏高原、黄土高原和内蒙古高原的交接地区，自然风光雄奇壮丽，有壮观的北国风光，浩瀚的戈壁沙漠，巍峨的祁连雪山，美丽的大草原，高山湖泊，黄河峡谷，雅丹地貌。

3. 宁夏自然旅游资源

宁夏地形从西南向东北逐渐倾斜，丘陵沟壑林立，地形分为三大板块：北部引黄灌区、中部干旱带、南部山区。宁夏地处黄河水系，地势南高北低，呈阶梯状下降，全区属温带大陆性干旱、半干旱气候。

连绵起伏的贺兰山、有黄土高原上"绿色明珠"之称的六盘山、驰名中外的沙坡头、风景如画的老龙潭、滚滚而流的九曲黄河，还有被称为生态旅游"黄金宝地"的沙湖等，共同构成了宁夏丰富的自然景观。

（二）人文旅游资源

1. 陕西人文旅游资源

陕西是中华民族重要的发祥地之一，其历史厚重绵长。100多万年前的"蓝田猿人"是迄今已知最早在陕西生活的古人类。距今约5000年前生活在姬水流域的黄帝部落和姜水流域的炎帝部落，在冲突中走向融合，逐渐形成了中国历史上最早的民族共同体——华夏族，开启了中华民族 5000 年文明历史。先后共有西周、秦、西汉、新、东汉、西晋、前赵、前秦、后秦、大夏、西魏、北周、隋、唐 14 个朝代在陕西建都。

在陕西，可看到古代城阙遗址、宫殿遗址、古寺庙、古陵墓、古建筑等，如长城、秦始皇陵兵马俑、乾陵、茂陵、阳陵、黄帝陵、法门寺等，以及西安城墙、西安碑林、西安钟鼓楼、大小雁塔等。陕西各地的博物馆内陈列着数不胜数的西周青铜器、秦代铜车马、汉代石雕、唐代金银器、宋代瓷器及历代碑刻等稀世珍宝，昔日的周秦风采、汉唐雄风亦可从中窥见一斑。

2. 甘肃人文旅游资源

古代丝绸之路贯穿甘肃全省，留下无数名胜古迹，其中有被誉为"东方明珠艺术宝库"的敦煌莫高窟、"东方雕塑馆"的天水麦积山石窟、"天下道教名山"的平凉市崆峒山、"天下第一雄关"的嘉峪关及炳灵寺石窟和瓜州县榆林窟；还有"中国旅游标志"的铜奔马出土地武威市，莫高窟和鸣沙山所在的敦煌市，拥有麦积山的天水市和丝绸之路古镇张掖市等国家历史文化名城。此外，各民族之间在长期的生产、生活中，使用多种语言，信仰不同宗教，由此形成了各民族在婚丧、节日庆典、饮食居住以及诸多文化活动方面的不同风俗，五彩缤纷的民族风情独具特色。

3. 宁夏人文旅游资源

宁夏行政区划图位于"丝绸之路"上，历史上曾是东西部交通贸易的重要通道。作为黄河流经的地区，这里同样有古老悠久的黄河文明。早在 3 万年前，宁夏就已有了人类生息的痕迹。1038 年，党项族的首领元昊在此建立了西夏王朝，并形成了独特的西夏文化。

宁夏的人文旅游资源主要有与龙门、云冈石窟相媲美的须弥山石窟、"游牧民族艺术画廊"之称的贺兰山岩画、"东方金字塔"之称的西夏王陵、古老恢宏的南关清真大寺、"中国最大的喇嘛式建筑群"青铜峡 108 塔、"中国长城博物馆"之称的历代长城遗迹等。

二、主要旅游城市介绍

（一）陕西主要旅游城市

1. 西安

西安，古称"长安""镐京"，是"丝绸之路"的起点城市、"一带一路"上的重要支点城市。西安是中华文明和中华民族重要发祥地之一，也是著名的 13 朝古都。

西安有两项六处遗产被列入《世界遗产名录》，分别是秦始皇陵及兵马俑、大雁塔、小雁塔、唐长安城大明宫遗址、汉长安城未央宫遗址、兴教寺塔。另有半坡氏族社会遗址、西安城墙、钟鼓楼、华清池、终南山、大唐芙蓉园、陕西历史博物馆、碑林等景点。

2. 宝鸡

宝鸡，古称"陈仓"，誉称"炎帝故里""青铜器之乡""民间工艺美术之乡"。宝鸡历史悠久，是宝学（宝鸡之学）所在地，有 2700 余年建城史。该地出土了晚清四大国宝（毛公鼎、大盂鼎、散氏盘、虢季子白盘）及陈仓石鼓、何尊、逨盘、铜浮屠等文物，存有西府社火、凤翔木版年画、泥塑等中华工艺。

宝鸡旅游资源十分丰富，名胜古迹有姜太公钓鱼台、周公庙、周原遗址、汉高祖刘邦"明修栈道，暗度陈仓"的古陈仓城遗址、诸葛亮庙、唐九成宫遗址、"铁马秋风"大散关、法门寺唐代地宫等。自然风光绚丽多彩，有国家森林公园太白山、风景名胜区天台山以及关山草原、嘉陵江源头等著名名胜。

3. 延安

延安市，是天下第一陵中华民族始祖黄帝陵所在地，中国革命圣地，国务院首批公布的国家历史文化名城。1935年10月，中共中央和中央红军胜利到达吴起镇，延安成为中国革命的落脚点和出发点，是全国革命根据地城市中旧址保存规模最大、数量最多、布局最为完整的城市，也是全国爱国主义、革命传统和延安精神的三大教育基地。

延安是中国优秀旅游城市，有中国第一号古墓葬轩辕黄帝陵、宝塔山景区、国家级重点文物保护单位子长钟山石窟等著名景点；在自然景观方面，有延安黄河壶口瀑布、"中国最大的野生牡丹群和花木兰故里"万花山、黄河蛇曲国家地质公园（乾坤湾）、延安国家森林公园、洛川黄土国家地质公园等。

延安还是中国红色旅游景点最多、内涵最丰富、知名度最高的红色旅游资源富集区，有枣园革命旧址、杨家岭革命旧址、王家坪革命旧址、凤凰山革命旧址、南泥湾、清凉山、延安革命纪念馆、延安新闻纪念馆、中国抗日军政大学纪念馆等，红色旅游资源数量占陕西省红色资源总量的72%。

4. 汉中

汉中市因汉水而得名，自古有"天汉"之美称，被评为"中国最美十大城镇"之一，被誉为"汉人老家"。

汉中是汉文化的发祥地，国家历史文化名城。早在公元前400年以前，汉中就已设郡。著名的历史文化古迹有古汉台、拜将坛、张良庙、蔡伦墓、武侯墓、古褒斜栈道、石门十三品、灵崖寺摩崖石刻等，这里有两汉、三国旅游的热门线路。自然景观有南湖、红寺湖、南沙河、天台山、午子山等。

拓展阅读 3-4

陕西"醉美秋色"名单出炉，30处美景入选

在2018陕西金秋旅游节暨少华山第十届红叶节启动仪式上，备受关注的2018陕西"醉美秋色"网络评选结果公布，沿黄观光路秋色长廊、太白山云海、少华山漫山红叶等30处美景入选2018年陕西"醉美秋色"，这些美景将为广大民众和游客在即将到来的十一国庆长假提供全新的出行选择和旅游体验。

2018陕西"醉美秋色"网络评选活动由西北旅游文化研究院、西北旅游网、西北旅游杂志社联合发起，自9月20日启动以来，得到了旅游行业和广大网民的广泛支持及热情参与，全省共有50处秋色景观入围评选。截至9月25日投票结束，总参与人数超过

> 20万人次，投票数累计超过10万，最终评选出30处高人气2018陕西"醉美秋色"，分别是浐灞秋意、临潼万亩石榴红、金秋芙蓉园、昆明池秋影、太白山云海、凤县秦岭花谷、大水川之秋、石鼓山醉秋、秋染黄柏塬、礼泉果乡风情线、旬邑石门秋色、玉华宫千亩菊韵、福地湖荷塘月色、秋到华山、少华山漫山红叶、同州湖环湖风光、沿黄观光路秋色长廊、壶口金瀑卧虹、乾坤湾云雾、宝塔山秋色、黄陵子午岭秋韵、红碱淖水天一色、佳县白云观落日、佛坪仙果寺百年银杏迎秋、南宫山红叶、秋满汉江两岸、紫柏山天坦群落、十里金丝奇峡、天竺山红叶、农博园昆虫音乐季。
>
> 本次评选活动是2018陕西金秋旅游节的公众推广项目，入选的"醉美秋色"包括全省各地金秋时节独特的自然风光、田园山色、特色景观等，其中不乏近年来各地开发建设的新景观，全面宣传和展示了陕西醉人的金秋风光和宜人景色，为国庆黄金周出行的人们和摄影爱好者提供了优质的旅游参考与摄影导览地。
>
> （资料来源：http://www.ctnews.com.cn/art/2018/9/27/art_306_25683.html）

（二）甘肃主要旅游城市

1. 兰州

兰州是古丝绸之路上的重镇。早在5000年前，人类就在这里繁衍生息。秦统一六国置郡县时即设立县治，置金城郡，距今已有2200多年的建城史。隋初改置兰州总管府，始称兰州。

兰州依黄河而建，黄河自东西穿城而过，是唯一一个黄河穿越市区的省会。兰州的大部分景点都在传统的中心城区黄河南岸的城关区，包括白云观、西关清真寺、兰州城隍庙，黄河大铁桥等；中心城区西面的七里河区，有著名的甘肃省博物馆；而俯视整个兰州市区的白云山，则耸立在黄河的北岸。在兰州的南郊，有兰山森林公园、五泉山公园等景点。

2. 嘉峪关

嘉峪关市是明代万里长城的西端起点，也是古代"丝绸之路"的交通要塞，素有"天下第一雄关""连陲锁钥"之称。嘉峪关市是中国4个不设市辖区的地级市之一。

嘉峪关主要景点有嘉峪关关城、悬壁长城、长城第一墩、魏晋墓群、黑山石刻、木兰城、"七一"冰川、滑翔基地等自然景观及人文景观。嘉峪关大多数景点紧扣长城文化及丝路文化的脉系，并具有自己的特色。

3. 张掖

张掖是古丝绸之路上的重镇，是新亚欧大陆桥的要道，是全国历史文化名城和中国优秀旅游城市。张掖是一座拥有两个国家级自然保护区的城市，也是一座坐落在湿地上的城市，被誉为山青、水秀、天蓝、地绿的"塞上江南"，张掖最大的芦苇面积达2万多亩。

张掖有着悠久的历史、灿烂的文化、优美的自然风光和独特的人文景观，自古就有"塞上江南"和"金张掖"之美誉，古人有诗曰："不望祁连山顶雪，错把张掖当江南。"张掖市旅游资源丰富，有"一湖山光，半城塔影，苇溪连片，古刹遍地"之美景。市内有大佛寺、西来寺、土塔、镇远楼、山西会馆、明粮仓等古代建筑，黑水国遗址、汉墓群、古城墙、长城烽燧等历史足迹，还有国家湿地保护区、润泉湖公园、甘泉公园、沙漠公园、黑河山庄、大野口自然风景区等融南国秀色与塞外风光为一体的绚丽的自然景观。其中，隋代木塔、明代镇远楼、黑水国遗址等古迹享誉中外。

4. 敦煌

敦煌是丝绸之路的节点城市，以敦煌石窟、敦煌壁画闻名天下，是国家历史文化名城。敦煌有3处世界文化遗产，分别是莫高窟、玉门关遗址、悬泉置遗址。此外，鸣沙山·月牙泉、阳关、雅丹国家地质公园、敦煌影视城、三危山景区、敦煌夜市、敦煌同舟岛、敦煌雷音寺、敦煌光电博览园、党河生态公园和千年敦煌月牙泉小镇民俗文化旅游景区等都是其主要旅游景观。

（三）宁夏主要旅游城市

1. 银川

银川，简称"银"，宁夏回族自治区首府，中国历史文化名城。银川是历史悠久的塞上古城，早在3万年前就有人类在水洞沟遗址繁衍生息，是史上西夏王朝的都城。银川在民间传说中被称为"凤凰城"，古称"兴庆府""宁夏城"，素有"塞上江南、鱼米之乡"的美誉。

银川自然景观有水洞沟旅游区、苏峪口森林公园、滚钟口风景区、金水旅游区、大小西湖、鸣翠湖、鹤泉湖等。人文历史景观有水洞沟、西夏王陵、贺兰山岩画、拜寺口双塔、三关口明长城、鼓楼、玉皇阁、海宝塔、承天寺塔、南关清真大寺、纳家户清真寺、马鞍山甘露寺、镇北堡华夏西部影视城、中华回乡文化园等。

2. 吴忠

吴忠市是中华文明的发祥地之一，古丝绸之路的重要组成部分，黄河穿城而过的三个城市之一。吴忠历史悠久，是古灵州城所在地，自秦始皇三十三年（公元前214年）在这里设置富平县。历史上的吴忠素有"塞上明珠""水旱码头""天下大集"和"天下粮仓"等美誉，自然条件得天独厚，"天下黄河富宁夏"，九曲黄河穿城而过，造就了吴忠独特的自然景观、地理景观和人文景观。

三、旅游线路产品开发

（一）陕西旅游产品开发总体思路

陕西可以现有的旅游线路为基础，结合旅游需求变化和交通条件的改善，按照周、秦、汉、唐等重要历史文化脉络和自然山水格局，打造和推广彰显"中华文明""中国革命""中华地理"精神标识和自然标识的精品线路。

1. 精品主题线路

丝绸之路精品线路：西安（兴教寺塔、大小雁塔、大明宫）—汉阳陵—乾陵（茂陵、昭陵）—彬州大佛寺。

华夏文明寻踪线路：宝鸡（周原、周公庙）—杨凌（西北农林科技大学博览园）—咸阳（昭陵、茂陵、汉阳陵）—西安（秦始皇帝陵博物院、华清池、大雁塔、城墙）—黄帝陵。

红色革命感悟线路：西安（八路军办事处）—马栏革命旧址—照金革命纪念馆—延安（延安革命纪念馆、杨家岭、枣园）。

陕西南北穿越线路：安康（南宫山、瀛湖）—柞水（柞水溶洞、牛背梁）—西安（泾渭分明、国家授时中心）—泾阳（大地原点）—洛川（黄土高原）—榆林（毛乌素沙漠）。

2. 省内旅游环线

1）旅游大环线

北环线：西安—铜川（玉华宫）—黄陵（黄帝陵）—延安（延安革命纪念馆、枣园文化广场等）—靖边（统万城）—榆林（镇北台）—米脂（李自成行宫）—佳县（白云山）—延川（文安驿、梁家河）—宜川（壶口瀑布）—韩城（龙门、司马迁祠）—西安。

南环线：西安—柞水（牛背梁、柞水溶洞）—旬阳（太极城）—安康（香溪洞、瀛湖）—汉阴（漩涡古梯田）—石泉（燕翔洞）—城固（张骞墓、桔园）—汉中（古汉台）—洋县（华阳古镇、朱鹮自然保护区）—西安。

东环线：西安（大雁塔、大唐芙蓉园）—临潼（华清池、骊山、兵马俑）—阎良（中国航空城）—富平（老城、陶艺村）—蒲城（文庙、杨虎城纪念馆）—白水（仓颉庙）—澄城（尧头窑、澄城博物馆）—韩城（韩城古城、党家村、司马迁祠）—合阳（洽川湿地）—大荔（沙苑）—潼关（明潼关城遗址）—华阴（华山）—临潼（兵马俑、华清池）—西安。

西南环线：西安—鄠邑区（太平、朱雀森林公园）—眉县（太白山、红河谷）—凤县（通天河国家森林公园）—留坝（张良庙、紫柏山）—汉中（古汉台）—洋县（朱鹮自然保护区、华阳古镇）—佛坪（佛坪国家级自然保护区）—西安。

西环线：西安—杨凌—宝鸡（青铜器博物馆）—凤翔（雍城遗址、东湖）—岐山（周公庙、西岐民俗村）—扶风（法门寺）—乾县（乾陵）—礼泉（袁家村、文庙）—三原（城隍庙）—西安。

东南环线：西安—柞水（牛背梁、柞水溶洞）—安康（香溪洞、瀛湖）—旬阳（太极城）—十堰（武当山）—商南（金丝峡）—丹凤（棣花古镇）—西安。

西北环线：西安—礼泉（昭陵、袁家村）—乾县（乾陵）—彬州（大佛寺）—旬邑（马栏革命旧址、博物馆）—淳化（爷台山）—泾阳（乐华城）—西安。

2）旅游小环线

（1）以西安为核心的小环线。

西安—铜川（药王山、玉华宫、照金）—旬邑（马栏革命旧址）—淳化（爷台山、仲山森林公园）—西安。

西安—富平（陶艺村、习仲勋陵园）—蒲城（桥陵、重泉古城）—白水（仓颉庙）—澄城（尧头窑）—韩城（韩城古城、司马迁祠）—合阳（洽川）—西安。

西安—阎良（飞机城）—蒲城（桥陵、重泉古城）—华州（少华山、老腔）—临潼（兵马俑、华清池）—西安。

西安—周至（楼观台、水街）—眉县（太白山）—扶风（法门寺）—杨凌（西北农林科技大学博览园）—西安。

西安—商洛（丹凤棣花古镇）—柞水（凤凰古镇、柞水溶洞、牛背梁）—西安。

（2）以延安为核心的小环线。

延安—志丹（刘志丹烈士陵园）—吴起（胜利山、铁边城）—定边（盐湖、小滩子沙漠）—靖边（统万城）—安塞—延安。

延安—靖边（统万城）—横山（波罗古城）—子洲（金鸡山）—绥德（疏属山）—清涧（袁家沟）—延川（文安驿、乾坤湾）—延安。

延安—南泥湾—宜川（壶口瀑布）—黄龙（狩猎场）—黄陵（黄帝陵、黄陵国家森林公园）—延安。

延安—志丹（刘志丹烈士陵园）—吴起（胜利山）—华池（南梁革命纪念馆）—庆城（周祖陵景区）—富县（直罗镇）—延安。

延安—靖边（统万城）—榆林（镇北台）—米脂（李自成行宫）—绥德（疏属山）—延川（文安驿）—延安。

（3）以汉中为核心的小环线。

汉中—城固—西乡—镇巴—紫阳—安康—汉阴—石泉—汉中。

汉中—宁强（青木川）—广元（剑阁）—南江（光雾山）—南郑（黎坪）—汉中。

汉中—留坝（紫柏山）—凤县（古羌文化旅游区）—两当（灵官峡）—徽县（三滩风景名胜区）—成县（鸡峰山）—康县（梅园沟风景区）—略阳（五龙洞）—汉中。

（4）以宝鸡为核心的小环线。

宝鸡—千阳（千湖国家湿地公园）—陇县（关山草原）—崇信（五龙山）—灵台（古灵台）—凤翔（东湖）—宝鸡。

宝鸡—凤县（古羌文化旅游区）—留坝（紫柏山）—太白（黄柏塬）—宝鸡。

宝鸡—天水（麦积山）—徽县（三滩风景名胜区）—两当（灵官峡）—凤县（古羌文化旅游区）—宝鸡。

3. 省际拓展线路

丝绸之路旅游线路：临潼—西安—宝鸡—天水—兰州（西向延伸）。

东北旅游线路：西安（以西安为中心延伸）—韩城—临汾—晋中—太原（东北延伸）。

西南旅游线路：西安—汉中—广元—成都（西南延伸）。

东南旅游线路：西安—商洛—南阳—十堰（东南延伸）。

西北旅游线路：西安—乾县—彬州—平凉—中卫（西北延伸）。

南北旅游线路：包头—榆林—延安—铜川—西安—安康—重庆（南北延伸）。

（二）甘肃旅游产品开发总体思路

甘肃可以升级传统旅游线路，发挥各条主题旅游线路的资源优势，以精品丝路旅游廊道、黄河风情旅游廊道、民族风情旅游廊道、寻根访祖旅游廊道、长城边关旅游廊道、红色征程旅游廊道六条旅游廊道为战略发展轴，以相关主题旅游资源整合和全域旅游联动为基础，大力带动廊道沿线旅游区域一体化发展，通过标准化风景廊道的建设，构建全省与国家重点旅游带有机衔接的立体风景廊道体系。

（1）精品丝路旅游廊道。以天水、平凉、敦煌交通枢纽及兰州、嘉峪关、张掖、金昌、庆阳机场为进出口，以连霍高速、陇海铁路、兰新高铁串联起丝绸之路沿线的重要旅游景区，形成精品丝路旅游黄金大廊道。

（2）黄河风情旅游廊道。以甘南、白银交通枢纽以及兰州、夏河机场为进出口，以沿黄快速通道、京藏高速、兰海高速、包兰铁路、兰成铁路串联起沿黄四市州（兰州市、白银市、临夏回族自治州、甘南藏族自治州）的重要旅游景区，形成黄河风情旅游大廊道。

（3）民族风情旅游廊道。以甘南、临夏交通枢纽为进出口，以兰郎高速、兰成铁路等串联起沿线重点旅游景区，形成回藏民族风情旅游廊道。以兰州、张掖、敦煌交通枢纽为进出口，以省道301、302和兰新铁路、敦格铁路等串联起沿线裕固、哈萨克、蒙古、藏等民族景区，形成祁连腹地民族风情旅游大廊道。

（4）寻根访祖旅游廊道。以陇东南五市交通枢纽为进出口，以青兰高速（庆阳至定西）、天定高速、天平高速、十天高速、兰渝铁路、宝成铁路、陇海铁路等串联起沿线重点旅游景区，形成"华夏祖脉、养生福地"旅游圈环线廊道。

（5）长城边关旅游廊道。以兰州、敦煌交通枢纽以及嘉峪关、金昌、张掖机场为进出口，以国道312、省道308、314、315等连接起汉明长城沿线重点旅游景区，形成"秦时明月汉时关"的边关风情自驾旅游廊道。

（6）红色征程旅游廊道。以兰州、甘南、庆阳交通枢纽为进出口，以省道210、国道212等串联起沿线红色旅游景区，形成"重走长征路"旅游廊道。以兰州、张掖、武威、酒泉交通枢纽为进出口，以省道308、国道312、连霍高速等串联起沿线红色旅游景区，形成"红色记忆"旅游廊道。

拓展阅读 3-5

甘肃省在 2019 自驾游大会上获"资源管理奖"

3月5日，2019自驾游大会暨第十二届上海汽车文化节开幕式在上海嘉定正式开幕。在当天下午的爱驾盛典颁奖典礼上，揭晓了2019"此生必驾36路"热门自驾游目的地，甘肃省文化和旅游厅、承德市人民政府等六家政府机构获得大会特别设立的"资源管理奖"。评选委员会介绍，近年来甘肃省主动融入"一带一路"建设，创新推广"交响丝路、如意甘肃"文化旅游品牌，在文化旅游基础设施建设上成效明显，文化旅游成为全省十大绿色生态产业之一，旅游市场呈现井喷式增长。

据悉，自驾游大会每年举办一次，评选发布当年度"必驾36路"，向自驾游群体推荐长、中、短线36条自驾游经典线路。甘肃省河西走廊、甘南"洛克之路"自驾线路曾先后入选年度推荐线路。

（资料来源：http://www.ctnews.com.cn/art/2019/3/6/art_526_36078.html）

（三）宁夏旅游产品开发总体思路

宁夏契合当前旅游消费新热点、新趋势，深入开发生态休闲度假、民俗文化体验、阳光温泉冬游、健康养生、研学科考等旅游新产品，构建三大休闲度假产品、十大专项旅游精品、三大冬季旅游新产品体系，打造四季皆宜的旅游目的地形象。

（1）三大休闲度假产品，包括沙漠休闲度假旅游、葡萄酒休闲度假旅游、乡村休闲度假旅游。

（2）十大专项旅游精品，包括回族文化体验游、西夏文化探秘游、黄河文化深度游、长城文化体验游、健康医疗养生游、军事主题休闲游、红色旅游、自驾车旅游、工业旅游、研学旅游。

（3）三大冬季旅游新产品，包括温泉旅游、冰雪旅游、西部民俗体验。

拓展阅读 3-6

"清凉宁夏"让你感受"塞上江南"的魅力

盛夏季节，全国各地酷暑难耐。而宁夏南部六盘山地区平均只有 18℃左右，被视为"避暑胜地、天然氧吧"的六盘山森林公园、贺兰山国家森林公园游人如织；泾源县、西吉县龙王坝到处是游客；沙坡头的沙漠深处，沙湖的 360°星空帐篷，哈巴湖星空露营地，万人"营"接璀璨星空的场面极为壮观……人们从四面八方来到宁夏，享受"清凉宁夏"之旅，感受"塞上江南"的魅力。

宁夏全境海拔 1000 米以上，白天不热，傍晚凉爽，气候宜人，是生态观光、避暑度假的理想之地。穿行在沙湖之间，漂流在黄河之上，行走在沙漠深处，休闲避暑在森林绿洲之中，白天享受灿烂的美景，夜晚寻觅星空的宁静，夏天到宁夏，给你的心灵放个假！

夏享清凉，怎么能少得了六盘山国家森林公园。六盘山国家森林公园横跨泾源、隆德两县，是黄土高原上的"绿岛"和"湿岛"，也是著名的避暑胜地和天然氧吧。园内森林茂密、山光水色，雄、奇、峻、秀各有意境，流泉飞瀑、气候舒爽，野荷谷、小南川、六盘山生态博物馆、生态植物园、凉殿峡、二龙河、鬼门关、白云寺等 60 多个景点是休闲度假、消夏避暑、森林探险、科普科考的理想场所。来固原，这里给你最美的景，给你最舒适的清凉……

（资料来源：http://www.ctnews.com.cn/art/2018/8/27/art_320_24066.html）

（四）旅游线路产品实例

1. 陕西旅游线路产品实例

1）产品名称

陕西全景游双飞 6 天游

2）行程特色

（1）全面游览陕西省精华景点："世界八大奇迹之一"的秦陵兵马俑、西岳华山、壶口瀑布、黄帝陵、革命圣地——延安、法门寺。

(2) 游"盛唐之魂、丝路之源"——大唐西市。

(3) 赠送品尝陕西特色小吃——锅盔辣子、裤带面。

(4) 赠送富有地方特色的陕西剪纸。

3) 行程安排

第1天：广州—西安

从广州乘航班前往西安（飞行约2.5小时）。到达后，乘车前往大唐西市（游览约1.5小时，财神庙+丝绸之路风情街）。后游览钟鼓楼广场（游览约30分钟），后到回民小吃一条街，自行体验西北特色小吃（自由活动约1小时）。晚餐客人自行安排。后乘车前往酒店入住。

第2天：西安—黄帝陵—壶口瀑布—延安

早餐后，乘车前往黄帝陵（车程约3小时，游览约1.5小时）。后乘车前往壶口（车程约2.5小时），游览壶口瀑布（赠送乘坐往返电瓶车，游览约1小时；如天气原因或景区不开放，当地现退门票，不另作赔偿；往返电瓶车为旅行社赠送项目，不做退费，敬请谅解）。后乘车前往延安，入住酒店（车程约2小时）。

第3天：延安—西安

早餐后，游览杨家岭革命旧址（游览约40分钟），然后游览枣园（游览约40分钟）。后乘车返回西安，入住酒店（车程约5小时）。

第4天：西安—临潼—华山

早餐后，游览大雁塔广场（游览约30分钟）。然后，乘车前往秦始皇陵兵马俑博物馆（车程约1.5小时，游览约2小时，含景区内单程环保车费用）。然后，乘车前往华清宫（游览约1小时）。后前往华山，入住酒店（车程约2小时）。

温馨提示：

(1) 出于对文物的保护，兵马俑景区内不允许讲解员使用扩音器讲解，也不允许大声讲解，因此请客人时刻紧跟讲解员游览，本行程不含景区内讲解器租赁费用，如需租赁，费用请客人自理，敬请谅解。

(2) 兵马俑博物馆内有礼品展示厅，此展示厅不属于旅行社行程范畴，如游客在此购物为个人自主行为，游客因购物产生的纠纷与旅行社无关。

第5天：华山—西安

早餐后，游览华山（游览2～4小时，具体时间依据当天交通状况而定），为了客人游览时间充足，华山山上午餐请客人自行安排。游览完毕后，乘车返回西安（车程约1.5小时），抵达后入住酒店。

温馨提示：

(1) 华山景区因各客人体力、游览需求均不相同，导游只陪同客人前往北峰，于北峰集中讲解安全注意事项后，客人根据自己的情况自由活动，量力而行。

(2) 行程未含华山往返缆车费、华山进山短途交通费。

第6天：西安—法门寺—广州

早餐后，乘车前往佛家名刹——法门寺（车程约2.5小时，游览约1小时，含景区内环保车费用）。然后，参观法门寺珍宝馆（游览约30分钟）。后前往机场，乘航班返回广州（飞行约2.5小时），结束愉快旅程。

4）费用说明

（1）费用已含：旅行社代订飞机票等城市间交通费用、旅游观光汽车费用、住宿费、餐费、包价项目景点（区）的第一道门票费、导游服务费（导游服务费含全陪/地陪，标准为12周岁及以上人士60元/人，儿童30元/人，婴儿免收）。

（2）儿童收费：2~11周岁的执行儿童收费，此收费提供机位、车位、餐位及景点第一道门票半票（若超过身高标准要求，请在当地自行补足门票、环保车及缆车等景区内交通差价，注：儿童价格不含兵马俑门票，因兵马俑景区目前政策为儿童免票），不提供住宿床位。

（3）门票优惠：此行程为旅行社综合包价产品，客人若持长者证、学生证等有效证件享受门票优惠的，旅行社将按照采购价在团费中退减相应门票差价。温馨提示：以上长者优惠仅限持中国大陆居民身份证人士，学生证仅限持中国大陆学生证人士。

5）行程标准

（1）本团10人成团，16人派全陪导游。

（2）住宿：全程入住高级酒店，每成人每晚1个床位，入住双人标间。酒店住宿若出现单男/单女，旅行社会安排同团的同性团友与其拼住；若无其他同性单男/单女人员，则安排加床（折叠床/钢丝床）；若客人无法接受旅行社安排或旅行社无法安排，则须在当地补房差入住双人标间。如因旅游旺季华山酒店房间紧张无法安排，为保证旅游质量则安排入住西安，西安到华山车程约2.5小时，请客人谅解。

（3）用餐：含9正餐和5早餐（酒店房费含早餐），延安2正餐标准为30元/人，其余正餐标准为25元/人；正餐八菜一汤不含酒水（10~12人/桌，人数未达到一桌的，将对菜式或数量作出相应的调整或减少）；餐饮风味、用餐条件各地有一定的差异，请大家有所心理准备。

（4）用车：全程地接用车将根据团队人数安排9~55座旅游空调车，保证每人1个正座，全车预留2个或以上空位。

（资料来源：广之旅官网，http://www.gzl.com.cn/domestic/ff8080814cda1c26014ce453f97936d6.html）

2. 甘肃旅游线路产品实例

1）产品名称

青海甘肃深度8天游

2）行程特色

（1）品质联游：经典皇牌青海甘肃深度游，明星产品榜首，行程深度景观多样体验丰富，横跨祁连山纵穿河西走廊，重走丝绸之路；全程纯玩，入住豪华酒店。

(2) 双湖之恋:"天空之镜"茶卡盐湖、高原明珠中国最大咸水湖泊——青海湖。

(3) 色彩盛宴:"上帝打翻的调色盘"张掖丹霞、"青山不老为雪白头"嘉峪关城楼、"大漠孤烟一湾清泉"鸣沙山、月牙泉、"祁连最美观景台"卓尔山,一次旅程装尽梦的斑斓……

(4) 绝色美景:世界文化遗产,"中国四大石窟之二"莫高窟、麦积山石窟;祁连朝拜圣地藏传佛教名寺阿柔大寺;陕、甘、川三省的著名旅游胜地西狭颂名胜区。

3) 行程安排

第1天:广州—陇南—天水

广州乘飞机前往陇南,抵达后乘车赴天水,乘西部高铁沿古丝绸之路到西宁,途经西北两省甘肃、青海。一路观赏祖国大好河山,重走古丝绸之路,穿越黄土高坡,沿途可见沟壑纵横,蜿蜒连绵的梯田;可见波涛汹涌,逶迤东去的黄河;春天的黄土高坡千树抽枝,百花盛开,万紫千红,多彩缤纷;夏天丰沛的降水让其披上了浓浓的绿装;秋天层林尽染,一步一景……抵达后,安排酒店办理入住。

第2天:西宁—青海湖—茶卡盐湖

在酒店用完早餐后,游览中国最大的咸水湖泊青海湖(游览约3小时)。湖面一望无际,碧波万顷,水天一色,雪山连绵,绿茵如毯,羊群似白云飘动,菜花飘香,金黄耀眼,使人陶醉于诗情画意般的景色中。青海湖位于青藏高原东北部,沿途平均海拔2800米,蒙古语"库库诺尔",意为"青色的湖"。游毕前往茶卡盐湖(游览约2小时)。茶卡盐湖是我国食盐的主要产区之一,湖面像一面镜子,在阳光的照射下更是显得水天一色,现实与梦幻交错犹如梦境。茶卡盐湖因此又被称为"天空之境",又被誉为中国的"乌尤尼""人生必去的55个地方之一"。后经黑马河前往德令哈,游毕安排酒店办理入住,晚餐自理。

第3天:茶卡—祁连

在酒店用完早餐后,途经祁连山草原赴祁连。祁连山草原位于青海和甘肃两省边界,是"中国最美六大草原之一",还被誉为"祁连山下好牧场""牧区江南"。参观祁连地区规模最大、影响最大的藏传佛教格鲁派寺院阿柔大寺。其位于风景如画的群山脚下,远处可望见山巅白雪皑皑,层云轻轻环绕;近处翠海如萍,风起层层浪吹动五颜六色的山花迎风飘舞。金碧辉煌的藏式风格,色彩艳丽的唐卡,古铜色的转经筒被信徒们摸得锃光瓦亮,仿佛在诉说着虔诚;写满万千藏文的经幡,被风一次次地抚摸发出"噼啪噼啪"的响声让人心随之变得平静。随后,游览卓尔山风景旅游区(游览约2小时),其由红色砂岩、砾岩组成,藏语称为"宗穆玛釉玛",意为"美丽的红润皇后"。站在山顶视野开阔,与牛心山遥相呼应。民间传说这两座山原本是一对相爱的情侣,他们用爱情灌溉了这片神奇的土地。山脚滔滔的八宝河像一条白色哈达环绕在县城周边,处处美景宛如仙境,令人心旷神怡。独特的生态环境和优越的地理位置,使卓尔山成为祁连县的重点景区,被青海省文联命名为"音乐家采风基地"和"摄影家创作基地",是众多游客来祁连之旅必登的胜境。游毕安排酒店办理入住。

第4天:祁连—张掖—嘉峪关

在酒店用完早餐后,前往张掖游览我国最典型的丹霞地貌——张掖七彩丹霞地质公园(游览约2小时,赠送环保车)。这里气势磅礴、场面壮观,形态丰富造型奇特,色彩艳丽深邃辽远，是国内唯一的丹霞地貌与彩色丘陵景观高度复合区，是中国丹霞地貌发育最大最好、地貌造型最丰富的地区之一。主要有七彩峡、七彩塔、七彩屏、七彩练、七彩湖、七彩大扇贝、火海、刀山等奇妙景观。该景区于2005年被中国《中国地理》杂志当选为"中国最美的七大丹霞地貌"之一；2009年被《图说天下国家地理》编委会评为"奇险灵秀美如画——中国最美六大奇异地貌"；2011年又被美国《国家地理》杂志评选为"世界十大神奇地理奇观"。张艺谋导演的电影《三枪拍案惊奇》《英雄》将这里作为最主要的拍摄地，姜文电影《太阳照常升起》、钱雁秋电视连续剧《神探狄仁杰》等影片也把该景区作为外景拍摄地。游毕，乘车赴嘉峪关，抵达后安排酒店办理入住，晚餐自理。

第5天：嘉峪关—敦煌

在酒店用完早餐后，游览嘉峪关城楼（游览约2小时）。它是明代万里长城最西端的关口，因地势险要，建筑雄伟而有"天下第一雄关""连陲锁钥"之称，以巍峨壮观著称于世，自古为河西第一隘口，现为国家4A景区。如今的嘉峪关经过修葺，仍可见当年雄险的边关气势。登关楼远眺，长城似游龙浮动于浩瀚沙海，若断若续，忽隐忽现。天晴之日，或海市蜃楼，或塞上风光，奇特景色，尽收眼底。随后，乘车赶赴敦煌，游览大自然鬼斧神工缔造的奇景鸣沙山、月牙泉（游览约2.5小时）。鸣沙山因沙动成响而得名，山为流沙积成，沙分红、黄、绿、白、黑五色。沙随足落，经宿复初，此种景观实属世界罕见。月牙泉为"敦煌八景"之一，弯曲如新月，因而得名，有"沙漠第一泉"之称。此地因"泉映月而无尘""亘古沙不填泉，泉不枯竭"而成为奇观。游毕安排酒店办理入住，晚餐享用大漠风情宴。

第6天：敦煌—柳园—兰州

在酒店用完早餐后，参观莫高窟（游览约2.5小时）。莫高窟又名"千佛洞"，是我国四大石窟艺术宝库之一，世界文化遗产，被誉为"东方卢浮宫""沙漠美术馆"；这里也是飞天的故乡，壁画的圣地，千手观音舞姿婆娑、吉祥飞天花雨缤纷，彩塑、壁画、建筑、佛经皆汇集于此；古老文明与西域璀璨交汇，神话与传奇的岁月流传。游毕，乘车赶赴柳园，乘动车穿越祁连山，重走古丝绸之路前往兰州。抵达后入住酒店。

第7天：兰州—天水

在酒店用完早餐后，乘动车前往天水，游览伏羲庙（游览约2小时）。伏羲庙俗称"人宗庙"，临街而建，坐北朝南，院落重重相套，四进四院，宏阔幽深，古柏参天，浓荫盖地；庙宇辉煌，亭角挑翘；布局严谨，清幽雅静；高墙围绕，委实有着作为我们中华民族初祖的宏伟气魄。随后，前往参观中国佛教四大石窟之一的麦积山石窟（游览约3小时，赠送环保车）。该石窟始创于十六国后秦，尔后屡有修葺扩建，至隋代基本建成并完整保留至今。自然之美被盛赞"秦地之冠"，人文之美堪称"东方雕塑陈列馆"。麦积山石窟以烟雨麦积、绝壁佛国闻名于世。北魏的刀枪铁骑，隋唐的温婉笑容，两宋的衣袂飘飞，中国的历史在石壁上得以停留。1600年来历经战乱和自然侵袭，走过朝代更迭，麦积山依然在那里微笑着……游毕安排酒店办理入住。

第8天：天水—陇南—广州

在酒店用完早餐后，游览国家4A级景区西狭颂，因一方名播千载、在中国艺术史上熠熠生辉的东汉摩崖石刻——《西狭颂》而闻名于世。这里自然风光清幽绮丽，青山对峙，涧流清澈，一汪汪潭水似明珠相串，一挂挂短小的瀑布迭次相连。峡内的山、水、石、树，皆成风景；亭、桥、廊、榭，相映成趣。两岸峭壁如削、折叠对峙、树木森郁、怪石嶙峋。西狭颂自古即是陕、甘、川三省的著名旅游胜地，在这里可尽情地触摸历史、品味文化、游历山水。游毕，乘飞机返回广州，结束愉快西北环线之旅。

4) 费用说明

(1) 成人费用：含往返机票及机场税、交通费、住宿费、餐费（不含酒水）、景点的第一道门票费。

(2) 儿童费用（2~12周岁）：含往返机票、交通费（中段动车为二等座半票，适合身高1.5米以下的儿童，超过1.5米的儿童须自行于列车上补差价支付全价票）、半价餐费（不含酒水）；全程不含景点门票、不含景区区间交通（缆车、环保车、渡轮等）费用、不占床位（儿童可补床位差价，具体价格请咨询旅行社销售人员）。含儿童早餐，行程中儿童早餐各酒店或因儿童身高、年龄不同等因素而执行不同的收费标准，团费只含酒店最低标准的儿童早餐，超出部分则由客人自行在酒店支付差价，实际金额以酒店公布为准（如不享用，无费用可退），敬请留意。

(3) 婴儿费用（2周岁以内）：不占座位、不含景点门票、不含当地旅游车位、全程不占床位、不提供早餐及餐费。仅含旅行社责任险费用。婴儿出游需提前与旅行社销售人员沟通，否则旅行社有权拒绝随行，敬请留意。

(4) 费用已含基本导游服务费、旅行社责任险。

5) 行程标准

(1) 满30人（不含婴儿）安排全陪导游；如人数未达到全陪标准，则安排目的地地陪服务。

(2) 交通：往返飞机经济舱机票，天水至西宁，柳园至兰州，兰州至天水均为动车二等座。

(3) 住宿：全程入住豪华酒店，住宿安排为2成人1间标准双人房/大床房。由于酒店房型有限，客人不能指定标双或大床房，通常情况下默认为标准双人房；如客人在报名时提出，旅行社尽量优先安排，但不作为合同履行之必要内容）。若出现单男/单女，且团中无同性团友可同住，请客人在当地补房差或由旅行社安排在同组客人房内加床；如酒店房型不能安排加床，请补单间房差。酒店不设3人间，单人入住需要补单间房差，具体费用请咨询旅行社前台。注意：按照中国有关治安管理规定，酒店最多只可安排入住2位成人和2位儿童，如超出人数，请自行补房差，否则酒店有权拒绝入住。当地有特殊规定除外。

(4) 用餐：含9正餐和7早餐，早餐为房费包含，如不使用不退款。正餐标准为30元/人，其中一餐敦煌特色大漠风沙宴标准为60元/人，不含酒水。11~12人一桌，正餐九菜一汤，9~10人一桌，正餐八菜一汤，6~8人一桌，正餐六菜一汤；若整团出发人数不足6人，则当地正餐由客人自理，将按合同约定餐标退回餐费。

(5) 用车：具有资质的旅游巴士，旅行社承诺实际座位数量比该团实际旅游者数量大于等于 2。注意：10 人以下成团线路用车除外。

第四节　新疆旅游产品开发

一、区域旅游资源概况

新疆维吾尔自治区，简称"新"，首府乌鲁木齐，位于亚欧大陆腹地，地处祖国西北边陲，总面积 166.49 万平方千米，约占全国陆地总面积的六分之一。在国内，新疆与西藏、青海、甘肃 3 个省区相邻，在周边与蒙古、俄罗斯、哈萨克斯坦、吉尔吉斯斯坦、塔吉克斯坦、阿富汗、巴基斯坦、印度 8 个国家接壤。新疆的陆地边境线长 5700 多千米，约占全国陆地国界线的四分之一，是中国面积最大、交界邻国最多、陆地边境线最长的省级行政区。

（一）自然旅游资源

新疆的地貌可以概括为"三山夹两盆"：北面是阿尔泰山，南面是昆仑山，天山横贯中部，把新疆分为南北两部分，习惯上称天山以南为南疆，天山以北为北疆。位于南疆的塔里木盆地面积 53 万平方千米，是中国最大的内陆盆地。位于塔里木盆地中部的塔克拉玛干沙漠，面积约 33 万平方千米，是中国最大、世界第二大流动沙漠。贯穿塔里木盆地的塔里木河长约 2486 千米，是中国最长的内陆河。北疆的准噶尔盆地面积约 38 万平方千米，是中国第二大盆地。位于吐鲁番盆地的艾丁湖，低于海平面 154.31 米，是中国陆地最低点。新疆湖泊面积约 5500 平方千米，其中，博斯腾湖水域面积约 1000 平方千米，是中国最大的内陆淡水湖。

新疆四周高山环绕，河湖众多，汇聚了丰富的山地降雨和冰川融水，滋润着一片片草原及绿洲，具有十分复杂的地形地貌，观赏性极强。苍翠无边的雪松云杉，晶莹的冰川，碧澄的湖泊，浩瀚的戈壁沙海，辽阔的草原及各种珍稀动植物等，组成了各种类型的自然保护区及自然奇观。

（二）人文旅游资源

新疆地域辽阔，在 5000 多千米古"丝绸之路"的南、北、中三条干线上，分布着为数众多的古文化遗址、古墓葬、石窟寺等人文景观。其中，交河故城、楼兰古城遗址、克孜尔千佛洞等享誉中外。喀什市、吐鲁番市、伊宁市、特克斯县、库车市 5 个城市（县城）被列为国家历史文化名城，6 个村镇被列入中国历史文化名村名镇，17 个村落被列入中国传统村落名录。截至 2017 年年末，全区共有世界自然遗产 1 项，世界文化遗产地 6 处。

此外，新疆还是一个真实而开放的民俗"博物馆"。13 个世居民族因不同的文化历史背景、不同的宗教信仰以及不同的聚居区域，而形成了各自独具特色的人文风情。这些人文风情与奇特自然景观相交融，使新疆充满了新奇和神秘。

拓展阅读 3-7

大 美 新 疆

大美新疆，美在秀丽景色，美在文化璀璨，美在风俗民情。蓝天绿水、雪山冰川、森林峡谷、戈壁沙漠，构成了新疆独特的地理地貌。昆仑山、天山、阿尔泰山绵延千里；"空中草原"那拉提、"太阳故乡"巴音布鲁克、"人间仙境"喀纳斯、"高山湖泊"天山天池……让人宛如坠入仙境。每一个来到新疆的人，都会被这里的秀丽景色所吸引。高昌故城、交河故城、北庭故城遗址、克孜尔尕哈烽燧、克孜尔石窟、苏巴什佛寺遗址被列入《世界文化遗产名录》。而且，这里还有热情好客的维吾尔族、汉族、哈萨克族等13个世居民族。游客们不仅能看到维吾尔族的歌舞、哈萨克族的马背英姿、蒙古族的沙吾尔登、塔吉克族的鹰舞、回族的花儿，还能吃到手抓肉、大盘鸡、拉条子……

（资料来源：http://www.sohu.com/a/193154348_243953）

二、主要旅游城市介绍

（一）乌鲁木齐

乌鲁木齐，通称"乌市"，新疆维吾尔自治区首府，地处中国西北，新疆中部，天山北麓，亚欧大陆腹地，有"亚心之都"的称呼。乌鲁木齐市现已被列入《吉尼斯世界纪录大全》，是世界上最内陆、距离海洋和海岸线最远的大型城市（2500千米）。

乌鲁木齐是新疆乃至全国重要的旅游集散地和目的地。天山山脉分布着高山冰雪景观、山地森林景观、草原景观，为游客观光、探险提供了丰富的内容，各民族的文化艺术、风情习俗，构成了具有民族特色的旅游人文景观。新疆国际大巴扎、新疆民街、二道桥民族风情一条街等带有浓郁新疆民俗风情的景区景点，享誉国内外。丝绸之路冰雪风情游、丝绸之路服装服饰节等带有丝绸之路文化特色的节庆会展活动，已成为乌鲁木齐特有的城市名片。

（二）伊犁

伊犁哈萨克自治州，简称"伊犁""伊犁州"，被誉为"塞外江南""中亚湿岛""花城"。伊犁的风景名胜有巩乃斯草原、唐布拉草原、那拉提草原、昭苏草原；青铜时期的乌孙土墩墓葬群、西辽西域名城阿拉力马力遗址，唐代弓月城遗址，有乾隆皇帝御书的格登山记功碑和伊犁将军府、惠远钟鼓楼、林则徐纪念馆等。

（三）喀什

喀什，是"喀什噶尔"的简称，古称"疏勒"，是古代四大文明的交汇点，西域三十六国之一，历史上著名的"安西四镇"之一，古丝绸之路上的商埠重镇。素有"丝路明珠"之美称。

喀什自然风光独特，有世界第二高峰乔戈里峰、"冰山之父"慕士塔格峰，有被称为"死亡之海"的塔克拉玛干大沙漠，还有活着千年不死、死了千年不倒、倒了千年不朽的原始胡杨林。

喀什文化旅游资源丰富，是新疆旅游的发源地。东汉的"盘橐城"，魏晋的"三仙洞""莫尔佛塔"，享誉世界的《突厥语大词典》和《福乐智慧》，被联合国授予世界人类非物质文化遗产的"十二木卡姆"，闻名国内外的"艾提尕尔清真寺""香妃墓"，千年古城"高台民居"等历史遗迹和文化遗存，无一不体现出喀什厚重的历史文化积淀。

喀什还是维吾尔民族文化的发祥地，民族特征和民俗风情保留得最完整，被誉为反映新疆维吾尔生活的"百科全书"和"活着的文物"。喀什歌舞闻名天下，维吾尔人是能歌善舞的民族，"会说话就会唱歌，会走路就会跳舞"。

 拓展阅读 3-8

"五色游"打造康养旅游新业态

2018年以来，新疆维吾尔自治区阿勒泰地区哈巴河县充分发挥人文资源、自然资源、社会资源等优势，努力发展、培育"五色游"旅游新业态，提供更多精细化、差异化旅游产品和更加舒心、放心的旅游服务。

（1）滑雪、赏雪、玩雪银色游。围绕"桦林绿城"定位，充分利用丰富的冰雪资源，积极打造"百里雪乡"，营造浓厚的冬季旅游氛围，全力打造冬季黄金冰雪旅游带。

（2）爱国、忠诚、团结红色游。用好白桦树象征"民族精神、民族团结"的寓意，讲好"白桦"故事，把白桦林景区打造成为爱国主义和民族团结的教育基地，实现"景区+红色文化"的旅游产品。

（3）山青、水绿、景美绿色游。加强白桦林景区开发建设，把白桦林景区打造成为5A级景区，叫响"中国第一白桦林"名号；做好阿克齐镇湿地公园开发建设，为游客休闲散步、湿地观鸟、摄影写生等户外悠闲观光提供便利；做好万年彩绘岩画、哈龙沟奇石景观、额德克红叶林等文章，打造自驾游基地。

（4）黄金、宝石、美玉金色游。依托县域内各大矿山企业，打造矿山公园。做好"黄金"矿业文化游，培育以阿舍勒铜矿为支撑的铜文化，建设好铜文化产业博物馆，展示铜文化的矿业发展及制作精美铜旅游产品；做好新疆戈壁玉文化游，坚持生态保护原则，开发戈壁玉旅游市场，将文化与玉产品有机结合到一起，打造戈壁玉文化博物馆。

（5）歌舞、美食、民俗、体育暖色游。打造具有游牧民族特色文化风情园，用好"摔跤之乡""拳击之乡""哈萨克铁尔麦之乡"等美誉，举办"摔跤、拳击、阿肯弹唱"活动，让游客感受民俗传统特色文化；建设哈萨克毡房、小木屋等独具特色的民宿基地，让游客体验品尝奶酒、酥油、风干肉等民俗特色美食。打造哈巴河味道，培育沙棘、药膳康养系列、优质豆制品系列、菌类野菜系列、冷水鱼系列特色美食，让游客吃出健康、营养、品位。

（资料来源：http://www.xjyl.gov.cn/info/1177/144944.htm）

三、旅游线路产品开发

(一) 旅游产品开发总体思路

1. 主题旅游产品打造

结合新疆旅游资源特色,可从以下 18 个方面打造主题旅游产品。

(1) 世界自然遗产生态旅游。依托新疆天山遗产廊道,开展世界自然遗产生态观光、森林旅游、草原旅游、地质旅游和科学考察。

(2) 丝绸之路文化遗产旅游。依托古城遗址、丝路古道、历史博物馆、考古遗址公园等,推出线路性文化遗产之旅、文化科考,与高新科技结合来提升文化遗产的展示功能。

(3) 休闲度假游。开展休闲酒庄、温泉度假、休闲养生、亲子蜜月、休闲垂钓等多元化休闲产品,提升服务品质,推动休闲度假旅游规模集聚发展和产业化经营。

(4) 冬季冰雪游。拓宽冬季冰雪旅游的发展空间,开展冰雪观赏、冰雪体验、冰雪艺术、冰雪娱乐、冰雪文化等系列活动,开发滑雪、滑冰、冰雕、雪雕、冰灯、冬季捕鱼等系列产品,建设高档次冰雪旅游基地,打造西部冰雪旅游胜地。

(5) 摄影旅游。推出天山和阿尔泰山风光、伊犁草原风情、帕米尔高原、大漠胡杨风光、雅丹地貌、花季赏花、原始村落、民族风情等摄影旅游地和摄影线路。

(6) 特种旅游。推出古道探险、玉矿之旅、野生动物猎奇、徒步、登山、漂流、大漠越野、考古、无人区穿越等特种旅游产品,完善医疗救援等安全保障。

(7) 研学旅游。依托世界自然与文化遗产资源、自然保护区、博物馆、科技馆、纪念馆、知名院校、科研机构、工矿企业等培育研学旅游基地,健全学校旅游责任保险制度,推出适合各年龄段、各类主题与乡情教育的研学旅游产品。

(8) 工业旅游。依托石油化工、风电能源开发、食品加工、酿酒工艺、工矿企业等工业旅游资源,开展现代工业园区参观、生产流水线参观、工业博物馆、工业文化景观建设、工业旅游购物娱乐活动等。

(9) 主题文化园。挖掘、整合、展示原创地域文化,培育发展旅游综合体、文化创意产业园、影视主题公园、非物质文化遗产博物馆,开发文化旅游创意产品,延伸文化旅游产业链。

(10) 旅游演艺。充分挖掘和展示新疆特色地域文化、传统民族文化的内涵,打造一批高品质、深受游客欢迎的大型旅游演艺产品,不断创新演出形式,提升节目创意,形成一批特色鲜明的旅游文化精品。

(11) 旅游专列。依托兰新高铁、北疆之星和南疆之星城际列车,开发吐鲁番杏花高铁专列、伊犁薰衣草旅游专列、油菜花旅游专列、南疆金秋胡杨林专列等不同主题的旅游专列产品,打造"坐着火车游新疆"的旅游专列品牌。

(12) 山地生态/森林/草原康养。选择森林覆盖率高、景观优美、负氧离子和植物精气含量高的最优区域,开展森林浴、森林氧吧、森林瑜伽、森林养生饮食、草原有氧运动等康养体验项目,配备养生康体服务设施。

(13) 温泉/热气泉/沙疗/泥浴/盐浴疗养。依托温泉、热气泉、沙疗、泥浴和矿物盐等天然资源的疗养保健功效，建设一批养生度假胜地，配套完善的康养旅游服务设施，开发系列火山泥、矿物盐化妆品，打造新疆特色品牌，构建康养旅游产业链。

(14) 特色民宿。制定和推广《新疆人家（民宿）服务质量规范》，塑造"新疆人家"的特色民宿品牌，引导发展森林人家、草原人家、果园农家乐、滨湖渔村等多种形式的家庭旅馆，以"展示民族文化、餐饮服务和住宿接待"为核心推动乡村休闲旅游发展。

(15) 低空观光。培育开发直升机观光、动力三角翼、热气球等低空旅游产品，完善低空旅游俱乐部的配套政策，培育托木尔—夏塔、可可托海—蝶泉谷—喀纳斯、喀什—塔什库尔干、巴音布鲁克—那拉提—库尔德宁—喀拉峻、轮台胡杨林—罗布人村寨—尉犁沙漠公园5条精品低空旅游线路。

(16) 沙漠极限运动。依托新疆丰富的沙漠资源，发展沙漠冲浪（沙漠车、沙漠卡丁车、沙地摩托车）、沙漠拓展训练、沙漠跳伞、沙漠热气球、沙漠滑翔伞、越野挑战赛等沙漠极限运动，让游客充分体验探险的刺激、征服的快感和挑战自我的激情。

(17) 红色旅游。围绕红色旅游经典景区、爱国主义教育基地、纪念馆等，打造红色旅游主题线路，激发和培养"爱祖国、爱新疆、维护民族团结"的美好情感，凝聚社会正能量。

(18) 军垦文化游。依托军垦博物馆、军垦团场、连队、兵团农业特色景观等，以"军垦文化"为核心，打造"中国军垦旅游"主体品牌。

案例 3-3

新疆"旅游+非遗"打造有深度的最美风景

在新疆，"旅游+非遗"的融合已呈现出大有可为的发展方向，熔铸出更具历史文化底蕴与厚度的风景。这种融合不仅可以让非遗大放异彩，也赋予旅游更蓬勃的生命力。

喀什老城百姓的生活、生产都融在城里，3000多家各类商铺星罗棋布，游客漫步在如迷宫般纵横交错的小巷中，"小确幸"接踵而至。游人走到这个拐角遇见铁匠巴扎，在下个路口就见着棉花巴扎、医药巴扎，左转看到琳琅满目的铜器、木雕手工制作店，往右转就能买到散发着朴实麦香的馕、热气腾腾的玫瑰花茶……老城里家家户户都有各色土陶器皿、瓶盘罐桶，形态各异，天真古拙……在这里，传统文化静水流深而隐于寻常，非遗项目为百姓日用而不觉，但无时无刻不吸引着游客的目光。

参与老城里铜器、土陶、木器、打馕等传统工艺体验项目，费用在30～90元不等。受益于旅游开发，当地5万多人吃上了"旅游饭"。越来越多的游客选择私人订制或亲手参与制作一份属于自己的"喀什记忆"，正成为时尚新玩儿法，体验"非遗"让旅游变得更有趣。

如今，人们期待在旅行中获得多元化、个性化的旅游产品，也更看重旅游体验。"非遗+旅游"恰恰满足了人们的这一需求。新疆各地旅游资源丰富，再加入各自的非遗元素，使其旅游产品变得更具特色与魅力，也让"见人见物见生活"的非遗传承保护更具活力。

> 新疆旅游发展委员会致力于推动"非遗+旅游"工作，打造更具有深度的最美风景，让更多人深层次、多维度地感知"辽阔疆域，无限风光，新疆是个好地方"。
>
> （资料来源：http://zw.xinjiangtour.gov.cn/info/1022/55044.htm）
>
> **思考**：新疆的"旅游+非遗"提供了哪些旅游特色产品开发思路？
>
> **分析**：随着经济收入及旅游次数的不断增加，人们期待在旅行中获得多元化、个性化的旅游产品，也更看重旅游体验。"非遗+旅游"恰恰满足了人们的这一需求。

2. 经典旅游线路开发

1）国际旅游热线

线路1：丝绸之路中道国际旅游热线

乌鲁木齐市—吐鲁番市—库尔勒市—库车历史文化名城—龟兹世界文化遗产地—阿克苏市—托木尔大峡谷—喀什历史文化名城—慕士塔格峰-喀拉库勒湖—塔什库尔干塔吉克风情小镇—红其拉甫口岸—吉尔吉特（巴）—伊斯兰堡（巴）。

线路2：环阿尔泰山国际生态旅游热线

乌鲁木齐市—乌尔禾魔鬼城—福海乌伦古湖—布尔津县—喀纳斯—哈巴河县—吉木乃口岸—马尔卡湖（哈）—塞米市（哈）—巴尔瑙尔（俄）—铁列斯克湖（俄）—巴彦乌列盖省（蒙）—塔克什肯口岸—富蕴可可托海—乌鲁木齐市。

线路3：新疆天山世界遗产旅游热线

乌鲁木齐市—伊宁机场—特克斯八卦城—喀拉峻—库尔德宁（恰西、塔里木）—那拉提—巴音布鲁克—库车大峡谷国家地质公园—龟兹世界文化遗产地（克孜尔石窟、克孜尔尕哈烽燧、苏巴什佛寺遗址）—库车历史文化名城—托木尔—阿克苏机场—乌鲁木齐市。

2）国内旅游热线

以10条区域核心旅游热线为发展框架，根据市场发展动态、多样化游客需求，灵活筛选景区和旅游城镇，形成若干旅游线路。

线路1：伊犁河谷休闲生态旅游热线

乌鲁木齐市—博乐市—阿拉山口口岸、艾比湖—博尔塔拉温泉度假小镇—赛里木湖—霍尔果斯口岸—惠远古城—伊宁老城区（喀赞其、六星街）—察布查尔锡伯民族文化小镇—昭苏县—特克斯八卦城—喀拉峻—库尔德宁（恰西）—那拉提（巴音布鲁克）—那拉提机场—乌鲁木齐市。

线路2：阿尔泰山千里画廊生态旅游热线

乌鲁木齐市—富蕴五彩城—青河三道海子—富蕴可可托海—福海乌伦古湖—阿勒泰市—喀纳斯—哈巴河—布尔津县—吉木乃草原神石城—和布克赛尔江格尔文化小镇—乌鲁木齐市。

线路3：喀什民俗文化旅游热线

乌鲁木齐市—图木舒克机场—巴楚红海—麦盖提刀郎民族文化之乡—岳普湖达瓦昆沙漠—伽师县—疏勒县—喀什历史文化名城—疏附县—克州冰川公园—慕士塔格峰-喀拉库勒

湖—塔什库尔干塔吉克风情小镇—泽普金湖杨—莎车木卡姆文化景区—英吉沙非物质文化遗产特色村—喀什机场—乌鲁木齐市。

线路4：阿克苏世界遗产旅游热线

乌鲁木齐市—阿克苏机场—托木尔—柯柯牙中华名果园—阿克苏多浪国家湿地公园—阿瓦提刀郎部落—阿拉尔军垦文化城—沙雅原始胡杨林—新和天籁加依景区—库车国家历史文化名城—库车大峡谷国家地质公园—龟兹世界文化遗产地（克孜尔石窟、克孜尔尕哈烽燧、苏巴什佛寺遗址）—库车机场—乌鲁木齐市。

线路5：独库公路自驾旅游热线

乌鲁木齐市—百里丹霞—天山画廊—独山子—乔尔玛—唐布拉—那拉提—巴音布鲁克—库车大峡谷—龟兹世界文化遗产地—库车历史文化名城—库尔勒市—博斯腾湖—乌鲁木齐市。

线路6：塔城边境自驾旅游热线

乌鲁木齐市—塔城俄罗斯风情小镇、塔尔巴哈台山—裕民巴尔鲁克山—托里老风口—额敏海航牧场—和布克赛尔江格尔文化小镇—和什托洛盖准噶尔御气园—乌尔禾魔鬼城—克拉玛依市—乌鲁木齐市。

线路7：东天山自驾旅游环线

乌鲁木齐市—天山天池—吉木萨尔北庭故城—奇台江布拉克草原、硅化木、恐龙国家地质公园—木垒胡杨林、鸣沙山—巴里坤古城—伊吾胡杨林—哈密东天山—哈密王景区—哈密雅丹—库姆塔格沙漠公园—鲁克沁镇—吐峪沟—吐鲁番市—达坂城、盐湖—乌鲁木齐市。

线路8：天北休闲自驾旅游热线

乌鲁木齐市—天山大峡谷—丝绸之路滑雪场—百里丹霞—沙湾温泉、鹿角湾、安集海大峡谷—乌苏佛山森林公园—独山子—乌苏啤酒小镇—沙湾美食城—石河子军垦城—玛纳斯中华碧玉园、葡萄酒庄—乌鲁木齐市。

线路9：巴州大漠生态与特种旅游热线

乌鲁木齐市—马兰红山军博园—焉耆回民小吃街—博斯腾湖—轮台塔里木胡杨林公园—塔中沙漠特种旅游基地—且末昆仑玉文化小镇—若羌楼兰文化小镇—尉犁罗布人村寨、罗布淖尔沙漠公园—库尔勒市—乌鲁木齐市。

线路10：敦煌—罗布泊—哈密旅游热线

敦煌市—罗布泊镇钾盐工业观光—罗布泊雅丹—哈密雅丹—哈密王景区—巴里坤古城—哈密东天山—伊吾胡杨林（敦煌市）—哈密市。

3）特色主题旅游线路

线路1：吐鲁番—哈密高铁之旅

乌鲁木齐市—托克逊县（夏乡杏花、红河谷）—吐鲁番市（交河故城、火焰山、坎儿井、葡萄沟）—鄯善县（库姆塔格沙漠）—哈密市（哈密王景区、哈密贡瓜园、哈密雅丹）—乌鲁木齐市。

线路2：龟兹世界文化遗产之旅

库车历史文化名城—玛扎巴赫石窟—森木塞姆石窟—苏巴什佛寺遗址—阿艾石窟—黑英山—克孜尔石窟—库木吐喇石窟—克孜尔尕哈烽燧—库车历史文化名城。

线路3：阿尔泰山泰加林金秋之旅

乌鲁木齐市—富蕴可可托海—福海蝶泉谷、红山嘴—阿勒泰市—托勒海特—禾木乡—喀纳斯—白哈巴村—哈巴河县—喀纳斯机场—乌鲁木齐市。

线路4：塔额盆地赏花之旅

乌鲁木齐市—裕民巴尔鲁克山—塔城俄罗斯风情小镇、塔尔巴哈台山—额敏海航牧场—乌鲁木齐市。

线路5：乌恰帕米尔边境风情之旅

喀什历史文化名城—柯尔克孜民族文化产业园—伊尔克什坦口岸—帕米尔地质画廊—斯姆哈纳（西部第一关、西部第一村、西陲第一哨、边防七连）—喀什机场。

线路6：和田绿洲民俗文化之旅

乌鲁木齐市—和田玉都—和田玉石文化风情街—玉龙喀什河探玉—艾德莱斯绸手工作坊—和田地毯厂—千里葡萄长廊、千年古核桃王、无花果王—和田机场。

4）边境跨国旅游线路

线路1：乌鲁木齐—中亚五国航空旅游线路

乌鲁木齐—阿斯塔纳（哈）—阿拉木图（哈）—比什凯克（吉）—塔什干（乌）—阿什哈巴德（土）—杜尚别（塔）—奥什（吉）—乌鲁木齐。

线路2：中—哈—吉跨国旅游线路

伊宁—霍尔果斯口岸—阿拉木图（哈）—伊塞克湖（吉）—比什凯克（吉）—巴尔喀什湖（哈）（阿拉山口口岸）—阿斯塔纳（哈）—巴克图口岸。

线路3：中—吉—乌走廊跨国旅游线路

喀什—吐尔尕特口岸—纳伦（吉）—伊塞克湖（吉）—比什凯克（吉）—塔什干（乌）—撒马尔罕（乌）—布哈拉（乌）—希瓦（乌）—阿什哈巴德（土）—杜尚别（塔）—奥什（吉）—伊尔克什坦口岸。

线路4：中巴走廊跨国旅游线路

喀什—红其拉甫口岸—吉尔吉特—伊斯兰堡—卡拉奇—瓜达尔港。

（二）旅游线路产品实例

1. 产品名称

北疆全景8天游

2. 行程特色

（1）全景北疆：一次游遍伊犁大草原、喀纳斯、摄影家天堂禾木。

（2）轻松行程：阿勒泰飞乌鲁木齐，9小时车程；环游北疆，穿越天山、阿尔泰山。

（3）好玩草原：走进"世界四大河谷草原"之一（伊犁大草原那拉提景区），尽赏原生态美景。

（4）沐浴花海：秀美中华福寿山赏无边花海，繁花开遍峡谷，蔚为壮观。

（5）绝色容颜："东方瑞士""神的自留地"——喀纳斯；"世界四大河谷草原"之———伊犁那拉提大草原；中国最美的雅丹——魔鬼城；"塞外江南"——伊犁草原、湖泊、边境小镇；"大西洋最后一滴眼泪"——赛里木湖。

3. 行程安排

第1天：广州—乌鲁木齐

从广州乘飞机赴举世闻名的"歌舞之乡、瓜果之乡、黄金玉石之邦"新疆。新疆维吾尔自治区风光壮美，同时具有雪山、草原、沙漠、盆地、河谷等自然景观。首站到新疆维吾尔自治区首府乌鲁木齐，它是世界上离海洋最远的城市、亚洲大陆的地理中心。抵达乌鲁木齐后，入住酒店。

第2天：乌鲁木齐—赛里木湖—伊宁

在酒店用完早餐后，乘车（车程约7.5小时）赴天山海拔最高、面积最大的高山湖泊赛里木湖（游览约1小时，含进入景区门票，不含环湖费用）。赛里木湖海拔2073米，湖底最深92米，湖水浩瀚无垠。古称"天池""西方净海"，蒙语称"赛里木淖尔"，意为"山脊梁上的湖"。因是大西洋的暖湿气流最后眷顾的地方，故又被称作"大西洋最后一滴眼泪"。后乘车（车程约2小时）前往伊宁，入住酒店。

第3天：伊宁—伊犁大草原那拉提景区—伊宁

在酒店用完早餐后，乘车（车程约4小时）赴新源那拉提镇，抵达后游览伊犁大草原那拉提风景名胜区（游览约3小时，景区区间车费须自理，河谷草原区间车参考价40元/人）。那拉提大草原地处天山腹地，位于伊犁河谷东端，名列"世界四大河谷草原"之一。这是一个由草原、森林、河谷、山体组成的自然风景区，三面环山，巩乃斯河蜿蜒流过，可谓是"三面青山列翠屏，腰围玉带河纵横"。游毕，乘车（车程约4小时）返回伊宁，入住酒店。

第4天：伊宁—霍城—精河

在酒店用完早餐后，赴著名的霍城县（车程约2小时），游大西沟杏花盛开的中华福寿山（游览约1小时）。野杏花、野樱桃花、野李树花、野酸梅花、野山楂花、野苹果花依次开放，花期长达1个多月之久。大西沟乡野杏花林，风光美如画，是摄影人的好去处。后乘车（车程约3.5小时）赴精河县，入住酒店。

第5天：精河—魔鬼城—布尔津

在酒店用完早餐后，乘车赴克拉玛依（车程约5小时），途中游览大自然的雕塑博物馆魔鬼城（游览约1小时，含门票，景区区间车费须自理，参考价20元/人），又称"乌尔禾风城"。这里是新疆名胜风景区，是中国"最瑰丽的雅丹"，是"中国最值得外国人去的50个地方之一"。该地貌被《中国国家地理》"选美中国"活动评选为"中国最美的三大雅丹"中的第一名。一些著名电影，如《冰山上的来客》《七剑下天山》《卧虎藏龙》《英雄》等，在此处进行了选景拍摄。眺望风城，就像中世纪欧洲的一座大城堡。大大小小的城堡林立，高高低低，参差错落。千百万年来，由于风雨剥蚀，地面形成深浅不一的沟壑；每当风气飞沙走石，天昏地暗，怪影迷离，景色奇特。游客可在此地拍摄奇特的雅丹风蚀地貌，体验大自然的鬼斧神工。后乘车（车程约4.5小时）赴布尔津，入住酒店。

第6天：布尔津—喀纳斯—禾木

在酒店用完早餐后，乘车（车程约4小时）前往"亚洲唯一瑞士风光"喀纳斯景区（含门票，景区区间车费须自理，参考价60元/人），途中可游览美丽的卧龙湾、月亮湾、神仙湾。"喀纳斯"是蒙古语，意为"美丽富饶而神秘"。这里有四个"唯一"：有我国唯一一条注入北冰洋的大河——额尔齐斯河；这里是南西伯利亚泰加林在我国唯一的自然延伸式；这里是亚洲唯一的瑞士风光；这里是我国蒙古图瓦族人唯一的聚集地。后乘车（车程约3小时）前往"中国最美的乡村"、国内摄影爱好者誉为"摄影家天堂"的禾木（含门票，景区区间车费须自理，参考价102元/人）。不少获大奖的摄影作品都从这里走出。禾木村落在一个山谷草原上，位于喀纳斯河与禾木河的交汇地带。禾木村周围山峰耸立，四处散布着尖顶的俄式原木小屋、白桦木搭建的牲口棚，哈萨克族和蒙古图瓦族人聚居在这里。这是一座幽静美丽的小山村，由于远离尘嚣，长久以来始终保持着古朴淳厚的民俗风情。晚上入住禾木景区内，欣赏这里迷人日落，远离尘嚣，感受心灵的宁静与安逸。

第7天：禾木—阿勒泰—乌鲁木齐

早起，站在禾木村周围的小山坡上，可俯视禾木村以及禾木河的全景，近览图瓦人家，是拍摄日出、晨雾、木屋、禾木河的绝佳取景地。如早起欣赏闻名世界的禾木晨雾，可徒步登上禾木平台拍摄禾木村全景。禾木村素净得如同一幅水墨画。从山上望下去，禾木村的晨雾及炊烟弥漫数千米。阳光穿过重重迷雾，让白桦林、洁白的雪峰全被染成灿烂的金色。后乘车（车程约4小时）赴阿勒泰，再从阿勒泰机场乘机返回乌鲁木齐。

第8天：乌鲁木齐—广州

在酒店用完早餐后，前往乌鲁木齐机场，乘坐航班飞返广州，结束愉快的新疆之旅。

4. 费用说明

（1）成人费用：含往返经济舱机票及机场税、交通费、住宿费、餐费（不含酒水）、景点的第一道门票费。

（2）儿童费用（2~12周岁）：含往返经济舱机票、交通费、半价餐费（不含酒水）；全程不含景点门票、不含景区区间交通（缆车、环保车、渡轮等）费用、不占床位（儿童可补床位差价，具体价格请咨询旅行社销售人员）。含儿童早餐，行程中儿童早餐各酒店或因儿童身高、年龄不同等因素而执行不同的收费标准，团费只含酒店最低标准的儿童早餐，超出部分则由客人自行在酒店支付差价，实际金额以酒店公布为准（如不享用，无费用可退），敬请留意。

（3）婴儿费用（2周岁以内）：不占座位、不含景点门票、不含当地旅游车位、全程不占床位、不提供早餐及餐费。仅含旅行社责任险费用。婴儿出游需提前与旅行社销售人员沟通，否则旅行社有权拒绝随行，敬请留意。

(4) 费用已含基本导游服务费、旅行社责任险。

5. 行程标准

(1) 满 30 人（不含婴儿）安排全陪导游；如人数未达到安排全陪标准，则安排目的地地陪服务。

(2) 住宿：住 1 晚禾木景区内（禾木为家庭旅馆，住宿条件有限，热水定时供应，无空调，无一次性用品需自备，敬请见谅）；其余住豪华酒店。住宿安排为 2 成人 1 间标准双人房/大床房。由于酒店房型有限，客人不能指定标双或大床房，通常情况下默认为标准双人房，如客人在报名时提出，旅行社尽量优先安排，但不作为合同履行之必要内容）。若出现单男/单女，且团中无同性团友可同住，请客人在当地补房差或由旅行社安排在同组客人房内加床；如酒店房型不能安排加床，请补单间房差。酒店不设 3 人间，如单人入住，需要补单间房差，具体费用请咨询旅行社前台。注意：按照中国有关治安管理规定，酒店最多只可安排入住 2 位成人和 2 位儿童，如超出人数，请自行补房差，否则酒店有权拒绝入住。当地有特殊规定除外。

(3) 用餐：含 6 正餐和 7 早餐，房费含早餐，酒店根据实际入住人数安排早餐，如不享用早餐，恕无费用退还。乌鲁木齐市正餐标准为 25 元/人，布尔津地区正餐标准为 35 元/人，喀纳斯地区正餐标准为 45 元/人，不含酒水，11~12 人一桌，正餐九菜一汤，9~10 人一桌，正餐八菜一汤，6~8 人一桌，正餐六菜一汤；若整团出发人数不足 6 人，则当地正餐由客人自理，将按以上餐标退回餐费。

(4) 用车：具有资质的旅游巴士，旅行社承诺实际座位数量比该团实际旅游者数量大于等于 2。注意：10 人以下成团线路用车除外。

本 章 小 结

本章介绍了西南、西北的自然旅游资源和人文旅游资源状况，列举了西南、西北的主要旅游景观或旅游城市，西南、西北旅游线路设计是本章学习中应重点掌握的内容。

习 题

一、单项选择题

1. 享有"植物王国""天然花园""香料之乡""药物宝库"等美誉的是（　　）。

　　A. 四川　　　　　　B. 云南　　　　　　C. 贵州　　　　　　D. 甘肃

2. 地貌素有"八山一水一分田"之说的是（　　）。

　　A. 贵州　　　　　　B. 云南　　　　　　C. 四川　　　　　　D. 河南

3. 被誉为"西藏江南"的是（　　）。

　　A. 拉萨　　　　　　B. 日喀则　　　　　　C. 林芝　　　　　　D. 海西

4. 堪称"自然博物馆"，有"小中国"之称的是（　　）。
   A. 山西　　　　B. 河南　　　　C. 西藏　　　　D. 陕西
5. 历史上著名的"安西四镇"之一，素有"丝路明珠"之美称的是（　　）。
   A. 伊犁　　　　B. 乌鲁木齐　　C. 喀什　　　　D. 准格尔

二、多项选择题
1. 安顺是中国优秀旅游城市，素有（　　）的美誉。
   A. "中国瀑乡"　　　　　　　　B. "屯堡文化之乡"
   C. "蜡染之乡"　　　　　　　　D. "西部之秀"
2. 属于云南的旅游景观有（　　）。
   A. 玉龙雪山　　B. 丽江古城　　C. 崇圣寺三塔　　D. 都江堰
3. 青海的旅游城市包括（　　）。
   A. 西宁　　　　B. 日喀则　　　C. 玉树　　　　D. 海西
4. 在西安被列入《世界遗产名录》的遗产有（　　）。
   A. 唐长安城大明宫遗址　　　　B. 秦始皇陵及兵马俑
   C. 半坡氏族社会遗址　　　　　D. 大雁塔、小雁塔
5. 属于甘肃的旅游城市有（　　）。
   A. 张掖　　　　B. 敦煌　　　　C. 嘉峪关　　　D. 吴忠

三、简答题
1. 西藏旅游资源特色有哪些？
2. 四川可以开发哪些类型旅游产品？
3. 简述新疆旅游产品开发的总体思路。

四、实务题
分析西南、西北地区红色旅游资源，设计一条从广州出发的红色旅游5日游线路。

五、案例分析题

"丝绸之路·神奇西北"冬春季旅游联合推广

2018年10月17日，"丝绸之路·神奇西北"2018—2019冬春季旅游联合推广启动仪式在青海省海东市举行。西北五省区旅游发展委员会和新疆生产建设兵团商务局（旅游局）联合发布了2018年冬—2019年春旅游产品和优惠措施，并共同签署《"丝绸之路·神奇西北"2018—2019冬春季旅游联合推广协议》。根据协议，当日起至2019年3月31日，西北五省区和新疆生产建设兵团旅游部门将在丝路旅游、冬春旅游产品等方面整合线路和产品，以最大的优惠措施和丰富多彩的旅游活动来吸引游客，促进淡季旅游的持续升温。

由陕西、甘肃、宁夏、青海、新疆和兵团组成的西北旅游协作区总面积达310万平方千米，是全国面积最大、旅游资源最富集的区域旅游协作组织。但由于地理与气候所限，从每年10月起，西北地区由东向西便逐渐进入漫长的旅游淡季，发展冰雪旅游恰逢其时。2017年起，西北地区首推冬季项目互动营销，取得了良好效果。

作为此次活动的联合主办方,青海省旅游发展委员会副巡视员马金刚在致辞中表示,近几年青海冬春季旅游人次同比增长平均在20%以上,旅游总收入同比增长平均在30%以上,青海冬春季旅游有了长足的发展。2018年,青海将继续以自驾畅游美景之旅、欢乐冬日冰雪之旅、乡村旅游文化之旅、民俗风情体验之旅、"非遗"宗教文化之旅、摄影采风美景之旅、户外健身挑战之旅、新春嘉年华节庆之旅、旅游行业大练兵、冬春季旅游优惠措施、冬季旅游宣传推广11大类100余项活动,全面展示青海冬春季旅游新线路、新产品。他也希望西北五省区和兵团以此次活动为契机,积极谋划和打造冬春季旅游线路与产品,催热冬春季"西北人游西北"活动。

在随后发布的"丝绸之路·神奇西北"2018—2019西北地区冬春季旅游项目和优惠措施中,陕西、甘肃、宁夏、青海、新疆和兵团均推出了各自的冬春优势旅游产品与优惠举措。据初步统计,整个活动期间,西北地区总体推出的冬春季旅游活动将超过300多项。

(资料来源:http://www.ctnews.com.cn/art/2018/10/18/art_306_26788.html)

问题:

1. 总结西北地区的旅游资源特色。
2. 谈谈西北地区旅游线路产品的创新。

第四章
东北、华北地区旅游产品开发

【学习目标】

通过本章的学习,熟悉东北、华北地区旅游资源特色;熟悉其主要旅游城市;掌握东北、华北地区旅游产品开发技能。

【关键词】

旅游产品　东北　华北　旅游线路

 引导案例

华北旅游:文化引领创新

文旅融合成为华北旅游发展的动力之一。旅游内容因文化的融入吸引了更多游客。2019年2月,马蜂窝旅游网和中国旅游研究院共同成立的"自由行大数据联合实验室"发布了《人文华北:中国省域自由行大数据系列报告》。报告以双方旅游大数据为基础,深入剖析了中国华北五个省自治区市,即北京、天津、河北、山西、内蒙古的旅游市场现状和发展趋势。

马蜂窝旅游研究中心负责人表示,热播的影视剧和综艺节目近年来成为推动华北旅游发展的新动力。文化和旅游融合的创新产品逐渐赢得了年轻游客的消费市场。

综艺节目帮助阿尔山真正成了全国年轻游客中的"网红"目的地。马蜂窝大数据显示,《奔跑吧兄弟》和《亲爱的客栈》两个节目在阿尔山取景后,该地在游客中名声大噪——直接超越了呼伦贝尔和呼和浩特,成为内蒙古最热门的旅游目的地。

"古城"是山西最热门的旅游搜索关键词。电视剧《乔家大院》让观众关注山西的晋商文化,热播综艺《全员加速中》第一期取景地选择了平遥古城,综艺节目《奔跑吧兄弟》的录制地点之一选在了太原。娱乐文化令山西的旅游热度继续稳步提升。

《我在故宫修文物》《国家宝藏》《上新了故宫》等大众喜闻乐见的综艺节目,让故宫成了众多博物馆和历史类景区学习的对象。2019年春节期间,故宫首次推出"紫禁城里过大年"大型展览,让游客真切地体验了古代皇家的年俗。这些创新的游玩方式吸引了大量游客的关注。

内蒙古与河北北部的草原和沙漠是华北地区最为独特的风景之一。报告显示,"草原"是内蒙古和河北最热门的旅游搜索关键词。河北张家口的"草原天路"被游客们称为"中国的66号公路"。该公路贯穿了鬼斧神工的阎片山,开阔的草原天路梯田、高大的风力发电塔、五彩缤纷的花海、风光旖旎的空中草原等众多风景优美的地方,成为中国自驾游客的必打卡地点。

北京旅游融合了历史文化和现代文明。"古迹"成为北京最热门的搜索关键词,故宫、颐和园、八达岭长城、圆明园遗址等众多名胜古迹对游客有着极大的吸引力。"美食"和"胡同"是北京民俗文化的代表,也是游客关注的热点。此外,博物馆、科技馆、美术馆是北京现代文明的集中展现。近年来,北京的各种科技、文化和展览活动也在不断增加,吸引了众多年轻游客。

> "万国建筑"则成为天津最火的搜索关键词。此外,游客还会关注天津的相声、茶馆等融合了当地民俗文化的玩法。
>
> (资料来源:http://travel.gmw.cn/2019-02/25/content_32555979.htm)
>
> **思考**:文旅融合如何助力华北旅游发展?
>
> **分析**:文化和旅游融合的创新产品逐渐赢得了年轻游客的消费市场。综艺节目帮助内蒙古阿尔山、山西真正成了全国年轻游客中的"网红"目的地。《我在故宫修文物》《国家宝藏》《上新了故宫》等大众喜闻乐见的综艺节目,让故宫受到了更大的关注。

第一节 东北三省旅游产品开发

一、区域旅游资源概况

辽宁,简称"辽",省会沈阳,位于中国东北地区南部,南濒黄海、渤海,西南与河北接壤,西北与内蒙古毗连,东北与吉林为邻,东南以鸭绿江为界与朝鲜隔江相望,总面积14.8万平方千米。

吉林,简称"吉",省会长春,地处中国东北地区中部,南邻辽宁,西接内蒙古,北与黑龙江相连,东与俄罗斯接壤,东南与朝鲜相望,总面积18.74万平方千米。

黑龙江,简称"黑",省会哈尔滨,位于中国东北地区北部,北、东部与俄罗斯相望,西部与内蒙古相邻,南部与吉林接壤,总面积47.3万平方千米(含加格达奇和松岭区)。

(一)自然旅游资源

1. 辽宁自然旅游资源

辽宁省地形概貌大致是"六山一水三分田"。地势大致为自北向南、自东西两侧向中部倾斜之势,山地丘陵分列东西两厢,向中部平原下降,呈马蹄形向渤海倾斜。辽东、辽西两侧为平均海拔800米和500米的山地丘陵;中部为平均海拔200米的辽河平原;辽西渤海沿岸为狭长的海滨平原,称"辽西走廊"。

辽宁自然风光秀美,山海景观壮丽。山岳风景区有千山、凤凰山、医巫闾山、龙首山、辉山、大孤山、冰峪沟等;湖泊风景区有萨尔浒、汤河、清河等;海岸风光有大连滨海、金州东海岸、大黑山风景区、兴城滨海、笔架山、葫芦岛、鸭绿江等;岩洞风景有本溪水洞、庄河仙人洞;泉水名胜有汤岗子温泉、五龙背温泉、兴城温泉等;特异景观有金石滩海滨喀斯特地貌、蛇岛、鸟岛、怪坡、响山等。

2. 吉林自然旅游资源

吉林省地貌形态差异明显。地势由东南向西北倾斜,呈现出东南高、西北低的特征。以中部大黑山为界,可分为东部山地和中西部平原两大地貌区。东部山地分为长白山中山低山区和低山丘陵区,中西部平原分为中部台地平原区和西部草甸、湖泊、湿地、沙地区。地跨图们江、鸭绿江、辽河、绥芬河、松花江五大水系。

吉林省的自然景观千姿百态。位于长白、安图、抚松三县境内的长白山自然保护区内，有秀丽雄奇的天池、瀑布、温泉群及大峡谷等自然景观。长春净月潭是国家级森林公园，被称为"日月潭的姐妹潭"，其规模堪称"亚洲人工林之最"。查干湖景观以蒙古族文化为灵魂，以渔猎文化为特色。此外，吉林还有不可多得的"雾凇"景观等。

3. 黑龙江自然旅游资源

黑龙江在全国纬度最高，气候地域性差异大。全省近一半面积被森林所覆盖，有全国最大的连片林区，有"天然空调"和"天然氧吧"之称。全省天然湿地面积556万公顷，占全国天然湿地的七分之一，有全国最大的湿地群，在全国46处国际重要湿地中，位于黑龙江的湿地就有8处。此外，还有23处国家级湿地自然保护区、41处国家湿地公园。湿地景观类型丰富而独特，分为河流、沼泽、湖泊、库塘4大类15型。黑龙江还是世界野生丹顶鹤总群数量最多的地方，扎龙湿地已成为丹顶鹤的代名词；有纯净的水系，静美、神奇、浩瀚的湖泊，"世界第二大高山堰塞湖"镜泊湖、"世界三大冷矿泉之一"的五大连池和中俄界湖兴凯湖；拥有中国的两个极点——"神州北极"漠河和"华夏东极"抚远；有中国最重要的对俄边境旅游区，是"一带一路"战略东部陆海丝绸之路上的重要节点。

黑龙江冰雪旅游独具优势。有世界规模最大的冰雪节和冰雪主题公园——哈尔滨冰雪节、冰雪大世界；有世界最大的雪雕艺术群——太阳岛雪博会；有世界最大的室内滑雪场——哈尔滨万达娱雪乐园；有世界唯一的丹顶鹤冰雪栖息地——扎龙湿地；有中国最大、最专业的滑雪场——亚布力滑雪场；有中国最具极致雪韵美景的地方——雪乡；有中国面积最大的冰雪红松林——伊春；有中国最大规模的冰瀑布——镜泊湖吊水楼瀑布；有中国唯一的圣诞老人村和中国极寒之地——北极村；有中国姿态最优美的雾凇林——库尔滨雾凇。

（二）人文旅游资源

1. 辽宁人文旅游资源

辽宁历史悠久，人杰地灵，文化古迹别具特色。人文景观有以沈阳为代表的陵、庙、寺、城50余处；旅游度假区有大连金石滩、葫芦岛碣石、沈阳辉山、庄河冰峪沟、瓦房店仙浴湾、盖州白沙湾等。辽宁的九门口长城、沈阳故宫、昭陵、福陵、永陵和五女山城六处景观，被联合国教科文组织确定为世界文化遗产。

2. 吉林人文旅游资源

吉林省人文景观独具特色，有长春的伪满洲国旧址、净月潭森林公园、苏联红军烈士纪念塔、汽车城、长春电影制片厂，吉林市的龙潭山高句丽王城、北山公园、丰满松花湖，敦化的六顶山渤海古墓群、延吉的城子山山城等。此外，还有通化的靖宇陵园、集安的丸都山城、洞沟古墓群、被誉为"东方金字塔"的将军坟、好太王碑，农安的辽塔等景点都彰显着历史痕迹，具有很大的观赏价值与研究价值。吉林省的中国高句丽王城、王陵及贵族墓葬被列入《世界文化遗产名录》中。

3. 黑龙江人文旅游资源

黑龙江省是北魏和辽、金、清朝的发祥地，丰富多彩的人文资源别具一格，民俗、民情浓郁，少数民族历史源远流长。作为自古以来我国少数民族繁衍生息的地方，现已发现4.2万年前的先民遗址——嘎仙洞，拓跋鲜卑祖先最初居住的旧墟石室。在极具特色的少数民族中，有以捕鱼为生的赫哲族，有以狩猎为业的鄂伦春族，还有以牧业为主的达斡尔族等。民族风情和历史遗迹共同构成了其重要的人文旅游景观。

二、主要旅游城市介绍

（一）辽宁主要旅游城市

1. 沈阳

沈阳位于中国东北地区南部，地处东北亚经济圈和环渤海经济圈的中心，是长三角、珠三角、京津冀地区通往关东地区的综合枢纽城市。沈阳是国家历史文化名城，素有"一朝发祥地，两代帝王都"之称，先后获得国家环境保护模范城市、国家森林城市、国家园林城市称号。沈阳也是首批中国优秀旅游城市，旅游资源非常丰富，有沈阳故宫、清昭陵、清福陵、张氏帅府、沈阳怪坡、棋盘山、"九·一八"历史博物馆、沈阳世博园、沈阳东北亚滑雪场等旅游景观。

2. 大连

大连位于辽宁省辽东半岛南端，地处黄渤海之滨，与山东半岛隔海相望。大连环境绝佳，气候冬无严寒，夏无酷暑，有"东北之窗""北方明珠""浪漫之都"之称。大连是中国东部沿海重要的经济、贸易、港口、工业和旅游城市，是中国东北对外开放的窗口和最大的港口城市，先后获得卫生城市、园林化城市、国际花园城市、中国最佳旅游城市、国家环保模范城市等荣誉。大连著名的旅游景观有冰峪沟、棒棰岛、老虎滩海洋公园、金石滩国家度假区、极地海洋动物馆、蛇岛、星海广场等。

3. 本溪

本溪市位于辽宁省东南部，全市森林覆盖率为76%。本溪是中国优秀旅游城市、国家森林城市、国家园林城市、中国温泉之城，素有"钢铁之都""中国医都""中国枫叶之都"之称。

本溪旅游资源丰富多彩，其中著名的景点有世界文化遗产桓仁五女山高句丽王城；亚洲最大的天然溶洞本溪水洞；东北道教发祥地九顶铁刹山；国家森林公园关门山等。本溪的景区集山、水、林、泉、洞于一体，素有"燕东胜境"之称。

（二）吉林主要旅游城市

1. 长春

长春是东北亚经济圈中心城市，是新中国最早的汽车工业基地和电影制作基地，有"东方底特律"和"东方好莱坞"之称。长春还是中国四大园林城市之一，曾连续十次蝉联"中国最具幸福感城市"，是中国优秀旅游城市。著名景点有伪满皇宫、净月潭、长影世纪城、世界雕塑公园、南湖公园等。

2. 吉林

吉林市是东北地区和吉林省重要的交通枢纽中心城市与新型工业基地,具有雾凇之都、中国优秀旅游城市、国家历史文化名城、中国书法城等美誉。著名景点有松花湖、北大壶滑雪场、北山公园、拉法山、金珠花海、雾凇岛、红叶谷等。

3. 延吉

延吉市是吉林省延边朝鲜族自治州的首府,位于吉林省东部、延边州中部、长白山脉北麓,是吉林省东部中心城市、中国优秀旅游城市,著名景点有长白山、帽儿山、朝鲜族民俗园、梦都美度假村、海兰湖风景区等。

(三)黑龙江主要旅游城市

1. 哈尔滨

哈尔滨,别称"冰城",是特大城市、中国东北地区中心城市之一。哈尔滨素来有着"东方小巴黎""东方莫斯科"的美名,市内建筑中西合璧,是首批中国优秀旅游城市。哈尔滨有圣索菲亚大教堂、尼古拉教堂、俄罗斯木屋、哥特式楼宇、中央大街、哈尔滨极地馆、防洪纪念塔、文庙、极乐寺、萧红故居、苏联红军烈士纪念碑等文物古迹,以及东北林园、亚布力滑雪旅游度假区、原始森林等人文自然景观。

2. 齐齐哈尔

齐齐哈尔,别称"鹤城",位于黑龙江省西部,地处东北松嫩平原,有"世界大湿地、中国鹤家乡"的美誉。齐齐哈尔风景秀丽,古迹众多。在自然景观方面,有"世界珍禽丹顶鹤之乡"扎龙自然保护区、嫩江、明月岛、龙沙公园、罗西亚大街、"龙江第一村"甘南兴十四、"北方第一湖"尼尔基斯湖等。在人文景观方面,既有昂昂溪文明,也有工业文明;既有民族民俗文化和宗教文化,也有数百年的流人故居、站人故居等流人边塞文化;既有黑龙江将军府、将军衙门、督军署等有效控制边疆的官署遗址,也有塔子城、金长城、百年中东铁路车站等历史文化景观。

3. 牡丹江

牡丹江是黑龙江省东南部中心城市,素有"塞外江南""鱼米之乡"的美誉。牡丹江是世界旅游城市联合会首批会员城市、中国优秀旅游城市、中国旅游竞争力百强城市,该地旅游资源涵盖了各大类别,呈现"湖、林、雪、边、俗、特、红"七大特色。辖区内有省级以上自然保护区9个,国家森林公园10个,国家湿地公园7个,旅游景区景点450多处。著名景观有奇特罕见的火山口"地下森林",世界最大的火山熔岩堰塞湖——镜泊湖,剿匪英雄杨子荣战斗过的地方——林海雪原,充满雪情冬趣的中国雪乡等世界级旅游资源。

三、旅游线路产品开发

(一)辽宁旅游产品开发总体思路

围绕党中央、国务院对东北旅游产业定位的总体要求,即建成"世界知名生态休闲旅游目的地",立足于辽宁的旅游产业基础和网络化交通的整体优势,积极发挥冰雪、海洋、边境、工业、湿地、森林、湖泊、民俗等自然人文资源和独特气候条件优势，以特色观光和休闲度假为主线，以避暑养生、海洋旅游、冰雪温泉、边境旅游、购物旅游、乡村旅游、自驾旅游、工业旅游、商务会展等为产品支撑，着力推进"旅游+"工程，加快发展旅游、养老、健康、文体、休闲等产业。

1. 打造三条省内精品旅游线路

一是整合辽宁沿海六市的优质资源，以浪漫之都、红海滩、鸭绿江等为核心吸引点，以自驾车、邮轮为主要旅游方式，培育辽宁滨海自驾旅游示范线路和辽宁沿海邮轮旅游线路。二是整合全省优质文化资源，以朝阳古文化、锦州红色文化、沈抚清文化、阜新宗教文化为吸引点，以自驾和团队游为主要方式，建设辽西文化走廊精品旅游线路。三是整合九门口长城、兴城古城、红海滩、千山—玉佛苑、鸭绿江、凤凰山、本溪水洞、盛京皇城、旅顺口等最具特色的观光资源和产品，以自驾游为主要方式，推动建设辽宁特色旅游观光精品线路。

2. 推动四条跨区域旅游精品线路建设

一是环渤海自驾旅游精品环线和环渤海邮轮精品旅游线路。二是东北大通道旅游精品线路，即"大连—沈阳—长春—哈尔滨"等。三是东北生态旅游精品线路，即"大连—丹东—集安—长白山—延吉—珲春—绥芬河—哈尔滨"等。四是东北中蒙风情旅游精品线路，即"沈阳—阜新—朝阳—赤峰—通辽—呼伦贝尔—满洲里—蒙古国"等。

3. 推动跨区跨境深度合作

抓住东北新一轮振兴、"一带一路"和京津冀协同发展等国家战略的重大机遇，在更高层次上、更广范围内推动跨区跨境旅游的深度合作。向西主动融入京津冀，构建协同发展的旅游一体化合作新机制；向北加强大东北旅游跨区域的深度合作，开辟与蒙古、俄罗斯的跨境旅游合作，构建中蒙俄旅游经济大通道；以大连为龙头，东南承接韩日客流，西南强化与胶东半岛客源互送；以丹东为节点，大力发展赴朝旅游。

（二）吉林旅游产品开发总体思路

依托吉林省立足东北、辐射东北亚的区位条件，充分整合自然生态、历史人文、边境风情、抗联遗迹等优势资源，以"旅游+"为手段，深度开发冰雪、生态、边境、文化、乡村、红色等核心旅游产品，重点打造四大旅游精品带。

（1）长吉图休闲度假旅游精品带。依托"长春—吉林—延边—长白山"经典旅游线路，重点建设以冰雪休闲、消夏避暑、生态观光、民宿文化等为重点的休闲度假旅游产品发展带。

（2）鸭绿江边境风情旅游精品带。依托"长白山—白山—通化"经典旅游线路，重点建设以鸭绿江河谷生态、跨境体验、森林观光、红色教育等为重点的边境风情旅游产品发展带。

（3）南部文化康养旅游精品带。依托"长春—四平—辽源—梅河口—通化"经典旅游线路，重点建设以文化科普、休闲养生、医药健康、乡村度假等为重点的文化康养旅游产品发展带。

（4）西部草原湿地生态旅游精品带。依托"长春—松原—白城"经典旅游线路，重点建设以生态保护、绿色科普、民俗体验、湿地观光等为重点的融合型生态旅游产品发展带。

拓展阅读 4-1

借冬奥会东风，发展壮大冰雪旅游

2019年2月19日，北京冬奥组委发布了《2022年北京冬奥会和冬残奥会遗产战略计划》（以下简称《遗产战略计划》），旨在指导主办城市和地区可持续利用奥运遗产。《遗产战略计划》提出，促进冰雪产业与文化旅游产业融合。2019年全国"两会"政府工作报告提出，精心筹办北京冬奥会、冬残奥会。根据文化和旅游部数据中心测算，2017—2018年冰雪季我国冰雪旅游人数达到1.97亿人次，冰雪旅游收入约合3300亿元，冰雪旅游正成为老百姓追求的一种时尚生活方式。

（资料来源：http://www.ctnews.com.cn/art/2019/3/29/art_113_37580.html）

（三）黑龙江旅游产品开发总体思路

黑龙江以品牌为引领，以"一城五线一带"为核心框架，不断丰富产品供给，创新打造不同季节的精品线路。

1. 夏季旅游线路

（1）一城：迷人的哈尔滨之夏。

（2）五线：

① 华夏东极线：哈尔滨—佳木斯—抚远—黑瞎子岛。

② 火山湿地线：哈尔滨—大庆—齐齐哈尔—五大连池风景名胜区。

③ 森林深处线：哈尔滨—铁力—伊春—嘉荫。

④ 神州北极线：哈尔滨—漠河—中国北极村。

⑤ 双湖秘境线：哈尔滨—亚布力滑雪旅游度假区/凤凰山景区—镜泊湖/兴凯湖旅游景区—绥芬河/虎林。

2. 秋季旅游线路

（1）一城：金色之城哈尔滨。

（2）五线：

① 探秘小兴安岭线：哈尔滨—悬羊峰国家地质公园—九峰山风景区—金山旅游度假区—伊春。

② 纵贯张广才岭线：哈尔滨—亚布力滑雪旅游度假区—虎峰岭风景区—横道河子镇—牡丹江—镜泊湖国家级风景名胜区。

③ 自驾北国风光线：哈尔滨—大庆—齐齐哈尔—五大连池风景名胜区。

④ 畅游神州北极线：哈尔滨—漠河—中国北极村。

⑤ 观览东极大农业线：哈尔滨—佳木斯—同江—抚远/俄罗斯哈巴罗夫斯克。

3. 冬季旅游线路

（1）一城：冰雪之冠上的明珠哈尔滨。

（2）五线：

① 冰雪之冠·大美雪乡：哈尔滨—亚布力滑雪旅游度假区—虎峰岭风景区—横道河子镇—中国雪乡—凤凰山景区。

② 冰雪之冠·秘境冰湖：哈尔滨—亚布力滑雪旅游度假区—镜泊湖国家级风景名胜区。

③ 冰雪之冠·鹤舞雪原：哈尔滨—连环湖温泉景区—大庆石油博物馆—齐齐哈尔（泡温泉）——扎龙国家级自然保护区（观鹤）—龙沙动植物园—五大连池风景名胜区。

④ 冰雪之冠·冰雪森林：哈尔滨—铁力日月峡滑雪场—悬羊峰国家地质公园—桃山玉温泉—宝宇龙花温泉度假区—汤旺河林海奇石风景区—库尔滨雾凇。

⑤ 冰雪之冠·北极圣诞：哈尔滨—漠河—中国北极村—北极圣诞村。

4. 界江风光旅游带

漠河—塔河—呼玛—黑河—瑷珲—孙吴—逊克—嘉荫—萝北—绥滨—同江—抚远—饶河—虎林—密山—绥芬河—东宁。

拓展阅读 4-2

黑吉辽蒙成立旅游合作联盟

黑吉辽蒙振兴东北旅游合作联盟于2017年3月24日正式成立。四省区共同打造旅游协同发展区、东北无障碍旅游区，加强与毗邻国家和周边地区合作，共同打造旅游精品线路，分享旅游客源市场，实现共建共赢。

黑吉辽蒙旅游协同发展区包括黑龙江省大兴安岭地区、齐齐哈尔市、大庆市、黑河市、漠河市，吉林省白城市、公主岭市，辽宁省阜新市、朝阳市、铁岭市、盘锦市，内蒙古呼伦贝尔市、兴安盟、通辽市、赤峰市等地。四省区以自驾车旅游和品牌线路推广为重点，加强与周边省区旅游合作，建设一批跨省区旅游目的地；以拓展客源市场为重点，强化与万里茶道沿线省区的旅游合作，形成优势互补、借力发展、差异化互动的区域合作格局。

四省区共同推出五大旅游主题。

（1）以冰雪奇缘欧陆风情为主题的北国映象游：沈阳—长春—哈尔滨—阿尔山—呼伦贝尔—满洲里。

（2）以少数民族风情与东北民俗为主题的深度体验游：大连闯关东民俗村—延边朝鲜自治州—雪乡—呼伦贝尔—通辽—赤峰。

（3）以温泉度假森林徒步自驾为主题的康体养生游：营口—长白山—五大连池—大兴安岭—阿尔山。

（4）以中俄蒙"万里茶道"国际黄金旅游线路为主题的中俄蒙跨境自驾游：黑龙江—吉林—辽宁—内蒙古—蒙古国—俄罗斯。

（5）以皇家历史文化为主题的皇家历史古迹游：沈阳故宫—赤峰契丹辽上京文化遗址—

锡林郭勒元上都遗址。

（资料来源：http://www.sohu.com/a/130206988_119038）

（四）旅游线路产品实例

1. 产品名称

全景东北双飞6天游

2. 行程特色

（1）住：哈尔滨入住俄式庄园，特别安排一晚升级入住超豪华酒店，尊享优质酣眠夜。

（2）游：一次感受大东北全貌，经典旅程，超值享受。

① 踏春东北圣山——长白山，赏长年流淌的长白瀑布、聚龙温泉群、绿渊潭。

② 参观哈尔滨伏尔加庄园，在酒堡品伏特加醇香，品地道俄式小食，不出国门尽享俄式异域风情。

③ 观中国最大、世上少有的熔岩堰塞湖——镜泊湖吊水楼瀑布，壮观刺激。

④ 观夜幕下的"东方小巴黎"——哈尔滨：游"百年欧式建筑老街"中央大街、"亚洲第一大东正教堂"圣索菲亚大教堂广场。

⑤ 深入探访长春伪满皇宫，真真切切跟着历史看末代皇帝的一生，特别附赠专业讲解。

（3）吃：朝鲜族风味餐、东北特色饺子宴、小鸡炖蘑菇、锅包肉、东北酸菜锅，地道美食一个不落。

3. 行程安排

第1天：广州—哈尔滨

从广州乘航班飞抵哈尔滨（飞行约4小时，可能经停约50分钟），后入住酒店。

第2天：哈尔滨—牡丹江

早餐后，游园参观（参观约2小时）。游览充满异域风情的世外桃源，经典的俄式建筑群，参观伏特加酒堡。酒堡一楼是伏特加酒吧，游客在这里可品尝冰杯斟满的伏特加酒与酸黄瓜熏肠等美食（赠送项目以景区实际安排为准）。然后，外观圣索菲亚大教堂（停留约15分钟），前往百年老街——中央大街（自由活动约1小时）。后乘车前往牡丹江（车程约4.5小时），游览滨江公园（游览约30分钟），观八女投江纪念碑，了解抗日英雄的悲壮故事。后入住酒店。

第3天：牡丹江—镜泊湖—二道白河

早餐后，乘车赴国家4A级风景区——镜泊湖（游览约2.5小时，含门票及景区内电瓶车3次）。观赏因火山熔岩堵塞牡丹江上游的古河道而形成的镜泊湖风光，"中国四大瀑布之一"的吊水楼瀑布，以及吊水楼瀑布下的黑龙潭。观刘少奇小木屋，赏邓小平苍劲雄浑的题词，并拍照留念。而后前往二道白河（车程约4.5小时），途中游览大关东文化园（游览约2小时），并亲手挖8年根人参（每人可亲手挖一棵8年林下参，并赠送）。后入住酒店。

第 4 天：二道白河—长白山—敦化

早餐后，乘车赴长白山北景区（车程约 3 小时），途经长白山特有的美人松、白桦林、原始森林。抵达后，乘景区环保车进山（含长白山大门票，不含环保车费用，共游览约 2.5 小时），观赏地下森林、长白瀑布、聚龙温泉群、绿渊潭。前往长白山美人松空中廊桥公园，体验玻璃栈桥（游览约 40 分钟）。站在玻璃栈道观景台上，可以尽听松涛，远眺长白圣山，与婀娜多姿的美人松亲密接触，将美丽的小镇尽收眼底，仿佛置身人间仙境。后乘车前往敦化（车程约 3 小时），入住酒店。

第 5 天：敦化—吉林—长春

早餐后，乘车赴吉林（车程约 3 小时），游览松花江外滩（游览约 30 分钟），包括松花江中路、《同一首歌》的演出广场、吉林市的代表性建筑世纪广场及世纪之舟外景。游览北山公园（游览约 40 分钟）。它是吉林市重要的旅游胜地，地处市中心，公园内建有诸多的亭、桥、廊、榭。然后，游览乌拉满族风情园（游览约 40 分钟）。最后，前往长春（车程约 1 小时），参观巴蜀映巷（游览约 1 小时），后入住酒店。

第 6 天：长春—广州

享受一个没有 Morning Call 的早上或早起自行食用酒店早餐。上午为自由活动。午餐后，游览伪满洲国傀儡皇帝爱新觉罗·溥仪的宫殿——伪满皇宫（游览约 1.5 小时，含讲解）。后乘航班返广州（飞行约 4.5 小时，可能经停约 45 分钟），结束愉快行程。

4. 费用说明

（1）费用已含：旅行社代订飞机票等城市间交通费用、旅游观光汽车费用、住宿费、餐费、包价项目景点（区）的第一道门票费、导游服务费（导游服务费含全陪/地陪，标准为 12 周岁及以上人士 60 元/人，儿童 30 元/人，婴儿免收）。

（2）儿童收费：2~11 周岁的执行儿童收费标准，此收费提供机位、车位、餐位及景点第一道门票半票（若超过身高标准要求，请在当地自行补足门票），不提供住宿床位。

（3）门票优惠：此行程为旅游包价产品，客人若持学生证、军官证等有效证件能获得景区减免或优惠的，旅行社将根据减免或优惠后门票价格与旅行社的采购价的差价，在团费中退减。

5. 行程标准

（1）本团 10 人成团，30 人派全陪导游；东北省区跨度大，由当地优秀地接导游分段接待。

（2）住宿：一晚升级入住伏尔加庄园，一晚升级入住超豪华酒店，其余入住高级酒店，每成人每晚 1 个床位，双人标间。酒店住宿若出现单男/单女，客人须与其他同性客人同住；若不能服从旅行社安排或旅行社无法安排的，客人须当地补房差，入住双人标间。

（3）用餐：含 5 正餐和 5 早餐（酒店房费含早餐），正餐标准为 25 元/人（儿童餐费减半），饺子特色宴标准为 30 元/人，朝鲜风味标准为 40 元/人，正餐八菜一汤不含酒水（10~12 人/桌，人数未达到一桌的，将对菜式或数量作出相应的调整或减少）；餐饮风味、用餐条件各地有一定的差异，请大家有所心理准备。

(4) 用车：全程地接用车将根据团队人数安排 9~55 座旅游空调车，保证每人 1 个正座，全车预留 2 个或以上空位；此线路山路较多，只适用底盘较高国产旅游空调车，故空调、座位间隔可能未如理想，敬请理解。

（资料来源：广之旅官网，http://www.gzl.com.cn/domestic/1032C4F0E1D55BDBE0532429030A0384.html）

第二节　北京、天津旅游产品开发

一、区域旅游资源概况

北京，简称"京"，是中华人民共和国首都、直辖市，是全国的政治中心、文化中心。北京地处中国华北地区，东与天津毗连，其余均与河北相邻。

天津，简称"津"，是中华人民共和国省级行政区、直辖市，地处中国华北地区，东临渤海，西靠首都北京和河北，北部和南部与河北接壤。

（一）自然旅游资源

1. 北京自然旅游资源

北京地势西北高、东南低。西部、北部和东北部三面环山，东南部是一片缓缓向渤海倾斜的平原。流经境内的主要河流有永定河、潮白河、北运河、拒马河等。山地和峡谷风景是自然观光资源的主要载体。北京是全球首个拥有世界地质公园的首都城市，还有 5 处国家地质公园、15 处国家森林公园。

2. 天津自然旅游资源

天津地处华北平原的东北部，海河流域下游，东临渤海，北依燕山，西靠首都北京，是海河五大支流南运河、子牙河、大清河、永定河、北运河的汇合处和入海口，素有"九河下梢""河海要冲"之称。天津旅游资源丰富，景观种类齐全；拥有山、河、湖、海、泉、湿地等丰富自然资源。

（二）人文旅游资源

1. 北京人文旅游资源

北京是有 3000 余年建城史、860 余年建都史的历史文化名城，也是全球拥有世界遗产（7 处）最多的城市。北京的人文旅游资源不但类型和数量丰富，而且品位极高。名胜古迹有世界上最大的皇宫紫禁城，祭天神庙天坛，皇家园林北海公园、颐和园和圆明园，还有八达岭长城、慕田峪长城，以及世界上最大的四合院恭王府等。北京市共有 7309 项文物古迹，其中，99 处全国重点文物保护单位（含长城和京杭大运河的北京段）、326 处市级文物保护单位。

拓展阅读 4-3

北京的胡同文化

　　北京胡同文化绝不仅仅是城市的脉络和交通的衢道，更是北京普通老百姓生活的场所，是京城历史文化发展演化的重要舞台。它记下了历史的变迁，乍一看，北京的胡同都是灰墙灰瓦，俨然一个模样。其实不然，只要你肯下点功夫，串上几条胡同，再和那些老住户聊上一阵子，就会发现：每条胡同都有个说头儿，都有自己的故事，都有着传奇般的经历；里面的趣闻掌故、时代的风貌，以及蕴含着的浓郁的文化气息，好像一座座民俗风情的博物馆，烙下了人们各种社会生活的印记。漫步其中，到处都是名胜古迹；细细品味，又似北京的百科全书——不少胡同中的一块砖、一片瓦都已有好几百年的历史。从一个个大大小小的胡同院落，可以了解北京市民的生活，包括他们的生活方式、生活情趣和邻里关系。

　　北京的胡同大多形成于 13 世纪的元朝，到现在已经经过了几百年的演变发展。北京胡同的走向多为正东、正西，其宽度一般不过 9 米。胡同里的建筑几乎都是四合院。四合院是一种由东、西、南、北四座房屋以四四方方的对称形式围在一起的建筑物，象征着和谐团圆。大大小小的四合院一个紧挨着一个地排列起来，而它们之间的通道就是胡同。

　　胡同是北京特有的一种古老的城市小巷。胡同原为蒙古语，即小街巷。由于北京古时的城建就有着严格规划，所以胡同都比较直，星罗棋布。北京的胡同共有 7000 余条，名称五花八门，有的以人物命名，如文丞相胡同；有的以市场、商品命名，如金鱼胡同；有的以北京土语命名，如闷葫芦罐胡同等。北京最长的胡同是东西交民巷，全长 6.5 千米；最短的胡同是一尺半大街，长不过十几米；最窄的胡同要数前门大栅栏地区的钱市胡同，宽仅 0.75 米，稍微胖点的人得屏住呼吸才能通过。北京的胡同浩繁，它们围绕在紫禁城周围，其中大部分形成于中国历史上的元、明、清三个朝代。

　　（资料来源：https://baike.baidu.com/item/北京胡同文化/2940588）

2. 天津人文旅游资源

　　天津是中国历史文化名城和中国首批优秀旅游城市。城市的整体环境突出了大气、洋气、清新、靓丽的特征，体现了文脉传承，彰显了城市特色，充分展现了天津深厚的历史文化底蕴。

　　这里是天津卫的摇篮，这里有过林立的官署、四方的商贾，这里古风醇厚、积淀深厚。这里的每一个角落充满了太多"老天津"的回忆。如今，天津老城虽已旧貌换新颜，但那凝结了几百年的城市记忆依然如故，比如，天津老城标志性建筑"鼓楼"，津门十景之一的"古文化街"，中国魅力文化传承名镇"杨柳青古镇"等。

　　天津是近代中国的缩影，素有"世界建筑博览会"的美誉。在这里，风格纷呈的小洋楼等西方各国建筑遗存有上千幢，它们延续着历史的文脉，增加了城市的厚重感。对于天津人来说，小洋楼已经成为一张展示天津丰富历史文化底蕴的城市名片。比如，有着"万国建筑博览苑"之称的"五大道"是迄今天津乃至中国保留最为完整的洋楼建筑群；原汁原味、有着百年历史的意大利建筑群被人们称为"意式风情区"；有"东方华尔街"之称、现今仍为天津金融机构的集聚地之一的"解放北路金融街"，则记录着百年金融街辉煌历史，也见证了金融街的历史变迁。

天津拥有丰富的文化底蕴，民间文玩、非遗传承的氛围十分浓厚。作为拥有600多年建城历史的天津，能人辈出。从青年创业者，到年近七旬的手艺人，匠人、匠艺、匠心让这座城市充满文化味儿，被公认为是天津"一绝"。诸多非物质文化遗产在这里得以流传，比如，所塑作品以形写神，达到神形兼具之境的"泥人张彩塑"，首批获"国家级非物质文化遗产项目"的"杨柳青木版年画"，造型多变、彩绘逼真、飞行平稳、技艺一枝独秀的"风筝魏"等。

二、主要旅游景观介绍

（一）北京主要旅游景观

1. 世界文化遗产

北京拥有故宫、长城、周口店北京人遗址、天坛、颐和园、明十三陵、大运河等多项世界文化遗产。此外，北京云居寺塔、藏经洞及石经、北京古观象台、北海公园、卢沟桥等被列入中国世界遗产预备名单。

2. 奥运风情景观

北京是2008年第29届夏季奥林匹克运动会的主办城市。奥林匹克公园是举办北京奥运会的主要场地。京奥场馆包括国家体育场——鸟巢、国家游泳中心——水立方、五棵松体育馆、奥体中心体育馆、老山自行车馆、北京射击馆、北京奥林匹克网球中心、北京奥林匹克水上公园、北京工人体育场等。

3. 风景名胜

北京的风景名胜数量多、品质高，包括房山世界地质公园、延庆世界地质公园、石花洞、八大处、恭王府、什刹海、圆明园、慕田峪长城、司马台长城、居庸关长城、箭扣长城、恭王府花园、醇亲王府、北京胡同、北京动物园、北京植物园、潘家园古董市场、德胜门、正阳门、景山公园、香山、钟楼、鼓楼等。

4. 博物馆景观

北京是"博物馆之都"，注册博物馆多达151座。国家博物馆为世界上最大的博物馆。故宫博物院是世界五大博物馆之一。北京的博物馆主要有故宫博物院、中国国家博物馆、中华世纪坛、北京天文馆、中国科技馆、自然博物馆、首都博物馆、中国美术馆、抗日战争纪念馆、军事博物馆、中国航空博物馆等。

5. 现代都市文化景观

作为现代化大都市，北京拥有中央电视台新址、中国国家大剧院、中国国家图书馆、世贸天阶、北京国贸大厦、798艺术区、北京国际音乐节、糖果俱乐部（TANGO）、三里屯酒吧街、后海酒吧街、南锣鼓巷、SOHO 等景观。

6. 宗教名胜景观

北京的寺、庙、观、堂是宗教界和信教群众的宗教活动场所。其中，比较著名的有天主教东堂、天主教南堂、崇文门基督教堂、牛街清真寺、东四清真寺、广济寺、广化寺、白云观和雍和宫等。

7. 名人故居景观

古色古香的老房子，散发着文人雅士们的闲散和安逸。相比外面的繁华，这是一片能让静心休养和品味历史的好去处。北京的名人故居包括茅盾故居、朱彝尊故居、齐白石故居、纪晓岚故居、欧阳予倩故居、邵飘萍故居、老舍故居、李大钊故居、程砚秋故居、婉容旧居等。

(二) 天津主要旅游景观

1. 天津文化中心景观

天津文化中心位于天津市河西区的市级行政文化中心。天津文化中心四至范围为友谊路以东、隆昌路以西、乐园道以南、平江道以北的整个区域，总占地面积约为 90 万平方米。天津文化中心的项目包括天津图书馆、天津博物馆、天津自然博物馆、天津美术馆、天津大剧院、天津青少年活动中心、天津银河购物中心、生态岛等。原有场馆有天津博物馆、中华剧院、天津科技馆。

2. 五大道建筑景观

五大道在天津中心市区的南部，东、西向并列着以中国西南名城重庆、大理、常德、睦南及马场为名的五条街道。天津人把它称作"五大道"。五大道地区拥有 20 世纪二三十年代建成的具有不同国家建筑风格的花园式房屋 2000 多所，建筑面积达到 100 多万平方米。其中，最具典型的 300 余幢风貌建筑中，英式建筑 89 所、意式建筑 41 所、法式建筑 6 所、德式建筑 4 所、西班牙式建筑 3 所，还有众多的文艺复兴式建筑、古典主义建筑、折中主义建筑、巴洛克式建筑、庭院式建筑以及中西合璧式建筑等。因此，五大道又被称为"万国建筑博览苑"。

3. 天津意式风情景观

前身为意大利在境外唯一的租界，占地面积约达 10 万平方米，距今已有百年历史。它是目前亚洲规模最大、保存最完整的意大利风貌建筑群。它位于河北区，东起河北区五经路，西至河北区胜利路，南起河北区博爱道，北至河北区建国道；紧邻天津站和海河，与古文化街、和平路商业街、天津环球金融中心、天津金融城隔河相望。

4. 名人故居景观

天津的名人故居包括静园、张学良故居、曹禺故居、梁启超纪念馆、李叔同故居、袁世凯故居、冯国璋故居。

5. 山野名胜景观

天津有盘山、独乐寺、黄崖关长城、梨木台、九龙山国家森林公园、八仙山、九顶山等山野名胜景观。

6. 滨海休闲景观

天津航母主题公园、北塘古镇、东疆湾沙滩、极地海洋世界、龙达温泉生态城、大沽口炮台遗址等，都是天津的滨海休闲景观。

7. 民俗赏花景观

天津热带植物观光园、曹庄花卉植物园、杨柳青古镇、石家大院、杨柳青年画馆、水高庄园等，都是天津的民俗赏花景观。

三、旅游线路产品开发

（一）北京旅游产品开发总体思路

以服务国内外来京旅游者为重点，强化传统优势的创意、创新和国际化标准的旅游公共服务体系完善，形成九大特色鲜明的主题旅游。

1. 北京古都文化旅游

重点建设中轴线文化旅游体验区、前门—大栅栏文化商业旅游体验区、什刹海—南锣鼓巷休闲旅游体验区。保护古都文化特色，强化文旅融合，深度开发文化旅游产品，着力完善旅游公共服务体系，全面提升旅游环境品质。

2. CBD——三里屯商务休闲旅游

充分利用朝外、国贸地区商务休闲资源，有效整合、深化融合，丰富都市观光、时尚购物、文化娱乐等旅游产品，强化旅游公共服务体系配套，构建 CBD 都市观光步行系统，提升 CBD 的宜游性。突出现代时尚文化，强化与三里屯夜间休闲、工体体育赛事、时尚文化演艺等特色片区联动发展。

3. 环球影城游乐度假旅游

以环球主题公园为核心，带动休闲度假设施建设，强化旅游商品、文化娱乐等要素配套，打造北京国际旅游度假区。培育休闲度假环境，突出整体现代国际游乐特色。强化地铁七号线、八通线南延的站点与度假区交通接驳，完善公共服务设施，打造东北亚现代、时尚旅游目的地。

4. 冬奥运动休闲旅游

以延庆冬奥运动休闲基地为中心，大力发展冬季运动休闲活动，带动延庆全域旅游目的地建设。强化与张家口冬奥基地和朝阳区奥体公园片区的旅游协作，突出与周边松山、玉渡山等景区的旅游线路组织串接。

5. 奥体文博休闲旅游

挖掘奥林匹克公园片区奥运文化内涵，强化运动休闲功能，丰富节事活动体验。综合利用地下空间，丰富文博展示功能，形成文化休闲体验中心。创新利用奥运场馆，突出奥运文化和配套设施优势，打造奥运特色文博休闲中心。

6. 长城文化休闲体验旅游

突出八达岭、居庸关、明十三陵等世界文化遗产品牌，深度挖掘明陵文化、长城文化，结合周边山水形胜，打造以世界遗产为主题、以文化体验为主要功能的旅游片区，优化内外交通，提升服务质量。使风貌保护、文化内涵挖掘、旅游设施建设与产品开发相互协调发展。

7. 三山五园皇家宫苑文化旅游

整合形成海淀"三山五园"文化旅游片区，按照"文物古迹保护与古都风貌恢复并重、旅游项目开发与配套服务设施完善并重"的思路，以"恢复行宫苑囿风貌、展示皇家园林历史文化"为特色，推动"三山五园"整体历史文化环境的提升，完善景区内及周边旅游配套服务设施。

8. 798艺术区创意休闲旅游

充分利用798艺术区、751时尚设计广场、草场地、环铁等园区，突出艺术特色，发展时尚文化，鼓励举办国际化文化艺术时尚活动，打造文化创意时尚休闲区。充实文化休闲业态，拓展文化艺术功能和要素，推动国内外现代艺术的文化交流，创新创意工场、展览培训等新业态，繁荣时尚文化艺术发展。

9. 卢沟桥—宛平城抗战文化旅游

依托历史博物馆、抗战纪念雕塑园等资源，面向红色文化、党团教育、学生室外课堂等活动，形成红色文化体验旅游基地。坚持特色化定位，大力发展红色文化旅游和滨水休闲旅游，形成"突出区域文化形象，融历史体验、文化休闲为一体"的旅游品牌。

（二）天津旅游产品开发总体思路

天津旅游精心打造以长城和运河为代表的"世界文化遗产和生态宜居之旅"，以天津相声、杨柳青年画为代表的"民族文化之旅"，以狗不理包子、煎饼果子为代表的美食文化之旅，以五大道、意大利风情区为代表的都市文化之旅四类旅游。

讲好"天津故事"，扩大"天天乐道、津津有味"旅游品牌的影响力，丰富品牌内涵，推出精品旅游线路。优化整合原有的都市博览、近代历史文化、山野名胜、滨海休闲、休闲时尚、民俗文化等主题的一日游线路，设计天津西线二日游、津北探秘二日游、津东三日深度游以及建筑风情游、名人故居游、文博院馆游、宗教文化游、工业文化游、邮轮旅游等线路。同时，联合京冀推出区域精品线路。通过进一步丰富一日游、两日游、多日游线路，满足不同客源市场的需求。

针对本市和周边客源市场，推出都市博览游、滨海休闲游、主题娱乐游等线路；针对北京等市场，推出高端购物游和海鲜美食游线路；针对高铁沿线市场，推出都市休闲游、演艺曲艺游、海河风光游等线路；针对港澳台市场，推出妈祖文化游、民俗文化游等线路；针对日韩市场，推出美食娱乐游、文化风情游等线路；针对欧美等其他入境市场，推出世界文化遗产游、民俗风情游等线路。

拓展阅读 4-4

天津旅游塑造总体品牌

核心品牌：近代中国看天津

总体形象：国门港、世界城

宣传口号：天天乐道，津津有味

基于"十二五"期间形成的中国旅游产业博览会、近代中国看天津文化游、都市博览游、海河风光游、滨海休闲游及山野名胜游六大旅游品牌系列产品和"天天乐道，津津有味"宣传品牌的影响力，结合"十三五"天津旅游发展新机遇与重点产品打造等举措，进一步丰富和拓展现有品牌内涵，构建天津品牌营销系统工程，将内容更为丰富、新颖的"天天乐道，津津有味"品牌宣传到全世界，夯实提升城市旅游品牌的市场影响力。

"天天乐道，津津有味"的天津旅游口号强调的是有形与无形的"味道"体验，包括有味道的建筑风貌、有味道的特色小吃狗不理包子、海鲜等餐饮文化，还有乐观幽默而有味的生活气息等。结合天津"十三五"特色资源挖掘、重点产品打造，精准提炼"天天乐道，津津有味"品牌统领下的"四乐天津，五味津门"具体内涵，并附加在旅游产品和对外宣传上，强化品牌对外的吸引力。

（1）"四乐天津"：曲艺相声逗乐、生态环境享乐、异国建筑游乐、乡土民情欢乐。

（2）"五味津门"：津派文化韵味、北国水都趣味、国门港城海味、国际都会洋味、特色餐饮美味。

（资料来源：http://fzgg.tj.gov.cn/zwgk/fzgh/zxgh/201706/P020170612388556054294.doc）

（三）旅游线路产品实例

1. 产品名称

北京天津双飞 6 天游

2. 行程特色

(1) 直飞北京，不经停，含飞机正餐。

(2) 游京津两市，看魔术表演乐趣连连。

(3) 享舌尖上的北京味：八碟八碗、全聚德烤鸭。

(4) 赏玉渊潭公园的浪漫樱花。

3. 行程安排

第 1 天：广州—北京

于指定时间在白云机场出发厅集合，乘机飞往北京。北京是我国政治、文化中心和国际交往的枢纽，也是一座著名的"历史文化名城"。抵达北京后晚餐自理，送回酒店。

第 2 天：天安门广场—纪念碑—纪念堂—故宫—外观国家博物馆—王府井

在酒店用完早餐后，游览天安门广场（游览约 1 小时），瞻仰人民英雄纪念碑，缅怀革命先烈，参观毛主席纪念堂（如因政策性关闭则取消参观，旅行社不承担责任），欣赏人民大会堂外景。然后，游览帝王宫殿群——故宫（含大门票，游览约 2 小时）。故宫是明清两代皇宫，是无与伦比的古代建筑杰作，被誉为"世界五大宫"（北京故宫、法国凡尔赛宫、英国白金汉宫、美国白宫、俄罗斯克里姆林宫）之一。外观中国国家博物馆，国家博物馆是历史与艺术并重，集收藏、展览、研究、考古、公共教育、文化交流于一体的综合性国家博物馆。晚上，逛北京第一金街——王府井，晚餐自理，后送返酒店。

温馨提示：进入毛主席纪念堂时，须凭有效证件排队入场，接受安全检查；衣着得体，脱帽瞻仰，穿背心、拖鞋者谢绝入内；严禁携带大小包、相机、摄像机、饮料等入场。

第 3 天：八达岭—明清宫 3D 画廊—傅琰东魔术—奥林匹克公园

早餐后，前往八达岭长城（含大门票，车程约 1.5 小时，游览约 2.5 小时）。登上长城烽火台，尽享"不到长城非好汉"之感。八达岭长城是明长城中保存最好的一段，也是最具代表性的一段，是明代长城的精华，史称"天下九塞之一"，是万里长城的精华和杰出代表。然后，走进明清宫 3D 画廊（含门票，游览约 40 分钟），这是北京市第一家以 3D 画的表现形式来向广大游客展现北京千年皇家文化的专业画廊。随后，前往国际幻术大师、傅氏幻术第四代传人、央视"御用魔术师"傅琰东创办的傅琰东魔术城堡，感受奇幻的魔术表演。而后返回市区，游览中国人奥运梦的奥林匹克公园（自由活动 1~1.5 小时），外观奥运会开幕式主场馆——鸟巢和水立方。晚餐后，送返酒店休息。

温馨提示：

（1）因长城离市区较远，游览长城当天的起床时间和早餐时间可能会比其他几天早，请做好早起准备。

（2）早餐为打包早餐或在酒店用早餐。

（3）长城为游客自由参观，导游不跟团讲解。

第 4 天：颐和园—玉渊潭公园—天坛—古文化馆—百年老字号同仁堂—什刹海酒吧街

早餐后，前往游览集我国几千年优秀造园艺术之大成、古今中外皇家园林之冠、被誉为"万园之王"的清朝皇帝的离宫，夏季避暑胜地——颐和园（游览约 2.5 小时）。颐和园是中国现存最大、保存最完整的皇家园林。然后，游览玉渊潭公园（游览约 1 小时）。该公园是国家 4A 级旅游景区，位于市区西部，西三环中路东侧，与钓鱼台国宾馆、中华世纪坛毗邻。公园面积约为 136.7 万平方米，其中水域面积 61.5 万平方米，地域广阔，历史悠久，水阔林丰，风光秀丽。然后，前往参观天坛公园（游览约 1.5 小时）。天坛公园是明、清两代皇帝每年祭天和祈祷五谷丰收的地方。天坛以严谨的建筑布局、奇特的建筑构造和瑰丽的建筑装饰著称于世。天坛是祈谷、圜丘两坛的总称，有两重坛墙环绕，将坛域分为内、外坛两部分，均为南方北圆，有圜丘坛、皇穹宇、祈年殿等名胜古迹。然后，去古文化馆，看北京城的发展遗迹，赏皇家周易识玄学，通古今历史观时运，鉴史为今，以古为今用（游览约 40 分钟，此点为行程观光点，并非购物点，客人在参观之余如需消费，请结合自身情况三思）。了解地道中国文化之后，乘车前往百年老字号同仁堂，探访电视剧《大宅门》中的老药铺——乐家老店同仁堂。走进同仁堂，走进健康，体验中国传统文化瑰宝之神奇（游览约40分钟，此点为行程观光点，并非购物点，客人在参观之余如需消费，请结合自身情况三思）。然后，前往什刹海酒吧街（游览约30分钟），体味北京特有的酒吧风情。市井的喜气与飘香的红酒相安无事，古老的院落与时尚的潮流各得其所，什刹海是一种"北京特色"。在这里，还可以观景，站在"银锭桥"上，听船上二胡悠悠，最是销魂滋味；更有水上蜡灯，伊人倩影，令人心醉，让人感受到繁忙之余的悠闲与惬意。晚餐自理后，返回酒店。

第5天：天津—南市食品街—古文化街—意大利风情街—周邓纪念馆

在酒店享用完早餐后，乘车前往天津（车程约2小时），行驶于国内最早一条按照国际标准兴建的现代化高速公路京津塘高速（视路况和酒店位置，车程约80~100分钟），全程高速到达四大直辖市之一的天津。抵达后，首先游览存在于天津的亚洲之最"全亚洲最大的食品一条街"南市食品街（游览约30分钟，此点为行程观光点，并非购物点，客人在参观之余如需消费，请结合自身情况三思）。游览古文化街（游览约0.5小时），游览意大利风情街（游览约0.5小时）。参观游览完毕，返回北京酒店住宿。

第6天：北京—798艺术区—广州

早餐后，前往北京最具人气的旅游胜地——798艺术区（游览约30分钟）。798艺术区为库房式建筑风格，从荒废的国营厂区，变成今日聚集两百家画廊、艺术工作室，被美国《时代》周刊评为"全球最有文化标志性的城市艺术中心"。午餐后，送客人去机场返回广州，结束愉快旅程。

4. 费用说明

（1）费用已含：旅行社代订飞机票等城市间交通费用、旅游观光汽车费用、住宿费、餐费、包价项目景点（区）的第一道门票费、导游服务费。

（2）费用未含：个人投保的旅游保险费、航空保险费，合同未约定由旅行社支付的费用（包括行程以外非合同约定活动项目所需的费用、自由活动期间发生的费用等），行程中发生的客人个人费用（包括交通工具上的非免费餐饮费、行李超重费、住宿期间的洗衣、电话、酒水饮料费、个人伤病医疗费等）及小费等。

（3）儿童收费：2~11周岁的执行儿童收费标准，此收费提供机位、车位、半价餐位及景点第一道门票半票（若超过身高标准要求，请在当地自行补足门票差价），不提供住宿床位。

（4）婴儿收费：2周岁以下（不含2周岁）的执行婴儿收费标准，此收费不提供机位、车位、餐位、床位及景点费用。

5. 行程标准

（1）住宿：参考酒店为忘归国际酒店、焦庄国际酒店、京恒宾馆、金色港湾、速8酒店、7天连锁酒店或其他同等级准三酒店。费用中只含每人、每天1床位，若单人入住或出现单男/单女，且团中无同性团友可同住，请听从导游安排及自补房差，补房差为5晚450元/人。

(2) 用餐：含 7 正餐和 5 早餐，正餐餐标为 60 元/人，其中 1 餐升级八碟八碗特色餐，1 餐升级全聚德烤鸭。

(3) 用车：全程优秀导游讲解，旅游空调车，按人数配车，保证 1 人 1 正座。

（资料来源：广之旅官网，http://www.gzl.com.cn/domestic/4028802468869728016 8daa088f46fca.html）

第三节　河北、山西旅游产品开发

一、区域旅游资源概况

河北，简称"冀"，省会石家庄，位于中国华北地区，环抱首都北京，东与天津毗连并紧傍渤海，东南部、南部衔山东、河南两省，西依太行山与山西为邻，西北部、北部与内蒙古交界，东北部与辽宁接壤。

山西，简称"晋"，省会太原，位于中国华北地区，东与河北为邻，南与河南接壤，西与陕西相望，北与内蒙古毗连。

（一）自然旅游资源

1. 河北自然旅游资源

河北省地处华北平原，东临渤海、内环京津，西为太行山，北为燕山，燕山以北为张北高原，兼有高原、山地、丘陵、盆地、平原、草原和海滨等地貌，地跨海河、滦河两大水系，地处温带大陆性季风气候。

种类齐全的地形地貌和温和宜人的气候，造就了河北独特的自然风光。例如，环境优美、景色秀丽的北戴河海滨，冬无严寒，夏无酷暑，暑期的平均气温只有 24.5℃。丹立翠横、峻峭挺拔的嶂石岩是太行山中最为雄险与灵秀的地段，有着丹崖、碧岭、奇峰、幽谷等独特的山岳景观。以雄、险、奇、秀著称的天桂山，峰险、石奇、洞幽、泉多、林木繁茂、云雾缭绕。

2. 山西自然旅游资源

山西省是典型的为黄土广泛覆盖的山地高原，地势东北高西南低，高原内部起伏不平，河谷纵横，地貌类型复杂多样，有山地、丘陵、台地、平原，山多川少。该省东依太行山，西、南依吕梁山、黄河，北依长城，与河北、河南、陕西、内蒙古等省区为界，因此山西被柳宗元称为"表里山河"。

山西的自然旅游环境以山地为主体，名山遍及全境。历史上，山西可供观赏游览的名山风景多达 200 余处。省内名山有中国五岳之一的北岳恒山，佛教四大名山之首的五台山，道教圣地北武当山，以及植被葱郁、气候宜人的五老峰，还有岩溶地貌发育较好、峡谷绝壁绵延百余千米的太行山，保存有华北地区少有的原始森林的历山，松林密布的灵空山，传说众多、引人入胜的绵山、藏山、黄围山和姑射山，中国五大镇山之一的中镇霍山，栖息繁衍着国家一类保护动物褐马鸡的关帝山、管涔山和芦芽山，保存较好、研究最早的大同火山群，风景雄奇秀丽的王莽岭等。其他如石膏山、天柱山、老顶山、紫团山、广志山、冠山、乌金山、天龙山、棋子山等，亦是景色不同，山姿各异，各山以险峻、幽雅、奇特、秀丽而引人入胜，有的可游览观赏，有的可避酷暑，有的可访古寻幽，有的可供瞻仰。

（二）人文旅游资源

1. 河北人文旅游资源

河北省是中华民族的发祥地之一。早在 5000 多年前，中华民族的三大始祖黄帝、炎帝和蚩尤就在河北由征战到融合，开创了中华文明史。在春秋战国时期，河北地属燕国和赵国，故有"燕赵"之称。汉代，河北被正式命名为"幽"、"冀"等州。三国时期，河北成了各诸侯王国逐鹿中原、争夺地盘的主要战场。宋代，河北成为宋朝与北方少数民族辽金两国交兵的战场，有霸州和永清境内的宋辽古战道与定州料敌塔——开元寺塔。元、明、清三朝定都北京，河北成为京师的畿辅之地。清代时，承德发展成为清王朝的第二个政治中心。在近代和现代，燕赵儿女与全国人民一道抒写了一部可歌可泣的以反帝、反封建、反官僚、反资本主义为内容的革命史诗。1900 年的义和团运动由河北威县发起；抗日战争时期，河北大地是对日作战的主战场；著名的百团大战发生在河北；解放战争时期，党中央在河北平山县西柏坡指挥了震惊中外的三大战役，奏响了解放全中国的号角，并召开了著名的"七届二中全会"；解放石家庄是中国革命由农村包围城市，最后夺取全国胜利的转折点。

众多的文物古迹，形成了河北深厚的文化底蕴和独具魅力的文物旅游资源。清代的清西陵是清代帝王陵寝之一，共有陵寝十四座，此处风景秀丽，环境幽雅，规模宏大，体系完整，是一处典型的清代古建筑群。承德避暑山庄是我国现存最大的园林，也是清代皇帝夏日避暑和处理政务的场所，为我国著名的古代帝王宫苑。明代金山岭长城地势险要，视野开阔，设防严谨，建筑雄伟，是我国万里长城的精华地段之一，曾被国务院公布为第三批全国重点文物保护单位，被国家定为一级旅游景点、国家级风景区。

河北还有绚丽多彩的民俗文化和民间艺术。定窑、邢窑、磁州窑和唐山陶瓷是中国历史上北方陶瓷艺术的典型代表。蔚县剪纸、廊坊景泰蓝、曲阳石雕、衡水内画鼻烟壶、易水古砚、武强年画、丰宁布糊画、白洋淀苇编、辛集皮革、安国药材等名扬中外；河北梆子、老调、皮影、丝弦等饶有特色；沧州武术、吴桥杂技、永年太极等独见魅力。

2. 山西人文旅游资源

山西是中华民族发祥地之一，山西有文字记载的历史达 3000 年，被誉为"华夏文明摇篮"，素有"中国古代文化博物馆"之称。山西现存的古建筑 18118 处，建筑种类应有尽有。山西现存唐朝以来的彩塑作品 12712 尊，是国内寺观彩塑最多的省份之一。山西现存相对完好的明清民居建筑群多达数十处。山西的石窟艺术成就非常突出，北魏至明清的石窟寺多达 300 余处等。

山西人文旅游资源丰富而独特。忻州五台山为四大佛教圣地之一；大同云冈石窟是三大佛教石窟之一；大同北岳恒山为中国五岳之一；悬空寺为国内仅存的"儒、释、道"三教合一的寺庙；晋中平遥古城是现存三座古城之一；运城解州关帝庙是规模最大的武庙。皇城相府、乔家大院、渠家大院、王家大院、李家大院、太谷三多堂、常家庄园、申家大院、孟门古镇、孔祥熙故居等，皆为山西的民居代表。

拓展阅读 4-5

这里是山西

如果你不亲自来山西这块土地上，耳濡目染去亲自感受一下它的无穷魅力，你就无法真正了解中国。

北大著名历史教授李零曾说，在中国历史上有三条纬度线值得关注。一条是北纬 35°线，叫作王朝线，这里是中国人类早期文明的滥觞之地。一条是北纬 38°线，这里是农耕文明与游牧文明的缓冲线。再一条是北纬 41°的长城线，从此往北便是大漠孤烟。非常有意思的是，这三条线全部横贯山西省。晋北、晋南、晋中自然而然地形成截然不同的风格、水土风情，并且在不同的年代为山西留下了丰富的遗存。

山西是中华文明的发祥地之一，历史悠久、文化厚重，物华天宝、名人辈出，用一句话来形容就是"随便抓一把泥土，都可以攒出文明的汁液来"，具有"尧舜禹建都之地""地上文物的博物馆""中国面食之乡""中国醋酒之乡""中国煤铁之乡""民歌的海洋"等美誉。

山西有座山，叫太行山。这里也是黄土高原与华北平原的分界线。西边，黄河从内蒙古高原奔流而下，一泻千里。北端，则是布满雄关要塞的长城。独特的地理位置、独特的地形地貌，让太行风景更加迷人。

山西有条河，叫黄河。晋陕因之自然分界，"三十年河东，三十年河西"说的就是这里。黄河自老牛湾入晋，形成了长城与黄河握手的绝无仅有之奇观。咆哮的黄河在大山里奔腾着，雄伟壮观的壶口瀑布大大彰显了中华民族坚韧不拔的性格、气吞山河的灵魂。

山西有个湖，它不是一般意义上的湖，而是"盐湖"。几千年前，炎黄、蚩尤的大战就发生在这里；海内外称雄商界 500 年的晋商，也是由盐而起。如今，这里以一业为主，多种经营为辅，运城盐湖的经济发展让世人瞩目。

山西有堵墙，叫长城。这里曾经是两种文明的交汇处，华夏民族与少数民族交融的最前沿。山西不仅有明长城，还有赵长城、宋长城等历史遗迹，明月如钩，弯刀刺眼，旌旗飘扬，长城穆然。

山西有棵树，叫大槐树。中国历史上的五次大移民皆肇始于这里。如今，遍布全球千百万华夏儿女，每年都要赶赴这里寻根祭祖。另外，中华民族百家姓中有 48 家起源于这里，如今洪洞大槐树已成为山西省第八家 5A 级景区，"问我祖先在何处，山西洪洞大槐树"。

山西有个人，叫作尧。5000 年历史怎么看？如果没有山西省襄汾县古陶寺遗址、没有尧都，这一切都是远古传说。因为有了尧，因为有了塔儿山的阳光，才有了历法，才有了农历节气，从此才有了中原农耕文明。

看历史悠久的山西，关键是人文气息浓厚。山西是地上文物的宝库，全国72%的地上建筑物遍布山西省各地。全国仅有的四座唐代木结构建筑都在山西，让世界惊奇的应县木塔、北岳恒山悬空寺也在山西。尤其是使人感到惊叹的北方民居宝库，无数个古村落、无数个民宅大院，有石头砌下的，有砖木建造的；有修下的黄土窑洞，有挖下去的地窨院，还有挂在山壁的悬空村悄然隐藏在民间。

到山西，可以看山西独特的民俗风情，体验古老文化的物质文化遗产及非物质文化遗产——手工制作各类工艺品，品尝山西省各地的特色美食，学唱独具韵味的山西民歌，把玩各种稀奇古怪的玩偶。大家在历史课本上学过的神话故事、成语故事，很多都可以在山西找到它们的出处。

山西俗称"中华文明的摇篮"，在这块古老的土地上曾经留下了从人类洪荒时代到文明时代、工业时代、信息时代的种种印记。同时，山川壮美、北国风光无限，旅游资源可谓丰厚。可以说，除了沙漠和海洋外，其他资源皆有。

山西有文物、有文化、有智慧、有自然、有山水，更有太行精神、右玉精神，有着红色的基因，这些都是山西的独特优势。处在转型文旅的大好时机中，将山西打造成富有特色和魅力的文化旅游强省，人们一直在行动。

（资料来源：http://www.ctnews.com.cn/art/2018/11/8/art_294_28170.html）

二、主要旅游城市介绍

（一）河北主要旅游城市

1. 石家庄

石家庄，简称"石"，旧称"石门"，地处河北省中南部，环渤海湾经济区，京津冀地区重要的中心城市之一。石家庄市旅游资源丰富，名胜古迹众多，有文化名城、故国遗址、古寺名桥、革命圣地等珍贵历史遗存，也有丰富多彩的社会旅游资源，包括商贸会展、民俗民艺、都市风情等旅游景观。其中，革命圣地西柏坡的红色旅游资源丰富且具有感染力，形成中共中央旧址，包括陈列馆、纪念碑、石刻园、五大书记铜像等10多个旅游景点。此外，正定古城、隆兴寺、赵州桥、柏林禅寺、荣国府、驼梁山、天桂山、苍岩山、仙台山、五岳寨等也都是其知名旅游景观。

2. 保定

保定是首都的"南大门"，以"保卫大都，安定天下"而得名。保定有3000多年历史，是尧帝的出生地和受封地，是燕文化发源地。在地貌上，保定兼有平原、湖泊、湿地、丘陵、山地、亚高山草甸的地区，是中国优秀旅游城市。保定市有世界文化遗产——清西陵，国家5A级景区白洋淀、野三坡、白石山，有全国保存最完好的清代衙署直隶总督署，以及历史上有名的上谷八景等。

3. 承德

承德地处河北省东北部，是首批国家历史文化名城，还是中国普通话标准音的采集地、

"中国摄影之乡""中国剪纸之乡"。承德也是首批中国优秀旅游城市，有"紫塞明珠"之称。承德旅游资源得天独厚，有不少的"世界之最"：世界最大的皇家园林——避暑山庄；世界最大的皇家寺庙群——外八庙；世界最大的木制佛——千手千眼观世音（普宁寺）；世界最短的河流——热河；万里长城精粹——金山岭长城；被称"世界一绝"的石柱——磬锤峰；天下第一奇松——九龙松，等等。

4. 秦皇岛

秦皇岛，又称"港城"，旧称"临榆"，位于河北省东北部，是世界著名旅游城市、全球避暑名城、全国性综合交通枢纽、中国海滨城市、中国首批沿海开放城市。作为国家历史文化名城，秦皇岛因秦始皇东巡至此派人入海求仙而得名，是中国唯一一个因皇帝帝号而得名的城市。

秦皇岛市的旅游资源类型丰富，集山、河、湖、泉、瀑、洞、沙、海、关、城、港、寺、庙、园、别墅、候鸟与珍稀动植物等于一体。秦皇求仙入海处、北戴河、山海关、翡翠岛、黄金海岸、祖山、角山等，均是其重要旅游景观。

（二）山西主要旅游城市

1. 太原

山西省会太原市，是一座"控带山河，踞天下之肩背""襟四塞之要冲，控五原之都邑"的历史古城。太原是山西省政治、经济、文化、教育、科技、信息中心，是以冶金、机械、化工、煤炭为支柱，以输出能源、原材料、矿山机械产品为主要特征的全国重要的能源重化工城市。太原历史悠久，物华天宝，人杰地灵。太原旅游资源丰富。悠久文明的历史给太原留下了众多的名胜古迹，较为著名的有晋祠、天龙山石窟、永祚寺、纯阳宫、崇善寺、窦大夫祠等。国家文物局 2019 年 10 月 16 日公布了第八批全国重点文物保护单位名录，其中，太原市有五处，分别是龙山童子寺遗址、蒙山开化寺遗址、阳曲轩辕庙、娄烦高君宇故居、山西督军府旧址。第八批全国重点文物保护单位名录公布后，太原市共有国保单位 38 处。名山、石窟、寺院、庙宇、湖泊、森林、温泉、溶洞、峡谷、河流、古建筑、古遗址、名人故居、历史文化纪念地、博物馆等旅游资源的丰富及高品质的文物的集中，在国内也是非常少有。其中晋祠圣母殿内宋塑侍女像栩栩如生，姿态各异，在海内外享有盛名。

2. 大同

大同是中国首批 24 个"国家历史文化名城"之一、"中国九大古都"之一、"国家新能源示范城市""中国优秀旅游城市""国家园林城市""中国雕塑之都""中国十佳运动休闲城市"。这里古称"云中""平城"，曾是北魏首都，辽、金陪都。境内古迹众多，著名的文物古迹有云冈石窟、华严寺、善化寺、恒山悬空寺、九龙壁等。

3. 忻州

忻州地处山西省中北部，曾是著名的晋察冀、晋绥两大革命根据地中心腹地。忻州先后拥有"摔跤之乡""中国八音之乡""中国杂粮之都""双拥模范城""中国观光旅游投资竞争力百强城市""国家历史文化名城——代县""中国最佳生态休闲旅游示范城市""国家智慧城市"等城市名片。

忻州著名的旅游景点有五台山、芦芽山、雁门关、禹王洞、西河头地道战遗址等。

4. 吕梁

吕梁市位于山西省中部西侧,因吕梁山脉由北向南纵贯全境而得名。吕梁境内自然景观、旅游资源优美,文物古迹景点甚多,革命纪念地和革命遗址闻名中外。享有"三晋第一名山"的"北武当山",以其雄伟壮观、山势陡峭、奇岩怪石、形态神妙而著称。中国八个鸟类保护区之一的"庞泉沟"自然保护区,是黄土高原上不可多得的自然风景游览胜地,有极高的观赏价值。"玄中寺"作为我国佛教净土宗的发源和日本佛教净土法门的祖庭,同样以其山石奇峭、建筑独特、幽净典雅而闻名中外。"蔡家崖"纪念地、晋绥解放烈士陵园、刘胡兰纪念馆、毛泽东、周恩来等老一辈革命家曾经工作战斗过的地方等,都有极高的学习、纪念价值,也是不可多得的革命纪念胜地。"借问酒家何处有,牧童遥指杏花村",著名的酒都杏花村也是在这里。

5. 晋中

晋中位于山西省中部,是全省的铁路、公路枢纽之一,是一座文化底蕴深厚、古老而活跃的现代化城市。晋中是晋商故里,晋商纵横商界 600 年,曾经创造过举世瞩目的经济奇迹,西方学者把山西商人视同犹太商人。此外,晋中还是中国最美休闲度假旅游城市。

晋中著名的旅游景点有平遥古城、王家大院、乔家大院、绵山、卧佛寺等。

 案例 4-1

乡村旅游激活乡村振兴新动能

2019 年 3 月,随着气温的逐渐回升,游客出游热情高涨。踏青赏花,尝农家美食,住精品民宿,品农家民俗,日益成为当下旅游的新时尚。

山西运城盐湖区兴运龙火龙果基地的火龙果采摘活动,就引起了游客们的驻足。他们或是带着孩子,或是与好友一起,拎着小篮子,穿梭在田垄间挑选采摘。此外,为了吸引游客,火龙果基地还精心准备了 DIY 花样饺子大赛,让游客了解彩色饺子的制作过程,体验乡村旅游的乐趣。

近年来,盐湖区文化和旅游局紧密围绕乡村振兴战略,以拓展乡村旅游为重点,全力打造全域旅游新态势。兴运龙火龙果基地作为盐湖区乡村旅游的亮点,近年来不断丰富乡村文化旅游产品供给,完善基础设施建设,吸引周边游客前来观光旅游,扩大了盐湖区乡村旅游的知名度,推动了盐湖区全域旅游的高质量发展。

(资料来源:http://www.ctnews.com.cn/art/2019/3/1/art_292_35647.html)

思考: 乡村旅游产品开发思路有哪些?

分析: 党的十九大首次提出实施乡村振兴战略,为新时代发展乡村旅游赋予了新的使命和机遇,提供了重要的思想指引和行动指南。坚持乡村旅游高标准规划,加强与部门规划衔接,按照"高起点、特色化、可落地"的原则,对农家客栈、餐饮、娱乐、采摘观光等所有乡村旅游项目进行统一规划设计，注重差异化风格，完善旅游要素，打造一批不同类型的旅游综合体。

三、旅游线路产品开发

（一）河北旅游产品开发总体思路

在"京畿福地·乐享河北"品牌形象的引领下，突出区域优势和特色，全力打造避暑、冰雪、休闲、红色、乡村、长城、历史7个分品牌，开发10条品牌主题线路。

（1）锦绣长城主题线路。以"望长城内外，游大好河山"为主题，开发"张家口—北京—承德—天津—唐山—秦皇岛"旅游线路，主要串联张家口大境门、滦平金山岭长城、迁西喜峰口长城、迁安白羊峪长城、秦皇岛山海关等景区。

（2）壮美太行主题线路。以"巍巍太行山，决胜在河北"为主题，开发"北京—张家口—保定—石家庄—邢台—邯郸"旅游线路，主要串联蔚县小五台山金河口、野三坡、白石山、驼梁、五岳寨、赞皇嶂石岩、邢台天河奇峡、涉县娲皇宫等景区。

（3）浪漫海滨主题线路。以"与城市相守，与天海相伴"为主题，开发"秦皇岛—唐山—天津—沧州"旅游线路，主要串联山海关、新澳海底世界、乐岛海洋公园、南戴河国际娱乐中心、唐山国际旅游岛、南大港湿地等景区。

（4）冬奥冰雪主题线路。以"踏雪寻美，放飞白色激情"为主题，开发"北京—崇礼—赤城—张北—北京"旅游线路，主要串联万龙滑雪场、密苑云顶乐园、长城岭滑雪场、多乐美地、赤城温泉等景区。

（5）草原风光主题线路。以"策马草原，风吹草低见牛羊"为主题，开发"北京—张家口—承德—北京"旅游线路，主要串联国家1号风景道、中都草原度假村、丰宁京北第一草原、御道口草原森林、承德避暑山庄等。

（6）燕赵古迹主题线路。以"临古城访圣地，穿越千年故事"为主题，开发"北京—张家口—保定—石家庄—邢台—邯郸"旅游线路，主要串联张家口大境门、易县清西陵、保定直隶总督署、正定古城、顺德府衙、广府古城等景区。

（7）红色记忆主题线路。以"革命烽火地，英雄大本营"为主题，开发"北京—白洋淀—唐县—平山县—邢台县—涉县"旅游线路，主要串联安新白洋淀、易县狼牙山、平山西柏坡纪念馆、邢台县前南峪、涉县八路军129师司令部旧址等景区。

（8）京西百渡主题线路。以"沿拒马河岸，走进山水画卷"为主题，开发"北京—涞水—易县—涞源"旅游线路，主要串联野三坡、白石山、狼牙山、易水湖、拒马河、恋乡·太行水镇、百里峡艺术小镇等景区。

（9）古韵运河主题线路。以"燕赵故地，运河雄风"为主题，开发"北京—廊坊—天津—沧州—衡水—邢台—邯郸"旅游线路，主要串联香河第一城、霸州胜芳古镇、吴桥杂技大世界、衡水湖等景区。

（10）多彩京畿主题线路。以"踏京畿善道，游京畿福地"为主题，以"西柏坡号"（邯郸—承德）和"正定号"（石家庄—张家口）环京津旅游专列为主线，主要串联起正定古城、衡水湖、吴桥杂技大世界、承德避暑山庄、张家口大境门以及天津杨柳青、北京故宫等省内外主要旅游城市的景区、景点。

拓展阅读 4-6

京畿福地·乐享河北

"京畿福地·乐享河北"是河北展示对外形象的重要名片。河北乃中华福地，元朝时为中书省，号称"腹里"。明清即为直隶，拱卫北京，是为"京畿之地"，"京畿"一词明确标明河北独特的区位特征。"福地"具有深厚的文化内涵，既彰显了河北山水形胜地位，又体现了河北拥有清朝夏都承德和避暑胜地北戴河人文福地的特质，也昭彰了西柏坡作为中国革命胜利之地的历史地位。"乐享河北"，体现了河北利用全国唯一拥有高原、山岳、湖泊、盆地、平原、海洋、沙漠等多元地貌省份的自然优势和独特的世界遗产、文物古迹等历史人文资源，坚持旅游贵在"康乐"与"享受"的理念，顺应旅游"由传统观光发展到休闲度假、康养健身"的时代趋势，大力发展全域旅游，使广大游客充分享受旅游所带来的美好与乐趣。

（资料来源：https://baike.baidu.com/item/京畿福地·乐享河北/20173264?fr=aladdin）

（二）山西旅游产品开发总体思路

1. 世界遗产线路

目前，山西境内有 3 处世界遗产，即石窟艺术宝库云冈石窟、佛教圣地五台山、古城平遥。山西的古老街巷、历史街区、传统建筑，就像一部部史书、一卷卷档案，记录着历史的岁月沧桑，见证着历史的发展足迹。

经典线路：云冈石窟—五台山—平遥古城。

组合线路：云冈石窟—善化寺—华严寺—悬空寺—应县木塔—恒山。

组合线路：五台山—徐向前故居—阎锡山故居—顿村温泉—藏山。

组合线路：晋祠—乔家大院—平遥古城—双林寺—镇国寺—绵山—王家大院。

2. 宗教古建线路

山西古建年代久远，保存完好的古建多为宗教建筑。因多有帝王推崇和百姓的虔诚布施，这些精美古建有了更为磅礴的气势和宏大的规模，也形象地代表了所处历史时期最顶尖的建筑艺术。再加上历朝历代的不断建造修葺，山西保存了从北魏至明清各个朝代、各种类型的建筑典范。其中，辽金以前的木结构建筑总计达 540 余处，占全国现存同类建筑的 70%以上；唐代木结构建筑在我国有 5 处，4 处在山西；宋、辽、金代在山西有近百处著名建筑，元代以后的建筑数量则更多。现存古代彩塑有 12712 尊，古代壁画有 24000 多平方米，在全国均位居榜首。

经典线路：华严寺—善化寺—悬空寺—应县木塔—崇善寺—五台山（佛光寺—南禅寺）。

组合线路：云冈石窟—华严寺—九龙壁—善化寺—悬空寺—恒山。

组合线路：应县木塔—净土寺—崇福寺—广武汉墓群—雁门关。

组合线路：五台山—佛光寺—南禅寺—禹王洞—芦芽山—万年冰冻。

3. 晋商民俗线路

在300年前的中国，有这样的一句话："南来烟酒糖布茶，北来骆驼牛羊马，样样都离不开山西人。"晋商是一支在中国经商史上异军突起的队伍。在把握机缘和艰苦奋斗中，他们积累了庞大的金融资本，创造了"海内最富"的鼎盛局面。

经典线路：榆次老城—常家庄园—乔家大院—平遥古城—日昇昌票号—王家大院。

组合线路：晋祠—天龙山石窟—榆次老城—常家庄园—乔家大院—渠家大院。

组合线路：山西博物院—晋祠—曹家大院—平遥古城—双林寺—镇国寺—王家大院。

组合线路：中国煤炭博物馆—晋祠—平遥古城—绵山—张壁古堡—王家大院—资寿寺。

4. 山西大院线路

中国民居建筑一向有"北在山西，南在安徽"之说。皖南民居以朴实清新而闻名，山西大院则以深邃富丽著称。在山西，元、明、清时期的民居现存尚有近1300处，其中最为人知的当数集中在晋中一带的晋商豪宅大院。这些大院不仅将民间建筑文化发挥到极致，更是晋商风雨600年的珍贵见证。

经典线路：常家庄园—乔家大院—王家大院—柳氏民居—皇城相府—李家大院。

组合线路：晋祠—常家庄园—乔家大院—曹家大院—平遥古城—王家大院。

组合线路：皇城相府—郭峪古城—柳氏民居—海会寺—九女仙湖—皇城相府生态村。

组合线路：舜帝陵—李家大院—笑话博览园—飞云楼—秋风楼—万荣西滩。

5. 吕梁风光线路

吕梁是中华民族的发祥地之一。远在旧石器时期，就有人类在这里生息、繁衍。历史给这里留下了丰厚的文化遗产，与吕梁风光相得益彰，成为今日的旅游目的地。吕梁历史上人才辈出，宋代名将狄青、唐代大诗人宋之问、唐代大将郭子仪、女皇武则天、刘胡兰等人的故乡都在吕梁。

经典线路：北武当山—卦山—玄中寺—汉画像石博物馆—酒都杏花村—庞泉沟—碛口古镇。

组合线路：庞泉沟—武则天纪念馆—刘胡兰纪念馆—华国锋陵园—天下黄河第一湾。

组合线路：汉画像石博物馆—石楼山风景区—白龙山风景区—酒都杏花村—天宁寺。

组合线路：黄河三峡母亲峰—神龙沟—南阳沟亚高山草甸—贾家庄—苍耳会。

6. 寻根觅祖线路

"问我家乡在何处，山西洪洞大槐树。"华夏文明的曙光破晓于运城，而代表文明光芒四射的旭日，则是在临汾大地上升起的。这里是中华民族的发祥地、黄河文化的源头，炎帝尝百草、精卫填海、后羿射日、大禹治水、女娲补天、愚公移山、黄帝蚩尤之战、夸父追日的故事也发源于这块古老的土地。第一个文字的创造，第一颗谷物的收获，第一部历法的实施，皆源于这块历史悠久的地域。中华民族的先祖在这里繁衍生息,从穴居到部落,从野蛮到文明,沿袭千年的生活习惯在生长于斯的人民心中根深蒂固。

经典线路:大槐树—广胜寺—尧庙—华门—壶口瀑布—舜帝陵—关帝庙—运城盐湖。

组合线路:隰县小西天—大槐树—苏三监狱—尧庙—姑射山—丁村民居。

组合线路:壶口瀑布—云丘山—万荣东岳庙—稷王庙—李家大院—笑话博览园—舜帝陵—运城盐湖。

组合线路:司马光祖墓—池神庙—关帝庙—五老峰—普救寺—开元大铁牛(蒲津渡遗址)—鹳雀楼—芮城永乐宫。

7. 太行山水线路

蜿蜒多起伏的太行山,位居河北、山西和河南三省交界处。这里的山有多高,土就有多厚。这里蕴涵着丰富的黄土文化,太行山下的沃土和黄河的水哺育了中华民族的优秀儿女,灿烂的华夏文化便是发源于此。

经典线路:太行山大峡谷—王莽岭—锡崖沟—凤凰欢乐谷—珏山—九女仙湖—蟒河—历山。

组合线路:黄崖洞—仙堂山—平顺天台庵—平顺龙门寺—太行山大峡谷。

组合线路:太行山大峡谷—玉皇庙—青莲寺—皇城相府—九女仙湖—棋子山—山里泉。

组合线路:王莽岭—锡崖沟—凤凰欢乐谷—青莲寺—珏山—蟒河—历山。

8. 黄河风情线路

中华民族的母亲河——黄河,由北向南在山西境内一泻千里、呼啸奔腾而过,呈现着最具代表的黄河自然景观,孕育了最具民族魂魄的黄河人文精神,形成了独具魅力的黄河民风民俗。

经典线路:万家寨水利枢纽—老牛湾—娘娘滩—碛口古镇—石楼黄河第一湾—壶口瀑布—风陵渡。

组合线路:老牛湾—娘娘滩—碛口古镇—北武当山—庞泉沟—万荣秋风楼—万荣飞云楼—万荣西滩。

组合线路:洪洞大槐树—苏三监狱—尧庙—华门—尧陵—壶口瀑布—风陵渡。

组合线路:开元大铁牛(蒲津渡遗址)—普救寺—鹳雀楼—风陵渡—芮城永乐宫—圣天湖。

9. 红色经典线路

近1500处革命遗址和红色纪念馆遍布山西全省,尤其在抗战时期,这里成为华北各抗日根据地的游击战争和政治斗争的领导中心与指挥中心,留下了许多弥足珍贵的革命史料和遗址。震惊中外的"百团大战""平型关大捷",惊天地、泣鬼神,彰显着中华儿女保家卫国的铮铮铁骨;叱咤风云的八路军将领朱德、彭德怀、刘伯承、邓小平生活战斗过的地方,更是令人为之动容;还有革命烈士刘胡兰、国际主义战士白求恩等,更是家喻户晓。

经典线路:平型关战役遗址—晋绥边区革命纪念馆—晋察冀军区司令部旧址—徐向前故

居一百团大战遗址一麻田八路军旧址一黄崖洞一八路军太行纪念馆。

组合线路：平型关战役遗址一右玉一杀虎口一晋察冀军区司令部旧址一徐向前故居一百团大战遗址一麻田八路军旧址。

组合线路：红军东征纪念馆一刘胡兰纪念馆一"四八"烈士纪念馆一晋绥边区革命纪念馆一山西国民师范旧址一太原解放纪念馆一高君宇故居。

组合线路：大寨一八路军太行纪念馆一八路军总部砖壁旧址一八路军总部王家峪旧址一黄崖洞一西河头地道战遗址。

（三）旅游线路产品实例

1. 产品名称

山西、河北双飞5天游

2. 行程特色

(1) 经典畅游：深度对话佛国圣地五台山静心禅修祈福，寻智纳福、康乐吉祥。佳期有约，杏福归来。漫步常家庄园，穿汉服、赏杏花、晒幸福。休闲古韵，礼赞晋商。平遥古城游古街、逛古城，宿客栈。

(2) 悦享精选：铁树银花落，晚点星辰开。观千年民间技艺打铁花，叹古老传统烟火。逛红崖古镇，赏林溪花海。一站体验花海美景与民俗风情。

(3) 晋享美食：荟萃本土风味，山西正宗面食，五台山素斋，平山古月豆腐。

(4) 舒适驿站：全程豪华酒店，平遥古城体验特色民俗客栈。

3. 行程安排

第1天：广州—忻州—五台山

广州乘机飞往忻州（飞行约3小时），抵达后前往中国四大佛教名山之首五台山（车程约2小时），晚餐后入住酒店休息。

第2天：五台山—平山

早餐后，虔诚朝拜五台山寺庙群香火最旺、许愿最灵的万佛阁，俗称"五爷庙"（游览约30分钟，拈平安佛香）；游览"祈康乐福运、叹花开献佛"的罗睺寺（游览约30分钟，点莲花心灯）；游览五台山五大禅处、传说文殊菩萨显现真容的殊像寺（游览约30分钟）；游览始建于唐代的灵峰寺（游览约30分钟，观仰天大佛）。午餐品尝五台山佛国素斋。然后，乘车赴华北最大的开放式太行民居建筑博物馆红崖谷景区（车程约2小时）。在这里，有古风古韵的明清建筑，有唤醒味觉的小吃美食。徜徉在古色古香的建筑中，映入眼帘的除了穿越般的浪漫情调外，满眼的青山碧水更是让人心旷神怡。随后，旅行社独家安排观赏惊险刺激的"打铁花"表演，绚丽壮观的"火树银花"让人如痴如醉。晚餐客人自行安排，后入住酒店休息。

景点介绍：

【五台山】是世界自然与文化双遗产，集锦绣壮丽的自然景观与博大精深的文化景观于一身，是佛界中之圣土、自然界之圣地、清凉之圣境。

【红崖谷景区】是战国时期赵国太傅周绍的故乡，位于石家庄市平山县温塘镇板山村，占地面积260亩。古镇分为三街两巷，建筑以明清时代华北、太行山一带的风格风貌为主。

【民俗"打铁花"】是流传于华北地区民间传统的烟火，其历史可追溯到春秋战国时期。当地的采矿炼铁业几乎与中华民族的冶炼史同步兴起，丰富的煤炭和铁矿资源为冶炼业的发展提供了极为便利的条件。采矿炼铁业于明清发展至鼎盛时期，至今已有千余年的历史。

第3天：平山—平遥

早餐后，游览红崖谷景区（已含景区首道门票，不含景区交通车20元/人，游览约3小时）。在该景区，观红崖书院，仰圣贤教诲，探林溪花海，瞻仰华严寺佛光参禅悟道。越过华严寺，爬环山木栈道蜿蜒而上的11千米观光木栈道，可以进入郁郁葱葱的山林之间。这里，山峦起伏、林海茫茫，奇妙的植物数不胜数。午餐后，乘车前往晋中（车程约4小时），参观常家庄园（参观约2小时），精心安排体验庄园汉服秀，穿汉服，游庄园，赏美景。后于指定地点自由活动（自由活动约1小时）。游毕乘车前往"浪漫轻奢、家国小镇"平遥古城（车程约1小时）。客人可在灯火辉煌的小镇画卷里，寻找最地道的美食小调。晚上入住古城内民俗客栈，感受古城风貌。

景点介绍：

【常家庄园】是中国现存最大的私家庄园，为清代晋商巨贾常氏家族府邸。常氏宅院的建筑规模当时称为"三晋民居建筑之首"，集清代居宅、园林、长街于一体。穿行在幽静古雅的清式园林，如同接受了一场自然与艺术的双重享受。

第4天：平遥

全天自由活动。自行畅游平遥古城（不含古城套票130元/人和电瓶车30元/人），穿梭在古城大街小巷，留住自己的漫漫时光。

景点介绍：

【平遥古城】是一座具有2700多年历史的文化名城，与同为第二批国家历史文化名城的四川阆中、云南丽江、安徽歙县并称为"保存最为完好的四大古城"，也是目前我国唯一以整座古城申报世界文化遗产获得成功的古县城。

第5天：平遥—太原—广州

早餐后，乘车前往太原（车程约2小时），参观晋农名优土特产中心（参观约1小时），午餐后于太原自由活动（自由活动约1.5小时）。游毕乘车前往太原机场（车程约30分钟），搭乘航班返回广州，结束愉快的山西之旅。

4. 费用说明

(1) 费用已含：旅行社代订飞机票等城市间交通费用、旅游观光汽车费用、住宿费、餐费、包价项目景点（区）第一道门票费、导游服务费。

(2) 费用未含：个人投保的旅游保险费、航空保险费、合同未约定由旅行社支付的费用、行程中发生的客人个人费用（包括交通工具上的非免费餐饮费、行李超重费、住宿期间的洗衣、电话、酒水饮料费、个人伤病医疗费等）、不可抗力因素所产生的额外费用等。

(3) 儿童收费：儿童超高者请在当地自行补足门票、环保车及缆车等景区内交通费用，不提供住宿床位。

(4) 门票优惠：此行程为旅游包价产品，客人若持学生证、军官证等有效证件能获得景区减免或优惠，旅行社将根据减免或优惠后门票价格与旅行社采购价的差价，在团费中退减。

5. 行程标准

(1) 本团 10 人成团，不派全陪导游。

(2) 住宿：全程入住豪华酒店/客栈，每成人每晚 1 个床位，入住双人标间。酒店住宿若出现单男/单女，客人须与其他同性客人同住，若不能服从旅行社安排或旅行社无法安排的，客人须补房差，入住双人标间。

(3) 用餐：含 4 正餐和 4 早餐（酒店房费含早餐），正餐标准为 25 元/人（儿童餐费减半，特色餐为赠送项目，如客人因个人原因放弃用餐，无费用退）；正餐八菜一汤不含酒水（10～12 人/桌，人数未达到一桌的，将对菜式或数量作出相应调整或减少）；餐饮风味、用餐条件各地有一定的差异，请大家有所心理准备。

(4) 用车：全程地接用车将根据团队人数安排 9～55 座旅游空调车，保证每人 1 个正座，全车预留 2 个或以上空位。

（资料来源：广之旅官网，http://www.gzl.com.cn/domestic/4028802267c6d13e0167d7b299be6c75.html）

第四节　内蒙古旅游产品开发

一、区域旅游资源概况

内蒙古自治区位于中国北部边疆，由东北向西南斜伸，呈狭长形，东西直线距离约 2400 千米，南北最大跨度 1700 多千米，横跨东北、华北、西北三大区。内蒙古的土地总面积约为 118.3 万平方千米，约占全国总面积的 12.3%，在全国各省、市、自治区中名列第三位。其东、南、西部与 8 省区毗邻，北部与蒙古国、俄罗斯接壤，边境线长 4200 多千米。

（一）自然旅游资源

内蒙古自治区全区基本属高原型地貌区，全区涵盖高原、山地、丘陵、平原、沙漠、河流、湖泊等地貌，气候以温带大陆性气候为主，地跨黄河、额尔古纳河、嫩江、西辽河四大水系。辽阔的草原、茫茫的森林、神秘的沙漠、浩瀚的湖泊、梦幻的冰雪、多姿多彩的湿地、神奇的温泉等，都是内蒙古的自然旅游资源。

内蒙古自治区境内有我国最大的草场和天然牧场。最著名的要数呼伦贝尔大草原，是世界上天然草原保留面积最大的地方，是我国最大的无污染源动物食品基地，还是中国保存最完好的草原，有"牧草王国"之称。锡林郭勒草原被联合国教科文组织接纳为"国际生物圈保护区"网络成员，是我国第一家草原类自然保护区。

内蒙古自治区是我国沙漠分布最广的区域之一。内蒙古的主要沙漠（沙地）有浑善达克沙地、巴丹吉林沙漠、库布齐沙漠、乌兰布和沙漠、毛乌素沙漠、科尔沁沙地等。巴丹吉林沙漠位于阿拉善右旗北部，面积约为4.92万平方千米，是中国第三大沙漠，其西北部还有1万多平方千米的地域至今尚无人类的足迹。浑善达克沙地是我国十大沙漠沙地之一，距北京直线距离约为180千米，是离北京最近的沙源。

内蒙古草原上的湖泊有碧野明珠呼伦湖、珍禽乐园达里诺尔、草原母亲额吉淖尔、漂移迷你的查干淖尔、土默川明镜哈素海、深山翡翠达尔滨湖、神奇秀美的天池、黄河女儿乌梁素海、玲珑剔透的吉兰泰、神泉碧水的岱海等。大小湖泊近千余个，可分为咸水湖、微咸湖和淡水湖。草原湖泊有看不够的美景。几乎每一个湖泊都镶嵌在山地、森林、草原或沙漠之间，这使湖泊所在地区形成了一种奇异的生态环境。

在内蒙古东北部长达半年的漫长冬季里，孕育着千姿百态的冰雪美景。辽阔的大草原，连绵起伏的大兴安岭，纵横交错的河流、湖泊，以及浩瀚无边的原始森林，都被白雪所覆盖。自治区内的湿地分布有河流湿地、湖泊湿地、沼泽和沼泽化草甸湿地与库塘湿地，其类型极具复杂多样性。在火山地质公园内的中国温泉博物馆，有中国独有、世界最大的矿泉群——48眼天然矿泉；敖汉温泉、克什克腾温泉和宁城温泉被称为"赤峰三大热水温泉"；乌兰察布凉城的岱海温泉（马刨泉），属氟性碳酸氢钠型矿温泉，对治疗风湿性腰腿疼有良好疗效，人称"塞外神泉"。

（二）人文旅游资源

大窑文化、"河套人"文化、红山文化、夏家店文化、扎赉诺尔文化举世闻名，旧石器时期的石器制造场、我国最早的石筑围墙、阴山岩画等先人们活动的遗迹数不胜数。在漫漫的历史长河中，匈奴、东胡、鲜卑、敕勒、突厥、党项、契丹、蒙古、汉等民族先后繁衍生息于内蒙古这片土地上，创造了丰富多彩、千古隽永的灿烂文化。特别是1206年，成吉思汗建立蒙古汗国，使蒙古民族登上了历史舞台。他们撼山河、泣鬼神的历史活动，为我国版图的形成奠定了基础，为我国灿烂辉煌的历史文化添加了浓墨重彩的一笔。王昭君的事迹在草原上继续传颂，成吉思汗的伟业在这里记忆犹新，康熙皇帝御驾亲征的刀光剑影仿佛还在闪烁，嘎达梅林起义的声声呐喊似乎隐约于耳。

内蒙古自治区是我国第一个实行民族区域自治的多民族地区，有蒙古、汉、达斡尔、鄂伦春、鄂温克、满、回、朝鲜、锡伯等民族在这里居住。不同民族形成了不同的民俗民风，有闻名遐迩的蒙古族歌舞，古朴淳厚的"三少民族"风情；有激动人心的鄂尔多斯婚礼，令人难忘的呼伦贝尔民俗；有跋涉在草原上的勒勒车队，穿越于林海的驯鹿群；有醇香的美酒，纯洁的鲜奶；有唱不完的歌曲，听不完的故事。

历史古迹和少数民族民俗是内蒙古重要的人文旅游资源。区内名胜古迹包括呼和浩特市的五塔寺、大召、昭君墓、席力图召、乌素图召、白塔，包头市的五当召、美岱召，伊金霍洛旗的成吉思汗陵园，阿拉善左旗的延福寺，赤峰市的辽上京、辽中京、大明塔，鄂伦春自治旗的嘎仙洞等。民俗风情主要包括蒙古族歌舞，蒙古族"男儿三艺"——赛马、摔跤、射箭,那达慕等。

二、主要旅游城市介绍

(一) 呼和浩特

呼和浩特是内蒙古自治区首府,国家历史文化名城之一,我国北方沿边地区重要的中心城市。作为中国优秀旅游城市的呼和浩特市,它拥有为数众多的博物馆与文化史迹,是北上草原、西行大漠、南观黄河、东眺京津的重要旅游集散中心之一。在呼和浩特,有战国赵、秦汉、明朝的古长城;有北魏盛乐古城遗址;有见证胡汉和亲、被誉为"民族团结象征金字塔"的昭君博物院;有黄教寺庙大召,有清朝管辖漠南、漠北等地的将军衙署;有现存中国和世界唯一的蒙古文标注的、天文石刻图的金钢座舍利宝塔;有辽代万部华严经塔(白塔);有清康熙帝六女儿和硕恪靖公主府;有号称"召城瑰宝"的席力图召。此外,境内还有哈达门高原牧场、神泉生态旅游风景区、"塞外西湖"哈素海。

(二) 呼伦贝尔

呼伦贝尔市位于内蒙古自治区东北部,以境内呼伦湖和贝尔湖得名。呼伦贝尔是中国北方一块绿色的净土,是国内的草原旅游胜地。呼伦贝尔历史悠久,是我国北方游猎、游牧民族的发祥地之一。在这片肥沃的土地,曾经生活过鲜卑、契丹、女真等许多部族,逐渐兴起了繁荣的草原文化。呼伦贝尔大草原、大森林、大水域、大冰雪、大口岸、大民俗,共同组成呼伦贝尔的旅游特色。

此外,由呼伦贝尔市代管的满洲里是一座拥有百年历史的口岸城市。这里融合了中、俄、蒙三国风情,被誉为"东亚之窗",有满洲里国门、41号界碑、呼伦湖、套娃广场等知名景观。

(三) 鄂尔多斯

鄂尔多斯市位于内蒙古自治区西南部,地处鄂尔多斯高原腹地。"鄂尔多斯"是蒙古语,汉意为"众多宫殿"。鄂尔多斯市也是中国民族风情旅游城市、中国生态旅游城市和中国北方少数民族特色鲜明的新兴旅游目的地。

鄂尔多斯市旅游资源丰富,具有鲜明的地区民族特色。人文旅游资源主要有"河套人"文化遗址、鄂尔多斯青铜器、古长城、秦直道、隋朝时期的十二连城遗址、一代天骄成吉思汗陵、草原敦煌阿尔寨石窟、藏传佛教寺庙准格尔召等。全市现有12处全国重点文物保护单位。以成吉思汗陵为核心的鄂尔多斯蒙古族祭祀文化充满了神秘色彩。800年来,守护成陵的达尔扈特人世袭更替,供奉着成吉思汗的陵寝,酥油灯长明不熄。同时,鄂尔多斯地区作为元朝的皇室封地,使鄂尔多斯的歌舞文化、服饰文化、饮食文化具有元朝宫廷文化的独特色彩,构成了鄂尔多斯浓郁而独特的民族文化和浩瀚的民俗风情。鄂尔多斯的自然旅游资源有库布齐沙漠、毛乌素沙漠、神奇的响沙湾、沙漠绿洲、沙湖、草原、温泉、阿拉善湾遗鸥保护区、晋蒙黄河大峡谷等。鄂尔多斯的现代工业旅游资源有神东煤海、准格尔露天煤矿、万家寨水电站、鄂尔多斯绒纺城、苏里格天然气田、达拉特电厂、蒙西高科技工业园区等。

拓展阅读 4-7

包头：加强工业文化挖掘，推动工业游发展

2019年2月14日，包头市文化旅游广电局领导与包钢集团副总经理一行，在包头市文化旅游广电局就工业文化挖掘、推动工业游发展、更好地促进企地融合等问题进行座谈。座谈中，双方对包钢在几十年的建设、发展、改革中形成的独特人文精神、文化、工业遗存等工业文化旅游资源进行了深入交流。

包钢集团副总介绍，在包钢产业转型升级的背景下，成立了包钢铁花文化传媒有限公司。经过两年多的发展，总资产做大到1.3亿元，2018年创造利润300多万元，这表明工业文化旅游市场潜力很大。包钢集团领导对做大、做强、做优、做精工业文化旅游市场非常重视，对盘活现有资产、深入挖掘包钢工业文化旅游资源、推动企地融合发展非常有信心，但在市场项目开发上有盲点，缺乏持续发展的盈利点，希望与市文化旅游广电局做好对接交流合作，强强联合，挖掘培育出独具特色、市场认同，能够长期发展的工业文化旅游项目。

包头市文化旅游广电局领导在座谈中表示，要挖掘宣传中国特色社会主义核心价值观，挖掘独具地方特色的工业文化、工业旅游蕴藉资源。包钢、一机、二机和包铝是新中国成立后，国家在极其困难条件下建设的重点工业项目。这些项目的建成，为国家和地方经济、社会、军事、科技的发展作出了不可替代的贡献。如今，一家三代、两代人在同一厂矿工作的现象很多，他们传承的爱岗敬业、刻苦钻研、精益求精的工匠精神，与企业腾飞、经济发展息息相关，挖掘出并记忆好他们的故事，将会对包钢及包头市的文化产品创作、旅游资源的丰富，创造极佳的基础条件。希望包钢能够以敢为人先的精神，提早谋划、提早布局，为包头市工业文化和工业旅游发展、推动企地融合，起到引领示范作用。

（资料来源：http://www.ctnews.com.cn/art/2019/2/19/art_287_34965.html）

三、旅游线路产品开发

（一）旅游产品开发总体思路

内蒙古旅游产品开发主要遵循以下思路。

（1）推进特色旅游产品开发，实施"草原+"战略。以草原为体，以草原文化为魂，以草原旅游为品牌，通过"草原+森林、沙漠、湖泊、温泉、地质奇观、边境口岸"等北疆特色旅游资源，提升旅游产品内涵，丰富旅游产品；通过"草原+城镇、乡村及节庆表演"等，展示草原文化，推进旅游产品组合。努力形成以"互联网+"为翅膀，以"旅游+"为消费动力，创新消费方式，提升文化旅游产品核心竞争力，打造内蒙古草原文化品牌，构建大众、中端、高端多层次旅游产品体系。

（2）打造稀缺旅游产品，实施高端旅游发展战略。充分利用内蒙古独特的自然、文化旅游资源和车少、景多、空气好的特殊优势，打造富氧离子养生、温泉养生、马奶养生、观黄河流凌、赏雪上杜鹃、沙漠探险、航天之旅、自然冰雪、民俗风情、冷极体验、私人农场(牧场)、汽车越野、低空飞行等旅游产品，与专业机构充分对接，精准推介营销，发展特定人群高端旅游。

（3）以文化资源和自然资源为依托，以消费市场细分为目标，构建跨国、跨区域、跨盟市的三级旅游线路体系，打造三种类型、100条精品旅游线路。

① 跨国旅游线路。重点围绕"万里茶道"、寻找成吉思汗之旅、跨国红色之旅、"三湖"之旅、丝绸之路、国际商贸之旅、养生医疗之旅以及亚欧大陆铁路专列游等打造。

② 跨区域旅游线路。重点围绕寻找祖国最北方、走西口、草原有约、游牧文化、黄河农耕文化之旅、长城之旅、森林之旅、蒙古风情游、闯关东以及沙漠之旅等打造。

③ 跨盟市旅游线路。分为自然主题、文化主题和专项主题旅游线路。其中，自然主题旅游线路依托林草沙水冰雪以及阴山、黄河等自然景观，打造北疆天路、冰雪天路、黄河"几"字湾大漠风情线、内蒙古大草原、大兴安岭全生态旅游等线路。文化主题旅游线路重点围绕游牧文化，打造草原马道、蒙古源流黄金线、匈奴探秘、鲜卑溯源、三都深度游等旅游线路。专项主题旅游线路重点围绕自驾、低空飞行、婚纱摄影、研学、沙漠探险、农牧业观光、康体养生、冬奥冰雪体验等特色主题打造。

 拓展阅读 4-8

发展势头良好：内蒙古2018年实现旅游业总收入4011亿元

2019年，内蒙古自治区文化和旅游工作会议发布数据显示，2018年一年来，本区旅游业发展势头良好，全区接待旅游者13044万人次，实现旅游业总收入4011.37亿元，同比增长12.01%、16.61%。其中，入境游客达188.08万人次、实现创汇12.72亿美元，同比增长1.72%、2.13%，对国民经济贡献持续加大。

2018年以来，内蒙古积极推动全域旅游示范区创建工作，旅游新业态不断涌现，研学、体育、红色、康养等旅游业态成为新亮点。品牌景区也不断涌现，克什克腾石阵景区成功晋升国家5A级旅游景区，全区5A级旅游景区达到5个。此外，还大力推动额济纳胡杨林景区、额尔古纳湿地景区、呼伦贝尔大草原旅游区、元上都遗址旅游区、昭君博物院、黄河大峡谷老牛湾旅游区、鄂尔多斯七星湖旅游区着力创建5A级旅游景区。乌兰夫纪念馆等13家旅游景区已获批国家4A级旅游景区。

另外，内蒙古积极推动以草原旅游为主的夏季旅游提档升级，重点支持格根塔拉草原旅游中心、呼伦贝尔草原旅游区、乌拉盖草原旅游区建设。同时，深度开发冬季旅游产品，培育冰雪旅游品牌，成功举办了内蒙古冰雪那达慕、阿尔山冰雪旅游节、中俄蒙冰雪旅游节等一批特色冰雪旅游活动。以"赏花寻味"为主题，创新开展花季旅游活动，深度嵌入"内蒙古味道"美食嘉年华、蒙古族服装服饰艺术，这是2018年旅游新亮点。

（资料来源：http://nmg.sina.com.cn/news/s/2019-01-25/detail-ihqfskcp0267246.shtml）

（二）旅游线路产品实例

1. 产品名称

呼和浩特、鄂尔多斯双飞 5 天游

2. 行程特色

（1）策马追风趣：特别安排骑马/马车畅游草原，远离喧嚣，驰骋天高云淡的内蒙古大草原，享受悠闲假期。

（2）满蒙风云录：寻踪成吉思汗陵，探访一代天骄争霸亚欧的风采；资深讲解员带您探秘公主府，听听恪靖公主与康熙帝不得不说的趣闻逸事。

（3）沙漠奇遇趴：游沙漠迪士尼——响沙湾，含沙漠娱乐套票；赏大漠雄浑，自由骑骆驼，滑沙听沙鸣，感受大自然的神奇。

（4）佛光修心记：访呼和浩特建立最早、地位最高的喇嘛教寺庙——大昭寺，品佛谒智慧，祈福请愿。

3. 行程安排

第 1 天：广州—呼和浩特—将军衙署—公主府

从广州乘坐航班飞往内蒙古首府城市呼和浩特（飞行约 3 小时）。抵达后，导游着民族服装至机场接团，游览将军衙署（游览约 1 小时）。4 至 5 月的将军府满园春色，丁香盛开，花朵美丽雅致，花香馥郁独特。午餐品尝绿色食品莜面，接着前往公主府（游览约 1 小时）。游客将穿着特别准备的蒙古袍，听讲解员娓娓道来公主府的历史。随后，入住酒店休息。

第 2 天：呼和浩特—希拉穆仁草原

早餐后，乘车赴希拉穆仁草原（车程约 2 小时，自由活动约 3 小时）。抵达草原后，热情好客的蒙古族人民必以下马酒相迎，美丽的姑娘端着斟满醇酒的银碗，唱着悠扬的牧歌为您洗去一路风尘（景区根据当天情况安排下马酒或者席间敬酒）。品尝蒙古族特色风味"鲜羊手扒肉"。餐后，体验草原骑马/马车（3 个景点，游览约 2 小时，此为赠送项目，不参加者也不退费）。晚餐后，入住酒店休息。

第 3 天：呼和浩特—响沙湾旅游区—仙沙岛—鄂尔多斯

早餐后，前往鄂尔多斯达拉特旗（车程约 3 小时）。午餐后前往"中国三大响沙之一"的响沙湾旅游区（车程约 1 小时，乘坐索道进入景区，自由活动约 2 小时）。这里融汇了雄浑的大漠文化和丰富多彩的活动项目，参加沙漠单岛娱乐套票(包含仙沙岛套票，租用沙袜)。沙漠活动结束后，乘车前往鄂尔多斯市东胜区（车程约 1 小时）。晚餐后，入住酒店休息。

第 4 天：鄂尔多斯—成吉思汗陵—哈素海湿地自然保护区—呼和浩特

早餐后，前往国家 5A 级景区成吉思汗陵（车程约 1 小时，游览约 1 小时），了解一代天骄纵马驰骋、征战亚欧大陆的戎马一生。接着，前往参观哈素海（车程约 3 小时，参观约 1 小时，含景区交通车），探秘寻找黄河文明和现代文明的完美融"河"，感受阴山山脉的影像与哈素海水域的结合美景。随后，前往呼和浩特市（车程约 1.5 小时），入住酒店休息。

第5天：大昭寺—明清一条街—广州

早餐后，前往参观有400多年历史的喇嘛教皇家帝庙大昭寺（游览约1小时），叩拜佛门，祈福清心，特别赠送开光佛珠。随后，游览明清一条街（游览约45分钟）。接着，乘车赴呼和浩特白塔机场（车程约1小时），搭乘航班飞返广州（飞行约3小时），结束愉快的旅程。

景点介绍：

【大昭寺】有著名的艺术三绝银佛、龙雕、壁画。这里供奉着一座全国最大的释迦牟尼银佛像，曾作为康熙皇帝的"家庙"，是呼和浩特地区建立最早、地位最高、影响最大的召庙。每月逢初一、十五，香客不断。寺内高僧众多，众多信徒潜心修佛，是蒙古贵族祈福的场所。

【明清一条街】保留完好的明清一条街，青砖灰瓦，飞檐斗拱。近年来，这里一直为影视导演所青睐，经常作为古装片拍摄的外景地。

4. 费用说明

（1）费用已含：旅行社代订飞机票等城市间交通费用、旅游观光汽车费用、住宿费、餐费、包价项目景点（区）的第一道门票费、导游服务费（导游服务费含全陪/地陪，标准为12周岁及以上人士50元/人，儿童25元/人，婴儿免收）。

（2）门票优惠：此行程为旅行社综合包价产品，若持学生证、军官证等有效证件享受门票优惠，旅行社将按照采购价在团费中退减相应门票差价。

5. 行程标准

（1）本团10人成团，16人派全陪导游。

（2）住宿：呼和浩特入住香格里拉或喜来登酒店，鄂尔多斯入住超豪华酒店，入住双人标间，每成人每晚1个床位。酒店住宿若出现单男/单女，客人须与其他同性客人同住；若不能服从旅行社安排或旅行社无法安排的，客人须当地补房差，入住双人标间。

（3）用餐：含7正餐和4早餐（酒店房费含早餐），正餐标准为50元/人（儿童餐费减半）；正餐八菜一汤不含酒水（10～12人/桌，人数未达到一桌的，将对菜式或数量作出相应的调整或减少）；享用特色餐时特别安排品尝手抓羊肉、蒙古火锅、莜面、伊盟农家菜；餐饮风味、用餐条件各地有一定的差异，请大家有所心理准备。

（4）用车：全程地接用车将根据团队人数安排9～55座旅游空调车，保证每人1个正座，全车预留5个或以上空位。

（资料来源：广之旅官网，http://www.gzl.com.cn/domestic/ff8080814d052154014d26f536ca2d17.html）

本 章 小 结

本章介绍了东北、华北地区的自然旅游资源和人文旅游资源状况，列举了东北、华北地区的主要旅游景观或旅游城市，东北、华北旅游线路设计是本章学习中应重点掌握的内容。

习　题

一、单项选择题

1. 有"天然空调"和"天然氧吧"之称的是（　　）。
   A. 辽宁　　　　B. 吉林　　　　C. 凉山　　　　D. 黑龙江
2. 素有"一朝发祥地，两代帝王都"之称的是（　　）。
   A. 长春　　　　B. 沈阳　　　　C. 哈尔滨　　　D. 漠河
3. 中国优秀旅游城市，有"紫塞明珠"之称的是（　　）。
   A. 承德　　　　B. 石家庄　　　C. 保定　　　　D. 秦皇岛
4. "京畿福地"指的是（　　）。
   A. 天津　　　　B. 河南　　　　C. 河北　　　　D. 山西
5. 被誉为"东亚之窗"，有满洲里国门、41号界碑、套娃广场等知名景观的是（　　）。
   A. 乌鲁木齐　　B. 呼伦贝尔　　C. 呼和浩特　　D. 鄂尔多斯

二、多项选择题

1. 属于长春的美誉有（　　）。
   A. "东方底特律"　　　　　　　　B. "东方好莱坞"
   C. "中国优秀旅游城市"　　　　　D. "世界冰城"
2. 天津的旅游景观包括（　　）。
   A. 颐和园　　　B. 五大道　　　C. 静园　　　　D. 黄崖关长城
3. 山西的旅游景观包括（　　）。
   A. 悬空寺　　　B. 乔家大院　　C. 五台山　　　D. 云冈石窟
4. 以下城市属于东北的有（　　）。
   A. 齐齐哈尔　　B. 大连　　　　C. 忻州　　　　D. 牡丹江
5. 北京的世界文化遗产有（　　）。
   A. 故宫　　　　B. 北海公园　　C. 平遥古城　　D. 颐和园

三、简答题

1. 北京旅游资源特色有哪些？
2. 山西可以开发哪些类型旅游产品？
3. 简述内蒙古旅游产品开发总体思路。

四、实务题

谈谈东北地区该如何抓住2022年北京冬奥会的契机，开发冰雪旅游产品开发。

五、案例分析题

冰雪旅游持续升温，冰雪小镇助力2022年冬奥会

据数据显示，2016年至2017年的冰雪季，我国冰雪旅游市场规模达到1.7亿人次。预计到 2021 年至 2022 年冰雪季，我国冰雪旅游人数有望达到 3.4 亿人次的规模，市场潜力巨大。其中，2022 年的冬季奥运会临近，将进一步升高冰雪旅游的热度。

特色小镇近年来得到大力发展，随着冰雪旅游的升温，冰雪小城将成为游客关注的热点。

特色小镇"非镇非区"，不是行政区划单元上的一个镇，也不是产业园区的一个区，而是按创新、协调、绿色、开放、共享发展理念，结合自身特质，找准产业定位，科学进行规划，挖掘产业特色、人文底蕴和生态禀赋，有明确产业定位、文化内涵、旅游特色和一定社区功能，形成"产、城、人、文"四位一体有机结合的重要功能平台。

对于小镇的分类，可以根据小镇主导产业、地理位置、规模、资源、历史、文化等进行分类。

（资料来源：https://baijiahao.baidu.com/s?id=1619725623620002618&wfr=spider&for=pc）

问题：分析北京、河北哪些区域适合发展冰雪小镇，开发冰雪旅游。

第五章

港澳台地区旅游产品开发

第五章 港澳台地区旅游产品开发

【学习目标】

通过本章的学习，熟悉香港特别行政区、澳门特别行政区、台湾省的旅游资源特色；熟悉其主要旅游景观或旅游城市；掌握港澳台地区旅游产品开发技能。

【关键词】

旅游产品 香港 澳门 台湾 旅游线路

 引导案例

> **港澳媒体：港珠澳大桥成新晋景点**
>
> 港澳台媒体评价说，作为横跨粤港澳的"世纪工程"，港珠澳大桥不仅让三地进入"一小时生活圈"，加速粤港澳大湾区经济发展，还将助力形成旅游新形态，制造观光新景点。
>
> 据香港《文汇报》报道，为了让游客一览港珠澳大桥，广东多家旅游机构推出乘船游览港珠澳大桥的参观线路，价格从100多元人民币至近600元人民币不等。相关线路一经推出即反响火爆，报名参观者络绎不绝。据旅游机构介绍，参观大桥的具体行程是从珠海湾仔码头出海，途经澳门三座跨海大桥后，再近距离观赏港珠澳大桥。有乘船参观大桥归来的游客表示，港珠澳大桥十分壮观，大桥正式通车后要开车上桥体验。
>
> 香港《文汇报》预计，在港珠澳大桥正式通车后，将有更多与大桥相关的参观线路陆续推出。报道说，港珠澳大桥的建成对粤港澳三地旅游业发展的助力作用已初步显现。
>
> 香港商报网评价说，如同香港青马大桥，港珠澳大桥本身也将成为重要观光景点。
>
> 澳门澳亚网报道说，澳门旅游业界期望港珠澳大桥开通后，为澳门旅游带来新契机。
>
> （资料来源：http://www.xinhuanet.com/gangao/2018-01/04/c_129783204.htm）
>
> **思考**：港珠澳大桥对于香港、澳门旅游业带来的契机有哪些？
>
> **分析**：港珠澳大桥世纪工程将为港澳旅游发展注入新的活力。这条世界上最长的跨海大桥使穿梭港珠澳三地的交通时间大大缩短，构成"一小时生活圈"，大大促进了三地交流及大湾区旅游业发展。

第一节 香港旅游产品开发

一、区域旅游资源概况

香港（Hong Kong），简称"港"（HK），全称为中华人民共和国香港特别行政区。地处中国华南地区，珠江口以东，南海沿岸，北接广东省深圳市，与澳门特别行政区、珠海市以及中山市隔着珠江口相望。

香港是一座高度繁荣的国际大都市，区域范围包括香港岛、九龙半岛、新界和周围262个岛屿，管辖陆地总面积约为1106.34平方千米，海域面积约为1648.69平方千米。截至2019年年中，总人口约752.4万人，是世界上人口密度最高的地区之一。

（一）自然旅游资源

香港拥有丰富的自然环境，山海林木之美、罕见的地质面貌和生态多元的远足径，都可以在香港找到。这里的动植物品种之多，也往往令自然爱好者赞叹。香港有 23 个郊野公园和 4 个海岸公园，让市民和游客欣赏香港的大自然的魅力景色。

香港东部的西贡，风光如画，香港联合国教科文组织世界地质公园的"西贡火山岩"园区便位于此。驻足万宜水库东坝的地质步道，既可远眺辽阔的海岸景色以及香港独特的地质景观，也可近距离欣赏世界级的六方形石柱。而东坝旁边的破边洲是香港著名的海蚀地貌。

（二）人文旅游资源

香港与纽约、伦敦并称为"纽伦港"，是全球第三大金融中心，是重要的国际金融、贸易、航运中心和国际创新科技中心，也是全球自由经济体和最具竞争力城市之一，在世界享有极高声誉，被 GaWC（全球化与世界级城市研究小组与网络）评为"世界一线城市"中的第三位。

香港是中西方文化交融之地，有"东方之珠""美食天堂"和"购物天堂"等美誉。

香港文化和历史遗迹遍布每个角落，有传统的祖先宗祠、新界氏族围村，以及坐落闹市的庙宇。想感受一下香港建筑物中西文化荟萃之特色，也可以参加由香港旅游发展局主办的"古今建筑漫游"。在香港可参观的寺、庙、教堂有香港岛上的文武庙、铜锣湾天后庙、圣约翰大教堂；九龙的黄大仙祠墓、侯王庙、慈云山观音庙、九龙清真寺；沙田的万佛寺、车公庙、蓬瀛仙馆、道风山基督教堂；荃湾的竹林禅院、东普陀、荃湾天后庙；龙门的青山寺、青松观、妙法寺；元朗的灵渡寺、云浮仙观；西贡的佛堂天后庙、蚝涌车公庙以及大屿山宝莲寺、长洲北帝庙、坪州天后庙等。

拓展阅读 5-1

香港会展业在亚洲不可替代

香港有着"亚洲会展之都"的美誉。目前，香港可提供的总展览面积已超过 15 万平方米，每年举办的各类大型展会超过 100 个，吸引近 200 万名来自世界各地的相关人士参展参会，其地位在亚洲地区不可替代。

每年，香港会展中心飞鸟形状的地标建筑里，不断举行着各种会议展览。从欧美和其他地区远道而来的客商，在会展中心寻找着合适的加工产品和配件。虽然香港会展中心几经扩建，但仍然一再出现会议和展览久久排队却仍然等不到机会的现象。

香港贸发局官网发布的数据显示，香港有超过 50 个大小不同的会展场地，其中包括位于主要商业区的香港会议展览中心、毗邻香港国际机场的亚洲国际博览馆，以及位于九龙湾的国际展贸中心。

每年，香港贸发局在香港主办 30 多项大型展览会，其中 11 项是相关行业在亚洲最大的采购平台，而电子、珠宝、礼品、钟表及灯饰 5 项展览会，其规模更是全球最大的。香港现时可提供的总展览面积已超过 15 万平方米。2016 年，香港共举办了逾 100 项展览，吸引超过 180 万名海外旅客来港参加。

香港展览会议业协会提供的数字显示，自 2012 年以来，展览业每年为香港带来逾 400 亿港元的收入。2016 年，香港荣获 World Travel Awards（世界旅游大奖），被评选为"亚洲领先会议目的地"。

（资料来源：http://www.fx361.com/page/2017/1115/2707384.shtml）

二、主要旅游景观介绍

（一）太平山顶

太平山顶是香港首屈一指的旅游名胜，其山顶的凌霄阁由著名英国建筑师特果·法雷尔设计，外形呈十分独特的碗形，是集观光、娱乐、购物于一身的香港必游地点。其外貌广被全球数以百万计的明信片及照片取用，海拔 428 米的无敌观景台是饱览全港景观最优越的地理位置。

（二）维多利亚港（尖沙咀海滨花园）

繁华的维多利亚港是香港都会的缩影。要想感受它，最好的方法就是到尖沙咀海滨花园去。海滨花园毗邻维多利亚港，有一条沿海而建、约两千米长的观景步道。一路走来，景观开阔，沿途让人看到这个香港中心点的千姿百态：维港两岸的摩登建筑群、维港上川流不息的船舶，晚上还有壮丽的灯光音乐汇演"幻彩咏香江"，在一些特别节庆时更有盛大的烟花汇演。

（三）香港迪士尼乐园

香港迪士尼乐园位于香港新界大屿山，占地 126 公顷，在 2005 年 9 月 12 日正式开幕，由香港政府及华特迪士尼公司联合经营的香港国际主题乐园有限公司建设及营运，是全球第 5 座、亚洲第 2 座、中国第 1 座迪士尼乐园。该乐园分为 7 个主题园区，分别为美国小镇大街、探险世界、幻想世界、明日世界、玩具总动员大本营、灰熊山谷及迷离庄园，其中灰熊山谷和迷离庄园为全球独有。

（四）香港海洋公园

香港海洋公园位于香港岛南区黄竹坑，占地超过 91.5 公顷，在 1977 年 1 月 10 日开幕。它是一座集海陆动物、机动游戏和大型表演于一身的世界级主题公园，也是全球最受欢迎、入场人次最高的主题公园。该公园依山而建，分为"高峰乐园"及"海滨乐园"两大主要景区，以登山缆车和海洋列车连接。

（五）天际 100 香港观景台

天际 100 香港观景台是香港最高的室内观景台，位于全港最高建筑物环球贸易广场(ICC)的 100 楼。天际 100 高度为 393 米，观景台面积约为 2787 平方米。访客可在海拔 393 米高的观景位置，以360°鸟瞰维多利亚港以至九龙半岛的景色，最远可远观至澳门。观景台也备有多媒体的设备，让访客更方便地了解香港的发展及风土人情。

（六）大屿山

大屿山地势西南高峻，东北较低，主峰凤凰山海拔935米，是全香港第二高峰。大屿山是香港最大的岛屿，面积为141.6平方千米，接近两个香港岛的面积。这里的海岸线漫长曲折，港湾与沙滩、高山与流水、自然景观与历史古迹交相辉映。

（七）赤柱

赤柱是香港南部的一个景色秀丽的小镇，位于浅水湾的东方、石澳的西方，充满异域风情。这里曾是英军军事据点，也曾是香港岛的行政中心。赤柱最大的特色是充满古色古香和中西文化融洽的风格，有阳光海滩、独特的建筑和购物饮食中心，是香港著名的旅游景点。

（八）金紫荆广场

金紫荆广场是为纪念香港回归祖国而设立的。它位于香港湾仔的香港会议展览中心新翼人工岛上，三面被维港包围，在维港的中心位置，与对岸的尖沙咀对峙，是一处观景的好地方。

（九）星光大道

以香港电影为主题的"星光大道"，让人能近距离欣赏逾百个经典巨星的掌印，并浏览巨星和幕后英雄的资讯，以及精选电影片段。另外，透过AR扩增实境技术，人们可以与李小龙、梅艳芳及卡通麦兜等铜像互动合照。明星铜像的底座以流水阶梯设计，与李小龙的"水之哲学"及梅艳芳的名曲《似水流年》互相呼应。别出心裁的设计、互动的体验，能够让人更好地了解香港电影文化。

三、旅游线路产品开发

（一）旅游产品开发总体思路

香港是一个中西合璧的城市，既保留传统的中国文化，又深受英国殖民地时代的影响。香港位处广东沿岸，地方色彩相当浓厚，同时也是积极发展高科技的现代化城市。香港是一座年轻的城市，是一座充满奇迹和神话的城市，是一座令人无比激动的城市。世界级的建筑、快节奏的生活、时尚摩登的娱乐享受，无不凸显出这座城市的惊艳魅力。

作为一个多姿多彩的旅游胜地，香港可以开发不同类型的旅游产品以满足游客的不同体验需求。例如，大屿山黄昏写意之旅、中环传统文化游、本地文化深度游、大帽山日出之旅、悠游渔村、大澳生态游、香港旧屋邨之旅、文创咖啡工作坊体验之旅、香港电影之旅、香港公园自然寻趣之旅、九龙公园自然生态之旅、新界文化游等。

同时，借助粤港澳大湾区建设东风，香港可以联动大湾区城市，合作开发旅游产品，互利共赢。

拓展阅读 5-2

香港旅游发展局启动全新品牌"尽享·最香港"

"香港亚洲国际都会"的形象深入民心，购物、美食之都的魅力更是内地旅客到访香港的主要原动力。但香港更是一个荟萃东西、万象多元的都会城市，文化底蕴融合中外古今，城市风格布局也是动静佳宜，繁华的街区和舒服宁静的郊野近在咫尺。香港可以提供给游客发掘的地道精彩体验多不胜数，全年无休的节庆活动层出不穷。

为了深化世界各地旅客对香港形象多变且同时拥有众多独特地道体验的认识，香港旅游发展局在全球推出了"尽享·最香港；Best of all，It's in Hong Kong"全新品牌广告，以四支"最香港"的主题宣传片，通过香港明星和不同业界名人的分享，深度展示香港独特的魅力和多元化的精彩体验。香港土生土长的著名电影演员刘青云、新晋本土时装设计师麦隽亭、旅居香港超过 20 年的米其林三星名厨 Umberto Bombana 和著名电影演员王敏德分别参与拍摄。宣传片以他们在香港居住多年的亲身经历和各自的兴趣喜好，带领内地旅客发掘并享受香港最美好、新鲜和真实的旅游体验。

四支不同主题的宣传片，涵盖美食、时尚、亲子以及自然景色与地道文化等多方面内容。"尽享·最香港"品牌的精髓则是通过香港当地人深有体会的推荐和分享，让消费者摆脱他们对于香港的固有印象，深入了解更多以往被忽视的城市特色，并欢迎大家跟着当地人的脚步，尽情享受"最香港"的完美之旅。

（资料来源：http://travel.163.com/16/1124/14/C6L3J3T000067VF1.html）

（二）旅游线路产品实例

1. 产品名称

粤港澳 5 天游

2. 行程特色

（1）一价全包高性价比：全程无购物点，无自费推荐项目。

（2）一次覆盖全景精华：深圳湾、莲花山邓小平铜像、星光大道、太平山、维港幻彩咏香江夜景、大屿山昂坪 360、澳门大三巴、妈祖庙、龙环葡韵、威尼斯人度假村。

（3）圆梦仪式特别行程：穿梭港珠澳大桥、观"大潮起珠江——改革开放 40 周年专题展"、香港升旗仪式。

（4）活动体验精选安排：乘坐昂坪 360 往返缆车、搭百年天星小轮。

（5）精选港澳地道美食：宝莲禅寺斋堂、澳门葡国餐、港式早餐、享地道港澳美味。

3. 行程安排

第 1 天：广州南站—深圳—入住酒店

在指定时间于广州南站集合，乘坐高铁前往深圳北高铁站，由地接工作人员接送入住深圳酒店。

第 2 天：深圳

早餐后，乘车至深南大道（约 20 分钟）。深南溢彩（深南大道）为深圳八景之一，是深圳的一张名片，是这座城市的景观窗口。它不仅仅具备交通的功能，更是这座城市展示所有精彩的电影胶带，集中了这座城市的无数经典。

然后，游深圳湾公园（约 120 分钟）。历时 8 年规划设计建设的深圳湾公园，为市民和游客提供了集休闲娱乐、健身运动、观光旅游等多功能活动的区域，更成为展现深圳现代滨海城市魅力和形象的标志。

午餐后，前往市民中心，观看"大潮起珠江——改革开放 40 周年专题展"（约 60 分钟）。"大潮起珠江——改革开放 40 周年展览"，各个主题展厅展示着改革开放的过去与现在，见证着这个伟大的时代（如遇特殊日期闭馆，该专题展览取消，改为市民中心自由活动）。随后，前往莲花山邓小平雕像广场（约 60 分钟）。该广场为"深圳八景"之一，沿着山中小径慢慢而行，轻松享受登山的乐趣，公园山顶广场是广大市民和国内外来宾缅怀一代伟人风采、登高望远的好去处。晚餐后，送回酒店。

第 3 天：黄大仙—星光大道—太平山顶—浅水湾—中环码头—天星小轮—钟楼—幻彩咏香江

早餐后，在导游的带领下，经福田口岸乘坐过境穿梭巴士，前往香港。随后，前往黄大仙祠（约 30 分钟）。这是香港市民热衷参拜及占卜的庙宇之一，据说十分灵验，而且"有求必应"。然后，游星光大道（约 40 分钟）。这里有香港电影的展览，邂逅明星的手印和签名，并与国际功夫巨星李小龙、香港卡通角色麦兜的铜像合照。

午餐后，前往太平山（约 60 分钟）。此处是香港岛最高点，是游客必到的旅游点，在这里可以俯瞰维多利亚港香港岛、九龙半岛两岸。温馨提示：著名的香港杜莎夫人蜡像馆、凌霄阁也在太平山顶，游客可自费前往。游览浅水湾（约 30 分钟），这里是香港的风水宝地，是香港最具代表性的美丽海湾，其秀丽景色使它成为港岛著名的高级住宅区之一。

晚餐后，前往中环码头（约 30 分钟），于中环码头远观国际金融中心 IFC、中银大厦、汇丰总行大厦、摩天轮等悉数代表香港现代建筑文化的符号。然后，乘坐天星小轮（约 10 分钟）。天星小轮是访港旅客游览维多利亚港首选的行程，曾被《国家地理》杂志评为"人生 50 个必到景点"之一。而后，参观尖沙咀钟楼（约 15 分钟）。钟楼全称"九龙铁路钟楼"，高 45 米，建于 1915 年，是蒸汽火车时代的标志，被视为九龙的地标。晚上，观看维港幻彩咏香江夜景（约 30 分钟）。每晚 8 点由维多利亚港两岸合共 44 座摩天大楼合作举行的镭射灯光音乐汇演，已列入《吉尼斯世界纪录大全》，成为全球最大型灯光音乐汇演，将会给您一天的旅行带来一次高潮体验。游览结束后，返回酒店休息。

第 4 天：金紫荆广场升旗仪式—会展中心—回归祖国纪念碑—昂坪 360 往返缆车—宝莲禅寺—昂坪市集—天坛大佛

早上，前往金紫荆广场观看升旗仪式（约 15 分钟）。香港湾仔升旗礼是在金紫荆广场举行的升国旗和香港特别行政区区旗的仪式。自 1997 年香港回归后，每天早上由香港警务处主持一场既庄严肃穆又极具一国两制特色的典礼。香港会展中心新翼、金紫荆广场、回归纪念碑（外观，约15分钟），这些都是香港回归祖国的见证。"永远盛开的紫荆花"面朝维多利亚港，寓意着香港永远繁荣昌盛。随后，享用早餐。游客将在香港地道茶楼里享用早餐，体验港式早茶慢时光。早餐后，前往昂坪360缆车（约30分钟）。旅程由东涌缆车站开始，越过东涌湾，到达机场岛上的转向站，再60°转向北大屿山。沿途可远眺辽阔的南中国海，亦可俯瞰翠绿的北大屿山郊野公园。坐在舒适宁静的车厢内，香港国际机场、大屿山的山光水色、天坛大佛及昂坪高原360°全景皆一览无遗（如遇昂坪360缆车维修，则改乘景区大巴上下山）。

午餐是前往宝莲禅寺享用特色养生斋餐。餐后，游览昂坪市集（约60分钟）。位于香港大屿山的昂坪市集占地1.5公顷，毗邻昂坪缆车站、天坛大佛及宝莲禅寺，市集内富有中国文化特色的建筑及园林设计与昂坪独有的大自然景致互相融合。后游宝莲禅寺（约30分钟）。宝莲禅寺坐落于大屿山昂坪高原，面朝天坛大佛，前称为"大茅蓬"，禅寺始建于1906年，于1924年正名为"宝莲禅寺"。这里不单是大屿山著名的景点，更是世界名刹之一，以多项壮丽建筑闻名中外。而后观天坛大佛（约30分钟）。大佛端坐在昂坪木鱼峰上，佛像坐南向北，面向中国北京。佛像可分为两大部分，佛像身高26.4米，莲花座及基座总高度约34米，以250吨青铜，历时12年铸造而成。随后，乘缆车下山（约30分钟），享用晚餐，餐后返回酒店休息。

第5天：港珠澳大桥—澳门回归纪念馆—妈祖庙—龙环葡韵—威尼斯人度假村—大三巴牌坊—珠海高铁站—广州

早上于酒店大堂集合，早餐享用港式早茶。早餐后，经港珠澳大桥（约40分钟，车览，不下车），换乘大桥穿梭巴士"金巴"抵达澳门，先后途经东西人工岛、海底隧道、风帆塔、中国结塔、海豚塔等标志地点，一路见证天堑变通途的世界奇迹。游览澳门回归纪念馆（约30分钟）。该纪念馆里陈列着全国各省、直辖市、自治区送给澳门的贺礼，蕴涵了中国各地域的文化特色，展现了当地艺术的最高水平（逢周一关闭，则改游金莲花广场）。然后，游妈祖庙（约30分钟）。澳门妈祖庙为澳门著名的名胜古迹，初建于明弘治元年（1488年），距今已有500多年的历史。妈祖庙又称"妈祖阁"，俗称"天后庙"，主要建筑有大殿、弘仁殿、观音阁等殿堂。

澳门特色葡国午餐，融合了葡萄牙、东南亚、广东的烹饪技术，造就了独一无二的澳门风味。餐后，游览澳门龙环葡韵（约30分钟）。绚丽的欧陆色彩和异域风情使其荣登"澳门八景"之一，并成为澳门最佳婚纱摄影地和来澳旅游的最佳留影地。随后，前往威尼斯人度假村（约60分钟）。这里是亚洲最大的综合性娱乐场所，您可以在一楼小试身手；更不容错过的是二楼以假乱真的蓝色天空、圣马可广场、威尼斯运河，来到这里如同来到了欧陆小镇。而后游大三巴牌坊（约30分钟）。这是西方文明进入中国历史的见证，澳门地标建筑，来澳门游览必到之地（因澳门政府交通管制，须从旅游巴士停车场步行几分钟至大三巴景区）。

享用晚餐后，于18:30返回珠海公路口岸。随后，工作人员将游客送至珠海高铁站，游客乘坐高铁（20:30之后班次，具体班次以送团工作人员派发车票为准）返回广州南站，结束愉快行程。

4. 费用说明

（1）本团不适合 75 岁或以上长者报名。

（2）酒店住宿若出现单男/单女，港澳游恕不安排与非同行客人同住，客人须在出发前补单房差（具体价格视旅行社工作人员告知为准）。

（3）同行客人中的占床人数出现单数时需补单房差，具体单房差价格以可选服务项价格为准，请参考该团可选服务项补单房差价格。

（4）此团只接受中国大陆证件客人报名。

5. 行程标准

（1）景点：行程表内所列的景点第一道门票。

（2）用餐：深圳 2 早餐和 2 正餐，香港 2 早餐和 4 正餐，澳门 2 正餐 1 餐费标准为早餐 40 元/餐，正餐 60 元/餐。

（3）酒店：深圳高级酒店 2 晚，香港高级酒店 2 晚。

（4）领队：专业领队服务。

（5）导游：专业地接导游随团服务、全程导游小费。

（6）交通：皇巴、旅游巴士、港珠澳大桥（单程），广州南站至深圳北站高铁二等座车票，珠海高铁站至广州南站二等座车票。

（资料来源：广之旅官网，http://www.gzl.com.cn/grouptour/40288022694e740b01696c4d6db615cc.html）

第二节　澳门旅游产品开发

一、区域旅游资源概况

澳门（葡语 Macau、英语 Macao），简称"澳"，全称中华人民共和国澳门特别行政区，位于中国大陆东南沿海，地处珠江三角洲的西岸，北邻广东省珠海市，西与珠海市的湾仔和横琴对望，东与香港隔海相望（相距 60 千米），南临中国南海。澳门包括澳门半岛、氹仔岛和路环岛，总面积 33 平方千米，2021 年 8 月总人口 68 万人。

（一）自然旅游资源

澳门地貌类型由低丘陵和平地组成，地势南高北低。在澳门半岛有莲花山、东望洋山、炮台山、西望洋山和妈阁山，在氹仔岛有观音岸、大氹山（鸡颈山）、小氹山，在路环岛有九澳山、叠石塘山。澳门海岸线上形成了南湾、东湾、浅湾、北湾、下湾（以上位于澳门半岛）、大氹仔湾（氹仔）、九澳湾、竹湾、黑沙湾、荔枝湾（以上位于路环）等。

（二）人文旅游资源

澳门半岛是澳门城市发展的中心；氹仔岛和路环岛本是两个岛屿，透过填海工程相连，填海区发展为路氹城，建有不少大型的酒店和度假村。

自葡萄牙人于 16 世纪中叶抵澳定居，400 多年来中西建筑、艺术、宗教、美食、社区等文化在澳门交汇融合，多元共存。自 1999 年 12 月 20 日起澳门回归中国，成为中华人民共和国的一个特别行政区，在"一国两制"的政策下实行澳人治澳、高度自治。澳门由昔日的小渔村，逐渐发展成为国际城市。2005 年，"澳门历史城区"被成功列入联合国教科文组织的《世界遗产名录》，令澳门得以向世界进一步展现其独特的历史文化面貌。

被冠誉为"东方拉斯维加斯"的澳门因博彩业闻名于世，素有"赌埠"之称。博彩一直是澳门最主要的娱乐方式。此外，澳门还有每年一度的格林披士大赛车，各种小型赛事，海滩、水上运动，高尔夫等娱乐项目。

 拓展阅读 5-3

澳门缘何获誉"美食之都"

地道的粤菜、别致的葡式澳菜、精美的伴手礼……漫步澳门街头，游人既可以在随处可见的小食肆、小吃店、茶餐厅一饱口福，也可以到酒楼饭店享用丰盛大餐。这便是新晋获得联合国教科文组织创意城市网络"美食之都"称号的东方小城——澳门。

联合国教科文组织于 2017 年 10 月 31 日发布公报，澳门正式成为创意城市"美食之都"新成员。澳门成为继成都、顺德之后第三个获此殊荣的中国城市。

这座面积仅 30 多平方千米、人口仅 60 多万的海滨小城，何以获享这样的美誉呢？

澳门学者同盟监事连信森博士认为，澳门申请成功的关键在于其饮食文化源远流长和内涵独特，充分体现了中葡文化的融合及和谐发展。"澳门城市也具备持续创新的精神，通过美食创新推动城市发展的理念，与联合国教科文组织创意城市网络的理念高度一致。"他说。

虽然人口不多，但作为旅游城市的澳门，其餐饮业十分发达。根据特区政府统计局的数据，澳门营运的餐饮业场所多达 2200 多家，从业人数达 3.2 万。2016 年，澳门餐饮业收益突破 100 亿澳门元，对经济贡献的增加值为 43 亿澳门元，同比上升 13%，是重要的支柱产业。

由于毗邻广东的地理位置和中西文化 400 多年交融的历史渊源，澳门餐饮主打粤菜和葡式澳餐，内地各大菜系也均有代表。近年来，随着旅游业的发展和外来劳工的增加，日料、韩餐、东南亚各国饮食也陆续进入澳门。

澳门的中餐馆遍布全城，其中粤菜馆数不胜数，猪扒包、陈皮鸭、水蟹粥等传统粤菜更是让人赞不绝口。

游客来到澳门绝不能错过独特的葡式澳餐。之所以这么称呼，是因为澳门的葡餐受中餐影响，食材和烹饪技法融合了大量中国元素，更适合国人口味。其中著名的菜肴包括马介休、咖喱蟹、烧咸猪手等。

澳门的小吃也驰名中外，除了耳熟能详的蛋挞、手信等伴手礼外，一些深藏街巷之中的老店也值得一去，游人往往可以在不经意的行走间就有"意外发现"。

连信森说："联合国教科文组织赋予澳门'美食之都'的称号，是对澳门多元美食文化、融汇中西的城市品格的一种肯定，丰富了澳门作为世界旅游休闲中心的内涵，有助于澳门经济适度多元发展。"

"美食之都"是继"澳门历史城区"列入《世界遗产名录》和"清代澳门地方衙门档案"列入《世界记忆名录》之后，澳门的又一张亮丽的国际名片。一城兼具三项荣誉，殊为不易。

（资料来源：http://www.xinhuanet.com//gangao/2017-11/02/c_1121897877.htm）

二、主要旅游景观介绍

（一）澳门历史城区

澳门历史城区是一片以澳门旧城区为核心的历史街区，其间以相邻的广场和街道连接而成，包括 22 座建筑及 8 个广场前地。2005 年，历史城区获列入《世界文化遗产名录》。澳门历史城区保留至今，见证了 400 多年来东西文化在澳门的融合，和谐共存。

（二）博物馆及展览厅

澳门在世界地图上所占的位置虽小，却拥有着丰富的历史遗产和文化遗产。不同的宗教信仰、传统风俗和小城的现代生活息息相关。澳门如同多姿多彩的大展馆，各类主题的博物馆分门别类地展示着澳门的精彩多元文化。博物馆包括澳门博物馆、海事博物馆、葡萄酒博物馆、大赛车博物馆、澳门艺术博物馆、澳门回归贺礼陈列馆、澳门科学馆等。

（三）庙宇

澳门保存着不少中华文化的丰富宝藏，其中庙宇文化根深蒂固，源远流长。澳门庙宇主要分佛教、道教和民间信仰，祀奉着佛祖、观音、天后及哪吒等神祇。这些富有特色的历史庙宇建筑以及供奉的神明，蕴藏了小城的渔村历史及深厚的中华文化色彩。

（四）教堂

葡萄牙人 400 多年前抵达澳门后，带来了西方的天主教信仰文化，兴建了不少天主教堂及修道院，其中最著名的圣保禄教堂及学院，更成为欧洲宣教士来华传教的基地。时至今日，澳门以天主教堂区划分，澳门的天主教教堂随处可见。每座教堂的设计皆富有独特风格，装潢瑰丽雅致，而且各自蕴藏着自己的历史故事。

（五）炮台

澳门三面环海，数百年前经常受到外敌入侵，为加强抵御能力，纷纷在山上兴建炮台。时至今日，这些炮台已失去当初的用途，成为历史的见证。著名的炮台有大三巴牌坊侧的大炮台、望厦炮台、加思栏炮台、东望洋炮台。

（六）澳门旅游塔会展娱乐中心

澳门旅游塔会展娱乐中心坐落于南湾新填海区，高 338 米的旅游塔，是一个集旅游、观光、表演、会议、展览、购物、餐饮、娱乐及通信于一体的综合设施。

（七）澳门渔人码头

澳门渔人码头是澳门首个主题文化创意娱乐旅游综合体。它坐落于外港新填海区海岸，集美食、购物、娱乐和主题公园、住宿及会展设施于一体，结合不同建筑特色及中西文化，为人们创造了不同体验。

（八）金莲花广场

澳门金莲花广场又称"紫荆广场"，位于澳门新口岸高美士街、毕仕达大马路及友谊大马路之间。为庆祝1999年澳门主权移交，中华人民共和国中央人民政府致送了一尊名为《盛世莲花》的雕塑。分别大、小各一件：置于广场上的大型雕塑重6.5吨，高6米，花体部分最大直径3.6米；小型雕塑直径1米，高0.9米，于澳门回归纪念馆展出。

（九）澳门博彩酒店

澳门博彩起源于1847年，澳门也是中国唯一一座正规合法的赌博地区，而且还成为澳门政府重要的支柱产业之一。澳门永利酒店、澳门新葡京酒店、澳门威尼斯人度假村酒店是世界知名的博彩酒店。

拓展阅读5-4

"澳门新八景"全球票选结果揭晓，港珠澳大桥入选

2019年3月29日下午，由澳门中华文化交流协会主办的"澳门新八景"全球票选结果火热出炉。投票者从20个候选景点中，选出了8个最能代表澳门的景点，成为"澳门新八景"。它们分别是西望洋山、两湖一塔、议事亭前地、龙爪角、路环渔村、恋爱巷、福隆新街、港珠澳大桥。

作为澳门回归祖国20周年的献礼，澳门中华文化交流协会主办了该项活动，于2019年1月15日至3月10日期间开放全球投票。

参选的20个景点分别是大炮台、白鸽巢公园、西望洋山、两湖一塔、金莲花广场、岗顶前地、望德堂创意产业园、福隆新街、郑家大屋、澳门科学馆、关闸广场、议事亭前地、恋爱巷、观音莲花苑、官也街、金光大道、路环渔村、龙爪角、澳门大学、港珠澳大桥。

据此前报道，"澳门新八景"诞生后，澳门邮电局将发行相关主题邮票；澳门中华文化交流协会还将与文创界合作打造相关产品，举行多种活动推广"澳门新八景"。

（资料来源：https://baijiahao.baidu.com/s?id=1629400848232529147&wfr=spider&for=pc）

三、旅游线路产品开发

（一）旅游产品开发总体思路

澳门是一个国际自由港和世界旅游休闲中心，与蒙特卡洛、拉斯维加斯并称为"世界三大赌城"。根据澳门的资源特色，可以打造高端酒店旅游产品、购物旅游产品、美食旅游产品、博彩主题旅游产品、体育旅游产品、会奖旅游产品、世界遗产旅游产品、澳门文化旅游产品、自然旅游产品等。

 案例 5-1

澳门环岛游开发

澳门环岛游游船从湾仔旅游码头出发，航行时间约为1个小时，使游客有足够的时间拍照及观赏。游客沿途既可以欣赏到"浪漫之城"珠海的美丽景色，惊叹经济特区改革开放所取得的丰硕成果，也可以欣赏到澳门金莎娱乐场、渔人码头、南海观音像、葡京娱乐场、中银大厦、旅游观光塔、"澳督府"、妈祖阁和"澳氹""友谊""西湾"三座跨海大桥等澳门著名景点，一睹"东方蒙特卡洛"的迷人风采。

澳门环岛游分有日游和夜游，其中夜游也称"珠澳夜游"，该项目集游览、餐饮和娱乐于一体。游客乘坐珠三角地区最豪华的游轮从湾仔旅游码头出发，沿澳门的海岸线航行。沿途可尽情浏览珠澳两地万家灯火、火树银花的美丽夜景，还可品尝各类美食和欣赏娱乐表演。澳门是闻名中外的"不夜城"，在朦胧的夜色中沐海风，踏轻浪，去观赏澳门七彩斑斓的繁华景色，的确是来珠海旅游者之最佳选择。丰富多彩的澳门环岛游给游客留下了永不磨灭的记忆，它将帮助国内外游客进一步了解1999年回归后澳门的概貌设施及经济发展情况。

（资料来源：https://baike.baidu.com/item/%E6%BE%B3%E9%97%A8%E7%8E%AF%E5%B2%9B%E6%B8%B8/6683938?fr=aladdin）

思考： 澳门环岛游的特色有哪些？

分析： 澳门环岛游是珠海市经典旅游项目，游客从湾仔旅游码头登上专业观光游船，沿途既可以欣赏到"浪漫之城"珠海的美丽景色，惊叹经济特区改革开放所取得的丰硕成果，也可以欣赏到澳门各景点的迷人风采。

（二）旅游线路产品实例

1. 产品名称

澳门品质1天游

2. 行程特色

（1）精选景点：澳门经典游。

（2）时光印记：澳门世界遗产逐个看。

（3）鎏金掠影：体验世界顶级娱乐城市魅力。

3. 行程安排

早上于指定地点、时间集合，从广州乘旅游巴士前往横琴关，过关后抵达澳门。

乘专车前往威尼斯人酒店游览（约40分钟），若受边境过关及交通拥堵的影响，或可能缩减威尼斯人酒店自由活动时间或取消自由活动。

游览完毕后，集合前往龙环葡韵（外观约15分钟）。"龙环"是冰仔岛的旧称，"葡韵"是指这里葡萄牙的建筑风格。此五幢葡萄牙式建筑，原为澳门高级官员的住宅。在1992年，澳葡政府对该建筑群进行修复和改建为住宅式博物馆。龙环葡韵景区被评定为"澳门八景"之一，此住宅式博物馆是澳门重要的文物建筑与文化遗产，也是澳门极富代表性的景点之一。

随后前往澳门银河午餐。这是银河娱乐集团旗下的度假城品牌"澳门银河"综合度假城，它不仅是澳门的最佳旅游地点，更是世界上顶级度假胜地之一。独特的"澳门银河"将有别于所有澳门其他的度假村，是一个以亚洲式的优质服务体验、顶级休闲娱乐为重点的综合度假区。

午餐后，前往澳门永利皇宫酒店游览（约40分钟）。耗资百亿建成的永利皇宫是一座鲜花宫殿，是金光大道最壮观的度假胜地，入口处是一个拥有音乐喷泉的美丽湖泊，湖泊周边环绕着缆车和金色巨龙，随时迎接客人的到来。接着，前往澳门回归博物馆游览（约15分钟，恰逢周一闭馆或遇闭馆情况则更改为馆外周边自由活动拍照留念）。之后，前往澳门地标"大三巴牌坊"、玫瑰圣母堂、议事亭广场、民政总署大楼自由活动参观，随后自行返回珠海拱北出境关口出关。

晚上7:30，于珠海拱北出境关口出门左转，步行至城轨站A出口集合报到，然后专车返回广州。

4. 费用说明

(1) 费用已含：往返珠海巴士费用、一午餐、导游服务费。

(2) 费用未含：个人旅游意外保险、"费用已含"项以外的一切个人消费。团费中仅包含司陪人员的基本工资，客人的赞扬和肯定是司陪人员努力提升服务品质的动力，如对司陪人员的服务满意，建议每位游客遵循国际惯例奖赏司陪人员20元人民币/人。

5. 行程标准

(1) 住宿：无。

(2) 用餐：含1午餐，使用酒店餐券套餐或团餐围餐，以出团当天为准。

(3) 用车：将根据团队人数安排9~45座旅游空调车，保证每人1个正座。

（资料来源：广之旅官网，http://www.gzl.com.cn/grouptour/4028803b625ef63e01626bab19c1629d.html）

第三节　台湾旅游产品开发

一、区域旅游资源概况

（一）自然旅游资源

台湾省，简称"台"，是中华人民共和国省级行政区，省会台北，位于我国东南海域，北临东海，东临太平洋，南临南海，西隔台湾海峡与福建省相望。全省由台湾岛、澎湖列岛、兰屿、绿岛、彭佳屿、钓鱼岛、赤尾屿等 80 多个岛屿及其周围海域组成。全省面积约为 3.6 万平方千米，其中台湾岛面积约为 3.58 万平方千米。台湾扼西太平洋航道的中心，是中国与太平洋地区各国海上联系的重要交通枢纽。

台湾岛多山，高山和丘陵占全部面积的 2/3 以上。台湾岛位于环太平洋地震带和火山带上，地壳不稳，是一个多地震的地区。最高峰玉山海拔 3952 米，是中国东南沿海的最高峰。

北回归线穿过台湾岛中部，北部为亚热带气候，南部属热带气候。年平均气温（高山除外）为 22℃。冬季温暖，夏季炎热，雨量充沛。年降水量约 2000 毫米，夏秋季多台风暴雨。

（二）人文旅游资源

1. 人口与民族

据统计，台湾总人口约 2360.31 万人（截至 2019 年底），是中国人口最密集的省份之一。

台湾是一个多民族的省份，汉族约占总人口的 98%。在汉族人口中，主要有闽南人和客家人两大分支。闽南人原籍以福建泉州和漳州人最多，客家人原籍以广东梅州和潮州人最多。高山族是台湾省最主要的少数民族，约占人口的 2%，是台湾最早的居民。明代以前并没有"高山族"这个名称，到明清时期该民族出现统一的族名"东番"或"番族"。现在的高山族是 1945 年抗日战争胜利后，祖国人民对台湾少数民族的统称。

2. 语言与宗教

台湾通用汉语，英语在商务活动中居重要地位。闽南语、客家话也是非常重要的方言。

台湾是一个宗教信仰多元化的地区，分别有佛教、道教、基督教、伊斯兰教、印度教等。在传统宗教方面，主要有佛教、道教和民间信仰。但目前除了少数是纯粹的佛教寺院外，大部分都掺杂着道教色彩。

3. 民俗

台湾融合了明清时期移居的闽粤移民和"二战"后来台的外省人的民俗，堪称中国民俗文化的缩影。春节、端午节、中秋节是台湾的三大节日，每逢元宵节、清明节、中元节、七夕节等传统节日，民间也有与大陆相同或类似特色的庆祝礼俗。此外，尚有多项深具中华文化特色的民俗庆典，如迎妈祖、盐水蜂炮、平溪放天灯、东港烧王船、头城抢孤等。台湾原住民族（高山族）各族群更有各具特色的传统岁时祭仪文化。

另外，在传统节日活动的基础上，台湾也形成了一些独具特色的节日习俗，如台湾盐水镇在元宵节以燃放"蜂炮"远近闻名。节日那天，点燃炮芯连在一起的由数万只冲天炮做成的鞭炮，万炮连响，火花四射，震耳欲聋，蔚为壮观。澎湖元宵节的"乞龟"习俗也有趣而神秘。每年元宵节一到，澎湖大小庙宇的供桌上就摆满了各种各样的"龟"，有用糯米粉做成祈求平安的"芳片龟"，有用面线制成含有长寿之意的"面线龟"，有用面粉与鸡蛋做成的"鸡蛋糕龟"，还有用黄金打制而成的"金龟"等。民众纷纷前来祭拜，以祈求神灵的保佑与赐福。

拓展阅读 5-5

台湾的半年节

"半年节"的习俗，最早主要是福建闽南地区的漳州人和同安人所过的节日。历书上把一年分为十二个月，自农历元月到六月刚好半年，这个节日主要是庆祝农作的丰收。民众为了感谢天地神明与祖先的默默庇佑，使得该时节能有丰硕的农作收成，生活饮食无虞，因而准备应节的供品祭祀而来。漳州籍、同安籍人士仍保留着吃"半年圆"的习俗。他们先将汤圆和牲礼祭拜神明及先祖，以示谢恩之意，然后才全家共同食用，也是象征团圆的美意，所以半年节又称"半年圆"。后来，这个习俗在台湾很多地区流行起来。

由于半年节大多在农历六月初一或十五祭拜，此时又逢民间每月初一、十五拜土地公犒将的日子，所以一般会在当天多多准备牲礼等祭品，一同祭拜并感谢神明和祖先的默默庇护。

（资料来源：https://baike.baidu.com/）

4. 饮食

台湾饮食文化融合了各地的美食风格，台湾菜与闽南菜（还受福州菜影响）、广东潮汕潮州菜的渊源深厚，也受客家菜、广州菜和日本料理的影响。

台湾菜有海鲜丰富、酱菜入菜、节令食补等特色，倾向自然原味，调味不求繁复，风格鲜香、清淡。当地炎热的气候使一些酸甜开味的菜肴出现在台菜中。台菜素有"汤汤水水"之称，羹汤类菜肴广受欢迎。

台湾饮食文化中有著名的"小吃"文化，各式风味小吃云集的夜市是台湾庶民生活文化的代表之一。常见的小吃有蚵仔煎、炸鸡排、臭豆腐、盐酥鸡、生煎包、米血糕、蚵仔面线、甜不辣、卤肉饭、肉圆、担仔面、牛肉面、小笼包等。凤梨酥、牛轧糖等台湾特产的烘焙美食也是知名的伴手礼。

茶是台湾民众的传统饮品。台湾全境皆产茶，名茶有冻顶乌龙茶、文山包种茶、东方美人茶和铁观音等。茶艺形式主要是功夫茶。泡沫红茶文化是台湾茶文化的新发展，代表性茶饮珍珠奶茶广受欢迎。

二、主要旅游景观介绍

（一）台北

台北市位于台湾岛北部的台北盆地，是台湾政治、经济、文化、商业与传播的中心，也是台湾的工商业中心，全岛规模最大的公司、企业、银行的总部都设在这里。这是台湾近代历史发展的大舞台，集台湾文化与人文景观之大成。

台北市是台湾北部的游览中心，除阳明山、北投风景区外，还有省内最大、建成最早、占地8.9万平方米的台北公园和规模最大的木栅动物园。台北市名胜古迹颇多，其中台北城门、龙山寺、保安宫、孔庙、指南宫、圆山文化遗址等，均为风景优美、适宜游览的好地方。另外，台北"故宫博物院"、台北"国父纪念馆"、台北101大楼等，也是世界闻名的旅游景点。

拓展阅读 5-6

台北 101 大楼

台北101大楼（图5-1）曾是世界第一高楼。它位于台北市信义区西村里信义路，于1999年7月动工兴建，2003年10月竣工，地上101层、地下5层，占地面积30278平方米。该楼融合了东方古典文化及台湾本土特色，造型宛若劲竹，节节高升、柔韧有余。另外，运用高科技材质及创意照明，以透明、清晰感营造视觉穿透效果。

建筑主体分为裙楼（台北101购物中心）及塔楼（企业办公大楼）。其中，86～88楼为观景餐厅，89楼为室内观景层，91楼为室外观景台。

台北101大楼由台湾12家银行及产业界共同出资兴建，造价达台币580亿元。大楼除底部裙楼作为购物商场外，其他楼层成为台北金融商业的重镇。

图 5-1　台北 101 大楼

（资料来源：卢丽蓉，彭淑清.中国旅游客源地概况[M].北京：旅游教育出版社，2017.）

（二）日月潭

日月潭（图5-2）是台湾著名的风景区，是"台湾八景"中的绝胜，也是台湾岛上唯一的天然湖泊，其天然风姿可与杭州西湖媲美。此潭位于南投县丛山中，湖面海拔740米，面积7.73平方千米，平均水深40米。潭中有一小岛名为"拉鲁岛"，旧名"珠仔屿"，海拔748米。以此岛为界，北半湖形状如圆日，南半湖形状如一弯新月，日月潭因此而得名。

图 5-2 日月潭

日月潭之美在于环湖重峦叠嶂，湖面辽阔，潭水清澈；一年四季，晨昏景色各有不同。7月平均气温不高于22℃，1月不低于15℃。夏季清爽宜人，为避暑胜地。

（三）阿里山

阿里山在嘉义县东北，是大武恋山、尖山、祝山、塔山等18座山的总称，主峰塔山海拔2600多米，东面靠近台湾最高峰玉山。阿里山的森林、云海和日出，被誉为"三大奇观"。这里的樱花驰名中外，每年2~4月是花季，登山赏樱的游人络绎不绝。

在晴天的破晓时分，登阿里山的塔山欣赏云海，是很赏心悦目的事情。观日出的地点则以祝山为妙。祝山海拔仅次于塔山，为2480米。当黑夜慢慢退去，天空呈鱼肚白时，祝山后先现出一丝红霞，慢慢变成弧形、半圆、大半圆，越来越红，越来越亮。一轮红日先从云海边上升，再从山顶冒出，光芒四射，蔚为壮观。

阿里山美景呈早为人所称道，甚至有"不到阿里山，不知阿里山之美，不知阿里山之富，更不知阿里山之伟大"的说法。由于山区气候温和，盛夏时仍然清爽宜人，加上林木葱翠，阿里山是全台湾最理想的避暑胜地。

（四）台北"故宫博物院"

台北"故宫博物院"位于台北市士林区外双溪，始建于1962年，1965年夏落成，占地面积1.03万平方米。中国宫殿式建筑，共有4层，白墙绿瓦。院前广场耸立由6根石柱组成的牌坊，气势宏伟。整座建筑庄重典雅，富有民族特色。

院内设有20余间展览室，有现代化的空气调节、防火、防潮、防盗等设施，以维护珍贵的文化瑰宝，所藏的商周青铜器以及历代的玉器、陶瓷、古籍文献、名画碑帖等，皆为稀世之珍。展馆每三个月更换一次展品。到台湾观光的旅客都不会错过到台北"故宫博物院"一饱眼福的机会。

（五）垦丁

垦丁位于台湾省屏东县，东临太平洋，西靠台湾海峡，南望巴士海峡。垦丁的名字由来据说是清朝时期，从大陆来了一批壮丁到现在这个台湾最南部的地方开垦，这里便被后人称为"垦丁"。

垦丁地属热带气候，年平均25℃。地质以珊瑚礁为主，在三面环海北依山峦的地形下，加上长达半年的落山风吹拂，造就了垦丁特殊的地形风貌。这里的景观具有多样性，有沙滩贝壳、崩崖、沙瀑、群裙、钟乳石洞，有热带雨林稀有植物、种类繁多的昆虫蝴蝶，长达半年的候鸟迁徙落脚地。

垦丁国家公园位于台湾本岛最南端的恒春半岛，三面环海，东面太平洋，西临台湾海峡，南濒巴士海峡。其陆地范围西边包括龟山向南至红柴之台地崖与海滨地带，南部包括龙銮潭南面之猫鼻头、南湾、垦丁国家森林游乐区、鹅銮鼻，东沿太平洋岸经佳乐水，北至南仁山区。海域范围则包括南湾海域及龟山经猫鼻头、鹅銮鼻北至南仁湾间，距海岸线1000米内的海域。垦丁国家公园地理上属于热带气候区，终年气温暖和，热带植物衍生，四周海域海岸线清澈，珊瑚生长繁盛。

（六）高雄驳二艺术特区

驳二艺术特区位于台湾高雄市盐埕区大勇路南端。"驳二"指第二号接驳码头，位于高雄港第三船渠内，建于1973年6月12日，原为港口仓库。随着香蕉出口业的没落，"驳二"这样存储货物的仓库没有了用武之地，被闲置废弃。2000年，高雄市政府因寻找国庆烟火放置场所，偶然发现这个区域。但因年久失修，进驻单位针对旧建筑物的状态进行各项整建工程，于2002年3月24日完工。

在艺术家及地方文化工作者推动之下，结合台湾省文建会闲置空间再利用的专案方案，驳二艺术特区成为高雄市社区总体营造的代表性作品。最初由高雄驳二艺术发展协会与树德科技大学发展地方艺术工坊经营，驳二艺术特区成为台湾南部的实验创作场所。2006年起，由高雄市文化局接手经营。

在驳二，有很多以货柜码头、渔业聚落为主题的文创作品，有彩绘、有雕塑等。园区内规划有自行车步道，穿行其中，像是走过时光隧道，游客可以从中了解到这座城市的变迁。

驳二艺术特区的成功，不仅吸引了更多观光客、创作家驻足，还吸引了国际上知名电影特效公司及动画公司不约而同的进驻，使驳二艺术特区成为亚洲地区的好莱坞，并使驳二艺术特区成为亚洲各国电影后期制作的重镇。目前进驻驳二特区的海外公司有"电影特效教父"之称的好莱坞乔治卢卡·斯西基（CG）电脑动画公司、好莱坞Rhythm & Hues Studios、日本小学馆、日本SONY集团旗下SCET育成中心、新西兰Huhu Studios。

三、旅游线路产品开发

（一）旅游产品开发总体思路

台湾地貌资源丰富，不仅有高山、丘陵、平原、盆地、岛屿等自然景观资源，以及热带、亚热带、温带等各种自然生态资源、森林资源和海洋资源；同时还拥有着原始古朴的土著民风和大陆一脉相承的中华文化与瑰丽历史。近年来，台湾逐渐重视对人文旅游资源如文物古迹、建筑、民间艺术、特色美食等的开发，使自然景观与人文景观融为一体，充分体现了台湾的历史价值和人文特色。

（二）旅游线路产品实例

市面上各大旅行社，关于台湾的旅游线路产品，主要集中在为期 7～8 天的环岛游、为期 4～5 天的台湾西部串联、台湾东部串联、台湾中部、台湾南部、台湾自助游（机票+酒店）几种行程，下面列举几个比较典型的跟团游行程。

1. 环岛游

第 1 天：广州—台中—台北夜市

客人于指定时间在广州白云国际机场集合，搭乘客机飞往台湾开启宝岛之旅。抵达后由台湾导游接机，乘旅游巴士前往台北，晚餐后前往台北夜市（游览约 60 分钟），游毕入住酒店休息。

景点介绍：

【台北夜市】是台湾必游之地，琳琅满目、品种多样的地道小吃、各式各样的冰品和果汁，还有两旁的药妆店、便利店，让人流连忘返。

第 2 天：台北"故宫博物院"—台北中山纪念馆—台北 101 大楼—维格梦工厂—西门町

早餐后，前往台北参观有"中华文化宝库"之誉的台北"故宫博物院"（游览约 2 小时），前往参观为纪念孙中山先生百年诞辰而兴建的台北中山纪念馆（约游览 30 分钟），随后前往全台第一高楼"台北 101 大楼"（游览约 1 小时），客人可自行前往大楼 5 楼购票乘高速电梯到达观景台观光（门票费用约合新台币 650 元），游毕前往维格梦工厂参观（游览约 45 分钟）。温馨提示：维格梦工厂于台北及高雄均有设工厂，客人本次安排是台北或高雄其一，行程将根据实际调整顺序。之后前往台北西区的重要商圈——西门町（游览约 1 小时），最后前往酒店休息。

景点介绍：

【台北"故宫博物院"】是台湾著名的历史与文化艺术史博物馆，坐落在台北士林区外双溪旁。整座建筑依山而建，是中国传统的宫殿建筑形式，庄重典雅，极富传统色彩。博物院内收藏各类文物珍宝约 60 万件，展馆展出其中的一部分藏品，每三个月更换一次，不定期还会举行各种特展。除了参观稀世文物外，博物院内还建有仿宋、明庭院风格的至善园和至德园，张大千先生纪念馆也坐落在此。台北"故宫博物院"依山傍水，地理位置得天独厚，雄伟的建筑在绿色山峦的映衬下显得更加壮阔。

台北"故宫博物院"的三大镇馆之宝是翠玉白菜、肉形石和毛公鼎：翠玉白菜和肉形石皆是精巧绝伦的工艺品，栩栩如生的造型足以以假乱真；而毛公鼎珍贵程度世所罕见，当时的青铜器不但以质地、古旧程度论价，而且还按照铭文的字数加价，一个字可以加一两黄金。

【台北中山纪念馆】此馆以黄色屋顶采顶起翘角，像大鹏展翅的形状，是仿中国宫殿式建筑，巍峨雄伟。馆内主要展出孙中山革命史迹相关文物。

【台北101大楼】位于台北市信义区，是台北显眼的地标性建筑。台北101大楼高508米，分为地上101层和地下5层。其中B1至4楼共有5层楼的购物中心，86~88楼为观景餐厅，89楼为室内观景层，91楼为室外观景台。这里拥有许多精品旗舰店，同时还是美食天堂，聚集着代官山居食屋、晶汤匙泰式料理、随意鸟地方、九如浙江美食、川滇食尚等各国各地风味餐厅。

【维格梦工厂】乘着室内巨型凤梨手扶梯，缓缓进入充满乐趣且有互动科技体验的维格凤梨酥梦工厂，在长廊剧场内观摩生动的凤梨生长历程，与凤梨酥王国子民一起拍照玩游戏。

【西门町】此地是台北著名的流行商圈，其步行街是台湾省第一条步行街，红楼、刺青街、电影街、KTV、万年大楼、万国百货和各式各样的精品小店都可以在西门町找到，是台北民众假日里最喜爱的去处之一。

第3天：台北—野柳风景区—苏澳—花莲—太鲁阁公司

早餐后，乘车前往新北市万里区的野柳风景区（游览约1小时），游毕前往苏澳，乘特快列车前往花莲。抵达花莲后，前往素有"鬼斧神工"之称的太鲁阁公园（游览约1个半小时）。最后入住酒店休息。

景点介绍：

【野柳风景区】野柳是一处突出海岸的岬角，长约1700米，因海浪侵蚀、岩石风化及地壳运动等作用，构造出海蚀洞沟，有烛状石、薑状岩、豆腐岩、蜂窝石、溶蚀盘等各种奇特景观，女王头、仙女鞋和烛台石是该景区闻名中外的海蚀奇观。

【太鲁阁公园】400万年前，欧亚大陆板块与菲律宾海洋板块相互撞击，剧烈的地壳运动使台湾地层急剧上升。千万年来，立雾溪丰沛的河水不断地切割着太鲁阁这块台湾地质史上最古老的大理岩层，形成了最独特的大理石峡谷景观。几近垂直的大理石峡谷雄伟壮丽，断崖峭壁更是"高不见顶，低不见底"，不禁令人赞叹自然界之神奇。

第4天：七星潭—三仙台—台东

早餐后，游览七星潭（约40分钟），之后乘旅游巴士前往台东，途中可欣赏东海岸景色。期间游览三仙台（约40分钟），最后入住酒店休息。

景点介绍：

【七星潭】位于花莲县新城乡，是一个砾石铺陈的新月形的海湾。

【三仙台】是由离岸小岛和珊瑚礁海岸构成的特殊景观区，也是东海岸最具知名度的景区。相传八仙中的铁拐李、吕洞宾、何仙姑曾于岛上停憩，故名"三仙台"。岛上现有造型优美的跨海人行步道桥一座，该桥为八拱型，以波浪造型呈现，气势壮观。

第5天：台东—垦丁鹅銮鼻公园—猫鼻头公园—龙磐公园

早餐后，乘旅游巴士前往最南部度假胜地垦丁，前往参观有"东亚之光"之称的鹅銮鼻灯塔（游览约1小时），参观完毕前往猫鼻头公园游览（约40分钟），接着游览龙磐公园（约40分钟）。最后入住酒店休息。

景点介绍:

【鹅銮鼻公园】鹅銮鼻公园位于台湾南端,为"台湾八景"之一。园内珊瑚礁石灰岩地形遍布,怪石嶙峋。步道纵横交错,可通往好汉石、沧海亭、又一村、幽谷、迎宾亭等风景区。灯塔是公园的标志,有"东亚之光"的美誉,是世界少有的武装灯塔,塔身全白,为圆柱形,内分 4 层,每层各有铁梯 15 级,塔高 18 米,塔底周长 110 米,像巨人般巍然屹立在海岸,已列为史迹保存。园内植物约 240 种,有象牙树、黄槿、海柠檬、林投等热带海岸树。另外,每年九月都有一批红尾伯劳鸟过境,其景观值得守候观赏。灯塔西北侧曾发现有史前遗址,可证明其历史悠久。

【猫鼻头公园】位于恒春半岛的东南岬,介于台湾海峡和巴士海峡的交界处,为典型的珊瑚礁海岸侵蚀地形。从上鸟瞰似女孩的百褶裙,故这里有"裙礁海岸"之称。猫鼻头公园由于受到长时间的波浪侵蚀、反复干湿、长期盐粒结晶、砂粒钻蚀及溶蚀等作用,因而产生崩崖、壶穴、礁柱、层间洞穴等奇特景观,极具地理教学及研究价值。猫鼻头名称的由来,则因岩岸旁的一块突出的珊瑚礁岩,其外形像蹲坐的猫而得名。

【龙磐公园】位于佳鹅公路旁,是一处隆起的珊瑚礁形成的石灰岩台地,也因为石灰岩的溶蚀作用,造成裂沟、渗穴、石灰岩洞等奇特的地形景观,进而使此地被列为"垦丁公园四大景观"之一。由于该景区地形辽阔,面向广大的太平洋,视野开阔,绿地、海景、青山、蓝天与白云,都不吝啬地尽收眼底,不禁令人惊叹大自然的美丽。

第 6 天:垦丁—西子湾和打狗英国领事馆—旗津—驳二艺术特区—六合观光夜市

早餐后,乘车前往高雄,到达高雄出港口游览西子湾和前英国领事馆(约 40 分钟)。游毕搭乘渡轮前往旗津,前往旗津海产街和旗津海岸公园游览(约 1 小时)。接着,到台湾艺术的代表场所驳二艺术特区参观(约 40 分钟)。之后游览六合观光夜市(约 1 小时),最后回到酒店休息。

景点介绍:

【打狗英国领事馆】建于 1866 年,是台湾现存的西方近代建筑。1894 年甲午战争,次年台湾被割让给日本,日本人大力建设高雄港积极推动海事,将原本的打狗领事馆作为高雄海洋观测所。这座建筑与鼓浪屿上的那些洋楼很像,设计者是英国人,但建材红砖及工匠都是从厦门运来的。竹节状的落水管是清末洋楼的特色,转角的砖柱为双柱并立,构造更为稳固。在第二次世界大战中该建筑曾受到波及,至 1985 年开始进行修复,于 1987 年列入二级古迹,被规划为高雄史迹博物馆,陈列着高雄近代史之文献、照片及模型。这里右看西子湾,左抱高雄港市天际线,是拍摄高雄港全景的好地点。

【旗津海产街】为旗津最繁荣的地带,贩售着旗津的民生物资。

【旗津海岸公园】沿着海岸线漫游,驱走尘忧俗虑,不亦快哉。

【驳二艺术特区】此处由老仓库改建而成,整体呈现后现代的设计风格。为了让艺术气息融入整个市民生活中,高雄驳二艺术特区也将不定期地开展演艺活动,给艺术家提供一个创作发表的平台。

【六合观光夜市】夜市共设有约 170 个摊位,大多以小吃为主,代表高雄饮食特色的牛排店、木瓜牛奶、乌鱼腱、土魠鱼羹等都能在这里找到。

第7天：高雄—希诺奇桧木博物馆—阿里山天长地久桥—日月潭—台中

早餐后，前往参观希诺奇桧木博物馆（游览约30分钟），然后前往阿里山天长地久桥游览（约30分钟，特别提示：不上阿里山）。游毕乘车前往日月潭风景区，乘船游览日月潭期间参观湖畔的玄光寺（游览约1个半小时），最后入住酒店休息。

景点介绍：

【希诺奇桧木博物馆】参观"世界稀有物种、森林之王"桧木，体验芬多精的天然芳香。希诺奇桧木博物馆，原本只是一处废弃的木材工厂，为了不让台湾的桧木文化消逝，希望传统文化产业有所传承，创办人不断投入人力、物力并将各种资源进行整合，将其转型成休闲观光业，把老旧的传统产业注入新的元素，结合时尚、品牌，提升质量及定位，使传统产业有了新的文化商机，让游客有深度体验，享受大自然所赋予的桧木生活。

【阿里山天长地久桥】坐落于八掌溪与独寮山间河岸上的天长桥与地久桥，两者合称为天长地久桥。这里是阿里山公路的起点处，据说若是有情人携手共渡二桥，便能天长地久、白头偕老。

【日月潭】是台湾地区的淡水天然湖泊，又称"水连沙"，是著名的"台湾八景"之一。潭中有小岛名为拉鲁岛，旧名珠仔岛、光华岛，以此岛为界，潭面北半部形如日轮，南半部形似月钩，故名"日月潭"。日月潭748米的高海拔更造就了层次分明的山景变化。随着光线流转，晨间、傍晚的日月潭皆呈现不同的瑰丽景观，让人叹为观止。这里除了可泛舟游湖、骑行赏景外，其环湖胜景殊多，诸如涵碧楼、慈恩塔、玄光寺、文武庙、德化社、山地文化村及孔雀园等都是游览日月潭无尽美景的好去处。

【玄光寺】该寺地处日潭与月潭的陆地交界处，外观为仿日式寺庙建筑。玄光寺建于1955年，玄奘大师舍利子从日本取回后，暂时安奉于此地。1965年，玄奘寺兴建完成后，玄奘大师舍利子才改移奉至玄奘寺。

第8天：台中—广州

早餐后，前往机场，乘机飞返广州白云国际机场后解散，行程圆满结束。

2. 台湾西部游

第1天：广州—高雄—屏东

景点介绍：

【西子湾】是台湾高雄的一个风景区。西子湾在高雄市的西隅，位于高雄港旁、万寿山西南端的山麓下，距市中心车程约20分钟。西子湾南面隔着海峡与旗津岛相望。而北端则傍着万寿山，是一处由平滩和浅沙所构成的海水浴场，以夕阳美景及天然礁石而闻名。西子湾畔有"国立中山大学"、蒋公纪念馆、高雄史迹文物陈列馆等景区。

【垦丁大街】垦丁地处热带海洋气候，使垦丁拥有了如夏威夷海滩的青春欢乐气息。垦丁大街上有近30家的个性纪念商品店，还有许多饰品店及小摊位，尤其是假日夜晚，更是热闹。

第 2 天：屏东—嘉义

猫鼻头公园（游览约 1 小时）—鹅銮鼻公园（游览约 1 小时）—垦丁—嘉义—阿里山天长地久桥（游览约 1 小时）。

第 3 天：嘉义—台中

中台禅寺（游览约 1 小时）—日月潭（搭船游览，约 1 小时）—逢甲夜市（游览约 1 小时，自理晚餐）。

景点介绍：

【中台禅寺】位于台湾南投县埔里镇，由惟觉和尚住持，于 1994 年创建，在全省有 80 多家分院，并且定期举办禅修活动。2005 年 5 月，惟觉和尚将住持责任交予弟子见灯和尚。中台禅寺规模庞大，外观融合中西建筑手法，寺顶高耸壮观，让信众们赞叹。中台禅寺曾荣获 2002 年"台湾建筑奖"，2003 年"国际灯光设计卓越奖"。

【逢甲夜市】位于台中市西屯区，以文华路、福星路、逢甲路为主，是全台湾尤为著名的观光夜市。逢甲夜市有很多创新有趣的小吃，如章鱼小丸子、蜂蜜柠檬芦荟、可丽饼等。

第 4 天：台中—台北

维格工厂店 DIY 凤梨酥（游览约 1 小时）—台北"故宫博物院"（游览约 2 小时）—台北 101 大楼（游览约 1 小时）。

第 5 天：台北—香港—广州

野柳地质公园—九份老街。

景点介绍：

【九份老街】九份环山面海，拥有变化多端的山海美景；保有着纯朴的旧日生活风貌。九份鳞次栉比的房屋顺应山势，狭窄的街道和陡直的石阶，高高低低。以步行的方式穿梭于巷弄之间，是拜访九份绝佳的旅游方式。

本 章 小 结

本章介绍了香港特别行政区、澳门特别行政区、台湾省的自然旅游资源和人文旅游资源状况，列举了港澳台的主要旅游景观或旅游城市，港澳台旅游线路设计是本章学习中应重点掌握的内容。

习 题

一、单项选择题

1. 以下不属于香港美誉的是（　　）。

  A．"东方之珠"　　　　　　　　B．"美食天堂"

  C．"游乐胜地"　　　　　　　　D．"购物天堂"

2. 香港最高的室内观景台是（　　）。

  A．昂达 360　　B．太平山顶　　C．大屿山顶　　D．天际 100

3. 被列入《世界文化遗产名录》的是（　　）。
   A. 澳门博物馆　　　　　　　B. 澳门历史城区
   C. 西贡火山岩　　　　　　　D. 龙爪角
4. 台湾省高山族按语言和风俗不同分为9个分支，人数最多的是（　　）。
   A. 雅美族　　B. 泰美族　　C. 邹族　　D. 阿美族
5. 下列（　　）是台湾五大山脉之一。
   A. 天目山脉　　B. 戴云山脉　　C. 中央山脉　　D. 怀玉山脉

二、多项选择题

1. 香港包括（　　）。
   A. 香港岛　　B. 新界　　C. 九龙　　D. 其他262个岛屿
2. 以下景点属于香港的有（　　）。
   A. 大屿山　　B. 妈祖阁　　C. 黄大仙祠　　D. 星光大道
3. 世界三大赌城包括（　　）。
   A. 蒙特利尔　　B. 蒙特卡洛　　C. 拉斯维加斯　　D. 澳门
4. 下列（　　）名称是历史上台湾曾经的名称。
   A. 夷洲　　B. 东番　　C. 大员　　D. 中山
5. 台湾史前文化遗迹中的长滨文化有（　　）原始社会形态。
   A. 采集　　B. 狩猎　　C. 渔捞　　D. 畜牧

三、简答题

1. 香港旅游特色有哪些？
2. "澳门新八景"有哪些？
3. 简要介绍台北市的主要景点。

四、实务题

设计一条以亲子游为目标市场的港澳联游线路。

五、案例分析题

港珠澳大桥："世界上最不寻常的道路"

一桥飞架三地，天堑变通途。2018年10月24日，港珠澳大桥正式通车。这条世界上最长的跨海大桥使穿梭港珠澳三地的交通时间大大缩短，构成"一小时生活圈"，大大促进了三地交流及大湾区发展。

《联合报》详细分析了大桥如何做到这一点。在大桥开通前，从香港到珠海的轮渡全程需70分钟，票价为175港元，每2小时一班，高峰期为每小时一班；搭大巴需要2～3小时，票价140港元，每日约5班。

大桥开通后，搭乘"港珠线"穿梭巴士，班次在繁忙时间5～10分钟一班，非繁忙时间及深夜则维持在15～30分钟一班，45分钟就能抵达珠海，票价只要65～75港元。而且穿梭巴士为24小时营运模式，不仅给人们带来了方便，还大幅节省了金钱，缩短了交通时间。

由香港搭巴士去澳门,虽然时间上和坐船差不多(均需约45分钟),但价格便宜了一多半(船票需150~200港元),而且不用受晕船之苦。法国国际广播电台(RFI)指出,对有公共交通车费优惠的老年人来说,从香港到澳门最低只需花费37.4港元。

RFI记者亲身实测了穿梭巴士,发现除了费用大幅降低、车程大大缩短之外,过关的时间也非常短,过关、购买巴士票、上车只需5分钟,比香港其他口岸前往内地的过关时间大大缩短。该记者所乘的巴士8时15分由高铁西九龙站旁的直通巴士站开出,8时50分便抵达大桥的香港口岸,等待9时正式开通过关,最后在10时20分抵达珠海位于人工岛的关口。

RFI表示,大桥的"过路费"堪称低廉,客车每次需交人民币150~300元,货柜车115元,货车60元。当然,一座桥的经济收益不能只计算收了多少过路费,还要计算附带推动的物流、旅游业及公司往来的商业利益。据路透社报道,在投入使用的头20年内,这座桥预计将产生450亿港元的经济效益。

《卫报》报道称,大桥的开通将使"贸易、金融、物流和旅游方面的合作得到加强。香港将在大湾区的发展中扮演更加积极主动的角色"。

CNN认为,"港珠澳大桥是中国发展大湾区的总体规划的中心板块,该区域有望可与旧金山、纽约和东京的湾区相媲美"。报道称,大桥将改善珠江三角洲地区的经济不平衡,可能使该地区成为"中国最具吸引力的旅游中心"。

(资料来源:http://qnck.cyol.com/html/2018-10/31/nw.D110000qnck_20181031_1-12.htm)

问题: 香港、澳门该如何借力港珠澳大桥开发旅游产品?

第六章
亚洲旅游产品开发

第六章 亚洲旅游产品开发

【学习目标】

通过本章的学习，认知亚洲出境游旅游资源；掌握亚洲出境游旅游产品特征；熟悉亚洲出境游产品的设计规则。

【关键词】

产品开发　日本　韩国　泰国　柬埔寨　印度　尼泊尔　土耳其

引导案例

中国春节出境游拉开大幕：多国绞尽脑汁迎游客

外媒称，中国从2019年2月4日开始将迎来春节长假。长假期间，中国出境旅游将达700万人次，创历史新高。在热门目的地排名中，泰国排名第一，印度尼西亚位居第三位，新加坡、越南紧随其后，东南亚各国占据前列。据悉，出境高峰或将是春节当天的2月5日。

据共同社2月2日报道，中国在线旅游巨头携程旅行网发布预测称，春节长假前后出国旅游的中国游客将比上年增加约50万人次，达近700万人次。在热门出境游目的地排名中，日本与2018年相同，居第二位。携程指出，旅游相关消费的势头并未衰退。据称，追求高品质食宿及重视个人爱好的倾向加强。

据《日本经济新闻》2月3日报道，中国从4日开始将迎来春节长假。长假期间中国出境旅游将达700万人次，创历史新高。日本是中国人海外旅游第二热门的目的地，为了吸引中国游客，日本企业也绞尽脑汁。报道称，中国赴日游客2018年全年达到创纪录的838万人次。虽然人数呈现增加态势，但转向享受体验的"体验型消费"。报道称，日本企业为争取访日游客和提升顾客消费单价而绞尽脑汁。长野县的王子饭店开办了滑雪培训班，由会讲汉语的教练细致地讲解和传授。据称，从该连锁店的整体情况看，2月来自大中华地区的培训班预约数同比增加两成。此外，日本最大旅行社JTB（佳天美）则增加了游览不同景点的旅行团。为了避免让每年都来的游客感到乏味，该公司进行了精心的策划和设计，预约人数也增长了14%。

此外，据日本广播协会网站2月3日报道，在春节长假4日开始前，去日本等海外度假的中国人出境迎来了高潮。春节前夕，中国主要机场挤满了去海外度假的中国游客，其中广州白云国际机场办理搭乘手续的柜台前也排起了长队。从1月开始，以大学生等为对象，日本放宽了中国人赴日签证的发放条件。据日本观光厅等部门统计，2018年，去日本旅游的中国人人均消费金额是22.36万日元（约合1.38万元人民币）。赴日年度中国游客人数创历史新高，多达838万人次。

泰国《曼谷邮报》网站2月3日报道称，在中国新年节日期间，红色的灯笼将不但点亮普吉岛，而且也将让旅游经营者感到欣喜。随着中国新年的庆祝活动于2月4日开始，普吉岛当地旅游业正开始变得兴旺起来。中国是普吉岛最大的客源国。泰国酒店业协会南部分会主席空萨·坤蓬沙功告诉《曼谷邮报》记者，酒店经营者报告说2月2日至10日间的客房预订数量有了提升。据泰国旅游局称，当地总计大约 10 万间酒店客房的入住率已经上升到了接近 90%。普吉岛泰中旅游协会的副主席蒂维·阿披穆说，中国新年正在为恢复这个度假岛屿上兴旺的旅游气氛发挥关键作用。

（资料来源：参考消息，http://m.ckxx.net/zhongguo/p/146821.html）

思考：用什么方法可以帮助这些国家吸引中国游客？

分析：随着中国生活经济水平的提高，旅游业得到了极大的发展。如今，很多人将旅游业当作提高生活质量与幸福指数的重要举措，对旅游的品质提出了更高的要求。出境旅游已经变成了一种潮流，旅游的动机也向着多元化的方向发展，旅游行为呈现出消费理性化、形式多样化的特点。

第一节　东亚旅游产品开发

一、日本旅游产品开发

（一）日本旅游资源概况

1. 日本自然概况

日本（Japan）是一个四面临海的岛国，位于日本海和太平洋之间，与中国是一衣带水的邻邦；领土由北海道、本州、四国、九州四个大岛和伊豆、冲绳、小笠原等 6800 多个小岛屿组成，呈弧形延伸。陆地面积约 37.8 万平方千米，山地和丘陵约占全国总面积的 3/4；位于环太平洋火山、地震带上，被称为"火山、地震之国"，全国约有火山 200 座。阿苏山的火山口规模居世界第一位，富士山是典型的圆锥形休眠火山。全国约有大小温泉近 2 万处。日本属温带海洋性季风气候，四季分明，雨水多，南北气温相差很大。常遭台风袭击。

2. 日本人文概况

1）人口、民族、语言与宗教

日本人口约 1.2505 亿（2022 年 5 月），主要民族为大和族。北海道地区目前虽然还有人口约 1.6 万的阿伊努族（古亚细亚人种之一），但已基本上失去了其体制上的特征和固有的文化。日本的通用语言是日语。

宪法保证信仰自由，实行政教分离。日本有神道教、佛教、基督教等多重宗教。神道教起源于古代历史和神话，是日本固有的自然式宗教，祭祀场所是神社。佛教于 6 世纪由中国经朝鲜传入日本。信神道教与信佛教的人口分别占宗教人口的 52.3% 和 42.2%。基督教于 1549 年从西方传入日本。大多数人信仰两种以上的宗教。

2）国民经济

日本是世界第三大经济体。2021 年，日本的国内生产总值（GDP）约 541.9 万亿日元。截至 2022 年 10 月，外汇储备达 1.39 万亿美元。连续 28 年为世界最大债权国。第三产业特别是服务业占主要地位，且在产业中所占比重继续呈上升趋势；传统的工业、制造业占较重要地位，但比重却趋向下降。高新技术和现代农业发达，制造业高度发达，工业总产值约占国内生产总值的40%，服务业占国内生产总值60%左右。

货币：日元（Yen）。汇率：1美元≈134.17日元（2023年2月）。

3）饮食

日本人以米饭为主食，副食多吃鱼，喝酱汤；喜欢清淡饮食，除油炸食品外，使用油的菜很少，一般都是低热量、低脂肪，而且营养也均衡。传统饭菜有生鱼片、寿司、天妇罗（油炸菜、虾、鱼等）、鸡素烧（日式火锅），还有各式各样的鱼饼、海菜制品等，讲究食材与配料的新鲜。很少吃动物"下水"；肉铺里一般不会摆出猪蹄、鸡爪；宴会里也不会出现猪心、猪肝等。

酒分为普通酒、纯米酒、本酿造酒、吟酿酒、生酒和原酒等。其中最有代表性的是用大米酿造而成的"清酒"，酒精含量为15%～16%，糖分为3%～4%，味微酸，口感醇和。

大多饮绿茶，根据茶叶品质大体分为玉露、煎茶、粗茶。著名的茶叶有京都府宇治市产的宇治茶等，红茶也很普及。

吃饭时，忌将筷子垂直插在米饭中。日本习惯于人死后在枕边放一碗米饭，把筷子垂直插在其中。

4）社交礼仪

见面礼仪。脱帽鞠躬，很少握手。但如女性或长辈主动伸出手时，男性或晚辈即可迎握，但不要用力握或久握。与人说话时，不要凝视对方。常用见面礼节语有"您好""对不起""打扰您了""请多关照"等，习惯准备一些见面礼品。

访问礼仪。要预约访问时间。首次访问时，应作自我介绍（或递名片）。介绍第三人时，先将晚辈介绍给长辈；先将男子介绍给女子。进日本式房间前，要脱鞋、脱大衣、摘帽。进房间后，根据主人安排就座。不经允许，不要抽烟。除特意被招待吃饭，否则应在吃饭时间前要离去。男性不要到女性房间谈话，如有事要将她邀至附近咖啡厅等待。

忌讳4和9，因为日语中4和9的发音与"死"和"苦"相同。受西方影响，不少人也避开13，更忌讳星期五、13日。不用梳子做礼品，因为它的发音和"苦死"相同。赠送结婚礼品时，忌送易破碎物品，"破碎"意味着良缘破裂。在佛教中，荷花常出现于丧事中。探视病人时，忌用仙客来花、山茶花作为礼物。忌绿色，认为绿色不吉利。忌称"残疾人"之类词语，应称他们为"眼睛不自由的人""腿不自由的人""耳朵不自由的人"等。

（二）日本著名旅游城市和景点

日本首都东京，位于本州中部，包括关东地区南部和伊豆、小笠原诸岛。文物古迹众多，如浅草神社、明治神宫等诸多神社。皇城是德川时代将军的居所江户城的遗迹。

拓展阅读 6-1

东京迪士尼乐园

东京迪士尼乐园是日本最大的游乐场，亚洲第一座迪士尼风格的游乐园，位于千叶县境内，毗邻东京都，1982 年建成。主题乐园面积为 80 万平方米，呈五角形，以童话故事《灰姑娘》中的"古老城堡"为中心，主要分为再现 19 世纪初美国街景的世界市集、充满冒险和浪漫色彩的探险乐园、重现美国拓荒时代景象的西部乐园、童话故事和卡通片纷纷出现的卡通城、描述探索宇宙未来的未来乐园及新生物区、梦幻乐园 7 个区。园中集中了各种现代化游乐设施，可以满足不同人、不同兴趣的游乐需要。

（资料来源：卢丽蓉，彭淑清. 中国旅游客源地概况[M]. 北京：旅游教育出版社，2017）

京都：从 8 世纪末起约有 1000 年历史的日本皇宫所在地，有"千年古都"之称。有清水寺、三十三间堂、金阁寺、银阁寺、平安神宫、二条城、桂离宫等众多寺庙及历史古迹，其建筑、庭园富有日本特色。岚山以日本樱花和红叶闻名于世，有周恩来的纪念诗碑。

奈良：日本三大古都之一，曾为日本首都，1950 年被定为国际文化城，是神社、佛像、雕刻、绘画等国家重要文物所在地。有著名的东大寺、兴福寺、法隆寺等众多寺院。759 年唐代高僧鉴真兴建的唐招提寺也在奈良。

长崎：1571 年开港，是一座充满异国情趣的港口城市，也是 1945 年原子弹爆炸的中心地。旅游者可参观长崎和平公园及长崎原子弹中心陈列馆。市内主要名胜古迹有兴福寺、浦上天主教堂、大浦天主教堂等。

富士山（图 6-1）：高 3776 米，为日本最高峰，世界著名火山，被誉为"圣岳"。最近一次喷发是在江户时代。

图 6-1　富士山

箱根：位于神奈川县西南部，距东京 90 千米，是著名的国际旅游地，是日本的"温泉之乡"、疗养胜地。约 40 万年前，这里是一处烟柱冲天、容颜四溅的火山口。现在的箱根到处翠峰环拥，溪水潺潺，温泉景色十分秀丽。由于终年游客来来往往，络绎不绝，故箱根又享有"国立公园"之称。

北海道：日本最北部的一个岛，世界著名旅游地，以自然之美著称。札幌是北海道的首府，号称"北国之都"。札幌最诱人的是每年冬季三天的"雪祭"。登别是日本著名的"温泉之乡"，也有世界最大规模的熊牧场。富良野地处北海道地理中心，每年 7—8 月，漫山遍野是盛开的薰衣草，充满着紫色梦幻魅力。

（三）旅游线路产品开发

1. 日本旅游产品开发总体思路

按游客的行为目的，日本旅游业的构成大体上可以分为以下几个板块：自然与名胜观光、泡温泉与温泉疗养、体育与娱乐、节庆和事件趣味旅游、美食旅游以及参拜旅游等。与其他国家旅游业构成相比，温泉旅游和美食旅游是目前日本旅游业比较有竞争力的亮点。

2. 日本旅游线路实例

市面上各大旅行社，关于日本游的旅游线路产品，大多为期 6~7 天，行程集中在本州连线、大阪—京都及周边、东京及周边、北海道、冲绳、大阪—名古屋等地。下面列举几个比较典型的跟团游行程。

1）日本大阪—京都—富士山—东京跟团游

第 1 天：广州—东京

第 2 天：东京—大阪

【大阪城公园】赏樱花期参考为 3 月中旬至 4 月中旬（约 40 分钟）。里面种植有大约 4300 株樱花，其中染井吉野樱约 1900 株、山樱约 900 株、大岛樱约 800 株，是大阪赏樱名所。大阪城的樱花遍布城濠、西丸庭园、天守阁。

【大阪造币局百万樱花大道】赏樱（约 40 分钟）。樱花大道共有约 400 株、多达 121 种珍贵品种的樱花。每年只有在樱花旺盛时才对外开放一星期，数量繁多的樱花非常壮观，樱花盛开时花瓣飞舞。当百樱齐放时，走道像极了一条特别的"樱花隧道"，这里是关西主要的赏樱名所，是关西人气排行榜前 5 名。

【道顿堀食街】这里充满各种美食招牌，有来自全日本的山珍海味，每天都招来川流不息的人潮，有名的大螃蟹招牌更是道顿堀的标志。

第 3 天：神奈川县箱根町

【京都世界遗产清水寺、怀旧街】（游览约 1 小时）因寺中清水而得名，顺着寺院的石阶而下便是音羽瀑布，清泉一分为三，分别代表长寿、健康、智慧，被视为具有神奇力量。现存的大部分建筑始建于 1633 年，被定为国宝的主堂由 139 根立柱支撑，宛如硕大的舞台，故又称"清水舞台"。本堂的下方有著名的"音羽瀑布"与祈求分娩顺利的"子安塔"，后者被列为世界文化遗产。清水寺建于音羽山上，为日本佛教北法相宗的总院。寺院周围是京都的名胜古迹，春天樱花盛开，秋天红叶似火。门前的怀旧街有很多小商品售卖，街头商店的装潢非常吸引人。

【哲学之道】赏樱（约 50 分钟）。哲学之道是京都左京区一条 2000 米长的溪边小道，沿途种满樱花树，是京都赏樱的必去景点。

【祗园艺伎街】（约 40 分钟）是京都具有代表性的地区。这里可以找到 7 世纪的餐馆和茶馆，许多游客都喜欢在这里休闲消遣。在路上漫步，你还可以看到行色匆匆的艺伎，也许她们会和你擦肩而过。

【奈良公园】奈良公园中饲养着许多鹿，鹿被认为是神的使者，自古以来受到日本人民的珍爱，这里的鹿一点儿都不怕生。

【奈良吉野山】赏樱（约 40 分钟）。日本奈良县吉野山以樱花而闻名，有"日本第一"之誉。春天来时，粉红色的樱花开满山野，被称为"吉野千本樱"。从山脚到山顶遍植樱花树，春来樱花满山。以樱花盛开而闻名的吉野山，被分为四个部分，到每年的 4 月，樱花按"山麓千棵""山腰千棵""山上千棵""山里千棵"的顺序依次盛开，场面壮观。奈良的这些景点常年游人不断。

第 4 天：东京

【富士山五合目】位于山梨县东南部与静冈县交界处，海拔 3776 米，是日本第一高峰。富士山由山脚至山顶共分为十合，半山腰称为五合目。它气势雄伟，为其他山峰所不及，呈圆锥形的山姿十分优美，常常被用来作为绘画和文学的创作题材。富士山作为日本的象征，名扬全世界。

【忍野八海】（游览约 50 分钟）位于山中湖和河口湖之间，有"日本的九寨沟"之美誉，因错落有致地散布着八个清泉，"忍野八海"因之得名且名扬四海。

【山中湖水陆两用巴士】（游览约 40 分钟）如果碰到周四停休或者满员，则改成山中湖白鸟号游船。游览富士山五湖之一的山中湖。在微波潋滟的湖面上，远望被日本誉为神山的富士山全景，终年积雪的富士山倒映在湖面上，湖边樱花山水交相辉映，气象万千。

【山中湖白鸟号游船】以"悠游于山中湖，愉快又美丽的白鸟"为概念而设计的白鸟号游船，男女老少都喜爱，其优雅的姿态与富士山搭配成为一幅美景图画。

第 5 天：东京都

【皇居外苑·二重桥】（游览约 30 分钟）位于东京中心，过去是德川幕府居住的城堡，现在则是日本天皇的官邸。来到皇居的每个人都会在皇居二重桥前拍张照片留念，这座二重桥是内苑往外苑的唯一通路，是一座拱桥式建筑。

【上野公园】上野公园是日本人流很多的赏樱地点。其中樱花大道是极佳赏樱地点，风过之处落樱雨下，尤为壮观，鲁迅那句"上野樱花烂漫时"便是于此。

【银座】（游览约 1.5 小时）位于东京中央区，这里著名百货公司林立，有三越、西武、阪急及和光等，团友们可自由购物。

第 6 天：东京—广州

前往东京机场，乘国际航班飞往广州白云国际机场，抵达机场后散团，结束日本精彩之旅。

2）北海道冬季赏雪游

第1天：广州机场—札幌千岁机场

第2天：千岁—函馆

【大通公园】（游览约45分钟）这里有许多城市雕塑、喷水池、丁香树和槐树，还有许多花坛，不仅是札幌市民以及游客的休息场所，也是"世界三大冰雪节之一"的札幌雪祭的所在地。

【函馆夜景】晚上乘坐日本最大的登山缆车由山脚到函馆山顶，观看被誉为世界三大夜景的"犹如天上的珠宝洒落人间"一般璀璨的函馆夜景，天气晴朗的话，一时间仿佛天上地下满是繁星，"手可摘星辰"的感觉油然而生（此处游览约50分钟，含缆车上下山时间）。

第3天：函馆—洞爷湖/登别

【五棱郭公园】（不登塔，游览约1小时）是日本第一座西洋式城堡，建于1864年，其造型非常独特，从高处俯瞰呈五角星形状。

【洞爷湖】风景区是北海道三大景观之一。洞爷湖由20世纪初叶火山爆发后形成，湖面标高84米，最大深度180米，面积70平方千米，一年四季荡漾着清丽的湖水。

【昭和新山】（游览约30分钟）洞爷湖的湖岸近处有昭和新山。游览登别地狱谷（游览约45分钟）。此谷覆盖于一片绿茵之中，是一万年前火山喷发后由遗留的熔岩形成的一个奇形怪状的谷底，灰色和褐色的岩层加上许多地底喷出的蒸汽，形成特殊的火山地，烟雾缭绕，硫黄味扑鼻，酷似一幅地狱中的景象。

第4天：登别—小樽—札幌

【小樽】驱车前往著名电影《情书》拍摄地，富有浪漫怀旧气息的运河风情城市——小樽。运河两岸至今还保留着明治时期的怀旧仓库建筑，在这里观光小樽罗曼蒂克运河、玻璃器皿街、水晶音乐城、蒸汽时计台，体会北海道浪漫之情（以上四个景点共游览约1小时）。

第5天：千岁机场—广州白云国际机场

二、韩国旅游产品开发

（一）韩国旅游资源概况

1. 韩国自然概况

韩国全称"大韩民国"（Republic of Korea），位于亚洲大陆东北朝鲜半岛的南部，东临日本海，西与中国山东省隔黄海相望，北部以北纬38°线为界与朝鲜民主主义人民共和国相邻，面积约为10.329万平方千米。韩国地形以丘陵和平原为主，著名的山峰有汉拿山、雪岳山和智异山，较大的河流有汉江、洛东江等。西南部的平原是韩国主要农业区，半岛南面的济州岛是韩国最大的岛屿。韩国属温带季风气候，四季分明。6~8月为雨季，冬季干燥寒冷，秋季为最佳旅游季节。

2. 韩国人文概况

1）人口、民族、语言与宗教

韩国人口约 5162 万（2022 年数据），单一民族，通用语言为韩语。自古以来，朝鲜半岛通用汉字，文字与语言不一致，现在的韩语的文字形式是 1443 年创制。50%左右的人口信奉基督教、佛教等宗教。

2）国民经济

韩国是新型工业国。2021 年国内生产总值（GDP）约 1.79 万亿美元，人均国民收入 3.5 万美元。现第一、第二、第三产业在国民生产总值中的比例为 2.6∶30∶67.4。电子工业以高技术密集型产品为主，信息技术水平和产值名列世界前茅。大企业集团在韩国经济中占有十分重要的地位，目前主要大企业集团有三星、现代汽车、SK、LG 和 KT 等。

货币：基本单位是韩元（Korean Who，简写符号为 W）。汇率：1 美元≈1295.9 韩元（2023 年 2 月）。

3）饮食

韩国人传统上以米饭或面食为主食，以肉类和蔬菜为副食。主食类有各种米饭（排骨汤饭、牛肉汤饭、鳕鱼汤饭等）和面食（冷面、鸡汤面等）。以泡菜文化为特色，一日三餐都离不开泡菜。传统名菜烤肉、泡菜、冷面已经成了世界名菜。传统的酒有用糯米酿成的浊酒、药酒和烧酒。

4）社交礼仪

韩国人对国旗、国歌和国花都十分珍视，绝不可不敬。每日傍晚 5 时，全国均播放国歌，向国旗行礼，即便是外国人在街道行走，亦须停步致意。

注重礼节。长幼之间、上下级之间、同辈之间的用语有严格区别。尊敬长者、孝顺父母、尊重教师是全社会的风俗。上下班时要互致问候。在隆重场合或接待贵宾时要见面低头行礼。对师长和有身份的人，递接物品时要用双手并躬身。

禁忌"四"字，因"四"在韩语中与"死"同音。喜欢单数，不喜欢双数。招呼人过来时，手心要向下。客人进门脱鞋，鞋头要朝内。

（二）韩国著名旅游城市和景点

首尔是韩国首都，原名汉城，文化古都，也是现代化国际大都市。市中心一带有景福宫、德寿宫、昌德宫等历代宫殿。1398 年建成的汉城南大门称为"崇礼门"，是首尔的象征。在首尔以西 45 千米的仁川，是首尔的卫星城和出海港。在首尔西北 66 千米的黄海中有个江华岛，岛上的传灯寺是朝鲜半岛最古老的寺院。

拓展阅读 6-2

景 福 宫

景福宫（图 6-2）是太祖李成桂于 1395 年建造的新朝鲜王朝的法宫（即正宫）。无论就规模还是建筑风格,景福宫都堪称"朝鲜五宫之首"。景福宫在壬辰倭乱时期,大部分建筑被烧毁;高宗时期,兴宣大院君主持恢复并兴建了 7700 多座建筑。现在,景福宫内保存有朝鲜时代代表性的建筑——庆会楼、香远亭的圆形莲池、勤政殿的月台、雕像等,从中可以感受到朝鲜时代人们高超的雕刻技艺。现在,兴礼门外西侧是国立古宫博物馆,景福宫内东侧则坐落着国立民俗博物馆。

(资料来源:韩国旅游发展局官网,http://chinese.visitkorea.or.kr)

图 6-2　景福宫光华门

庆州:位于韩国东南部,从公元前 57 年新罗国在此建都,直到 935 年高丽灭新罗为止,前后近千年,均为王都。庆州是朝鲜半岛历史文化最为悠久、丰富的城市,被誉为"没有围墙的文化博物馆"。

釜山:韩国最大的海港,仅次于首尔的第二大城市。市内和郊区多名胜古迹,郊区金井山山腹的禅宗梵鱼寺,为韩国四大古刹之一。浮山海云台、东莱温泉、松岛等地,是韩国重要的海滨度假胜地。

济州岛:韩国第一大岛,位于南端黄海与东海交界处,属亚热带海洋性季风气候,十分有利于开展度假旅游。到南部沿海是开展游泳、冲浪、滑水、日光浴、海水浴的理想场所和疗养胜地。岛上海拔 1950 米的死火山汉拿山,是韩国最高峰。火山口湖和长达 13 千米的容颜洞穴堪称奇绝,被称为"神话之岛"。

(三)旅游线路产品开发

由于国家政策原因,市面上没有韩国跟团游产品,但是各大旅行社推出韩国自助游产品供游客选择,主要类型为机票+酒店产品、帮订韩国各大旅游点门票、帮办签证等。下面介绍比较典型的自助游产品。

第1天：广州—仁川—首尔

在指定时间于广州白云国际机场集合，办理登机及离境手续，搭乘国际航班前往仁川，抵达后导游接机，乘车前往首尔（车程约1小时）。

第2天到第4天：首尔

全天自由活动。

推荐一：爱宝乐园。爱宝乐园的魅力在于由5大主题区组成——环球集市（正门地区商业）、美洲冒险区（惊险设施）、魔术天地（儿童设施、伊索之村）、欧洲冒险区（四季花园、玫瑰花园）、动物王国（动物园/野生动物园）。爱宝乐园里不仅有惊险刺激的各种游乐设施，更有激情欢快的表演。夏季每日里都有70多场各种演出。

推荐二：明洞被称为"购物一号大堂"。无论是首饰、服装，还是运动鞋、皮鞋、靴子，或是二手商品等，这里应有尽有。除了大街两旁的专卖店以外，还有一些可以讲价的打折优惠店。在这里可以尽情逛街，随意挑选自己喜欢的款式和型号，保证满足您的购物欲望。明洞中心一带的商家每天都在不断更新，快速发展，购物十分便利。购物之后拎着大包小包感觉累了或饿了，还可以到周边的饭店或咖啡厅休息一会儿。

推荐三：梨泰院街。如果说明洞是具有韩国流行色彩的购物街，那么梨泰院街则是最具异国风情的购物街。这条有"万国城"美誉的购物街位于梨泰院1洞到汉南2洞之间。街道两旁商铺鳞次栉比，主要售卖以外国人口味来设计生产的商品，因此吸引了众多外国游客到此购物、消费。走在梨泰院街上，有擦肩而过的各国游客；随处可听到人们用英语及其他外语交谈；有数之不尽的外国料理特色餐厅……梨泰院这个弹丸之地已发展成为世界各国游客的购物天堂。

推荐四：狎鸥亭洞和清潭洞。在狎鸥亭，随处可见高级百货公司、品牌专卖店、世界品牌旗舰店。时尚、具有个性的服饰、精品在不同的橱窗展示，让人迅速感受到首尔著名时尚大街的"魔力"。除了琳琅满目的奢侈品外，狎鸥亭的整容产业也受到世人的关注，经过十几年的发展，如今的狎鸥亭又多了一个别称——"整容一条街"。与狎鸥亭相邻的清潭洞，以世界高级品牌林立而成为当之无愧的高级购物区，平日里也有不少社会名流、知名艺人前来购物。

推荐五：梨花女子大学商业街。梨花女子大学商业街是首尔著名的大学街之一，两旁大多是经营流行服饰、精美装饰品、时尚文具、美容美发等针对年轻女性消费群的店铺。装扮时髦、年轻漂亮的女大学生到这里逛街吃饭，这也成为梨花女子大学商业街靓丽的"风景线"。

推荐六：东大门市场。韩国东大门市场于1905年7月建立，为有效地管理好东大门市场，同年11月设立广壮株式会社。如今东大门市场已经发展成为韩国最大规模的批发与零售市场，东大门市场每天24小时营业，是年轻人的购物天堂，所以也形成了独特的消费文化氛围，只有身临其境，才会感受到它的与众不同。

第 5 天：首尔—仁川—广州

乘车前往仁川国际机场，办理登机及离境手续，搭乘国际航班返回广州，结束愉快旅程。

第二节　东南亚旅游产品开发

一、泰国旅游产品开发

（一）泰国旅游资源概况

1. 泰国自然概况

泰国（The Kingdom of Thailand）位于中南半岛中部，东邻老挝和柬埔寨，西与缅甸接壤，南为马来半岛北部地峡，与马来西亚相连。东南面临泰国湾，西南濒安达曼海。泰国的国土面积约为513115平方千米，海岸线长2600千米。北部和西部多山，东北部是高原，中部是湄南河平原，南部多丘陵。湄南河贯穿泰国中部，全长1200千米，是泰国境内主要河流，湄南河流经的平原是泰国农业最发达的地区。大部分地区属热带季风气候，全年分热、雨、凉三季。位于马来半岛上的部分，属热带雨林气候。

2. 泰国人文概况

1）人口、民族、语言与宗教

全国人口约6617万（泰政府2020年发布统计公告），有30多个民族。泰族为主要民族，占人口总数的40%，老挝族占35%，马来族占3.5%，高棉族占2%，此外，还有苗、瑶、桂、汶、克伦、掸等山地民族。泰国政府规定，华侨在泰国生下的子女到第三代就算是泰族人。现有在泰华侨近30万人。

官方语言为泰语，英语为通用语。此外，还有老挝语、越南语、库美尔语及马来语等。佛教为国教，总人口数的90%以上信奉佛教。南部的马来族信奉伊斯兰教，还有少数人信奉基督教、天主教和印度教等。

2）国民经济

2021年，泰国的国内生产总值达5189亿美元。泰国是传统农业国，农产品是外汇收入的主要来源之一，是世界天然橡胶最大出口国。此外，泰国还是世界市场主要鱼类产品供应国之一，是红、蓝宝石的著名产地，为世界第二大宝石出口国。铁路以曼谷为中心，可直达柬埔寨、越南、马来西亚和新加坡。全国共有37个机场，其中国际机场8个，曼谷廊曼机场是东南亚重要的航空枢纽。经济实行自由经济政策，属外向型经济，依赖美、日、中等外部市场，属中等收入国家。

货币：泰铢（Thai Baht）。汇率：1美元≈34.47泰铢（2023年）。

3）饮食

泰国人的主食是大米，副食以鱼和蔬菜为主。最喜欢的食物是"咖喱饭"。就餐时，人们围桌跪坐，不用碗具而以右手抓食。泰国人用餐离不开鱼虾露和辣椒糊，喜欢中国广东菜和四川菜，不喜欢红烧、甜味的菜肴。槟榔和榴梿是泰国人最喜欢吃的水果。泰国人喜欢喝茶，许多茶馆在热茶中放一块冰块来招待顾客。

4）社交礼仪

泰国是东南亚乃至世界最大的佛教国家，佛处于至高无上的地位。按照传统的礼俗，男子一般在20岁左右都要过三个月的僧侣生活，否则，国王不得执政，贵族不得袭爵，平民不得结婚。无论是王公贵族，还是平民百姓，遇见僧人必须行礼，僧人却概不答礼。见面时行合十礼。合十礼对不同身份的人有不同要求，小辈或下级行礼，双手合十于前额；平辈相见，双手略举与鼻齐；长辈或上级对下，只要举到胸部高度即可。小辈或下级要先行礼，受礼者也要还礼。在国际社交场合也行握手礼，但俗人不能与僧人握手，男女之间也不能握手。

不能随便摸人的脑袋，不能用左手与人握手和递接东西。忌用脚指东西、踢门，不能盘腿而坐，不能用脚心对人。长辈在场时，晚辈必须坐在地上或跪坐，以免高于长辈头部。睡觉时忌讳头朝西。忌讳用红颜色写名字，因为人死后才能用红笔将其姓名写于棺木上。

（二）泰国著名旅游城市和景点

泰国首都曼谷，意思为"天使之城"，位于湄南河下游低湿地区，市内河道纵横，十几条河川蜿蜒其间，货运繁忙，水上集市繁荣，有"东方威尼斯"之称。市内有大小佛寺400多座，因此又有"佛庙之都"之称。著名的古建筑有大皇宫、玉佛寺、金佛寺、金山寺和郑王庙等。三聘街是一条长1000多米的街道，是泰国最庞大而繁荣的市场，这里的居民90%以上是华人。

拓展阅读 6-3

水 上 市 场

水上市场是曼谷的特色之一，它是一处获取泰国水上人家影像、品尝地道小点心和水果的最佳地点。据了解，围绕在曼谷周边的水上市场有很多，其中以丹嫩沙多水上市场（图6-3）最为出名。曼谷水上市场由很多载满水果、蔬菜、熟食和其他商品的小船构成一幅繁忙生动的景象。小贩兜售袋装水果和纪念品等，贩卖者主要是女性，她们戴着宽边斗笠，穿着泰国乡村人民最爱的蓝棉布衣。由于集市距离市中心较近，交通方便，前来游览的游客不断增多，现在已完全演变成一个专供旅游者游览购物的水上集市。

（资料来源：卢丽蓉，彭淑清.中国旅游客源地概况[M].北京：旅游教育出版社，2017.）

图 6-3　丹嫩沙多水上市场

清迈：位于泰国北部，是全国第二大城市。城里有寺庙约 100 座，在斋里銮寺，有城中最大的四方形佛塔——大佛塔。昌挽寺，为明来王所建，内供有 1000 多年历史的水晶佛。清迈盛产玫瑰，有"北方玫瑰"的雅称。清迈是著名的旅游避暑胜地。

帕塔亚：也称为"芭提雅"，位于泰国中部湄南河畔，是泰国的花城、旅游胜地。城市依山傍海，各种鲜花遍布各个街道、庭院，有"花城"之称。帕塔亚海滩为著名的海水浴场。

普吉岛：位于泰国南部，距离首都曼谷约 800 千米，是泰国境内唯一有府级辖制的岛屿，是泰国最大的锡矿产地之一。海岸蜿蜒曲折，海滩水清沙细，风光旖旎，素有"海月仙阁""泰南珍珠"之称。普吉岛最自豪的，便是拥有岛的西边、临近安达曼海的 10 多个美丽海滩，如芭东海滩（Patong Beach）、素林海滨（Hat Surin）、奈函海滨（Hat Nai Harn）等。

（三）旅游线路产品开发

1. 泰国旅游产品开发总体思路

泰国有丰富的自然资源和文化资源。中部平原有广阔的稻田，旅游景点主要包括寺庙、大皇宫、素可泰历史文化公园等。北部主要是山区丛林，自然景色旖旎，历史观光景点、佛塔寺庙和古迹众多，这些因素吸引了众多外国游客来此旅游和度假。东部是泰国面积最小的旅游中心，如芭提雅。西部的旅游景点主要是水坝。南部是世界上著名的海岛旅游景点，受旅游者青睐的海岛众多。

2. 泰国旅游线路实例

泰国是东南亚国家中，最受中国游客青睐的国家之一。在旅行社产品中，泰国游产品最为成熟，产品也最为丰富。从出游形式看，有跟团游、半自助游、自助游。从产品线路种类看，有的线路选择海洋资源、佛教、城市资源（如曼谷—芭提雅）相结合，有的线路为纯海洋资源项目（如普吉岛—皮皮岛），有的线路将新兴佛教旅游地与海洋资源（如清迈—普吉岛）相结合，下面介绍一条典型线路。

第 1 天：广州—清迈（专车接机）

第 2 天：素贴山—清迈大学—塔佩门—长康路夜市

【素贴山】位于清迈古城的西郊，是泰国有名的佛教圣地。山上有双龙寺，在观景台上可以俯瞰清迈全景。山中森林茂密，百花争艳，气候凉爽宜人，空气十分清新，吸引着众多游客来此游玩。

【清迈大学】是泰国北部首屈一指的高等学府，创立于 1964 年。校园中有草木繁茂的绿地、掩映在树林中宁静的水池，环境非常不错。校园内到处走动的学生都洋溢着青春的气息。大学主校区坐落在素贴山的东边，很多游客在前往素贴山时会前来参观。因观光限制，游客只可乘坐观光车，在校园的中央区域转一圈，然后在佛楼、净心湖稍作停留拍照。

【宁曼路】在清迈古城西北，古城与清迈大学之间有一条宁曼海敏路，简称"宁曼路"。这里是有名的时尚聚集区，也是清迈年轻人喜爱的地方。

【塔佩门】位于东边城墙的塔佩门是至今留下的非常完整的一座城门。原先，清迈古城四周都是由褐红色砖墙围起的两米左右的城墙，后来，大部分的建筑都在岁月的更迭中消失了，留下的塔佩门成为清迈非常知名的景点，是这座城市地标性的存在。红墙配蓝天，清晨或黄昏人较少时这里十分美丽，来自世界各地的摄影师会从不同的角度来捕捉城门美丽的瞬间。周日市场的摊位就从这里开始，没有集市时，游客和当地人会在塔佩门前的广场上喂鸽子，十分自在。

【长康路夜市】位于清迈古城与湄平河之间，是每日都会出摊的夜市。这里热闹而有秩序，喧闹而有节制。每当夜幕降临，各种手工艺品汇集的清迈长康路成为让游客心仪神往的繁华夜市。道路两旁亮着灯，长约 2000 米的街道上人头攒动，很是热闹。贩卖的小商品种类丰富，价格便宜，有各式各样的银制首饰、民族刺绣布袋、泰丝和棉织品、竹编制品、漆器、木雕、手绘纸伞等。

第 3 天：全天自由活动

推荐行程如下。

推荐一：丛林飞跃、丛林飞索。

推荐二：拜县一日游。

第 4 天：全天自由活动

推荐行程如下。

推荐一：棒棒糖号蛋岛巨型帆船蛋岛半日游。

推荐二：快艇斯米兰一日游。

推荐三：皇帝岛珊瑚岛双体帆船。

推荐四：攀牙湾大船泛舟日落游。

推荐五：绿洲 SPA。

推荐六：幻多奇乐园。

推荐七：普吉海豚馆。

第 5 天：普吉环岛（考朗山微风餐厅—普吉镇老街—芭东夜市—送机）

【普吉镇】位于普吉岛的东南部，是普吉府的省会。普吉镇是一个很适合花上一两天时间游览的地方，小镇街道两边有很多礼品店、古董店、画廊、酒吧、咖啡馆等，逛累了可以随意找一家坐坐，小憩一下，颇有氛围和情调。坐在街角的咖啡馆，可以和朋友聊天，也可以发呆欣赏街景，非常惬意。镇上的游客不及海边那么多，但走一趟老城区，逛一趟周末集市，坐一下当地的茶餐厅，质朴的人文风情会给人留下深刻的印象。

【查龙寺】位于普吉岛南部的查龙湾，是泰国非常有名的寺庙之一，这里香火鼎盛，是很多当地居民的精神寄托。查龙寺不大，可供游览的主要有主大殿、舍利塔、寺庙原址和老祖师庙这四个殿。整个寺庙结合了泰国南部、中部和东北部的建筑风格，是普吉岛古老而知名的寺院，有 100 多年的历史。

【神仙半岛】位于普吉岛南端、距市区 18 千米的朋帕海岬，在泰语中的意思为"上帝的岬角"，由于在观景台供奉了一尊四面佛，当地人称它为"神仙半岛"。壮观的岩壁景观是神仙半岛主要的风景特色，岩壁下的圆石、棕榈树交错是东南亚特有的沿海风情，海流漩涡和海浪的壮丽气势让人惊叹，黄昏时可在神仙半岛欣赏到普吉岛迷人的落日余晖。

【芭东夜市】是普吉岛人气较旺的街头市场，从手工项链到造型蜡烛，从各式泳装到拖鞋、凉鞋，应有尽有。芭东夜市的店铺都属于开放式的，小商品居多，尤其在夜晚，每个店家灯火通明，让游客感觉特别耀眼。

第 6 天：普吉—广州

酒店早餐后，乘坐航班飞返广州，结束愉快的泰国之旅。

二、柬埔寨旅游产品开发

(一) 柬埔寨旅游资源概况

1. 柬埔寨自然概况

柬埔寨王国（The Kingdom of Cambodia）位于东南亚中部半岛南部，东部和东南部同越南接壤，北部与老挝交界，西部和西北部与泰国毗邻，南部濒临泰国湾。柬埔寨的面积约为 18 万平方千米。中部和南部是平原，东部、北部和西部被山地、高原环绕，大部分地区被森林覆盖。湄公河在境内长约 500 千米，流贯东部。洞里萨湖是中南部半岛的最大湖泊。属热带季风气候。

2. 柬埔寨人文概况

1) 人口、民族、语言与宗教

全国人口约 1600 万（2022 年统计数据），有 20 多个民族。高棉族为其主要民族，占人口总数的 80%，还有占族、普农族、老族、泰族和斯丁族等少数民族。高棉语为通用语言，英语、法语均为官方语言。佛教为国教，93%以上的居民信奉佛教，占族信奉伊斯兰教，少数城市居民信奉天主教。华人、华侨在柬人口约 70 万。

2) 国民经济

2017 年，柬埔寨的国民生产总值为 221.581 亿美元，人均国民生产总值为 1384 美元。

柬埔寨是传统农业国，工业基础薄弱，是世界上最不发达国家之一。目前，实行对外开放的自由市场经济，推动经济私有化和贸易自由化，把发展经济、消除贫困作为首要任务。农业是第一大支柱产业，农业人口占总人口的85%，占全国劳动力的78%。工业占国内生产总值的30%，工业就业50万人。有金边和暹粒两个国际机场，西哈努克港为国际港口。

货币：柬埔寨瑞尔。汇率：1美元≈4077柬埔寨瑞尔（2023年）。

3）服饰习俗

服饰较为简朴，因天气炎热，男子穿无领对襟大褂和短裤，天热时只穿"纱笼"；女子穿圆领对襟短袖衫，下穿筒裙。

男子20岁左右、女子16岁左右即可以结婚，婚礼在女方家举行3天。第1天，新娘家搭棚迎新郎；第2天，在女方家祭祖、理发，喜宴后举行缠线仪式，亲人把线缠在新郎新娘手腕上，表示永结同心；第3天，举行拜堂仪式，众人把鲜花撒在新郎新娘身上。

（二）柬埔寨著名旅游城市和景点

柬埔寨首都金边，位于洞里萨湖与湄公河交汇处，始建于14世纪，15世纪为高棉国都。市内著名景点有王宫、奔寺、独立广场和独立纪念碑。

西哈努克港：全国最大海港，建有酒店、沙滩浴场和滨江别墅等度假设施。

吴哥古迹：位于柬埔寨北部暹粒省境内，距首都金边约240千米，公元9世纪至15世纪，吴哥是柬埔寨的王都。城墙上一尊微笑的四面湿婆佛像石雕闻名于世，成为高棉民族的象征。1992年，吴哥古迹被列入《世界文化遗产名录》，为入境游客必游之地。

拓展阅读 6-4

吴 哥 窟

吴哥窟（Angkor Wat），又称吴哥寺（图6-4），位于柬埔寨，被称作柬埔寨国宝，是世界上最大的庙宇，同时也是世界上最早的高棉式建筑。吴哥窟原始的名字是Vrah Vishnulok，意思为"毗湿奴的神殿"，中国佛学古籍称为"桑香佛舍"。

12世纪，吴哥王朝国王苏耶跋摩二世（Suryavarman Ⅱ）希望在平地兴建一座规模宏伟的石窟寺庙，作为吴哥王朝的国都和国寺。因此，他举全国之力，花了大约35年建造这个寺庙。它是吴哥古迹中保存得最完好的建筑，以建筑宏伟与浮雕细致闻名于世。1992年，联合国教科文组织将吴哥古迹列入世界文化遗产。此后，吴哥窟作为吴哥古迹的重中之重，成为柬埔寨一张亮丽的旅游名片。

100多年来，包括中国在内的世界各国投入大量资金和人力在吴哥窟的维护工程上，以保护这份世界文化遗产。吴哥窟的造型，已经成为柬埔寨国家的标志，展现在柬埔寨的国旗上。

（资料来源：百度百科，https://baike.baidu.com/item/）

其他旅游景点还有洞里萨湖的水上村庄、与老挝交界的维拉查国家公园、与泰国毗邻的世界文化遗产维拉查国家公园、与泰国毗邻的世界文化遗产柏威夏寺等。

图 6-4　吴哥窟

（三）旅游线路产品开发

1. 柬埔寨旅游产品开发总体思路

柬埔寨目前已开发包括自然景观、历史文化景点、休闲度假胜地在内的旅游景点 2000 余处，著名旅游景区有吴哥古迹、荔枝山、西哈努克港、洞里萨湖、塔山、万谷湖、金边王宫，以及湄公河生态旅游区和柬埔寨东北生态旅游区等。1992 年，联合国教科文组织将吴哥古迹列为世界文化遗产。2011 年，戈公省、西哈努克省、贡布省和白马省 4 省 440 千米的海滨地区入围"世界最美海滩俱乐部"。因此，柬埔寨适合开发历史文化景点与自然景观相结合的旅游线路。

2. 柬埔寨旅游线路实例

柬埔寨的旅游产品开发相对单一。从产品线路来看，基本都是以吴哥窟为主导，再加入一些其他城市和景点，如金边、西哈努克港等。下面介绍一条吴哥窟线路。

第 1 天：广州—暹粒—姐妹庙

【姐妹庙】位于暹粒省暹粒市中心，在国王行宫旁边。庙宇建筑结构极富柬埔寨特色，红瓦的顶上镶嵌着金色的带有浮雕图案的三角形尖顶，造型精致，色彩艳丽。姐妹庙坐落在绿树丛中，门口白色镶着金边的护栏边，有两尊金色的石狮护卫着庙宇。姐妹庙供奉着姐妹二仙，这里人头攒动，香火鼎盛，门口金色的香炉内，插满香火，烟雾缭绕。游人要脱鞋进庙。

【暹粒公园】位于护城河旁边，是一个免费的公园。园内植物品种丰富，拥有大片整体的草坪和树木。白天在树上还能看到很大的蝙蝠，公园内建有很多壮观的动物塑像。这里是当地人经常举办婚礼的地方，也是散步放松的好去处。

第2天：暹粒

上午：大吴哥—战象台阶—十二生肖塔

下午：塔普伦寺—小吴哥—巴肯山

【大吴哥】是宗教建筑，其结构、比例、均衡、雕塑上完美，与中国长城、埃及金字塔、印尼的婆罗浮屠千佛坛齐名。

【战象台阶】也叫"斗象台"，位于通王城内，曾是吴哥国王挑选坐骑、检阅及举行庆典仪式的地方。战象台阶共有三个平台，长约350米，高2~3米，长长的基座上雕刻着多个栩栩如生的大象头颅和长长的象鼻。南部的阶梯以三头象为柱，支撑着象头及平台，象鼻卷着莲花。周边的围墙上雕有许多印度教的神像及神狮、神鸟、犀牛、河马等动物，栩栩如生。部分雕刻到目前都还算完整，可以看出当时精湛的艺术造诣。

【十二生肖塔】在柬埔寨暹粒通往吴哥通王城胜利大门道路的前端，位于吴哥古皇宫前约1200米处。之所以称为十二生肖塔，是因为各塔上雕有不同的动物，和中国的十二生肖类似。传说如果高棉人起争执、需要仲裁，古代法官会裁定两个人各选择一个塔居住，一段时间后，犯罪者就会生病或无法承受不安而认罪；也有一说此地为古时走钢索卖艺表演的地方。

【小吴哥】又称小吴哥寺，又叫吴哥窟，是吴哥古迹中最大而且保存得最好的建筑，因此"吴哥窟"也被作为整个古迹群的总称。小吴哥寺位于暹粒以北约6000米处，长1500米，宽1300米，因占地面积比吴哥通王城小得多，俗称"小吴哥"。小吴哥寺建筑的主体有三层的平台层，平台周长800米的回廊上布满了讲述宗教故事的浮雕。第一层和第二层之间以千佛廊连接，以前曾经供奉着几百尊佛像，但盗毁严重，剩下的也有很多都残缺了。第二层平台比第一层高7米，周长约430米。这一层的浮雕与第一层相比具有较多的装饰意味，如仙女阿布萨拉雕像、莲花蓓蕾等形象。第三层呈正方形，边长75米。四座小塔拱卫中央主塔，象征着诸神居住的圣地须弥山。通向主塔的台阶被称为天堂阶梯，高13米，几乎与地面垂直，攀登时必须手脚并用。信徒以此体会天堂之路的艰辛，表达无限虔诚。

【塔普伦寺】也被部分地区译作"塔布茏寺"，是古真腊吴哥王朝的国王加亚华尔曼七世为他母亲所修建的寺院，兴建于1186年。塔普伦寺属于吴哥文化较为后期的作品。被当地人称为"蛇树"的卡波克树的粗大根茎，如大蟒蛇一般盘绕、穿透、纠结，气势嚣张，与神庙血肉相融、爱恨纠缠一般难舍难分。电影《古墓丽影》在此处取了著名的"树包屋"镜头。

【巴肯山】位于吴哥寺西北约1500米处，在通王城南门外附近。这座小山高约65米，是附近的制高点，可以居高临下地遥望吴哥窟。山上建有巴肯寺，是供奉湿婆的印度教寺庙。巴肯山最吸引人之处莫过于这里壮丽的日落，每天傍晚时分都有非常多的人专程前来。

第3天：暹粒大榕树村—女王宫

【女王宫】位于暹粒东北约32千米。女王宫被誉为吴哥艺术皇冠上的一颗珍珠。与大部分吴哥古迹所使用的青砂岩不同，女王宫采用高棉特有的红土和略带桃色的石块建造，色彩极为艳丽。含有大量水分的红土既便于运输、建筑，也利于雕刻复杂细腻的图案。女王宫建成后，经过风干，变得异常坚硬，千年不坏。

【大榕树村】这个村寨以前名叫"大榕树池塘村"。据说，这里以前有一棵很大的榕树长在池塘边，池塘的水很清凉，因为这里没有任何江、河经过，所以古时村民日常饮用水全靠这个池塘。令人遗憾的是，因为政治、社会的变动及经历了几个阶段的战争，这个古老的村寨全毁了，池塘也没了。所以，"池塘"这个词慢慢被删掉，现在的名字只剩下"大榕树村"。

第4天：圣剑寺—塔逊寺—东梅奔寺

【圣剑寺】紧邻通王城东北方，建于12世纪，相传是阇耶跋摩七世为纪念他父亲而修建，很有气势。据说，当年修建通王城时，这里是国王的临时住所。

【塔逊寺】是位于龙蟠水池东边的一座小型寺庙，四周被卡波克树包围，虽然损毁严重，但东塔门与古树纠缠的景象以及寺内生动的女神浮雕依然令人印象深刻。同塔普伦寺一样，这里也是电影《古墓丽影》的主要取景地之一。

【东梅奔寺】位于通王城以东，是东池中央的一座印度教寺庙。它像是缩小版的比粒寺，有三层台阶，上面按梅花状排列着五座宝塔。如今东池已经干涸，因此寺台显得特别高。

第5天：暹粒—广州

酒店早餐后，乘坐航班飞返广州，结束愉快的柬埔寨之旅。

第三节　南亚旅游产品开发

一、印度旅游产品开发

（一）印度旅游资源概况

1. 印度自然概况

印度共和国（The Republic of India）位于亚洲南部，东临孟加拉湾，南接印度洋，西濒阿拉伯海，北枕喜马拉雅山，地处东西方海路交通要冲。全国面积约为298万平方千米（不包括中印边境印占区和克什米尔印度实际控制区等），面积居世界第七位，是南亚次大陆最大的国家。北部是山岳地区，属于喜马拉雅山的南坡，中部是印度河—恒河平原区；南部是半岛高原，其两侧是海洋平原。恒河是印度境内最主要的河流，全长2700千米。印度属热带季风气候，10月至来年的3月为凉季，气候凉爽、干燥；4~6月为热季；7~9月为雨季。

2. 印度人文概况

1）人口、民族、语言与宗教

全国人口约为13.9亿（2022年统计数据），居世界第二。有100多个民族，其中印度斯坦族约占总人口的46.3%，其他较大的民族包括马拉提族、孟加拉族、比哈尔族、泰卢固族、泰米尔族等。世界各大总宗教在印度都有信徒，其中印度教教徒和穆斯林分别占总人口的

80.5%与13.4%。官方语言是印地语和英语。

2）国民经济

印度国内生产总值3.2万亿美元，人均国内生产总值2280美元（数据来源于中国外交部网站，2022年9月）。印度的粮食基本自给自足，工业方面形成了较为完整的体系，自给能力较强，服务业也发展迅速。科技事业发展迅速，是全球软件、金融等服务业的重要出口国。此外，印度的棉花产量占世界的1/5，奶产量居全世界第一。孟买是全国最大的港口。

货币：印度卢比。汇率：1美元≈82.77卢比（2023年）。

3）饮食

印度人以大米为主食，但在一些北方地区，小麦是主要食物。高级的印度风味米饭用肉汤烹制，里面再加上肉、青菜和果仁等佐料，称为"皮罗"（烩肉饭）。烹饪时，印度人喜欢用大量的香料和调味品，如咖喱、胡椒、酸辣酱、粗糖，以及各种果肉，如椰子、芒果、香蕉等；而且，当地人认为需用水牛乳制成的酥油来烹饪才算正宗。印度人不吃牛肉且好吃素。个人社会等级越高，吃素的人就越多；等级较低者，才吃羊肉（羊排常用杏仁酱来焖）。

4）社交礼仪

印度人把猴子和牛尊为神，尤其对牛特别尊敬。牛可以在大街上随意啃嚼街旁摊位的水果或蔬菜，一些富有的人还常在家门口摆上牛爱吃的东西，作为对"神牛"的贡品。还有不少人崇拜蛇，传说印度教中的湿婆神是由蛇来保护的。

印度人吃饭前有先洗澡的习惯，在进餐过程中忌讳两人同时夹一盘菜。印度人递东西、拿东西或敬茶都用右手，忌用左手，也不用双手。

（二）印度著名旅游城市和景点

印度首都新德里，是一座既有现代气息又有古代风貌的花园城市，位于印度西北部亚穆纳河畔。旧德里城有3000多年的历史，先后有7个王朝在此建都，留下了许多历史古迹。新德里城始建于1911年，1929年最终建成，城市建筑与布局为英式风格。此地建有甘地纪念馆、尼赫鲁纪念馆、国家博物馆等。通常人们把新、旧德里统称为德里。

加尔各答：东部最大城市，1912年以前这里曾是英属印度的首府。著名建筑有威廉要塞、维多利亚纪念馆、伊甸花园、印度博物馆、国家图书馆、哥特式建筑圣保罗大教堂及东方最大的跑马场。

孟买：源于印度教雪山女神的化身"孟巴"。名胜古迹有印度门、巴布勒纳特古庙、穆姆巴德维庙、马哈勒萨米寺、威尔士亲王博物馆、花神泉等。孟买港湾内的大象岛上有不少7—8世纪开凿的石窟，内有许多形态逼真、雕刻精美的神像。而且，这里还是印度影城宝莱坞所在地，有"印度的好莱坞"之称。

著名旅游景点如下。

泰姬陵（图6-5）：由莫卧儿王朝国王沙·贾汗为亡妃泰姬·玛哈尔建造，历时22年。

陵园四周是红砂石墙，白色大理石砌成的陵墓位于陵园正中央高约7米的四方形平台上，共2层，上面有一直径为18米的穹窿圆顶。泰姬陵已经被列为世界文化遗产。

图6-5　泰姬陵

胡马雍陵：是莫卧儿王朝时期的建筑典范和印度建筑史上的重要分水岭，标志着印度建筑艺术从单调的建筑形式转入结构复杂、装饰华丽的建筑新时期。该陵共安放着莫卧儿王朝6个帝王、1个妃子的棺木。

阿旃陀石窟：位于马哈拉施特拉邦境内。它是建筑、雕刻和绘画三种艺术完美结合的范例。阿旃陀石窟的壁画，有些以佛教内容为主，讲述释迦牟尼的一生，有些壁画则反映古印度人民的生活及帝王生活，被称为世界文化遗产。

印度共有38处世界遗产（截至2019年），其旅游宣传口号："神奇印度，梦幻之国""不可思议的印度"。

（三）旅游线路产品开发

1. 印度旅游产品开发总体思路

印度的自然旅游资源主要分为南部海岸度假区、东部的森林公园和北部的山岳风光；人文资源以历史文物古迹和宗教文化为特点，旅游资源丰富。因此，可以开展海滨旅游线路、森林野生动物观赏线路、极限运动线路、文化遗产游览线路等。

2. 印度旅游线路实例

市面上的印度旅游线路产品，除了印度一国的旅游产品外，很多旅行社将印度、尼泊尔或者印度、尼泊尔、斯里兰卡一起打包，做成旅游产品。印度一国的旅游产品，介绍一条经典线路：天竺—印度金三角首都新德里—粉红之城斋浦尔—泰姬陵。

第1天：广州—新德里

当天在指定时间、地点集合，由专业领队协助办理登机手续后乘客机飞往印度首都——

新德里（飞行约 6.5 小时）

【斯瓦米纳拉扬神庙】被认为是迄今为止印度最著名的神庙，反映了印度古代建筑的精髓和传统。斯瓦米纳拉扬神庙整个建筑由赭红砂岩和白色大理石构成。主殿长 113 米，宽 96 米，高 29 米，有 9 个穹顶和 239 根装饰柱。主殿结构坐落于 148 只全尺寸大象雕像上。殿中有一座高达 3 米的高纳拉扬镀金神像和 2000 多座印度教其他神像。主殿四周为二层柱廊环绕，柱廊内刻有印度史诗故事。神庙内绿茵遍地，布满莲花状水池。

第 2 天：新德里—阿格拉

【泰姬陵】这座回教式的陵墓，历时 22 年才建成。陵墓全部用采自德干高原的洁白大理石建成，大理石壁上《古兰经》和精美花纹是由嵌入不同颜色的大理石和宝石组合而成，异常精美。泰姬陵的整个陵园呈长方形，长 576 米，宽 293 米，总面积为 17 万平方米。其四周被一道红砂岩墙围绕，正中央是陵寝。在陵寝东西两侧，各建有清真寺和答辩厅这两座式样相同的建筑，两座建筑对称均衡，左右呼应。泰姬陵的前面是一条清澈水道，水道两旁种植有果树和柏树，分别象征生命和死亡。泰姬陵是印度穆斯林艺术最完美的瑰宝，是世界遗产中的经典杰作之一，被誉为"完美建筑"，又有"印度明珠"的美誉。

【阿格拉红堡】此乃古皇都所在地，全部采用红砂岩建造而成。宫殿内画梁和墙壁上精巧的雕刻与设计，仍隐约保存着昔日富丽堂皇的风貌。阿格拉红堡坐落在亚穆纳河畔，占地 1.5 平方千米，外围由高 12 米的红色砂石城墙围成，总体呈半圆形。这里曾经是莫卧儿王朝的皇城所在地，现在是伊斯兰教建筑的代表之作，也是世界遗产和印度著名的旅游之地。

第 3 天：阿格拉—斋浦尔

早餐后，乘车前往拉贾斯坦邦首府——斋浦尔。斋浦尔市内旧街道建筑多采用当地盛产的红砂岩建造，故又称为"粉红之城"。下午游览斋浦尔中央博物馆广场和印度比拉庙。晚上瑜伽体验学习。

【月亮水井】拥有千年历史，其外形庞大宛如一座地底宫殿。在深达 30 米的井中，它由 3500 层阶梯围绕构成，对称的精细雕刻在光影呈现下，令人叹为观止。

第 4 天：斋浦尔

【天文台】建于 18 世纪初，是观测天象的地方，仪器精密准确，至今仍能观测时间、太阳纬度等。

【宫殿博物馆】内收藏着昔日珍贵的双轮战车，装着印度恒河圣水水瓮及陈列着历代马哈拉加王族的服饰、乐器、武器及各种印度器皿等。

【琥珀堡】在去往琥珀堡的途中，可看到位于湖中央的水宫。琥珀堡由多个宫殿组成，全部采用奶白、浅黄、玫瑰红及纯白色 4 种石料，交织成协调的纹理及线条。特别安排坐吉普车登上城堡，体验奇趣风情。

【纳哈加尔堡】也叫老虎堡，建于 1734 年，并于 1868 年扩建。当年建造老虎堡是为了增强琥珀堡的防御能力。这里有当时世界上非常长的大炮，防御能力很强。它矗立于斋浦尔老城北部的山上，可以俯瞰整座城市。这里的景色极其壮丽，是观看落日的好地方。游客们可以坐在露台上休闲享用下午茶，俯瞰整个斋浦尔，欣赏日落。

第 5 天：斋浦尔—新德里

【莲花庙】是一座风格别致的建筑，建成于 1986 年。莲花庙的外貌酷似一朵盛开的莲花，故称"莲花庙"。莲花庙外层用白色大理石贴面，通体雪白，纯洁无瑕。莲花庙又名"巴哈伊寺"，由白色大理石建造而成，以其壮观美丽著称，早已成为印度人的骄傲。作为新德里的标志性建筑，其巧妙设计成为这座寺庙的看点。多年来，莲花庙以其独特的魅力，以大海般的胸怀，每年吸引着成千上万慕名而来的游客。在印度星罗棋布、金碧辉煌的寺庙中，印度新德里东南的莲花庙，以其匠心独运而给人们留下了深刻的印象。

【甘地陵园】是印度国父"圣雄"甘地的陵墓。甘地是印度近代史上一位杰出的政治家，他为反对英国殖民统治、为争取印度独立奋斗了毕生，被印度人尊为"国父"。

【印度门】新德里的印度门位于新德里的市中心，它是新德里的地标，实际上是印度最大的战争纪念碑。它与首相府、国会大厦等国家政府建筑遥遥相望，中间是一条长达几千米的宽路。印度门是为纪念在第一次世界大战中阵亡的印度将士而建，外形酷似法国的凯旋门，四周是广阔的绿化带，时常会举办各种文艺演出。

【车游中央政府大道】此大道酷似巴黎的香榭丽舍大街。

第 6 天：新德里—广州

早餐后，于指定时间在酒店大堂集合并前往机场，搭乘飞机返回广州。抵达后散团，结束愉快的印度之旅。

二、尼泊尔旅游产品开发

（一）尼泊尔旅游资源概况

1. 尼泊尔自然概况

尼泊尔联邦民主共和国（Federal Democratic Republic of Nepal）位于喜马拉雅山中段南麓，北临中国，西、南、东三面与印度接壤。"尼泊尔"的语意为"中间的国家"，面积为 147181 平方千米。境内山峦重叠、高峰林立，世界最高峰——珠穆朗玛峰（尼泊尔称萨加玛塔峰）位于中尼边界上。东、西、北三面群山环绕，南部是土壤肥沃的冲积平原，是重要的经济区。地势北高南低，分为北部高寒带、中部温带和南部亚热带三个气候区。

2. 尼泊尔人文概况

1) 人口、民族、语言与宗教

尼泊尔的人口约为 3000 万（2020 年统计数据）。尼泊尔语为国语，上层社会通用英语。它是一个多民族、多宗教、多种姓、多语言国家，居民中 86.2%信奉印度教，7.8%信奉佛教，3.8%信奉伊斯兰教，2.2%信奉其他宗教。

2) 国民经济

尼泊尔的国内生产总值 304 亿美元，人均国内生产总值 1049 美元（数据来源于中国外交部网站，2022 年 6 月）。尼泊尔是农业国，农业人口占总人口约 70%，是世界上最不发达国家之一。经济发展对外依存度极高,燃油、燃气、电力等能源严重匮乏,长期依靠国际援助。尼泊尔的首都有一座国际机场。1992年后,尼泊尔签署了加入世界贸易组织的协定,是南亚自由贸易区和孟加拉湾多层次经济技术合作机制成员。

货币:尼泊尔卢比(Nepalese Rupee)。汇率:1美元≈114卢比(2019年)。

3)社交礼仪

尼泊尔农村中以家庭为中心,兄弟分家时家庭财产平分。妇女的地位低下,从属于丈夫。稻米、小麦和土豆是主食。

朋友见面与告别时不握手,大多双手合十于胸前,然后互相问候。久别重逢时,晚辈要向长辈下跪吻脚,长辈轻摸晚辈头顶作还礼。赠送礼物时,一般赠送尼泊尔帽、廓尔喀弯刀和布鞋。

(二)尼泊尔著名旅游城市和景点

尼泊尔首都加德满都,位于喜马拉雅山南麓谷地中,四周青山环绕,常年鲜花盛开,被称为山国"春城"。历代王朝在此兴建了大批庙宇、佛塔、神龛和殿堂,有"寺庙之都"之称。郊外的斯瓦扬布纳特寺是佛祖释迦牟尼亲临地、亚洲最古老的佛圣之一,国际佛文化交流中心。

拓展阅读6-5

加德满都杜巴广场

杜巴广场(图6-6)是加德满都必去景点,这里曾是国王加冕地,整个广场光寺庙和宫殿就超过50座,全是建于16世纪至19世纪间的古迹建筑,整座广场在1979年被列入世界遗产。2014年倪妮的电影《等风来》的取景地就是这里。

广场有两多:一是鸽子多,一群群被游客喂肥的鸽子游荡在寺庙间,同时也是拍照的好背景。二是当地人多,很多加德满都的青年男女散坐在寺庙高处台阶上,冷眼看着一群群游客。

库玛丽女神庙是广场的热门寺庙,位于杜巴广场南部,是一座高3层的红砖建筑,一个来自民间的童女被当作"库玛丽女神"供养在里面,每天下午四点女神会在窗口露面30秒,但不许游客拍照。

(资料来源:携程旅游网,http://www.ctrip.com)

加德满都河谷地区分布着丰富的文化和宗教遗产、精美的印度教和佛教古典寺庙建筑及乡村小镇,被列入《世界文化遗产名录》。公元前6世纪中叶,佛祖释迦牟尼诞生地蓝毗尼也是世界文化遗产。其高原生态景点有世界自然遗产如萨加玛塔国家公园和皇家奇特旺国家公园,全国有10家野生动植物保护公园,适合登山、徒步旅游和狩猎旅游。

图 6-6　杜巴广场

尼泊尔的旅游宣传口号有"天然的尼泊尔（Naturally Nepal）""仅有一次是不够的（Once is not Enough）"。总部位于澳大利亚的旅游指南出版商"孤独星球"出版的《2010年最佳旅游资讯》，将尼泊尔列入十大最佳旅游国。

（三）旅游线路产品开发

1. 尼泊尔旅游产品开发总体思路

尼泊尔喜马拉雅山南麓的高山雪峰，由于热带、温带与寒带并存的立体型气候，形成了多种森林植被景观；社会人文资源以印度教与佛教文化的渗透与融合为特征，高原生态资源以雪山、热带、温带与寒带森林植被为特征，适宜开展宗教朝拜、人文体验、登山探险和徒步旅游。

2. 尼泊尔旅游线路实例

市面上的尼泊尔旅游线路产品，除了尼泊尔一国的旅游产品外，很多旅行社将尼泊尔与印度或者与印度、斯里兰卡一起打包，做成旅游产品。下面除了介绍尼泊尔一国的旅游线路外，还将其与印度的另一条经典线路一并介绍。

1）加德满都（"寺庙之城""露天博物馆"）—奇特旺（南亚最大的原始丛林）—博卡拉（亚洲瑞士雪山风光度假天堂）—纳加阔特（喜马拉雅山脉雪山观景台）

第1天：广州—加德满都

第2天：加德满都—奇特旺

【奇特旺野生动物保护区】抵达后，先参观原始的塔鲁族村庄，了解当地人的生活起居，感受当地原生态气息。之后丛林徒步，参观大象训练营。晚餐后，欣赏原始的塔奴民族歌舞。

第 3 天：奇特旺

【骑大象】在丛林中穿越，近距离观看见人不惊的梅花鹿、麋鹿、可爱的小猴，美丽的孔雀，亚洲独有的独角犀牛。运气好的话，还可以看到贪吃的熊、敏捷的花豹、"山中之王"孟加拉虎。

【漂流】坐独木舟在河里漂流，可欣赏奇特的热带丛林景色，观看野生鳄鱼。而后前往拉普提河河边观赏长河落日及大象洗澡。夕阳下，看着象群归来，真正感受到尼泊尔人的悠闲生活。

第 4 天：奇特旺—博卡拉

【博卡拉】海拔 885 米。抵达后自由活动，可漫步于湖边绵延三四千米长的商店、酒吧或餐厅，欣赏博卡拉谷地美丽的湖光山色。

第 5 天：博卡拉

【沙郎廓】观看庄严而寂静的安纳普纳山脉和鱼尾峰雪山日出。当清晨的阳光从东边的鱼尾峰身后露出笑脸，整个喜马拉雅山脉霎时苏醒起来，万年的冰雪巨峰呈现出一片祥和的金黄，在耀眼的光辉下，人处其中感觉不到自己的存在。

【费瓦湖】在湖上泛舟，游览湖中的夏克蒂神庙，这是博卡拉最重要的标志。

第 6 天：博卡拉—加德满都

【斯瓦扬布纳特寺】俗称"猴庙"，建于公元前 3 世纪，是亚洲最古老的佛教圣迹之一，寺庙位于加德满都郊外的斯瓦扬布山顶上。这里是佛教徒的一个重要朝圣地，并以加德满都河谷最古老的遗迹而引人注目。相传释迦牟尼曾亲临此地。每年佛祖诞生日时，这里都要举行盛大的法会，届时人头攒动，热闹非凡。猴庙充分体现了印度教与佛教在尼泊尔的完美融合。

第 7 天：加德满都—纳加阔特

【杜巴广场】是尼泊尔旅游最经典的地方之一。团友们将参观新老皇宫、哈禄曼多卡宫，皇宫门口由以英勇善战而闻名的廓尔卡士兵守卫。然后，参观库玛莉活女神寺庙，是世界上唯一活女神的处所。从地震后遗留下的残垣断壁，依稀可见广场昔日的繁华。

【纳加阔特】被称为"喜马拉雅山的观景台"。沿途欣赏纯朴的自然风光及民俗风情，傍晚时可观赏喜马拉雅山日落美景，夜晚可以观赏晴朗的夜空中那些特别明亮的繁星。

第 8 天：纳加阔特—加德满都—广州

【远眺喜马拉雅】360°眺望喜马拉雅山脉的雪山日出。天气晴朗时，喜马拉雅山脉宛如一条玉带悬挂在半空，当晨曦第一缕阳光从雪山背面冲天而起，把白色的雪山照耀成一片金色。而后，一轮红日从雪山山峰缓缓升起，柔和光线下整个喜马拉雅山脉慢慢苏醒，把环绕在群山的白云染成一片红色。此时，人和天地融合在一起，给人的心灵震撼无法用言语来表达。

【巴德岗皇宫广场】在这里可以参观黄金门、尼泊尔木雕工艺代表作 55 窗宫、孔雀窗、五层塔、巴特萨拉女神庙等。这里离加德满都有一段距离，虽然也受到地震影响，但是大部分的文化遗产还是得到了很好的保存。

2）印度—尼泊尔两国游

第1天：广州—香港/新德里

第2天：新德里—阿格拉（车程约4小时）

泰姬陵，阿格拉红堡景点介绍见前文"印度旅游线路实例"内容。

第3天：阿格拉—新德里（车程约4小时）

莲花庙、甘地陵园、斯瓦米纳拉扬神庙、印度门景点介绍见前文"印度旅游线路实例"内容。

第4天：新德里—加德满都

【博大哈佛塔】尼泊尔的世界文化遗产之一，亚洲乃至世界最大的覆钵体半圆形佛塔。建筑形式跟斯瓦扬布纳特寺相似，但体积大了很多。塔高38米，周长100米。巨大的神眼俯视着加德满都河谷。三层八角形平台衬托出磅礴宏大的气势。

第5天：加德满都—博卡拉

杜巴广场景点介绍见前文"尼泊尔旅游线路实例"1）中的内容。

第6天：博卡拉

【雪山日出】尼泊尔旱季是观赏壮丽的雪山日出的最佳季节。这个季节的天气大部分时候都是晴朗通透，能见度极高，挺拔壮丽的鱼尾峰在红日的照耀下金光闪耀。有些清晨，云海覆盖着美丽的费瓦湖，将湖面与群山覆盖装扮成一个云海仙境，让人着迷；而有些清晨，羞涩的费瓦湖则以素颜展示它的纯洁美丽，湖面上展示着壮丽雪山日出美景的倒影。从安纳普纳雪山吹来的晨风，让人感到舒适，神清气爽。

【女神庙】当地民众在此祈求财富和感情，这是博卡拉最重要的标志。力量女神夏克蒂是女性保护神，在这里经常能看到许多的女性祭祀者穿越湖泊，带来许多雌性动物和家禽奉献给神灵。现在祭祀女神还成了当地人结婚仪式中不可缺少的一部分。

【世界和平塔】博卡拉徒步和平塔，"孤独星球"上推荐的著名短途徒步路线。世界和平塔是矗立于费瓦湖南面山顶的一座白色钟形塔。由尼泊尔和日本、泰国、斯里兰卡的佛教徒与僧侣为祈祷世界和平而修建，建成于2000年。这里景致绝佳，除了可以看到北面的安纳普纳雪山外，还可以俯瞰山下的费瓦湖风光。博卡拉旅游区出售的许多明信片和风光画就是从这里拍摄的。

第7天：博卡拉—加德满都—纳加阔特

斯瓦扬布纳特寺景点介绍见前文"尼泊尔旅游线路实例"1）中的内容。

第8天：纳加阔特—加德满都—德里

第9天：德里—香港—广州

第四节　西亚旅游产品开发

一、土耳其旅游资源概况

(一) 土耳其自然概况

土耳其共和国（Republic of Turkey）地跨亚、欧两洲，位于地中海和黑海之间。全国总面积达 78.36 万平方千米，其中 97%位于亚洲的小亚细亚半岛，3%位于欧洲的巴尔干半岛。博斯普鲁斯海峡和达达尼尔海峡是沟通黑海与地中海的唯一水道。地形东高西低，大部分为高原和山地，仅沿海有狭长平原。沿海地区属亚热带地中海气候，内陆高原为热带草原向沙漠型气候过渡。

(二) 土耳其人文概况

1. 人口、民族、语言与宗教

土耳其的人口 8468 万（2021 年 12 月），土耳其族占 80%以上，库尔德族约占 15%。土耳其语为国语。99%的居民信奉伊斯兰教，其中 85%属逊尼派，其余为什叶派。

2. 国民经济

2021 年，土耳其国内生产总值 8027 亿美元，人均国内生产总值 9539 美元。工农业均较发达，轻纺、食品工业发达，粮、棉、蔬菜、水果、肉类等基本自给自足。是中等偏上收入国家，是继中国、印度、俄罗斯、巴西等金砖国家之后又一新兴经济体。伊斯坦布尔和伊兹密尔为其主要贸易港口，国内空运中心位于安卡拉，国际空运中心位于伊斯坦布尔。

货币：土耳其里拉（Turkish Lira）。汇率：1 美元≈18.83 土耳其里拉（2023 年）。

3. 饮食

烧烤是土耳其人的主要饮食方式，将羊肉或鸡肉穿在铁针上，压紧后旋转均匀烤熟后，逐层切片，放在米饭或饼上，浇上番茄汁和橄榄油。特色餐饮还有烤全羊。土耳其人喜欢茶汤，茶水中加入两三片新鲜薄荷叶和冰糖，用以降暑。

4. 民俗风情

伊斯兰教允许一夫多妻制，可同时与 4 个女人登记成婚；但是公民结婚登记局只准许男人同他的 4 个妻子中的 1 个进行正式结婚登记。此外，当地还有两亲家互换新娘的婚俗，两家都不必出聘金。

二、土耳其著名旅游城市和景点

土耳其首都安卡拉，古代东西路上的贸易中心，1923 年成为共和国首都。安卡拉盛产优质羊毛，号称"安卡拉毛"。文物古迹有古罗马神庙、拜占庭时代的城堡和墓地、突厥时代的阿拉丁清真寺、奥斯曼帝国时代的建筑以及国父凯末尔的陵墓等。

伊斯坦布尔：史称"君士坦丁堡"，曾为东罗马帝国的首都，后又为奥斯曼帝国首都，地跨博斯普鲁斯海峡两岸,为世界上唯一一个跨欧、亚两洲的城市。蓝色清真寺是伊斯坦布尔最重要的建筑之一。伊斯坦布尔历史区被列入《世界文化遗产名录》。罗马时代的多玛巴切新皇宫,现已被修复并建成了博物馆。

拓展阅读 6-6

蓝色清真寺

蓝色清真寺(图 6-7),原名苏丹艾哈迈德清真寺,土耳其著名清真寺之一。17 世纪初由伊斯兰世界著名古典建筑师锡南的得意门生米文·艾加(Mehmet Aga)设计建造,因清真寺内墙壁全部用蓝、白两色的依兹尼克瓷砖装饰而名,是伊斯坦布尔最重要的标志性建筑之一。蓝色清真寺属拜占庭(东罗马帝国,以希腊文化为主体文化)风格的圆顶建筑,周围有六根宣礼塔,象征伊斯兰教六大信仰,蓝色清真寺是世界十大奇景之一。

(资料来源:百度百科,https://baike.baidu.com)

图 6-7 蓝色清真寺

伊兹密尔:土耳其第三大城市。爱琴海古代文明发祥地,名胜古迹有"摩尔式"钟楼、罗马大道、2 世纪的集市广场遗址、建于公元前 4 世纪的天鹅绒城堡遗址和古罗马浴池等。附近还有举世闻名的以弗所古城遗址、塞尔柱古城堡、圣母玛利亚驻地遗址和鸟岛等。

安塔利亚:文化遗存有古代堡垒围墙、古灯塔,以及原拜占庭耶里米纳雷教堂,曾改作塞尔柱清真寺,现辟为地方考古博物馆。

布尔萨:布尔萨是历史古城,名胜古迹有奥斯曼帝国的创立者及子孙、穆罕穆德一世和穆拉德二世等多个君主(苏丹)的陵墓,以及建于 1421 年的绿色清真寺。该地每年举行博览会和传统的剑盾节。

科尼亚:土耳其最古老的城市之一,塞尔柱王国时的都城,伊斯兰教苏菲派苦行者的朝拜地。

现有世界遗产 18 项，包括文化遗产 16 项、文化与自然混合遗产 2 项（2018 年）。旅游宣传口号是"亚欧交汇，文明焦点""不是欧罗巴，胜似欧罗巴"。

三、旅游线路产品开发

（一）土耳其旅游产品开发总体思路

土耳其的地形东部高，西部低，整个国家领土中大部分是高原和山地。土耳其海洋资源丰富，靠近黑海、地中海等，因此，可以发展海滨旅游资源。在沿海地区，多狭长的平原，可以观赏到有骏马在草原上驰骋；土耳其的山地地形还特别适合漂流，该国河流众多，为各季节提供了良好的水资源；雪山资源也丰富，是冬季滑雪的好去处。这些都可以发展体验式体育项目旅游。

（二）土耳其旅游线路实例

市面上的土耳其旅游线路产品，除了土耳其一国的旅游产品外，很多旅行社将埃及、土耳其或者希腊、土耳其一起打包，做成旅游产品。土耳其一国的旅游产品，介绍一条经典土耳其全景线路：土耳其番红花城—爱琴海—地中海—棉花堡—卡帕多奇亚—伊斯坦布尔。

第 1 天：广州—伊斯坦布尔

第 2 天：伊斯坦布尔

【圣索菲亚大教堂】早期是拜占庭帝国的主教堂，由君士坦丁大帝下令建造于 325 年，被奥斯曼帝国占领后改建成为清真寺。现在这里被改作博物馆，墙壁上此前被石膏覆盖的基督教壁画也得到了一定的修复，还原了它原本的面貌。这座建筑是伊斯兰教与基督教叠加的产物，极具特点，非常值得参观。

【蓝色清真寺】坐落在博斯普鲁斯海峡畔的蓝色清真寺是伊斯坦布尔的地标之一，它巨大的圆形穹顶醒目而壮观。蓝色清真寺又称作苏丹艾哈迈德清真寺，由奥斯曼土耳其苏丹艾哈迈德下令建造，因清真寺内部运用了蓝色瓷砖装饰而得名蓝色清真寺。

【赛马场】古罗马赛马场于 2 世纪，由罗马皇帝塞维鲁大帝所建。根据记载，昔日用作竞技场的东罗马帝国拜占庭时代的战车竞技场，现在被称为苏丹·艾哈迈德广场。广场上有纪念德皇威廉二世来访所建的圆顶喷泉、取自卢克索卡纳克神殿的埃及方尖碑、君士坦丁大帝从希腊德尔斐的阿波罗神殿搬来的青铜蛇柱，以及纪念罗马皇帝丰功伟业的君士坦丁罗马仿方尖碑。

【大巴扎】巴扎就是集市的意思，伊斯坦布尔的大巴扎是世界上较大、较古老的巴扎之一。它采取全封闭式的设计，室内大约有 65 条街道，4400 多家商店，每天接待的客人在 25 万人次以上。大巴扎最初由苏丹穆罕默德二世下令，修建于 1455 年到 1461 年，以首饰、陶瓷、香料、地毯店而闻名。

【君士坦丁广场】紧邻拜占庭老城墙之外，是一个历史悠久的广场。圆形的广场东西两侧有两个大门。柱顶被描绘成阿波罗的君士坦丁大帝雕像，广场历经沧桑，时至今日，给世人呈现出浓厚历史的厚重感。

第3天：伊斯坦布尔—番红花城—安卡拉

【番红花城】被称为是土耳其美丽的山城，它是位于土耳其安纳托利亚中部的城镇，原名叫作萨夫兰博卢，如今人们更爱叫它番红花城。名字的由来是由于这一地区盛产番红花。这个小山城满城尽是白墙红屋顶的建筑，它被周围耸立的山谷所包围，形成了一种与世隔绝的姿态，1994年被列入联合国教科文组织的《世界遗产名录》。

第4天：安卡拉—卡帕多奇亚

【图兹湖】土耳其中部的内陆咸水湖，在安卡拉西南50千米处，其面积与水深随季节变换而变化。通常，此湖南北长约80千米，东西宽约50千米，面积近1500平方千米。春季时，湖面可扩大到2500平方千米。夏季时，湖面缩小，水深不到1米。

【阿瓦诺斯小镇】阿瓦诺斯是陶器之乡，整个小镇因陶器而闻名。红河穿过小镇中心，河水中含有丰富的铁质，非常适合于制作陶器制品，当地产出的陶器正是取自红河中的红黏土制造而成。土耳其的陶器以其色彩绚丽、画工精美、做工精致、种类繁多而闻名于世。小镇内有很多家庭作坊，融陶瓷工作室、作坊和商店为一体，让游客亲眼见证工匠们从选材、制坯、塑模、绘画、上釉、焙烧等一系列传统手工艺制作的全过程。

第5天：卡帕多奇亚（热气球）

【热气球空中之旅】卡帕多奇亚凌晨5:00前往热气球站乘坐热气球，随风飞向卡帕多奇亚的山谷，进行一次神奇的空中之旅。途中可欣赏卡帕多奇亚的精灵烟囱，仿佛置身于另一个世界，在村庄、葡萄园及其他果园点缀的"月球表面"上空徘徊大约1小时后，在农夫的田地中着陆。着陆后，给每人颁发一份证书，并赠送一杯香槟庆祝这次成功的空中历险。

【格雷梅露天博物馆】位于格雷梅山谷内，有着30多座岩石洞穴教堂，内里装饰着精美的壁画，且部分保存完好，色彩艳丽。

【古罗密露天博物馆】是土耳其的旅游点之一，其最大的特点是平地上许多形状奇特的小山峰拔地而起，有的成圆锥形，有的成了圆柱形和蘑菇形，有的上罩圆锥形石块，像是头上戴了顶帽子，姿态千奇百怪。

【鸽子谷】是一个很优美的山谷，到处都是石头，石头上有密密麻麻的洞眼，几乎走到跟前才能看清石头上的这些洞眼竟然全部是鸽子洞。要看群鸽起舞，则需等到傍晚时分鸽子回巢的时候，场面甚是壮观。

【仙人烟囱】独特的自然景观，由慢慢风化的岩石组成。这些特大号的圆锥形岩层，分布在格雷梅附近的众多地区，形态各异。这里有三个仙人烟囱，像是爸爸妈妈带着孩子，又像是蘑菇一样，令人不得不赞叹大自然的鬼斧神工。

【玫瑰谷】周边层峦叠嶂，怪石嶙峋。长时间的流水、洪水和霜冻使这些岩石裂开，使这里形成了天然的地质奇貌。来到这里，可以好好地欣赏大自然的鬼斧神工。而且这里经常风卷尘土拂面，所以颇有些"英雄倾夺何纷然，一盛一衰如逝川"的感慨。

【精灵烟囱】瞠目结舌的精灵烟囱，给人无法描述的震撼。大大小小的烟囱状的石山突兀而来，一个跟着一个撞进眼帘，那是卡帕人引以为豪的、世上绝无仅有的一片庞大的怪石群，惟妙惟肖的骆驼谷、三姐妹等。

第 6 天：卡帕多奇亚—孔亚—安塔利亚

【安塔利亚】地中海度假胜地之一，它位于地中海沿岸，被无数群山环绕。公元前 2 世纪，自从波格蒙王阿塔罗斯二世建立了这座城市，并以自己的名字阿塔雷亚命名以来，安塔利亚一度空前繁荣。这座城市在经历了罗马帝国、拜占庭帝国、塞尔楚克王朝的占领后，奥斯曼帝国开始占据统治地位，许多古迹也得到了完好保存。

【安塔利亚地中海游船出海】安塔利亚是地中海盛誉的度假胜地。在此处乘船出海，在船上享受日光浴，吹着徐徐海风，领略地中海迷人的风情。

第 7 天：安塔利亚—棉花堡

【阿斯潘多斯古剧场】是世界上保存较完好的、至今仍在经常举办音乐会的古代剧场。该剧场具有较为合理的建筑结构，在不借助任何音响设备的情况下，舞台声音完全可以清晰地传到后排的观众席。

【阿斯潘多斯圆形剧场】是世界上保存完好的、至今仍在经常举办音乐会的古代剧场，每年夏天都会有盛大的音乐节在这里举行。随后，可漫步老区卡勒伊奇弯弯曲曲的窄长街道以及附近地中海沿岸的海边公园，海湾的波光云影衬着巍峨秀丽的山峦，使这里的景观十分壮美。

【棉花堡】位于土耳其代尼兹利市的西南部，是远近闻名的温泉度假胜地。此地不仅有上千年的天然温泉，更有这种古怪的好似棉花一样的山丘。大自然的鬼斧神工制造出了如此美妙的仙境。土耳其文 Pamuk 表示棉花，Kale 表示城堡，所以 Pamukkale 就被翻译为棉花堡。

【希拉波利斯】位于棉花堡之上，建于公元前 190 年，因当地有丰富的温泉资源，古代罗马、希腊的贵族将这里当作疗养胜地。这里有古代公墓、大浴室、圆形剧场、阿波罗神庙遗址、希拉波利斯博物馆和古温泉等，各景点依次由北至南散落其间。

【帕姆卡莱】温泉度假胜地。自古罗马时代遗留于此地的温泉，富含矿物质，具有神奇的效果，为贵族专属的疗养胜地。

第 8 天：库萨达斯—恰纳卡莱/阿瓦勒克

【以弗所大剧场】由古罗马人在 41 年到 117 年间改造，高峰时可容纳 2.5 万人，即使在今天看来都是规模宏大的剧院。剧院曾经作为表演戏剧和角斗的场所，也是古罗马人集会活动的场所。剧场在视听效果上的设计也令人叹为观止。从舞台开始，座席上每一排都比前一排更加倾斜陡峭，利用回音使得上层外围观众也能清楚听见舞台中央的表演。站在空旷的剧场中央，放声高呼，仿佛置身于 2000 年前的古罗马，身旁回荡着古罗马人的欢呼与呐喊。

第 9 天：阿瓦勒克/恰纳卡莱—伊斯坦布尔

【特洛伊考古遗址】位于土耳其的希沙尔克城附近 40 千米处的特洛伊古城，是 19 世纪考古大发掘的结果。据考证，这座城从 2200 年前就开始建造，从时代上算起来有 9 层，每 1 层都是 1 个时代。史诗《伊利亚特》描述的是第 6 层的故事。19 世纪末，德国考古学家挖掘出的珠宝，位于第 2 层，是 2 世纪建造的。

【达达尼尔海峡】是土耳其西北部连接爱琴海和马尔马拉海的要冲，也是亚洲与欧洲两大洲的分界线，跨过这道海峡，便会来到另一片广袤的领域。

第10天：伊斯坦布尔（全天自由活动）

推荐项目为伊斯坦布尔一日游：托普卡帕皇宫—中村港口休闲街—皮埃尔洛蒂山—当地午餐—香料市场。

第11天：伊斯坦布尔—广州

早餐后，乘坐航班飞返广州，结束愉快的土耳其之旅。

本 章 小 结

本章简略地介绍了亚洲主要目的地国家的旅游资源、人文特征，并对主要目的地国家的景点、景区进行了梳理。其中，亚洲主要目的地国家是本章学习中应重点掌握的内容。

习 题

一、单项选择题

1. 日本的国花是（　　）。

   A. 牵牛花　　　B. 樱花　　　C. 茉莉花　　　D. 雪花

2. 韩国国会现在的第一大党是（　　）。

   A. 大国家党　　B. 共产党　　C. 共同民主党　　D. 国民党

3. （　　）是泰国的国花。

   A. 金达莱　　　B. 金链花　　C. 睡莲　　　　D. 扶桑

4. 以下（　　）不属于东南亚的国家。

   A. 印度　　　　B. 缅甸　　　C. 柬埔寨　　　D. 越南

5. 土耳其的货币是（　　）。

   A. 铢　　　　　B. 卢比　　　C. 里拉　　　　D. 比索

二、多项选择题

1. 以下属于泰国旅游胜地的有（　　）。

   A. 佛教圣地清迈　　　　　　B. 避暑胜地碧瑶

   C. 历史名城佛统　　　　　　D. 花城帕塔亚

2. 日本人不用作礼品的物品有（　　）。

   A. 梳子　　　　B. 扇子　　　C. 手绢　　　　D. 钟表

3. 日本有以下（　　）称誉。

   A. "地震之国"　B. "火山之国"　C. "樱花之国"　D. "温泉之国"

4. 下列（　　）城市位于柬埔寨。

   A. 金边　　　　B. 暹粒　　　C. 西哈努克　　D. 班加罗尔

5. 下列（　　）旅游产品是土耳其的特色旅游产品。

A. 卡帕多奇亚热气球之旅 B. 伊斯坦布尔文化遗产之旅
C. 棉花堡 D. 库萨达斯小镇

三、简答题

1. 简要说明印度有哪些旅游资源。
2. 简要说明泰国旅游业的特点。
3. 简要说明土耳其有哪些旅游资源。

四、实务题

请设计一条小众的日本旅游线路。

五、案例分析题

中国游客春节消费偏好：倾向于亚洲国家

根据携程 2019 年 2 月 10 日发布的《2019 年春节出游消费和人气排行榜》数据显示，春节假期的出境游偏好依然呈现上升趋势。值得一提的是，相较于欧美地区的长途旅行，去东南亚小憩更受游客青睐。据中新网引述上海边检总站透露的数据，长假期间，自上海口岸出入境的中国籍旅客超过 70 万人次，约占出入境人员总数的 88%。在出境中国籍旅客中，超过 68% 的人员前往东南亚、日韩、我国港澳台等周边国家和地区。同样由于"避寒"需求，泰国 2019 年春节荣登出境游目的地榜首。此外，泰国首都曼谷也在微信支付消费笔数排名中位列前三。

（资料来源：百家号，https://baijiahao.baidu.com）

问题：

1. 为什么比起欧美地区，中国游客更喜欢去东南亚小憩？
2. 针对泰国游的中国游客，可以设计出什么样的新型旅游产品？

第七章
欧洲旅游产品开发

【学习目标】

通过本章的学习，认知欧洲出境游旅游资源；掌握欧洲出境游旅游产品特征；熟悉欧洲出境游产品的设计规则。

【关键词】

产品开发　俄罗斯　德国　英国　法国　瑞士

 引导案例

中国人春节出境游扫描：在法旅游从"买名牌"到"买特色"

记者采访发现，中国人在法国旅游购物消费，正从追求名牌和奢侈品逐渐转向购买具有地方特色的产品和小众深度旅游。

中国游客王威，除了参观巴黎的热门景点外，还专门在当地华人朋友的带领下，去了位于巴黎郊区的二手市场，淘到几幅法国乡村风景静物油画和一只水晶醒酒器，一共只花了30多欧元。除了这些二手物品外，他还购买了家居用品、奶酪、红酒、橄榄油等一些法国本土生产的日用品及食品。他说："买一些价格不高，但国内难以见到的'特产'，带回去送朋友才更有意义。"

法国天地高卢公司是代理多个法国本土轻奢时尚品牌的跨境电商平台。公司首席执行官刘力宾告诉记者，随着国内中高收入人群对高品质消费品需求的增加，他们对商品的诉求更加多元化和个性化。近几年，中国消费者在法国购物出现了明显变化：一些"老牌"的奢侈品销售量开始走低，而价位相对居中、设计感较强的轻奢时尚品牌则更受中国年轻消费者青睐。

2018年，中国赴法国的游客数量超过230万人次，并出现自由行与定制游游客增加、来自三四线城市的游客比例上升等特点。志诚旅行是一家以体育旅游为主的个性化旅游服务企业，总经理马威宝告诉记者，巴黎的热门景点如埃菲尔铁塔、卢浮宫等已经满足不了有些游客的需求。他们不仅为中国游客设计了欧洲赛事观赛游、青少年体育培训营等旅游项目，还推出红酒品鉴、高尔夫悠闲养生、印象派艺术等专题旅游产品。

多位中法两国旅游业、商业人士认为，中国不断扩大的"中产阶级"消费群体将成为未来主导海外消费的重要力量之一。围绕这一群体需求设计旅游产品，将成为未来市场发展的方向。

众信旅游集团高级副总裁张磊说，以前以知名景点和购物为主体的出境游可以覆盖大部分客群需求，但现在，中产、高净值人群内部正逐渐细分，这就需要借助多元化产品设计方案来提升消费体验。

以香槟酒消费为例，法国香槟酒行业委员会公共关系负责人菲利普·维布罗特说，中国消费者开始拥抱香槟这种高品质的葡萄酒，这在很大程度上得益于他们对生活品质有了更高需求。他说："包括香槟在内的法国葡萄酒，已经开始被更多的中国消费者从单纯的商品转变成为一种对生活品质追求和对文化体验的向往了。"

对于中国消费者出现的新变化，法国不少地方的旅游服务部门也出台面向中国游客的服务措施。日前，腾讯公司旗下微信支付联合法国老佛爷百货旗下巴诗威百货公司，发布智慧百货解决方案。双方通过公众号、小程序、朋友圈广告等微信应用，推动巴诗威百货面向中国市场提升数字化经营效率，搭建商场内"智慧美妆购物区""智慧试衣体验间"等智慧零售主题区域，为用户提供多样化、个性化的服务。

巴黎旅游局市场总监帕特丽夏·巴泰勒米说，越来越多的中国年轻人正选择个性化的方式来法国旅游，他们更关注文化与艺术，希望去巴黎之外的其他城市走一走，因此需要与中国的旅游企业和旅游管理部门深化合作，挖掘更适合中国年轻游客的旅游产品。

（资料来源：参考消息网，http://china.cankaoxiaoxi.com）

思考：针对中国游客出行特征的变化，我们应该设计什么样的旅游线路？

分析：中国不断扩大的"中产阶级"消费群体将成为未来主导海外消费的重要力量之一。围绕这一群体需求设计旅游产品，将成为未来市场发展的方向。

第一节 东欧旅游产品开发

一、俄罗斯旅游资源概况

（一）俄罗斯自然概况

俄罗斯联邦（The Russian Federation）位于欧洲东部和亚洲北部。欧洲部分是俄罗斯民族和俄罗斯国家的发源地，一直是俄罗斯政治、经济和文化的中心。俄罗斯的国土面积约为1709.82万平方千米，居世界第一。以南北走向的叶尼塞河为界，西部主要是平原，东部主要是高原和山地。伏尔加河为欧洲最长的河流。贝加尔湖是著名的高山湖，也是世界上最深的淡水湖。里海是世界上最大的咸水湖。全国地处寒带、亚寒带、温带和亚热带四个气候带，大部分地区处于北温带，以大陆性气候为主。

（二）俄罗斯人文概况

1. 人口、民族、语言与宗教

俄罗斯的人口达1.46亿（2022年统计数据），有194个民族，其中，俄罗斯族占77.7%，主要少数民族有鞑靼、乌克兰、巴什基尔、楚瓦什、车臣、亚美尼亚、阿瓦尔、摩尔多瓦、哈萨克、阿塞拜疆、白俄罗斯等族。俄语是俄罗斯联邦全境内的官方语言，各共和国有权规定自己的国语，并在该共和国境内与俄语一起使用。五成人口信奉东正教，一成人口信奉伊斯兰教，信奉天主教、犹太教和佛教的约各占1%。

2. 国民经济

2017年，俄罗斯的国民生产总值14693亿美元，人均国民生产总值10743美元。俄罗斯拥有完整的工业体系以及发达的农牧渔业和现代化的交通运输业，其经济处在体制转轨时期，2012年8月加入世界贸易组织。俄罗斯有国际机场70个，主要机场有莫斯科的谢列梅捷沃2号国际机场、谢列梅捷沃1号国际机场、伏努科沃1号国际机场、多莫杰多沃机场、圣彼得堡国际机场、下诺夫哥罗德机场、新西伯利亚机场、叶卡捷琳堡机场、哈巴罗夫斯克机场等。

货币：卢布（Rouble）。汇率：1美元≈65.46卢布（2019年）。

3. 饮食

俄罗斯人的主食为面包和肉类，大多喜食黑面包、黄油、酸牛奶、酸黄瓜、鱼子酱、咸鱼、蜜糖和饼干等。他们喜爱的饮料有烈性酒（如伏特加）及格瓦斯、啤酒等。喜欢红茶，习惯在茶中放糖。"祝您胃口好"是俄罗斯人用餐时最常用的一句客套话。

4. 社交礼仪

"面包和盐"：即在铺着绣花面巾的托盘上放上一大圆面包，面包上搁一小包盐。俄罗斯人在迎接贵客时捧出"面包和盐"，表示崇高的敬意和他们的热情好客。这一礼仪只适用于隆重场合。

拥抱、亲吻、握手：俄罗斯人的重要礼节。国家领导人在隆重场合相会，行拥抱亲吻礼。吻是挨面颊两次，先右后左。在较隆重的场合，男女相见通常是男子屈身吻女子手背。在日常生活中表示亲切时，一般是长辈吻晚辈的脸颊三次，先右后左再右，有时也吻一下额头；晚辈则吻长辈面颊两次。女子之间或拥抱或亲吻，男子之间则只拥抱。下级、晚辈、男子在遇到上级、长辈、女子时，要等对方先伸手时方可握手。

打翻盐罐的行为被视为家庭不和的征兆，而打碎碗盘等餐具则意味着富贵和幸福。此外，遇见熟人不可伸左手握手问好，学生考试时不能用左手去抽签，早晨起床时不可左脚先着地。

二、俄罗斯著名旅游城市和景点

俄罗斯首都莫斯科，以克里姆林宫和红场一带为中心，向外延伸，市容呈辐射环形状。800多年的历史为莫斯科留下了许多名胜古迹。主要景点有红场、克里姆林宫、列宁墓、圣瓦西里大教堂、普希金广场、特列季亚科夫画廊、国立模范大剧院、俄罗斯艺术博物馆及各种博物馆等。

 拓展阅读 7-1

莫斯科红场

红场（俄文 красная площадь，英文 Red Square，图 7-1）位于俄罗斯首都莫斯科市中心，临莫斯科河，是莫斯科最古老的广场，是重大历史事件的见证场所。更是俄罗斯重要节日举行群众集会、大型庆典和阅兵活动之处，是世界著名旅游景点。红场南北长695米，东西宽130米，总面积为9.035万平方米，呈不规则的长方形，地面全部由古老的条石铺成。

红场的北面为俄罗斯国家历史博物馆，东面是莫斯科国立百货商场，南部为圣瓦西里大教堂。而西面则是列宁墓和克里姆林宫的红墙及三座高塔，在列宁墓上层修建有主席台。

每当俄罗斯重要仪式时,领导人就站在列宁墓上观礼阅兵。

(资料来源:百度百科,https://baike.baidu.com)

图 7-1 莫斯科红场

圣彼得堡:由 40 多个岛屿组成,整个城市由 500 多座桥梁连接,有"北方威尼斯"之称。主要景点:沙皇宫殿东宫,现为国立艾尔米塔什博物馆的一部分;伊萨基辅大教堂是圣彼得堡最著名的教堂,与梵蒂冈、伦敦和佛罗伦萨的大教堂并称"世界四大教堂"。

喀山:位于伏尔加河中游左岸,建于 13 世纪,15—16 世纪为喀山汗国都城。市内古迹众多,有建于 16 世纪的克里姆林宫、欧洲风格的教堂、亚洲格调的喇嘛庙、斯拉夫式的拱门、罗马式的尖顶、蒙古包形的圆穹和中国宫殿式的雕梁画栋。这里是伏尔加河沿岸著名的旅游城市。

黑海沿岸索契:俄罗斯最大的海滨温泉疗养地。高加索山脉北麓矿泉众多,这里是冬季山地滑雪的传统地。波罗的海及其芬兰湾沿岸是传统的海滨疗养度假胜地。世界自然遗产贝加尔湖是世界上最深、蓄水量最大的淡水湖,透明度达 40 米左右,虽远离海洋,湖内却栖息着海洋性动物。这至今是个不解之谜。

三、旅游线路产品开发

(一)俄罗斯旅游产品开发总体思路

俄罗斯的自然资源是以疗养、度假、体育为主要功能的旅游胜地,主要集中在黑海沿岸、波罗的海及芬兰湾沿岸、贝加尔湖沿岸和大高加索山一带等。此外,西伯利亚浩瀚的林海雪原和独特的地方民族风情也是很好的自然资源。不仅如此,俄罗斯也拥有丰富的人文资源。

(二)俄罗斯旅游线路实例

市面上的俄罗斯旅游线路产品,除了俄罗斯一国的旅游产品外,很多旅行社将俄罗斯与北欧或者俄罗斯与欧洲多国一并打包,做成旅游产品。俄罗斯一国的旅游产品,介绍两条经典线路,分别是俄罗斯全景旅游线路和俄罗斯冬季旅游线路。

1. 俄罗斯全景旅游线路：克里姆林宫—叶卡捷琳娜花园及琥珀宫—俄式大餐

第 1 天：广州—莫斯科

第 2 天：莫斯科

【红场】具体介绍见拓展阅读 7-1。

【克里姆林宫】位于俄罗斯首都莫斯科的最中心，高大坚固的围墙和钟楼、金顶的教堂、古老的楼阁和宫殿，耸立在莫斯科河畔的博罗维茨基山岗上，构成了一组无比美丽而雄伟的艺术建筑群。克里姆林宫已经被联合国教科文组织列为世界文化遗产。

第 3 天：莫斯科—谢尔盖耶夫镇

【谢尔盖耶夫镇】莫斯科的卫星城市之一，位于市区东北 71 千米处。这是一座风景如画、建筑独特的城市，也是俄罗斯金环城市之一。谢尔盖耶夫修道院是市内的旅游重点，它是东正教最古老的教堂之一，收藏着无数古俄罗斯绘画精品、贵金属和宝石古董。现在它还是一座国家级的博物馆，也是俄罗斯重要的宗教中心。

第 4 天：莫斯科—圣彼得堡

【麻雀山观景台】位于莫斯科的最高处，可以俯瞰莫斯科市区。

随后前往机场，乘坐豪华客机飞往有"北方威尼斯"之称的圣彼得堡。

第 5 天：圣彼得堡

【叶卡捷琳娜花园及琥珀宫】又称"皇村"，由叶卡捷琳娜二世女皇修建，宫殿的建筑精巧淫靡，色彩清新柔和，弥漫着女性的柔美、娇媚的风韵。它于 1990 年被列入联合国《世界遗产名录》。琥珀宫则是位于叶卡捷琳娜宫内的一座通体由琥珀和黄金装饰而成的，极其奢华的建筑。

【彼得保罗要塞】坐落在圣彼得堡市中心涅瓦河右岸，是圣彼得堡著名的古建筑。该要塞于 1703 年由彼得大帝在兔子岛上奠基，它与圣彼得堡同龄。本是防卫以及发动战争之用，后来成为关押政治犯的监狱。

第 6 天：圣彼得堡

【夏宫花园】是圣彼得堡的第一座花园，建于 1904 年，占地 11 公顷。夏宫花园的布局独具一格，有笔直的林荫大道、修剪整齐的灌木丛，有喷泉 50 多处、大理石雕像 250 座，还有花圃、珍禽笼、豪华的人工石雕以及许多怪作，把花园装饰得美妙无比。

【冬宫博物馆】原为俄国沙皇皇宫，十月革命后成为圣彼得堡国立艾尔米塔什博物馆的一部分。它是 18 世纪中叶俄国巴洛克式建筑的杰出典范。博物馆内展品非常丰富，数量多达 250 万件，馆内珍藏有各大名画、雕像、名贵古物及沙皇曾用过的名贵马车等。它与伦敦的大英博物馆、巴黎的卢浮宫、纽约的大都会艺术博物馆一起，被称为"世界四大博物馆"。

第 7 天：圣彼得堡—莫斯科—广州

【彼得大帝青铜骑士像】铜像的底座是 40 吨重的一整块花岗石；彼得大帝所骑的马代表俄罗斯，马的双脚腾空，好像要冲破一切阻力勇往直前；马的后蹄踏在象征邪恶的蛇身上，它代表了一切阻止彼得大帝改革维新的守旧派。正如雕塑展示的一样，彼得大帝冲破了重重阻力，在这片沼泽地建起了这座美丽的城市圣彼得堡，并建都于此，把落后、封建、贫穷的俄罗斯，带向了富饶与繁荣。

2. 俄罗斯冬季旅游线路：感受蓝冰世界—俄罗斯贝加尔湖—伊尔库茨克—奥利洪岛—李斯特维扬卡

第1天：广州—伊尔库茨克

【伊尔库茨克】该市被列为"俄罗斯建筑古迹历史名城"，在这座城市里有500余处州级文物遗产受到国家保护。在该市，可游览杜马广场、基洛夫花园、州政府大楼、二战胜利纪念广场、长明火、爱情桥，并于安加拉河畔观光。安加拉河把伊尔库茨克市一分为二，是贝加尔湖300多条河流中一条流出的河流，此河流入叶尼塞河，注入北冰洋。随后乘车参观主显荣大教堂、波兰大教堂、救世主大教堂、莫斯科凯旋门。随后，可漫步于卡尔·马克思大街，观赏亚历山大三世雕像，外观地方志博物馆、科学图书馆、伊尔库茨克国立大学、奥赫洛浦高夫花园、奥赫洛浦高夫话剧院、东西伯利亚铁路大厦、油画市场、列宁广场。

第2天：伊尔库茨克—李斯特维扬卡—贝加尔湖

【塔利茨木制民俗博物馆】在这里，可以看到古老的西伯利亚木质建筑群，讲述着17—20世纪贝加尔湖沿岸人民的日常和文化生活。漫步于白桦林中呼吸清新空气，感受大自然之美。

随后，前往李斯特维扬卡镇，亲密接触神秘的贝加尔湖。贝加尔湖是世界上最深的淡水湖，湖水极其清澈，透明度达40.5米，素有"西伯利亚明眸"之称，1996年被联合国列为世界自然遗产。

【贝加尔湖博物馆】近距离了解神秘的贝加尔湖及湖底生物和矿产。可以在湖畔漫步，也可以自费乘坐贝加尔湖气垫船，亲身体验在湖面上风驰电掣般的感觉，并饱览不同寻常的冬季风光。

第3天：伊尔库茨克—奥利洪岛—胡日尔

【奥利洪岛】沿途两边有白桦林、樟子松林、美丽的草原和起伏的山丘以及由小木屋、木栅栏组成的原始村落。换乘中巴车或气垫船登岛，抵达胡日尔镇后，入住乡村别墅宾馆。贝加尔湖有22个岛屿，奥利洪岛是其中一个较大的岛。如果说贝加尔湖是西伯利亚的明珠，奥利洪岛就是这颗明珠的心脏。

第4天：奥利洪岛—胡日尔—合波角

【奥利洪岛】沿途观赏小木屋、人脸山、鳄鱼岛、村落、沙滩怪松林、三兄弟山、美丽的草原、红岩石。如湖面形成坚冰，可以进行冰上拍照留念及其他冰上活动。

第5天：奥利洪岛—胡日尔

自由活动推荐：漫步胡日尔镇，尽情拍摄小镇风光；湖畔游览自然风光，观赏贝加尔湖及周边的美丽景色；或者自费参加南线一日游，欣赏奥利洪岛南岸的自然风光，如果气候条件成熟，也可以拍摄到蓝冰、冰裂、雪地冰洞及冰下气泡；可以体验乘坐狗拉雪橇、俄罗斯桑拿等活动。

第6天：奥利洪岛—胡日尔—伊尔库茨克

【欧洲之家】伊尔库茨克地标性建筑欧洲之家是伊尔库茨克建筑历史名胜，建于19世纪。目前保留着1905年修缮后的模样，极具特色的是其木雕刻花边装饰，又叫"花边房子"，是伊尔库茨克的旅游名片。随后，游览喀山圣母大教堂。它在美观和规模上处于俄罗斯四大教堂之列，建造过程将近50年，是19世纪末20世纪初伊尔库茨克文化繁荣与财富的标志。

第7天：伊尔库茨克—广州

【苏卡乔夫庄园】始建于1882年。这里曾经是伊尔库茨克文化与精神中心，学者、作家、画家、音乐家及戏剧家的聚集地。庄园的主人是原市长苏卡乔夫，苏卡乔夫是著名的慈善家、科学与艺术的赞助人及伊尔库茨克美术馆的奠基人。随后，游览具有浓郁远东地方特色的130风情街，充分体验异国风情和当地特色人文文化，自愿前往超市及商店购买礼物及纪念品。

第二节 南欧旅游产品开发

一、意大利旅游产品开发

（一）意大利旅游资源概况

1. 意大利自然概况

意大利共和国（Republica Italiana），位于欧洲南部的亚平宁半岛上，包括西西里岛、撒丁岛和其他岛屿，面积301333平方千米。意大利三面临地中海，大多为山岳地带，多火山，地震频繁。最大的平原是北部的波河平原，是主要的工农业区。大部分地区的气候属地中海气候，冬季温暖多雨，夏季炎热干燥。

2. 意大利人文概况

1）人口、民族、语言与宗教

意大利的全国人口约5898万（2022年1月数据），绝大多数是意大利人。意大利语为其官方语言，也是圣马力诺和梵蒂冈的官方语言及瑞士的四种正式语言之一。绝大多数意大利人信奉天主教。

2）国民经济

2021年，意大利的国内生产总值1.78万亿欧元，人均国内生产总值3万欧元。意大利是发达工业国，欧洲第三大、世界第八大经济体。意大利的中小企业发达，被誉为"中小企业王国"。意大利的地区经济发展不平衡，北方工商业发达，南方以农业为主，是世界葡萄酒生产国之一、世界三大橄榄油生产国之一，柑橘、柠檬产量居世界前列。罗马是从欧洲飞往东方和非洲的中转站，主要机场有罗马的菲乌米奇诺、米兰的利纳特和马尔佩萨、都灵的卡莱塞。

3）饮食

意大利菜的特点是味醇、香浓，以原汁原味闻名。相传，意大利的面条由马可·波罗从中国传入。源于那不勒斯的烤饼"披萨"，名扬西欧、北美，传遍全世界。意大利人喜欢喝葡萄酒，但很少酗酒，席间不劝酒。在意大利，拒绝别人的用餐邀请会被认为是不礼貌的行为。

4）社交礼仪

意大利的主要风俗习惯与其他西方国家无显著区别，但因梵蒂冈在意大利境内，天主教对日常生活有较大影响，各种宗教节日很多。意大利人待人热情，注重公共场合的文明礼貌。与宾客见面时常握手，亲朋好友久别重逢后会热情拥抱，处处女士优先。女子对"太太""小姐"的称呼颇为计较，称呼女性可由戒指判断：订婚后的女性戴订婚戒指，结婚后换戴结婚戒指，式样不同。赴家宴时，要携带礼物送给主人，礼不在贵重，但讲究包装，主人会当面打开礼物以表示赞赏之情。意大利人的时间观念不强，特别是出席宴会、招待会等活动时，常常失约或迟到。

（二）意大利著名旅游城市和景点

意大利首都罗马，古罗马帝国的发祥地，曾为教皇国的首都，有2700多年的历史，有"永恒之城"的美称。"母狼哺婴"是罗马的城徽。罗马以古迹多、教堂多、广场多、地下墓穴多和喷泉多而闻名世界。主要景点有古罗马斗兽场、万神庙、地下墓穴、罗马广场、圣母玛利亚教堂、圣约翰大教堂、坎切里亚宫、法尔内塞宫和"特莱维"喷泉（又称"少女喷泉"）等。

 拓展阅读 7-2

古罗马斗兽场

古罗马斗兽场（意大利语：Colosseo，英语：Colosseum），原名弗拉维圆形剧场（Amphitheatrum Flavium），又译为罗马角斗场、科洛西姆竞技场，是古罗马帝国专供奴隶主、贵族和自由民观看斗兽或奴隶角斗的地方（图7-2）。古罗马斗兽场建于公元72—80年，是古罗马文明的象征。该遗址位于意大利首都罗马市中心，在威尼斯广场的南面，古罗马市场附近。

从外观上看，它呈正圆形；俯瞰时，它是椭圆形的。它的占地面积约2万平方米，长轴长约为188米，短轴长约为156米，圆周长约527米，围墙高约57米。这座庞大的建筑可以容纳近九万人数的观众。

（资料来源：百度百科，https://baike.baidu.com/item/）

佛罗伦萨：14—16世纪欧洲文艺复兴运动的发祥地，有博物馆和画廊40多个、宫殿60多座以及上百座各种风格的教堂，有"博物馆城"之称。主要景点有西礼堂、市政广场、圣十字教堂、圣母百花大教堂、乔托钟楼、乌菲兹博物馆、君子宫和"老桥"等。

威尼斯：位于亚得里亚海滨，建在离海岸4000米远的118个小岛上，岛城内有401座桥连接，有"水城"之称，"贡多拉"小船别具风格。主要景点有圣马可广场、圣马可大教堂、公爵宫、乔托钟楼、研究院美术馆、里亚托桥、叹息桥等。威尼斯是马可·波罗的故乡，他在中国游览苏州城后誉其为"东方威尼斯"。

图 7-2　古罗马斗兽场

那不勒斯：被誉为"音乐之乡"，建于 1737 年的圣卡尔洛歌剧院属世界一流的歌剧院。那不勒斯湾东岸维苏威火山山脚下有被火山埋没 1900 多年的庞贝古城。

米兰：始建于公元前 4 世纪的杜奥莫教堂是世界第二大教堂。相传，教堂屋顶藏有将耶稣钉在十字架上的一颗钉子。圣母玛利亚教堂的餐厅墙上，有 1489 年达·芬奇在米兰创作了传世名画《最后的晚餐》。其他景点有五月广场、埃马努埃二世长廊、布雷拉画廊等。

比萨：大学城，以浸礼会教堂和钟楼（比萨斜塔）而闻名世界。

意大利有 55 项世界自然文化遗产（2019 年），其中自然遗产 5 项，文化遗产 50 项，与中国共同名列世界第一位。意大利的旅游宣传口号是"露天博物馆"。

（三）旅游线路产品开发

1. 意大利旅游产品开发总体思路

意大利全国有 1000 多个旅游景点，可以开展以下四类旅游。

（1）文化古迹和艺术遗产。意大利有许多历史名城、著名古迹，以及宗教圣地梵蒂冈。这样的名胜古迹有 400 多处，可以开展文化古迹线路旅游。

（2）地中海沿海浴场。意大利海岸线长达 7000 多千米，有理想的海滨浴场和风景秀丽的地中海景色。这类旅游点有 300 多处，适合开展海滨线路旅游。

（3）北部阿尔卑斯山旅游胜地。这里景色美丽，夏季是避暑的好地方，冬季又是世界一流天然滑雪场。这一地区有 100 多个旅游点，适合开展运动型的体验式旅游。

（4）温泉疗养地。意大利有 100 多处温泉，温泉的数量为欧洲之最，可供游人洗浴，治疗多种疾病，是最佳疗养胜地。这样的旅游点有 200 多处，可以开展度假体验式旅游。

2. 意大利旅游线路实例

市面上的意大利旅游线路产品分为几种，有德国—法国—意大利—瑞士一条线的产品，有欧洲多国连游产品和意大利一国产品。其中，意大利一国产品主打深度游，以私家团形式出现较多，现介绍一条意大利一国的专线旅游线路。

第1天：广州—多哈—米兰

第2天：米兰

在多姆大教堂广场外观赏艾曼纽二世纪念雕像和米兰地标、被马克·吐温称为"大理石的诗"的米兰大教堂。米兰的艺术古迹与时尚潮流深深吸引着游人，走在米兰的街头总能找到惊喜的视觉。

第3天：米兰—威尼斯

威尼斯被誉为"亚得里亚海的明珠"，乘船前往圣马可岛，远观对岸的圣乔治教堂，观赏叹息桥、威尼斯总督府，游览被拿破仑称为"欧洲最美的客厅"的圣马可广场，观赏精美的圣马可大教堂、钟楼、时钟塔。然后前往里亚托桥。在威尼斯有400多座桥，以里亚托桥最为有名，建于1180年，是威尼斯的象征，莎士比亚的名剧《威尼斯商人》就是以这里为背景的。

第4天：威尼斯—佛罗伦萨

佛罗伦萨是文艺复兴的发源地，有"翡冷翠"之称。抵达君主广场后，观赏维奇奥宫、露天雕像群和拥有典藏的乌菲兹博物馆；接着外观佛罗伦萨地标性建筑、世界第四大教堂圣母百花大教堂（又名圣约翰洗礼堂），抵达圣十字广场后，外观圣十字教堂。橘红色圆顶的圣母百花大教堂是佛罗伦萨的重要地标，由教堂、洗礼堂、钟楼组成，洗礼堂的正门由于大师米开朗基罗的赞誉而得到"天堂之门"的美誉。市政厅广场（又名君主广场和西尼奥列广场）上有一座建于13世纪的碉堡式旧宫（现市政厅），侧翼的走廊，现在连同整个广场成为一座露天雕塑博物馆，各种石雕和铜像作品栩栩如生，形象传神，如人们所熟悉的米开朗基罗《大卫像》复制品。游毕可再游览乔托钟楼，欣赏翡冷翠古老的桥梁维琪奥老桥，在米开朗基罗广场眺望古城全景，全景的佛罗伦萨更显古老和典雅。

第5天：佛罗伦萨—锡耶纳

游览托斯卡纳一个经典的中世纪山城锡耶纳。

第6天：锡耶纳—罗马

【田野广场】被称作"意大利的美丽广场"，因广场弧扇形的设计又被称为"贝壳广场"，外观锡耶纳市政厅、仿佛巨人般俯瞰着广场的曼吉亚塔楼、欢乐喷泉，在宁静古朴的深街古巷间享受怡人、惬意的时光。之后乘车前往"永恒之都"罗马。

第7天：罗马—多哈

车览古罗马废墟，外观罗马的象征斗兽场和君士坦丁凯旋门，罗马拥有悠久的历史和辉煌的古代文明。古罗马斗兽场位于市中心，是古罗马时期大的圆形角斗场，威严而壮观；旁边是公元315年修建的君士坦丁凯旋门，经历了1700多年的风风雨雨仍保存了当初的完美造型。而后，可游览位于罗马市中心的圆形广场威尼斯广场。游览完毕后乘车前往机场，办理手续后，乘坐卡塔尔航空公司客机，经多哈转机返回广州。

第8天：多哈—广州

二、西班牙旅游产品开发

（一）西班牙旅游资源概况

1. 西班牙自然概况

西班牙王国（The Kingdom of Spain），大部分领土位于欧洲西南部伊比利亚半岛，东南临地中海，南隔直布罗陀海峡与非洲的摩洛哥相望，扼大西洋和地中海航路的咽喉。西班牙的国土面积为50.6万平方千米，中部梅塞塔高原约占全国面积的65%，北部和南部近海地区为山地，沿海平原狭窄。中部高原为大陆性气候，北部和西北部沿海为海洋性温带气候，南部和东南部为地中海式亚热带气候，全年大部分时间阳光普照，适宜度假旅游。

2. 西班牙人文概况

1）人口、民族、语言与宗教

西班牙的全国人口约4739.8万（截至2021年1月）。其中，2/3的居民为卡斯蒂利亚族（即西班牙人），1/3居民为少数民族（加泰罗尼亚族、巴斯克族和加利西亚族）。此外，还有少量吉普赛人。卡斯蒂利亚语（即西班牙语）是官方语言和全国通用语言，少数民族语言在本地区也为官方语言。56.6%的居民信奉天主教（2022年4月）。

2）国民经济

2021年，西班牙的国内生产总值1.2万亿欧元。现是中等发达的工业国，国内生产总值居欧盟第4位。汽车工业是其支柱产业之一。渔业、农业和林业发达，猪肉产量居欧盟第2位，橄榄油出口量居世界第一，葡萄酒出口量居世界前列。服务业中尤以旅游业和金融业发达。主要机场有马德里巴拉哈斯机场、帕尔马·德马略卡机场和巴塞罗那机场。最大的航空公司是伊比利亚航空公司。

3）饮食

由于气候温和、日照时间长，早晨晚起、午休长，西班牙人很少在午夜前就寝。机关、企业、商店每天分两段办公、营业：9点或9点半至下午1点或1点半；下午4点半或5点至晚上8点或8点半。9点早餐；下午1点至3点半午餐；傍晚时分喝咖啡、红茶或菊花茶，加小点心；晚上8点半至11点晚餐，热衷于夜生活。西班牙人爱喝扎啤和葡萄酒类（葡萄酒、雪莉酒、香槟酒等），喜欢吃鱼，尤其海味，好吃烤肉和汤菜，菜肴辛、辣、酸、苦，口味较重。

4）社交礼仪

如请人吃饭或到别人家中拜访，必须提前数天通知。宴请较为简单，但酒水一定要全，以满足客人不同爱好。请吃早餐多为洽谈业务，正式宴请通常安排在晚上9点以后。无劝酒、敬菜习惯，一切听凭客人选择。赴家宴时，一般向主人送鲜花、巧克力、酒和工艺品等礼品，加彩纸、缎带包装。主人受礼后，须当面打开并加以赞赏。

西班牙人注重个人隐私，不能询问别人年龄、收入、婚否、宗教信仰、政治派别。西班牙属基督教文化区，许多禁忌与欧美基督教国家相同，如忌讳13、星期五，忌用黄色（象征疾病、嫉妒等）、紫色（"神圣颜色"，系教会专用）、黑色（象征死亡），忌用菊花（为丧礼用花）等。

（二）西班牙著名旅游城市和景点

西班牙首都马德里，一个古今文化交汇的世界名城。主要景点有西班牙皇宫、太阳门广场、塞万提斯广场、温塔斯斗牛场、皇家大教堂、普拉多博物馆、瑞内索菲亚美术馆、布恩雷蒂公园和埃斯科里亚尔古镇（历代王室行宫和先贤祠所在地）。

巴塞罗那：一个 2000 年历史的文化古城。主要景点有圣家族大教堂、犹太山奥林匹克体育场、塞万提斯广场、巴塞罗那大教堂、毕加索博物馆、哥伦布纪念堂、国家造船厂（海洋博物馆）、城堡公园和动物园。

拓展阅读 7-3

> **圣家族大教堂**
>
> 圣家族大教堂，又译作神圣家族大教堂，简称圣家堂，是位于西班牙加泰罗尼亚巴塞罗那的一座罗马天主教大型教堂（图7-3），由西班牙建筑师安东尼奥·高迪（1852—1926年）设计。尽管教堂还未竣工，但已被联合国教科文组织选为世界遗产。2010年11月，教皇本笃十六世将教堂封为宗座圣殿。
>
> 圣家族大教堂始建于1882年，后高迪于1883年接手主持工程，建设时融入了自己的建筑设计风格、哥特式和新艺术运动的风格。高迪将他的晚年投入了教堂的建设，直至74岁（1926年）去世时，教堂仅完工了不到四分之一。圣家堂的建设进展缓慢，仅靠个人捐赠和门票收入维系，中间又受西班牙内战干扰，在20世纪50年代间的建造时断时续。2010年，建设的进程过半，然而整个建筑过程中最大的挑战依旧未被解决。预计于2026年，即高迪逝世的百年纪念之时完工。
>
> 圣家族大教堂的建设长年来饱受争议：有人质疑高迪本身的设计；质疑高迪去世后的建设可能违背了高迪的设计意图；以及西班牙与法国间高速铁路地下隧道的建设可能会影响教堂的稳定性等，但其仍以独特的形象成为巴塞罗那的地标性建筑。2018年10月，圣家族大教堂被曝光"并未取得巴塞罗那市政府的许可证"。因此，市政府对其开出了3600万欧元（约合2.8亿元人民币）的罚款，并要求分10年付清。
>
> （资料来源：百度百科，https://baike.baidu.com/item/）

其他旅游城市和景点有萨拉曼卡，是西班牙最著名的历史名城和艺术中心之一。塞哥维亚旧城，古城内有许多教堂、修道院、王宫等历史遗迹，尤以建于公元50年的罗马式大渡槽闻名于世。此外，还有塞维利亚市大教堂、阿尔卡萨尔王宫及西印度群岛档案馆。圣地亚哥·德·孔波斯特拉城，城内有耶稣门徒圣雅各墓地，与罗马齐名的基督教朝圣地。特鲁埃尔市的穆德哈尔式建筑，糅合了西方建筑风格和东方伊斯兰建筑风格。托莱多古城，是古罗马文明、西哥特文明以及伊斯兰教、犹太教和基督教文化的荟萃之地。

图 7-3　圣家族大教堂

截至 2019 年，西班牙有 48 处世界遗产，著名的遗产景点还有阿尔塔米拉洞窟、阿尔罕布拉宫和赫内拉利费花园、阿斯图里亚斯的前罗马时期建筑、阿维拉旧城及城外教堂、埃尔·埃斯科里亚尔修道院。

西班牙的传统王牌旅游产品是 3S，即 SUN，SAND，SEA，旅游口号为"阳光普照西班牙"，素有"旅游王国"之称。

（三）旅游线路产品开发

1. 西班牙旅游产品开发总体思路

西班牙旅游资源非常丰富，主要概括为六大资源。

（1）阳光和海滩。西班牙全国海岸线长约 7800 公里，有 120 个欧洲一流海滩。全国许多旅游地区气候温暖，阳光明媚，海滨旅游产品是其传统优势产品。

（2）大量的海岛。西班牙有两大群岛，都是旅游胜地。一个是坐落在大西洋的加那利群岛；另一个是地中海上的巴利阿里群岛，因此海岛旅游产品也有很大的吸引力。

（3）名胜古迹。西班牙全国到处都有古代遗迹，世界文化遗产达 42 项，首都马德里和巴塞罗那的古迹较多，因此名胜古迹线路也是很受欢迎的旅游线路。

（4）古代文化和现代体育资源。皇马俱乐部是世界一流足球俱乐部，该俱乐部的足球场已经成为马德里旅游者的必访之地。西班牙旅游部门开辟了数条"唐·吉诃德之路"的旅游产品，沿着小说里的主人公唐·吉诃德的线路进行冒险闯荡。

（5）国际会议和游览。西班牙经常举行大型的国际会议和国际展览。吸引大量的会议和展览的参加者，巴塞罗那和马德里早已入选世界十大会议旅游目的地，因此西班牙的商务旅游线路也发展得很好。

（6）民俗民风和节日。西班牙有斗牛、奔牛、弗拉门戈舞蹈和"番茄大战"节等许多民俗民风。这些活动每年都能吸引大量外国游客，因此发展节庆旅游也是西班牙旅游可以考虑的旅游线路。

2. 西班牙旅游线路实例

市面上的西班牙旅游线路，很少见西班牙一国的线路，大都和欧洲其他国家一起打包形成线路，下面介绍一条经典线路，西班牙—葡萄牙旅游线路。

第 1 天：广州—巴塞罗那

第 2 天：巴塞罗那

参观 1992 年奥运会场，俯瞰巴塞罗那海港全貌。随后，前往坐落在蒙锥克山脚下的加泰罗尼亚国家艺术博物馆（又名"国家宫"）。这座庄严雄伟的建筑是为 1929 年的万国博览会而建造的，其繁复的建筑结构令人叹为观止。随后，前往西班牙足球劲旅巴塞罗那俱乐部的主场诺坎普球场。

第 3 天：巴塞罗那

参观建筑大师高迪的毕生杰作圣家族大教堂，随后将前往参观桂尔公园，游毕前往外观高迪的另一代表作面谱屋以及米拉之家。游毕，前往热闹的兰布拉大街，游客可自行前往观赏屹立在大街另一端的哥伦布纪念像，以及兰布拉大街上的波盖利亚美食市场，感受由美食打造出来的一个个别致摊位。波盖利亚市场作为巴塞罗那最古老的市场，是受巴塞罗那市民欢迎的地道食材采购地。随后游客可自由活动。

第 4 天：巴塞罗那—瓦伦西亚

驱车前往地中海西岸的明珠瓦伦西亚。瓦伦西亚是西班牙海鲜饭的故乡，同时也是古典与现代的结合体。抵达后，游览古城，外观大教堂、市政厅等建筑（约 2 小时），并安排享用西班牙海鲜饭。

【瓦伦西亚法雅节】为纪念当地保护神圣何塞，瓦伦西亚市民每年 3 月都要庆祝传统节日法雅节。从 3 月初开始搭建，直至 3 月 19 日晚庆典结束，整个城市的大街小巷都会摆满用木料、纸板做成的玩偶。这些玩偶极具创意、形态各异又栩栩如生，被称作"法雅"。节日期间，瓦伦西亚市内每个角落都洋溢着欢乐热闹的气氛，让人尽情体验热情似火的西班牙。

第 5 天：瓦伦西亚—托莱多—马德里

乘车前往中世纪西班牙的都城托莱多。托莱多地处塔霍河环绕的高岗上，是世界文化遗产。抵达后，外观著名的托莱多大教堂（约 30 分钟）。之后，前往西班牙首都、伊比利亚半岛上第一大城市马德里。抵达后，前往参观大皇宫，游毕前往游览西班牙广场。

第 6 天：马德里

前往游览哥伦布纪念广场，外观著名球队皇家马德里的主场圣地亚哥·伯纳乌球场，接着在西班牙最大的百货商店英国宫购物中心自由活动。然后，前往五风车公园赏花，此地遍布着郁郁葱葱的杏花树，可以欣赏粉红的花蕊，洁白的花瓣，陶醉在明媚的春天气息里。

第7天：马德里—康修加纳—科尔多瓦

前往游览塞万提斯名著《唐·吉诃德》故事中的其中一个背景所在地康修加纳城白风车村。此处有别具特色的白风车和卡斯提尔亚曼查的城镇风光。游毕，前往安达卢西亚的曼妙之城科尔多瓦，外观摩尔建筑和西班牙建筑混合风格的大清真寺，外观科尔多瓦王宫，并观赏古罗马桥。

第8天：科尔多瓦—隆达—米哈斯—太阳海岸

乘车前往近代斗牛的发源地隆达，游览新桥，并观赏太加斯峡谷的天然绝景；并外观西班牙最古老的斗牛场及游览老城区。随后，前往游览西班牙阳光海岸上著名的白色山城米哈斯。游毕，驱车前往以阳光和沙滩著称、世界六大完美海滩之一的太阳海岸地区。

第9天：太阳海岸—马拉加—塞维利亚

游览印象派艺术大师毕加索的故乡马拉加。首先，漫步于著名的梅塞尔广场。毕加索的童年在这里度过。随后，外观马拉加标志性建筑阿尔卡萨瓦堡垒，漫步于海滨大道，感受地中海式浪漫。游毕，前往安达卢西亚地区的首府塞维利亚。抵达后，游览塞维利亚西班牙广场，继而外观塞维利亚大教堂以及瓜达维河畔的黄金古塔。

第10天：塞维利亚—里斯本（葡萄牙）

前往葡萄牙首都里斯本，抵达后，外观热罗尼姆斯修道院。里斯本的葡式蛋挞久负盛名，可以前往当地出名的葡式蛋挞饼店自由购买品尝。随后将途经庞巴尔侯爵广场，前往里斯本的巴夏区游览罗西奥广场、黑马广场，外观奥古斯塔大街的凯旋门，游览商业广场。

第11天：里斯本—罗卡角—卡斯凯什—辛特拉—里斯本

前往欧洲大陆的最西端罗卡角。之后，前往海边小镇卡斯凯什。这是一个充满活力又保留着贵族气息的旅游胜地，其海滩和新鲜的海鲜、鱼类最为吸引游客。随后，前往中世纪王室最喜爱的避暑胜地辛特拉，该地拥有星罗棋布的皇家庄园与城堡，云集了欧洲浪漫主义风格的建筑。抵达后，外观辛特拉王宫，并在小镇步行街上自由活动，逛当地特色的手工制品店与百年甜品店，尝辛特拉的特色甜点。之后，驱车返回里斯本，前往阿姆雷拉中心自由活动。

第12天：里斯本—广州

游览葡萄牙首都里斯本，该地素有欧洲乡村的美誉，是一个令人迷醉与向往的城市。外观由葡王曼努埃尔一世为保卫里斯本的港口而下令建造的贝伦塔、航海家纪念碑，在此也可遥望横跨特茹河两岸，宏伟的"四月二十五日大桥"及耶稣巨像。游毕前往机场，乘坐飞机返回广州。

第13天：广州

抵达广州白云国际机场。

第三节 西欧旅游产品开发

一、英国旅游产品开发

（一）英国旅游资源概况

1. 英国自然概况

大不列颠及北爱尔兰联合王国（The United Kingdom of Great Britain and Northern Ireland, UK），位于欧洲西部，由大不列颠岛（包括英格兰、苏格兰、威尔士）、爱尔兰岛东北部和一些小岛组成，面积共 24.41 万平方千米（包括内陆水域），海岸线总长 11450 千米，与欧洲大陆隔海相望。全境分为四个部分，即英格兰东南部平原、中西部山区、苏格兰山区、北爱尔兰高原和山区。北部的本·尼维斯峰海拔 1343 米，为全国最高点。主要河流有塞文河（354 千米）和泰晤士河（346 千米）。英国属海洋性温带阔叶林气候，终年温和湿润，多雨雾。英国年平均气温 1 月 4～7℃，7 月 13～17℃，年平均降水量约 1100 毫米。

2. 英国人文概况

1）人口、民族、语言与宗教

英国人口约 6708.1 万（2020 年），其中英格兰占 83%，苏格兰占 9%，威尔士占 5%，北爱尔兰占 3%。英国的官方语言为英语，威尔士北部还使用威尔士语，苏格兰西北高地及北爱尔兰部分地区仍使用盖尔语。英国的居民多信奉基督教新教，主要分英格兰教会（也称英国国教圣公会）和苏格兰教会（也称长老会）。另外，还有天主教、伊斯兰教、印度教、锡克教、犹太教和佛教等较大的宗教社团。

2）国民经济

2021 年，国内生产总值 2.2 万亿英镑，人均国内生产总值 32555 英镑。英国是世界上第六大经济体，欧洲第二大经济体。在英国，私有企业是经济的主体。生物制药、航空和国防是英国工业开发的重点。伦敦是世界著名金融中心。1994 年，英法海底隧道连通了英国与欧洲大陆的铁路系统。英国航空公司是世界上最大的航空公司之一，伦敦希思罗机场是世界上最大、最繁忙的机场之一。

货币：英镑（Pound，国际标准化组织制定的货币符号为 GBP）。汇率：1 美元 ≈ 0.83 英镑（2023 年）。

3）饮食

英国家庭的饮食一般是一日三餐加茶点，上午茶点（11 点，咖啡或茶加饼干或点心），下午茶点（下午 4—5 点），晚餐正餐。

英国酒馆的喝酒时间有一定的限制：在伦敦周围，平常是 11 点到下午 3 点、下午 5 点半到晚上11点；星期天则是中午12点到下午2点、下午7点到晚上10点半。如果不在规定时间内饮酒的话，顾客和商店都会被处罚。

4）社交礼仪

英国人不喜欢被统称为"英格兰人"，应称"不列颠人"。他们习惯以握手表示友谊。与人握手时，无论男女，无论天多冷，都应先把手套脱掉。

忌问私事。与英国人聊天时，不应涉及金钱、婚姻、职业、年龄等私事。英国人谈话时，一般以保持50厘米以上的距离为宜。在众人面前，忌讳相互耳语。尊重女性，女士优先，是英国男子绅士风度的主要表现之一。忌讳数字13和星期五。烟友聚在一起，切忌"一火点三支烟"。

（二）英国著名旅游城市和景点

英国首都伦敦的景点：白金汉宫，位于唐宁街10号，是英国历代君王住所，历任首相办公和居住地。大英博物馆，建于1753年，是世界上最大的综合性博物馆之一。威斯敏斯特宫，现议会大厦，其东北角有一高97米的钟楼，举世闻名的"大本钟"就安放于此。伦敦塔，曾作为堡垒、王宫、监狱、皇家铸币厂和伦敦档案馆，塔内皇家珍宝馆藏有历代君主的皇冠、王权球和权杖等国宝。著名教堂有圣保罗大教堂和西敏寺（也称威斯敏斯特教堂）。海德公园是伦敦的第一大公园，其东北角入口处有"自由演讲者之角"。

拓展阅读 7-4

白 金 汉 宫

白金汉宫（Buckingham Palace，图7-4）是英国君主位于伦敦的主要寝宫及办公处。宫殿坐落在威斯敏斯特，是国家庆典和王室欢迎礼举行场地之一，也是一处重要的旅游景点。

在英国历史上的欢庆或危机时刻，白金汉宫也是一处重要的集会场所。1703—1705年，白金汉和诺曼比公爵约翰·谢菲尔德在此兴建了一处大型镇厅建筑"白金汉宫"，构成了今天的主体建筑。1761年，乔治三世获得该府邸，并作为一处私人寝宫。此后宫殿的扩建工程持续超过了75年，主要由建筑师约翰·纳西和爱德华·布罗尔主持，为中央庭院构筑了三侧建筑。1837年，维多利亚女王登基后，白金汉宫成为英王正式寝宫。19世纪末20世纪初，宫殿公共立面修建，形成延续至今白金汉宫形象。"二战"期间，宫殿礼拜堂遭一枚德国炸弹袭击而毁；在其址上建立的女王画廊于1962年向公众开放，展示皇家收藏品。现在的白金汉宫对外开放参观，每天清晨都会进行著名的禁卫军交接典礼，成为英国王室文化的一大景观。

（资料来源：百度百科，https://baike.baidu.com/item/）

图 7-4　白金汉宫

利物浦：英国第二大商港，也是一座历史悠久的古城，有许多观光胜地和海滨度假胜地。其中，布莱克浦尔海滨胜地最负盛名。

爱丁堡：苏格兰首府，是知名的文化古城，主要景点有王子街、圣十字宫、城堡、圣玛格丽特礼拜堂等。

著名的文化景点：德文特河谷纱厂群；康沃尔—西德文矿区；巨石阵和埃夫伯利的石头城；位于多佛尔西北 20 英里处的坎特伯雷大教堂，14 世纪英国诗人乔叟的长诗《坎特伯雷故事集》描绘了当时朝圣的盛况；位于伯明翰东南埃文河畔的大戏剧家威廉·莎士比亚故居；还有著名的牛津大学、剑桥大学。

著名的国家公园有诺森伯兰、北约克禁猎地、湖区、约克郡溪谷、山峰区、斯洛多尼亚、彭布罗克郡海滨、布莱肯、比科洛、埃克斯禁猎地和达特禁猎地。海滨胜地有英格兰南部的布赖特、布莱克普尔等。

（三）旅游线路产品开发

1. 英国旅游产品开发总体思路

英国旅游资源多为人文资源，教堂、古堡、学院、田园类的景点较多。在英国旅游线路的开发上，可以重点开发人文类的旅游产品，特别是造访牛津、剑桥等世界名校的研学之旅。

2. 英国旅游线路实例

市面上的英国旅游线路产品，主要包括英国一国的旅游产品和将欧洲多国打包的旅游产品，现介绍一条英国深度游的产品：英格兰—苏格兰经典线路。

第 1 天：广州—伦敦

第 2 天：伦敦

【白金汉宫】自从 19 世纪起，一直作为英国王宫和英国王室的官邸，王宫内外一派富丽堂皇，门口的皇家卫队换岗仪式一向吸引着来自世界各地的游客。在军乐和口令声中，穿着大红军装、戴着熊皮礼帽的卫兵做各种列队表演，并举枪互致敬礼。

接着，造访英国政治的心脏地带白厅街、唐宁街 10 号，在一幢幢庄重典雅的建筑间感悟古老而弥新的英国政治传统。随后，来到唐宁街 10 号北边的皇家骑兵卫队阅兵场，感受大英帝国的风华。接着一路行至泰晤士河边的国会大厦，聆听哥特式塔楼上大本钟的悠扬钟声。外观威严的威斯敏斯特大教堂，它的穹隆之下，安息着如丘吉尔、牛顿、达尔文、狄更斯等英国众多领域的伟大人物。尊重国家象征和荣誉传承的英伦传统，让人肃然起敬。

第 3 天：伦敦

前往造访汇集世界文明遗迹的殿堂大英博物馆，怀着对未知事物的求知欲，在这家全球知名的博物馆，您将领略到浩如烟海、贯通古今的世界人文和自然珍藏，感受世界的博大、多元与精妙。随后，前往独特的考文特花园。这里环绕着许多独立精品店铺、特色餐馆等，应有尽有，可谓伦敦街市的精华所在。英式的考究、维多利亚式的繁华全在这里体现（游览约 2 小时）。游毕，入住酒店休息。

第 4 天：伦敦—剑桥—利兹

造访英国最美丽的大学城剑桥大学。学校位于英格兰的剑桥郡，是英国也是全世界最顶尖的大学之一。英国许多著名的科学家、作家、政治家都来自这所大学。剑桥大学的许多地方保留着中世纪以来的风貌，到处可见几百年来不断按原样精心维修的古城建筑，许多校舍的门廊、墙壁上仍然装饰着古朴庄严的塑像和印章，高大的染色玻璃窗像一幅幅瑰丽的画面。

欣赏不同风格的校舍，穿行于古典而优雅的国王学院、三一学院、皇后学院等建筑，您也将被这浓浓的学术气息所沉醉（游览约 2 小时）。游毕，入住酒店休息。

第 5 天：利兹—爱丁堡—格拉斯哥

【爱丁堡城堡】是苏格兰民族的精神象征，6 世纪的斑驳古堡，历史的沧桑记录着历代苏格兰国王的坎坷命运。

【皇家英里大道】是爱丁堡老城一条东西方向的主干道，西侧起始于爱丁堡城堡，东侧止于圣十字架宫，两旁小巷交错，构成了老城的骨架。圆石铺成的地面早被磨得发亮，大道边的建筑古朴雄壮，充满历史气息。

第 6 天：格拉斯哥—阿伯丁

前往大西洋北海海滨城市阿伯丁，游览阿伯丁港。繁忙的阿伯丁港口蜿蜒入海。这里还保留着真实又古老的 19 世纪渔民平房。港口的北面还有一片金色的海滩，防波堤为它增色不少。

第 7 天：阿伯丁—尼斯湖—格拉斯哥

【尼斯湖】它非常深，湖水的温度也比较低，周围的风景更是让人迷恋，深邃的湖底也令人对它的好奇心更多了一层。

【格伦科峡谷】长满石南花的山谷两旁一座座高耸的山峰拔地而起，山峰间流淌着小河瀑布。这里曾是电影《哈利波特》《007》的取景地。

【洛蒙德湖】英国苏格兰最大的湖泊。这里是英国人度假的天堂，也只有身临其境才能欣赏到山水如画的美。大家将在湖边漫步欣赏古色古香的露丝小镇。

第8天：格拉斯哥—温德米尔—曼彻斯特

【温德米尔湖】位于英国中部湖区国家公园，是英格兰最大的湖泊，是童话故事"彼得兔"的故乡，也是电影《哈利波特》的拍摄场景之一。湖区景色优美，让人流连忘返。

【老特拉福德球场】世界上最有名和最受欢迎的足球俱乐部之一曼联的主场。拥戴曼联的球迷把老特拉福德球场视为圣地。

第9天：曼彻斯特—英国小镇

【浪漫之路】位于科茨沃尔德地区，这里散布着迷人的小镇、乡村、庄园。所以，对于热爱乡村生活的英国人来说，这里绝对是游览和欣赏唯美英式乡村的理想之地，也是远离城市喧嚣的度假天堂。

【水上伯顿】是这个地区的明星小镇，它的风光和景色常常被印在科茨沃尔德的旅游明信片和招贴画上，被很多游客列为科茨沃尔德旅游目的地的首选。

第10天：英国小镇—牛津—温莎—伦敦

【牛津大学】世界最知名的学府之一，是英语世界的第一所大学。大学没有围墙和校门，各大学院都融合了各种建筑特色。作为世界一流的学术研究中心，包括撒切尔夫人在内的20多位英国首相以及克林顿等外国首脑，诗人雪莱、作家格林等一批知名学者都曾求学于牛津大学。

【温莎古堡】英女王三大行宫之一。这里是英女王身份的象征地，是爱德华七世不爱江山爱美人故事的传说地。大家可以站在城堡垛口上，遥想日不落帝国最炫耀的辉煌历史。

第11天：伦敦—广州

第12天：抵达广州

二、法国旅游产品开发

（一）法国旅游资源概况

1. 法国自然概况

法兰西共和国（The Republic of France），位于欧洲大陆西端，西临大西洋，西北隔英吉利海峡与英国相望。法国的国土面积为55万平方千米（不含海外领地），地势东南高、西北低，东南部阿尔卑斯山与瑞士相毗邻，中南部为中央高原，西部和北部是大平原。不同地区分别受温带海洋性气候、大陆性气候和地中海气候的影响。

2. 法国人文概况

1）人口、民族、语言与宗教

法国人口达6563万（2022年1月，不含海外领地）。法国居民中，有六成以上信奉天主教、少数人信奉伊斯兰教、新教和犹太教，近三成居民自称无宗教信仰。国语是法语。法语也是联合国及世界旅游组织的正式语言，一些国际会议的工作语言，除法国外，瑞士、比利时、卢森堡、科特迪瓦、加拿大、海地等27个国家指定法语为官方语言，在突尼斯、摩洛哥、阿尔及利亚等国都通用法语。

2）国民经济

2021年，法国的国内生产总值2.94万亿美元，人均国内生产总值43518美元。法国是经济高度发达的工业国家，经济实力仅次于美、中、日、德。在核电、航空、航天方面，法国居世界领先地位。法国还是欧盟最大的农业生产国，也是世界主要农产品和农业食品出口国，其出产的葡萄酒享誉全球。法国的服务业也高度发达。巴黎是主要内河港口，主要海运港口有马赛港、勒阿弗尔港和敦刻尔克港。主要机场有巴黎的戴高乐机场、奥利机场和尼斯机场。通行货币为欧元。

3）饮食

法国大餐在世界上享有很高的声誉，食料考究，花色品种繁多，香浓味厚、鲜嫩味美，更注重营养的搭配。法国人视美食为艺术，认为个人饮食应符合自己的教养和社会地位。

（二）法国著名旅游城市和景点

法国首都巴黎，历史古都，以"世界花都"享誉全球。主要景点有"法国式花园"的典范——凡尔赛宫、卢浮宫、爱丽舍宫（总统府）、卢森堡宫（参议院）、波旁宫（国民议会）和阿维尼翁的教皇宫、法国王室最大的行宫——枫丹白露宫、巴黎圣母院、巴黎歌剧院、凯旋门、埃菲尔铁塔等，以及现代风格的蓬皮杜国家文化艺术中心。

拓展阅读 7-5

埃菲尔铁塔

埃菲尔铁塔（法语La Tour Eiffel，英语the Eiffel Tower）矗立在塞纳河南岸法国巴黎的战神广场，于1889年建成，是当时世界上最高的建筑物（图7-5）。埃菲尔铁塔得名于设计它的著名建筑师、结构工程师古斯塔夫·埃菲尔，全部由施耐德铁器（现施耐德电气）建造。

埃菲尔铁塔高300米，天线高24米，总高324米，铁塔是由很多分散的钢铁构件组成的——看起来就像一堆模型的组件。钢铁构件有18038个，重达10000吨，施工时共钻孔700万个，使用1.2万个金属部件，用铆钉250万个。除了四个脚是用钢筋水泥之外，全身都用钢铁构成，共用去熟铁7300吨。塔分三楼，分别在离地面57.6米、115.7米和276.1米处，其中一、二楼设有餐厅，三楼建有观景台，从塔座到塔顶共有1711级阶梯。

埃菲尔铁塔是世界著名建筑、法国文化象征之一、巴黎城市地标之一、巴黎最高建筑物，被法国人爱称为"铁娘子"。

（资料来源：百度百科，https://baike.baidu.com）

图 7-5　埃菲尔铁塔

马赛：位于法国南部海滨、罗纳河口，是法国最大的海港。主要景点有玛卓大教堂、伊福堡、旧港和美术馆等。

里昂：法国东南部的经济、文化、交通中心，主要景点有圣让首席大教堂、富尔维圣母院、市政厅、古罗马大剧院等。

波尔多：位于法国西南部、加龙河口，是重要的经济中心，以其命名的葡萄酒举世闻名。

尼斯：位于法国东南部地中海滨、蓝色海岸旅游区的中心。法国的滨海地区都是旅游地，尤以蓝色海岸为最。"蓝色海岸"是指戛纳至法意边境之间的一段海岸，全长 60 千米。戛纳是一座居民约 7 万人的古城，为世界"影城"。

法国有 7 个国家公园、35 个自然公园及众多的自然绿地，都是对公众开放的。夏蒙尼勃朗峰是阿尔卑斯山世界登山运动的发源地，19 世纪末在那里成立了世界上第一个"向导协会"。温泉以阿尔卑斯山南部的艾克斯莱班温泉疗养区最为著名。从戛纳至法意边境之间全长 60 千米蓝色海岸，西南部的奥克西塔尼大区，西北部的布列塔尼大区以及科西嘉岛都是滨海度假胜地。遍布全国的乡村农舍旅游服务也非常完善。

（三）旅游线路产品开发

1. 法国旅游产品开发总体思路

法国有四个旅游资源区：地中海沿海和科西嘉岛、南部山地和高原、大西洋沿海和海峡、北部、西部平原和丘陵。

1）地中海沿海和科西嘉岛

这一地区接纳的旅游者多于法国任何其他地区。其原因在于旅游资源的丰富性、多样性、优越性和独特性。这里有典型的地中海气候、繁多的文化和历史旅游点、优良的海岸，适合开展海滨度假旅游产品。

2）南部山地和高原

这一旅游资源区自西向东包括法国西南部与西班牙交界处的比利牛斯山脉，中南部的中央高原和东南部的阿尔卑斯山脉。

该地区可以发展以乡村景观为基础的旅游产品；医疗热泉疗养产品；发展滑雪为主导的

运动旅游产品；建设综合性的度假村，兼具住宿服务和体育运动（如游泳、划船及其他活动）的功能。

3）大西洋沿海和海峡

法国濒临大西洋，南起法国与西班牙边界，北到法国与比利时边界；西部有比斯开湾，北部有英吉利海峡，其间有布列塔尼半岛将两者隔开。该地区旅游资源丰富，可以发展绿色带的景观和野生动物，重新发展和扩大现有的旅游聚落，增加高尔夫球场设施和娱乐中心，修建旅游用船坞和新建疗养地。

4）北部、西部平原和丘陵

这一地区包括巴黎盆地、卢瓦尔河谷及它们的边缘部分和加龙河谷，地形以平原为主，有的地方分布有丘陵。

这里的历史和文化旅游资源十分丰富。巴黎有许多文化、历史景点，如巴黎圣母院、巴黎画院、巴黎歌剧院、爱丽舍宫、凯旋门和埃菲尔铁塔；博物馆和画廊，如卢浮宫、国立现代艺术博物院都世界闻名；咖啡馆、剧院、夜生活和商店也都使城市中心作为旅游点而增加魅力，可以发展文化线路旅游产品。

2. 法国旅游线路实例

市面上的法国旅游线路产品，一般是法国与其他欧洲国家打包一起形成一条线路。近几年，消费者对跟团旅游有了新的要求，逐渐出现一些"私家团"，专营法国线路，现介绍一条相对比较成熟的法国深度游线路：尼斯—阿维尼翁—巴黎周边。

第1天：广州—尼斯

第2天：尼斯

【尼斯老城】如今的尼斯老城依旧保持着古老的样貌。游客们可在迷宫般的小巷中寻宝，在萨雷雅的广场集市体验老派法式购物，在广场上享受尼斯的传统美味。尼斯老城到处都是充满意大利风格的古老建筑，建筑物颜色鲜艳明亮。

【俄罗斯东正教圣尼古拉大教堂】是一座典型的俄罗斯东正教教堂，建于1912年，是俄罗斯境外古老和重要的教堂，由当时的沙皇尼古拉二世出资修建。

【英国人散步大道】建于1822年，紧邻天使湾，连接尼斯机场和城堡丘陵。19世纪，许多英国人为躲避酷寒的冬季，选择尼斯天使湾为度假目的地。

第3天：尼斯—阿维尼翁

【天使湾】背倚英国人散步大道，因形似天使的翅膀而得名。天使湾是法国美丽的海滩之一，是消暑的好地方。爬上城堡从东面俯瞰，是欣赏天使湾的好角度。"不到天使湾，枉来尼斯城。"如果这世界上真有蓝色的月亮，那它一定就在尼斯的天使湾。

【阿维尼翁断桥】又叫圣贝内泽桥，建于1171—1185年，横跨于罗纳河之上，起到连接阿维尼翁和左岸的阿维尼翁新城的作用。断桥原来的长度约为900米，在1668年特大洪水时大部分被冲毁，只有四座保存下来，成为今天的"断桥"。

【阿维尼翁圣母大教堂】位于教皇宫旁边，是阿维尼翁古老的宗教性建筑。教堂建有钟楼，其中的每个钟都有自己的名字，因为大小不一样，所以发出的声音也不同。现在钟楼里的钟都是法国大革命之后铸造的，之前的钟在战时全部被熔化做成了大炮。

【教皇宫】坐落在阿维尼翁的罗纳河畔，是欧洲非常重要的中世纪哥特式建筑。这座建筑始建于1334年，是一座结合了宫殿与城堡为一体的建筑，是由教皇本笃十二世下令兴建的。但是在法国大革命期间，宫殿内部的圣像和摆设被洗劫一空，只剩下空空如也的内部空间。

第4天：阿维尼翁—马赛—阿维尼翁

【马赛旧港】是整个马赛地区的重心和精华所在，不仅因为此处是马赛的起源地，更重要的是，纯粹的马赛风情只有在此地才能一览无遗。旧港周围有许多古迹，包括路易十四时代建造的圣约翰城堡和圣尼古拉城堡。除此之外，旧港还是马赛人的生活娱乐中心。旧港一带是美食街区，港口的餐厅大多经营着一道马赛佳肴——马赛鱼汤。

【圣母加德大教堂】自1864年落成，是马赛的象征。它建于马赛的制高点154米高的一座山丘上，可穷千里之目，尽揽马赛全城，更能眺望地中海美景，视野蔚为壮观，是游人俯瞰马赛旧港风情的好去处。大教堂主体建筑上方有一座高达9.7米的镀金圣母像，据说几乎在马赛的任何角度都可以看到这尊闪闪发光的圣母像，大教堂也因此成为马赛的地标。

【隆尚宫】是拿破仑三世的行宫，位于马赛的卡努比埃尔大街。这座宫殿建于拿破仑三世统治时期。隆尚宫的基本格局为中间是群雕和喷泉，两边各延伸出去一段回廊，回廊的尽头各有一座博物馆，分别是美术博物馆和马赛历史博物馆。它们的整体风格是融巴洛克、罗马及东方建筑为一体。

【普罗旺斯】曾经是罗马帝国的一个行政省，现在是法国东南部的一个大区，南邻地中海，北倚阿尔卑斯山，和意大利接壤。普罗旺斯境内有马赛、阿维尼翁、艾克斯等主要城市，因为得天独厚的气候和水土，大片的薰衣草和向日葵花田遍布乡间，也使得整个普罗旺斯成为游人如织的景点。

第5天：阿维尼翁—巴黎

【凯旋门】是巴黎四大代表建筑之一，是人们耳熟能详的欧洲有名建筑。这座凯旋门全由石材建成，以凯旋门为中心，向外辐射出12条主要大街，其中香榭丽舍大街就是以这里为起点。登上凯旋门，可以欣赏巴黎壮观的城市美景。

【塞纳河】是巴黎的母亲河，它把巴黎分为左岸和右岸，巴黎比较出名的遗迹几乎都坐落于塞纳河的两岸。乘塞纳河的游船欣赏两岸风光，可以看到诸多名胜，如卢浮宫、奥赛博物馆、巴黎圣母院、埃菲尔铁塔等。

【埃菲尔铁塔】是巴黎地标之一，如果说巴黎圣母院是古代巴黎的象征，那么埃菲尔铁塔就是现代巴黎的标志。这座铁塔起初是为了迎接世界博览会及纪念法国大革命100周年而建，是法国的文化象征。登上铁塔眺望台，还可以360°展望巴黎的城市景观。

第6天：巴黎—凡尔赛—巴黎

【凡尔赛宫】是法国封建时期帝王的行宫，始建于16世纪，后经扩建形成现在的规模。凡尔赛宫外观宏伟，内部陈设更富于艺术魅力，处处金碧辉煌，魅力非凡，凡尔赛宫以其充满想象力的建筑设计闻名于世,为欧洲各国皇宫效仿的对象。这里充满了历史意义,《巴黎和约》《凡尔赛和约》等都在此签订。法国大革命后的 1833 年,这里被改建成法国历史博物馆。

第 7 天:巴黎(全天自由活动)

推荐景点:

【协和广场】香榭丽舍大道把巴黎的两个广场星形广场和协和广场连在了一起,这里被称为"美丽的广场"之一。广场正中心矗立着一座从埃及运来的、有 3400 多年历史的埃及方尖碑。而广场上于 19 世纪中叶增设的两个场景宏大的喷泉,一直是人们喜欢驻足的地方。

【卢浮宫博物馆】这座"超级博物馆",与伦敦大英博物馆、纽约大都会博物馆并称为"世界三大博物馆"。卢浮宫馆藏众多,足足有 40 万件,展品跨度有 1500 多年之久,古希腊、古罗马、古埃及的文明瑰宝都有收藏,其中《蒙娜丽莎》画、《断臂维纳斯》雕像和《胜利女神》石雕被封为"镇馆三宝"。电影《卢浮魅影》《达·芬奇密码》还曾在此取景。

【西岱岛】塞纳河上的西岱岛是巴黎的地理中心,也是法兰西民族的发祥地,它由多座桥梁连接塞纳河两岸。知名的宗教建筑巴黎圣母院就坐落于西岱岛上,它是巴黎人宗教信仰的中心,也是这座城市耀眼的标志之一。

【巴黎圣母院】位于整个巴黎城的中心,是古代巴黎的象征。如果看过雨果的小说《巴黎圣母院》,一定对圣母院并不陌生,剧中卡西莫多的故事就发生在这里。圣母院历来是巴黎教区的中心,也是巴黎天主教的主教座堂,历史上亨利六世、拿破仑、查理十世等国王及皇帝都在此举行过加冕仪式。

第 8 天:巴黎(全天自由活动)

推荐景点:

【圣心大教堂】位于巴黎蒙玛特高地的制高点,是巴黎地标之一。圣心大教堂的风格非常奇特,既像罗马式,又像拜占庭式,兼取罗曼建筑的表现手法,洁白的大圆顶颇具东方情调。

【蓬皮杜国家文化艺术中心】是法国 20 世纪文化艺术的集中展示场所,与卢浮宫、奥赛博物馆共同穿起法国文化发展史的清晰脉络。大厦本身就是一件属于 20 世纪的艺术杰作,整个建筑物像一个正在建设中的工地,盘踞在巴黎典雅秀美的古建筑群中,显得突兀而怪异。1969 年,蓬皮杜国家文化艺术中心建成后,巴黎一片哗然,但巴黎人还是接受了它和它所代表的现代工业文化。

【巴黎歌剧院】是一个从内到外都透露着华丽的建筑。它的正面外墙上布满了大量的装饰物,内部装潢也非常精致,四壁和廊柱布满了巴洛克式的雕像、挂灯、绘画等。

【香榭丽舍大街】是巴黎知名的一条街道,也是法国时尚的中心。它在人们心中早就成了名店,是时尚元素的代名词,来时尚之都巴黎观光的游客都会慕名到此漫步。

【红磨坊】位于巴黎蒙玛特区的皮加勒红灯区地带,红磨坊从外面看上去并不大,屋顶上的红色风车是其标志物,非常显眼。红磨坊以现代康康舞的发源地闻名。这种舞蹈融入了更多的杂技和运动技巧,穿着华丽的女郎们跳着欢快的舞蹈,不时地掀起裙摆,随着明快的节奏，踢高大腿，惊艳之余略带疯狂。

第9天：巴黎—广州

第四节　北欧旅游产品开发

一、丹麦旅游产品开发

（一）丹麦旅游资源概况

1. 丹麦自然概况

丹麦王国（The Kingdom of Denmark）位于波罗的海至北海的出口处，本土由日德兰半岛的大部分和西兰岛、菲英岛等406个岛屿组成，面积为43096平方千米（不包括格陵兰和法罗群岛）。境内地势起伏平缓，多湖泊和沼泽。丹麦属海洋性温带阔叶林气候，多雨雾，常刮风。本土以外还有两个自治区：格陵兰和法罗群岛，它们的外交和国防政策由丹麦中央政府制定。

2. 丹麦人文概况

1）人口、民族、语言与宗教

丹麦的人口有591.1万（2022年10月）。丹麦人约占85%，属日耳曼语族；外国移民约占5%，主要有德意志人、法罗人、瑞士人、挪威人、犹太人等。官方语言为丹麦语，英语为通用语。丹麦居民大多信奉基督教，其中新福音派路德宗约近9成。

2）国民经济

2020年，丹麦的国内生产总值约3472亿美元，人均国内生产总值约6.4万美元。丹麦是西方发达的工业国家，人均国内生产总值居世界前列。丹麦农牧结合，以牧业为主，农业科技水平和生产率居世界先进国家之列。其猪肉、奶酪和黄油出口量居世界前列，还是欧盟最大的渔业国。哥本哈根的卡斯楚普机场是丹麦最大航空港，也是欧洲北部重要航空枢纽。外贸是丹麦经济的命脉。2000年9月，全民公决否决加入欧元区后，仍坚持以"汇率挂钩"和"利率紧随"为主要特征的"准欧元政策"。

货币：丹麦克朗（Danish Krone）。1美元≈6.96丹麦克朗（2023年）。

3）民俗风情

丹麦人偏爱花卉，康乃馨象征吉祥如意。送礼以花为主，以康乃馨表示感谢，祝福新娘、接受洗礼和举行葬礼时送白花，赠送客人用黄花，亲友旅行送红花。丹麦养鸟成风尚，到处可见鸟笼。在丹麦，几乎人手一辆自行车，有"自行车王国"之称。首都哥本哈根有150万辆自行车，1/3人骑车上班，被称为"自行车之城"。丹麦人男女交友十分自由，没有办理婚姻登记和婚礼同居的"无证明婚姻"也是被社会认可的。

（二）丹麦著名旅游城市和景点

丹麦首都哥本哈根，世界文化遗产克伦堡宫及克里斯蒂安堡、罗森堡宫、阿玛连堡宫和市政厅的钟楼，都是建于17世纪的著名建筑。海滨公园中有"美人鱼"和"神牛"，其中"美人鱼"是丹麦的象征。

拓展阅读 7-6

> **小美人鱼铜像**
>
> 　　小美人鱼铜像（图 7-6）是一座世界闻名的铜像，它位于丹麦哥本哈根市中心东北部的长堤公园（Langelinie），已经是丹麦的象征。远望这个人身鱼尾的美人鱼，它坐在一块巨大的花岗石上，恬静娴雅，悠闲自得；走近这座铜像，您看到的却是一个神情忧郁、冥思苦想的少女。铜像高约 1.5 米，基石直径约 1.8 米，是丹麦雕刻家爱德华·艾瑞克森（Edvard Eriksen）根据安徒生童话《海的女儿》铸塑的。
>
> 　　（资料来源：百度百科，https://baike.baidu.com）

图 7-6　小美人鱼铜像

　　奥胡斯：丹麦第二大港口城市，有 1000 多年的历史，有 13 世纪中叶建造的修道院，1201 年以罗马式风格建成的、在 15 世纪改建的大教堂和著名的市政厅。

　　欧登塞：丹麦第三大城市和第四大港口，有 12—15 世纪兴建的老教堂和 1720 年建造的城堡。这里是世界著名童话作家安徒生的故乡，设有安徒生纪念博物馆。

　　西兰岛：丹麦最大的岛屿，以森林和沙滩为特色的著名旅游区，历代王室和贵族的度假之地与安葬之地。

　　此外，还有位于格陵兰北极圈内的伊卢利萨特冰峡湾，它是世界上最活跃的冰川，被列入《世界自然遗产名录》。介于北海和波罗的海之间的日德兰半岛，是北欧著名滨海度假胜地。乐高积木城以特有的积木艺术，展现着世界名人和名建筑。

二、芬兰旅游产品开发

（一）芬兰旅游资源概况

1. 芬兰自然概况

　　芬兰共和国（The Fepublic of Finland）位于欧洲北部，是世界上"最北的共和国"。芬兰的面积为33.8万平方千米，地势东北高、西南低，内陆水域面积占整个国土面积的10%。境内多丘陵、湖泊和森林，森林覆盖率约80%，居世界前列；大小湖泊约18.8万个，有"千湖之国"之称。全国有1/3的土地在北极圈内。气候寒冷湿润，多雨雪。

2. 芬兰人文概况

1）人口、民族、语言与宗教

芬兰的人口有555.6万（2022年8月），芬兰族约占86.9%，还有瑞典族和少量萨米族人。芬兰语和瑞典语均为官方语言。67.8%的居民信奉基督教路德宗。

2）国民经济

2021年，芬兰的国内生产总值2513.7亿欧元，人均国内生产总值4.54万欧元。芬兰的农林业密切结合，几乎所有农户都经营着一定数量的林地。芬兰还是世界第二大纸张、纸板出口国及世界第四大纸浆出口国。国际机场有赫尔辛基、图尔库和坦佩雷等。2002年1月，欧元取代芬兰马克，在芬兰正式流通。

3）民俗风情

全国有大小不同的桑拿房上百万间，每个芬兰人几乎从婴儿时期就开始接受桑拿浴的熏蒸和洗礼，号称芬兰的"国粹"。桑拿浴也是招待贵宾的礼节。

拉普人居住于北方极地，祖先就以捕鹿、养鹿为生，每年3月15日举办赛鹿节。

20世纪儿童故事大王马尔库斯在电台讲述圣诞老人和驯鹿在拉普兰省"耳朵山"的故事，家喻户晓。由此，"耳朵山"就成了圣诞老人的"故乡"，并设有圣诞老人村、邮局。

（二）芬兰著名旅游城市和景点

芬兰首都赫尔辛基，由于夏季很长，一天中太阳照射时间为20个小时，因而被人们称为"太阳不落的都城"。景点有赫尔辛基大教堂、登贝里奥基欧教堂（建在岩石之内，又称"岩石教堂"）、为纪念芬兰音乐家而建的西贝柳斯公园和其故居、露天博物馆、奥林匹克公园。

图尔库：1812年以前是芬兰的首都，仅次于赫尔辛基的重要文化中心。在图尔库城堡内建有博物馆、图尔库大教堂、总统夏季别墅和海洋博物馆。

芬兰有世界自然与文化遗产7处，以文化遗产为主。当地有"极夜"（半年无白天）、"极昼"（半年无黑夜）的自然奇观。一年一度的斯堪的纳维亚半岛冬季运动会在此举行。每年12月到第二年4月，在波的尼亚湾北部海域举行破冰之旅，此时可以欣赏船身碾碎冰层的壮景。

拓展阅读 7-7

芬兰北极光

芬兰北部是一个真实的童话世界。即使你已经参观过圣诞老人的住所，尝试过当地的美食，骑过狗或驯鹿，这个地区也会留下一些让你吃惊的东西。例如，试图抓住北极光

（图7-7）。观看这一壮观的自然现象已成为旅行者的一大趋势。

观察北极光最好的地方绝对是芬兰拉普兰。拉普兰为北极光的发生提供了最理想的条件。拉普兰占地面积很大，但人口非常少。冬天，这里很早就天黑。因此，大大增加了观看这种五颜六色的奇观的机会。

（资料来源：携程旅游网攻略，http://www.ctrip.com）

图 7-7　芬兰北极光

三、北欧旅游线路产品开发

（一）北欧旅游产品开发总体思路

北欧旅游区地处高纬度地区，极昼、极夜和极光现象独特；有幽静的峡湾，星罗棋布的冰蚀湖；茂密原始针叶林；冰岛的地热温泉及冰川等丰富的自然旅游资源。在北欧，可以开展观赏极光奇景等自然资源的旅游产品，以滑雪为代表的体育类旅游产品，以温泉为代表的度假类旅游产品。

（二）北欧旅游线路实例

市面上的北欧旅游线路，很少将某一国家单独做成旅游产品出售，都是将北欧几个国家打包或者俄罗斯与北欧几个国家连起来做成一个旅游产品。现在介绍一条芬兰—瑞典—挪威—丹麦北欧四国游线路。

第1天：广州—北京

第2天：北京—斯德哥尔摩瑞典小镇

第3天：瑞典小镇—哥本哈根—马尔默

【哥本哈根】丹麦的首都哥本哈根有 1000 多年的历史，是一个文化底蕴深厚且融合了多种风格的国际化都市。抵达后全天游览，傍晚前往瑞典南部城市马尔默。

【厄勒海峡】两岸分别是丹麦的西兰岛和瑞典的马尔默，也是连接波罗的海和大西洋的三条丹麦海峡之一，是世界上繁忙的水道之一。海峡上的厄勒海峡大桥连接两国，全程跨度

16 千米，连接丹麦的哥本哈根和瑞典第三大城市马尔默，是目前世界上已建成的承重力量最大的斜拉索桥。在桥上可以远眺到马尔默著名的建筑旋转大楼。

【小美人鱼铜像】这座以安徒生童话《海的女儿》为蓝本的青铜雕塑是哥本哈根乃至丹麦的标志。小美人鱼铜像由新嘉士伯啤酒公司的创始人卡尔雅各布森出资建造，雕刻家艾瑞克森进行雕刻，位于哥本哈根长堤公园的港口岩石上。在《海的女儿》里，小美人鱼 15 岁时救了一名王子并倾心于他，但是王子离开了她。然而，痴情的"小美人鱼"仍然日复一日地坐在海边的岩石上，等待王子归来。2012 年，在小美人鱼遥望的赫尔辛格岛上，雕塑家埃尔姆格伦及德拉格桑特完成了王子雕像，小美人鱼等待了百年之后，终于不再孤单。

【国王花园】是丹麦很古老的王室花园，由克里斯蒂安四世在 17 世纪早期按文艺复兴的风格修建而成。尽管国王花园已历经几次重大改建，其原有的三个入口却得以保留。花园内有赫拉克勒斯大力神的塑像，还有著名的丹麦作家汉斯·克里斯汀·安徒生的雕像。

【吉菲昂喷泉】又叫"神牛喷泉"，是哥本哈根的一处著名雕塑景观。它源自丹麦一个古老的传说，相传很早以前，丹麦人没有自己的土地，保护女神吉菲昂请求瑞典国王恩赐一块土地。国王答应了，但提出：女神必须在一昼夜时间里用四头牛套犁挖土。于是，女神便把 4 个儿子变成 4 头力大无比的神牛，奋力耕了一天，从瑞典国土上挖了一大块土地，并把它移到海上，从此在瑞典的土地上留下了一个烟波浩渺的维纳恩湖，而挖出来的土地就是现在丹麦的西兰岛。

神牛喷泉就是为了记载这则故事而建造的，由丹麦雕塑家昂拉斯·蓬高花费 10 年时间，于 1908 年塑造完成。一个发辫飞扬的女神，左手扶犁，右手挥鞭，赶着 4 头神牛奋力耕作，水从牛鼻和犁铧间喷射而出。铜雕气势磅礴，极具力量美，把女神驱使 4 头神牛耕耘的动作刻画得精巧细致、栩栩如生，给人以强烈的艺术感染力。从地图上看，丹麦西兰岛的海岸线与瑞典维纳恩湖的形状十分相似。因此，有人将吉菲昂女神视为丹麦的创世纪女神，意义非凡。

【阿美琳堡宫】是丹麦现在的王宫，如果看到广场上的旗帜是升起状态的，那说明丹麦女王在内。这座王宫由四座相同的建筑组成，目前，游客可参观四座建筑中的两座：克里斯汀八世宫（部分作为王室的博物馆）和克里斯汀七世宫（女王将其用于接待客人和官方代表的地方）。这座王宫另外一个非常特别的点是在广场上来回走动的卫兵，戴着高高的黑色帽子，扛着枪，面无表情地在这个街角和那个街角之间来回走动。

【丹麦宪法之父克里斯蒂安十世国王雕像】克里斯蒂安十世不但是丹麦的国王，同时也是冰岛王国仅有的一名国王。丹麦克朗上也铸有他的头像。

【德拉厄童话小镇】距离哥本哈根市区 12 千米，是一个童话般的海边渔村小镇。小镇已有 1300 年的历史，曾是鲱鱼贸易中心。这里的街道古老且狭窄，老城内的许多房屋保存完整，其中 76 间为国家保护房屋。当人们漫步于德拉厄时，看着一些目前还在沿用的 18 世纪老房子，灵魂仿佛也回到了从前。

第 4 天：马尔默—哥德堡—奥斯陆

【哥德堡花园社区公园】位于市中心地段，毗邻中央火车站，是目前保存完好的欧洲 19 世纪公园之一。园中拥有的植物非常多元，如玫瑰园中有多达 4000 种不同的玫瑰、温室里种植热带和地中海的树木以及室外精心挑选种植的植物，使园内景色依季节不断变换。可以说，这里是缩小版的哥德堡植物园。

【哥塔广场】位于林荫大道的尽头，是游客的必经之地。从哥塔广场一眼望去，就能看到广场中间的希腊神话海神波塞冬雕像。这尊雕像建于 1931 年，海神左手拿着鱼，右手托着贝壳，栩栩如生，是哥德堡城海洋时代权力的标志。哥塔广场是哥德堡的文化中心，它是 1923 年为举办世界博览会而修建的，它的南侧是哥德堡艺术博物馆，馆内藏有大量的 19 世纪斯堪的纳维亚艺术品；西侧是音乐厅。

【挪威王宫】是现在挪威王室的居所和办公的地方，1825 年由国王卡尔·约翰奠基建造，1849 年正式投入使用。挪威王室会在王宫内举办国宴，招待重要的贵宾和各国领导人，国王还会召开国务会议。这座富丽堂皇的宫殿一共有 173 个房间，内部装饰华贵精美，皇家花园里百花齐放，绿茵怡人，令人陶醉不已。在王宫门前的广场上，每天下午 1 点有士兵换岗仪式，有着非常浓郁的当地特色，值得一看。

【阿克斯胡斯城堡】"阿克斯胡斯"是奥斯陆一个邻郡的名字，但对于旅游者来说，它也是矗立在阿克海角边一座雄伟的城堡的名字，从这座城堡可以俯瞰市政厅和奥斯陆市中心的全貌。阿克斯胡斯城堡是挪威哈康五世国王为抵御外来侵略，于 1300 年设计并建造的，它是中世纪代表性的建筑之一，城堡在 1308 年竣工。

【奥斯陆歌剧院】是挪威的新地标性建筑，代表权威和美丽，作为文化中心，来到歌剧院也就宣告游客真正来到了挪威。

第 5 天：奥斯陆—松恩峡湾—挪威峡湾小镇

【佛莱姆小镇】从米尔达小站搭上佛莱姆小火车，一路欣赏着美景，便来到了清秀美丽的终点站佛莱姆小镇。佛莱姆小镇坐落于艾于兰峡湾的中心地区，小镇隐藏在三面大山的怀抱中，这里被人们称为"离上帝特别近的地方"。走进小镇，便会发现：这里的空气异常清新，仿佛到了一座天然氧吧，阳光也特别明媚；拥有特别美丽的峡湾景观、俊秀的群山，还有成片的果园和古朴的乡村建筑。

【松恩峡湾】是挪威著名的大峡湾，也是世界上最长、最深的峡湾。峡湾的两岸风光优美，有山坡崖壁，也有小镇和农田，一路上的自然风光让人目不暇接。佛莱姆小镇是松恩峡湾的最佳起点，挪威语意为"险峻山中的小平原"，这座峡湾小镇周边被群山环绕，果园和房舍交错分布，景色十分优美。这里是松恩峡湾周边仅有的一个通火车的地方。

第 6 天：挪威峡湾小镇—卑尔根—哈当厄尔峡湾—挪威峡湾小镇

【卑尔根旧市街】卑尔根是挪威第二大城市。整个城市共分为八个区域。旧市街位于卑尔根的西方，这里留存着许多 19 世纪中叶的木造建筑、宽广的大道、广场、小石径等。

【卑尔根圣玛丽教堂】是从 12 世纪中叶开始建造的教堂，是卑尔根最古老的建筑之一。历史上圣玛丽教堂经历过两次大火的破坏，后期的重新修葺使教堂的风格改变。教堂有两座塔楼，三个中殿的罗马式风格教堂，主要由皂石建造，特别古老的部分是由高级皂石建造的，零星点缀页岩。

【卑尔根鱼市】参观约 40 分钟。海滨鱼市作为历史上的鱼类交易中心，拥有很长的历史。随着游客越来越多，鱼市上的交易和历史上有了很大的不同。新增加的纪念品商店和海鲜餐馆夹杂在其中，在这里，游客可以品尝到当地人餐盘中的海鲜和各种各样奇特的鱼，很多摊位都可以免费品尝。除此之外，还可以在这里买到水果、蔬菜和鲜花等其他商品。

【哈当厄尔峡湾】是挪威的第二大峡湾，全长 179 千米。也是挪威四大峡湾中较为平缓、较有田园般风景的峡湾。

【努尔黑姆松村】位于哈当厄尔峡湾，这个风景如画的小村庄，被挪威人称为"不去会终身遗憾的地方"。

【斯坦达尔瀑布】很特别，游客可钻到其背后游玩。

第 7 天：挪威峡湾小镇—奥斯陆

【奥斯陆市政厅】是奥斯陆的政治中心，由挪威的艺术家们从 1900 年至 1950 年不断地装饰和润色才得以完工。它全面地向人们展示了挪威的历史、文化以及人们的工作和生活。这座砖红色的建筑于 1950 年为庆祝奥斯陆建城 900 周年而建，周围有大量雕塑，表现了挪威人生活的各个方面。市政厅前有一个很大的喷泉，顺着两边的台阶走向市政大厅，大厅非常宽阔，四面是赋予了历史意义的大型壁画，其中一侧放置了一架钢琴。顺着台阶走上一层，可见几个不同类型的房间，每个房间都有特别的展示。从家具摆设到人物壁画以及可以透过窗户看到的海景，无一不让游客感受到其历史的氛围，体验其中的过往与变迁。

【霍尔门考伦滑雪跳台】是挪威的滑雪胜地。它位于奥斯陆东北约 13 千米处，海拔 371 米，风景优美。从 1892 年起，每年 3 月，世界闻名的滑雪大赛都在此举行。

【维尔兰雕塑公园】是以挪威著名雕塑大师古斯塔夫·维尔兰的名字命名的，它的另一个名字是弗罗格纳公园。公园有 192 座雕塑，总计有 650 个人物雕像。这些由铜、铁和花岗岩制成的雕像，是维尔兰 20 多年心血的结晶。公园内虽然雕像比比皆是，但是多而不乱，错落有致。园内有一条长达 850 米的中轴线，正门、石桥、喷泉、圆台阶、生死柱都位于轴线上。石桥两侧各有 29 座对称的铜雕。喷泉四角，各有 5 座树丛雕，四壁为浮雕，中央是托盘群雕。圆台阶周围是 36 座花岗岩石雕，中央高耸着生死柱。全部雕像形成几幅美丽的几何图案，匀称和谐，浑然一体。

第 8 天：瑞典首都斯德哥尔摩—图尔库

【斯德哥尔摩】素有"北方威尼斯"之称。途经风景秀丽的卡尔斯塔德，它是连接瑞典斯德哥尔摩和挪威奥斯陆的枢纽。抵达斯德哥尔摩后，即可乘坐邮轮前往芬兰图尔库。

【维纳恩湖】呈东北—西南方向延伸。这里拥有众多的河流、湖泊、绿地,还有充足的阳光,这让卡尔斯塔德增添不少灵气。

第 9 天:图尔库—赫尔辛基—图尔库—斯德哥尔摩

【赫尔辛基】濒临波罗的海,无论夏日海碧天蓝,还是冬季流冰遍浮,这座港口城市总是显得美丽洁净,被世人赞美为"波罗的海的女儿"。下午,乘车前往芬兰第二大港口城市图尔库。傍晚乘坐北欧顶级邮轮返回瑞典首都斯德哥尔摩,尽享船上极具异国风情的夜生活。

【图尔库大教堂】与图尔库城堡、手工业博物馆齐名,是图尔库市的三大名胜之一。图尔库大教堂坐落于奥拉河上游的市中心区,这里是芬兰人的圣地。这座教堂的独特之处在于大厅的两侧还附有小教堂。早先在小教堂内设有供奉各种圣徒的圣坛,后来逐渐改成墓穴,并安葬着不少历史上的名人。现今教堂内设有小型的博物馆,陈列着大教堂中保存下来的一些文物,并向游客介绍大教堂的历史和宗教仪式。

【图尔库城堡】位于奥拉河的入海口旁,人们来到这里仿佛回到了几百年前,既能看到王公贵族留下的各种珍宝,也能看到关押囚犯的地牢。工作人员按照当时的风俗,穿着中世纪的服装接待各国的游客。城堡的顶层有两间经常举行宴会的大厅,分别为国王厅和王后厅。这里有手持长矛、头戴盔甲的卫士站岗,也有身着古典民族服装的侍者为宾客服务,别有一番中世纪的情趣。

【乌斯别斯基东正大教堂】是斯堪的纳维亚半岛上的东正教堂,芬兰人又称它为"俄罗斯教堂"。教堂建于 1868 年,是典型的红砖绿顶拜占庭式建筑风格。该教堂共有 13 座塔,所有尖塔上的十字架面向东方,象征耶稣和 12 使徒,外形十分醒目。教堂内部的穹顶描绘着华丽的饰画与宗教典故雕饰,具有浓郁的传统东正教堂艺术风格。此外,教堂内还葬有芬兰民族英雄马达汉将军,他曾率领芬兰军队抵抗俄国入侵。

【西贝柳斯公园】是为了纪念伟大的作曲家西贝柳斯建造的。公园里令人难忘的莫过于造型如同茂密森林的纪念碑,象征着森林给予西贝柳斯无穷的创作灵感。这座纪念碑由 600 根钢管组成,由著名女雕塑家艾拉·希尔图宁设计完成。夏日的西贝柳斯草木扶疏,能看到很多在这里慢跑锻炼的芬兰市民。公园的海边岩石上,海鸥自由嬉戏。港口停泊有帆船及游艇,公园内设有餐厅及咖啡座可供休憩,游客可以一边啜饮咖啡,一边欣赏如绘的园景,享受浮生半日闲。

【赫尔辛基大教堂】建于 1852 年,出自德国建筑师恩格尔之手。大教堂矗立于游客聚集的参议院广场中心,教堂所在的高地高出海平面 80 多米。一眼望去,希腊廊柱支撑的乳白色教堂主体和淡绿色青铜圆顶的钟楼十分醒目,宏伟的气势和精美的结构使其成为芬兰建筑史上的经典,也成为赫尔辛基市的地标性建筑。

大教堂前是参议院广场,东西两侧分别为内阁大楼和赫尔辛基大学,南面不远处是总统府、法院和市政厅所在地。在铺满古老石块的参议院广场中心,竖立着建于 1894 年沙皇亚历山大二世铜像,以纪念他给予芬兰广泛的自治。从参议院广场到赫尔辛基大教堂,只需百级石阶，却也正是这百级台阶，尽显教堂与俗世的不同，赫尔辛基大教堂的美和神圣深留于游客心中。

【康比教堂】是一座木制教堂，闹中取静。教堂位于赫尔辛基市中心的纳瑞卡广场南侧，教堂于 2012 年 5 月完工，于市中心为市民提供一个祷告的好去处。

【南码头露天市场】漫步于此，可以看到码头上停泊着一些开往瑞典、俄罗斯等国的大型邮轮。这里的集市也是赫尔辛基人气很旺的地方。

【芬兰赫尔辛基火车站】建于 1906—1916 年，是 20 世纪初车站建筑中的珍品，也是北欧早期现代派范畴的重要建筑实例。火车站轮廓清晰，建筑色彩明快，内部简练，既表现了砖石建筑的特征，又反映了向现代化建筑发展的趋势。

第 10 天：斯德哥尔摩—北京

【斯德哥尔摩】抵达素有"北方威尼斯"之称的斯德哥尔摩。这是一座既古老又年轻、既典雅又繁华的城市。它的老城区已有 700 多年的历史，由于未受战争的破坏而保存良好，至今保持古香古色的风格。

【斯德哥尔摩市政厅】建于 1911 年，历时 12 年才完成，是瑞典建筑中重要的作品。建筑两边临水，一座巍然矗立着的塔楼，与沿水面展开的裙房形成强烈的对比，加上装饰性很强的纵向长条窗，使整个建筑犹如一艘航行中的大船，宏伟壮丽。斯德哥尔摩市政厅位于市中心的梅拉伦湖畔，是斯德哥尔摩的形象和代表，也是该市市政委员会的办公场所。800 万块红砖砌成的外墙，在高低错落、虚实相间中保持着北欧传统古典建筑的诗情画意。市政厅的右侧是一座高 106 米、戴有 3 个镀金皇冠的尖塔，代表瑞典、丹麦、挪威三国人民的合作无间。登上塔顶部，可一览整个城市的风貌。

【国王花园】是瑞典斯德哥尔摩的一个公园。由于花园地处市中心，使之成为斯德哥尔摩的热门聚会地点。春季园中樱花怒放，夏季举办露天音乐会，秋季欣赏满园黄叶，而在冬季花园则成为溜冰场。每年瑞典政党在此举行五一游行。此外，这里还有许多咖啡馆、画廊和餐馆。例如，得名于 1905 年出版的小说《格拉斯博士》的格拉斯博士画廊。

【圣灵岛】是斯德哥尔摩中心的一个小岛，四面环水，岛上有两座桥连接老城和新城。岛上的花园与皇家花园紧邻，侧面的议会大厦和中世纪博物馆古色古香。

【城堡岛】是瑞典首都斯德哥尔摩市中心的一座小岛，面积 3.1 万平方米。岛上有一座小城堡，由著名建筑师弗雷德里克·布罗姆设计并建造。岛上有一个小型码头，景色壮丽。无论是周末晚上，还是婚礼，这里都是当地人非常喜爱的场所。

【斯德哥尔摩大教堂】是一座古老的教堂，瑞典风格哥特式建筑的典范，也是 2010 年瑞典大公主和 2013 年小公主举行王室婚礼的地方。教堂内的圣乔治与龙的雕像非常值得一看。

【斯德哥尔摩当代美术馆】是斯德哥尔摩船岛上的一间博物馆。美术馆内收藏了瑞典及北欧其他国家从 20 世纪至今的当代艺术品，包括毕加索的作品。

全天游览后，送往机场，乘坐国际航班返回北京，结束这一段唯美的北欧奇缘。

第 11 天：北京—广州

第五节 中欧旅游产品开发

一、瑞士旅游产品开发

(一) 瑞士旅游资源概况

1. 瑞士自然概况

瑞士联邦（Swiss Confederation），欧洲的内陆山国，面积为41284平方千米，南部及东南部由阿尔卑斯山斜贯，西北部为汝拉山区，中部为高原，莱茵河从北向南穿过。著名湖泊有日内瓦湖、博登湖、苏黎世湖等。瑞士地处北温带，受海洋性气候和大陆性气候交替影响，山间谷地气候温和，高山地区较寒冷。

2. 瑞士人文概况

1) 人口、民族、语言与宗教

瑞士人口873.8万（2021年）。其中，外籍人口约占26.5%。德语、法语、意大利语及拉丁罗曼语4种语言均为官方语言。信奉天主教的居民占37.2%，信奉新教者占25%，其他宗教者占7.4%，不信教者占24%。

2) 国民经济

2021年瑞士的国内生产总值7316亿瑞郎，人均国内生产总值84055瑞郎。瑞士是高度发达的工业国，工业技术水平先进，机械制造、化工、医药、高档钟表、食品加工在国际市场具有很强的竞争力。其钟表业始终保持世界领先地位，被称为"钟表之国"。铁路全部电气化，铁路密度居世界前列。重要内河港口为巴塞尔。主要国际机场有苏黎世机场和日内瓦机场。瑞士实行自由经济政策，对外主张自由贸易，属于高度外向型经济。

货币：瑞士法郎。汇率：1美元≈0.925瑞士法郎（2023年）。

3) 民俗风情

在瑞士，天主教的祭典活动流传至今。在祭典日，人们戴上假面具，穿着民族服，唱歌、跳舞和祈祷。德语、法语、意大利语及拉丁罗曼语4种语言所属的民族各自都保留独特的风情习俗。每年5月，日内瓦湖畔小城莫尔日举办郁金香节，展出郁金香、水仙、风信子等花卉。每年10月栗子收获，则举办"栗子节"。每年11月的第四个星期一，在伯尔尼举行"洋葱节"。牛铃为瑞士的一种象征，原自山区"听铃识牛"的典故。牛铃不仅能呼唤家人回家吃饭还能当门铃用，连村里举行婚礼、葬礼时也摇铃集合宾客，甚至救火时也使用"牛铃"警示行人让路。如今瑞士大街小巷的旅游商店里都能见到各种花色的牛铃。除了牛铃，长3~4米、重4千克的阿尔卑斯山长号，也是瑞士的另一个特产。该长号原是阿尔卑斯山区牧民召唤牧群、传递信息的工具，是瑞士山区文化的代表。

(二) 瑞士著名旅游城市和景点

瑞士首都伯尔尼：全国政治文化中心和主要陆空交通枢纽。该城地处中西部阿勒河畔，新、旧城区分别在河的右岸和左岸。该市建于 1191 年，1848 年定为首都。伯尔尼是动中有静的城市，市中心有著名的钟楼和大教堂。

日内瓦：为国际名城，是联合国驻欧洲办事处及许多国际机构总部所在地。主要景点有大花钟、大喷泉、万国宫、诗隆城堡、钟表博物馆及温泉古镇伊华东利斯班斯等。

苏黎世：国际金融中心之一，主要景点有苏黎世湖、格罗斯大教堂、国家博物馆、苏黎世大剧院等。

洛桑：主要景点有圣母大教堂、圣梅尔城、奥林匹克博物馆、阿尔布吕特美术馆等。世界文化遗产有伯尔尼古城、圣加仑修道院、本笃会圣约翰女修道院、贝林佐纳城堡、勒洛克勒镇和拉绍德封、雷蒂亚铁路（与意大利共有）、拉沃的梯田式葡萄园等文化遗产；世界自然遗产有少女峰—阿莱奇峰—比奇峰地区、圣乔治山（海洋生物古化石群）、萨尔多纳地质结构区。因特拉肯的英国式小镇，勒洛克勒镇与拉绍德封的遗产小镇，融德语、法语、意大利语及拉丁罗曼语 4 种语言文化。雪山、森林、牧场、碧湖、河流、温泉、葡萄园、村庄，全境构成了一幅天然画卷。一流的生态环境和高超医术相结合的康疗旅游也是瑞士高端旅游的一大品牌。

瑞士的旅游宣传口号是"世界公园，瑞士，瑞士，还是瑞士"。

拓展阅读 7-8

少 女 峰

少女峰（图 7-8）是瑞士的著名山峰，海拔 4158 米。俯瞰劳特布伦嫩谷地，位于因特拉肯旅游地东南 18 千米处。这座风景秀丽的山峰把伯恩州和瓦莱州隔开，是伯恩阿尔卑斯山的一部分。

作为瑞士旅游业的经典景点之一，少女峰一直以冰雪、山峰、阳光、浮云吸引着八方游客。运载游客登顶欣赏这一美景的少女峰铁路，2012 年迎来了百年诞辰。为此，少女峰铁路公司和因特拉肯旅游局在顶峰火车站联合修建了一条名为"阿尔卑斯震撼"的环形长廊，用以展示该条铁路建造的百年历史和阿尔卑斯山旅游业的发展历程。

（资料来源：百度百科，https://baike.baidu.com）

（三）旅游线路产品开发

1. 瑞士旅游产品开发总体思路

瑞士拥有丰富的自然旅游资源和人文旅游资源。瑞士以自然旅游资源来划分，可分为六大旅游区：伯尔尼高原地区、采尔马特和瓦莱地区、圣莫里茨和恩加丁地区、日内瓦市和日内瓦湖地区、卢塞恩和四森林州湖地区、伯尔尼—巴塞尔地区。雪山、冰川、湖泊、河流、温泉、奇峰，是瑞士得天独厚的六大自然景观，也是瑞士自然旅游资源的特色，可以开发体育旅游产品、拓展性体育旅游产品、风光观赏类产品等。人文旅游资源的特点主要概括为名人名居多、名城古迹多、名馆名院多，可以发展一些有主题的旅游线路产品，或者把这几个

图7-8 少女峰

人文旅游资源组合起来开辟一些旅游线路。

2. 瑞士旅游线路实例

市面上的瑞士旅游产品，大多数是欧洲几个国家打包的产品，如意大利、德国、瑞士、法国四国跟团游。近来，也有小部分"私家团"，专营冬季瑞士滑雪项目，线路主打深度游，很有特色。现介绍一条比较经典的"私家团"线路：瑞士苏黎世—卢塞恩—因特拉肯—少女峰。

第1天：广州—苏黎世

【苏黎世】是苏黎世州首府。它位于阿尔卑斯山北部，苏黎世湖西北端，利马特河同苏黎世湖的河口。苏黎世在克里特语里的意思是"水乡"。18、19世纪，苏黎世已成为瑞士德意志民族的文化教育和科学中心。苏黎世地处法国与东欧，德国与意大利的商路要冲，又是水、陆、空交通枢纽。此地的工商业历来兴盛，特别是丝织业有很大发展，是中世纪阿尔卑斯山以北的丝织业中心。

第2天：苏黎世—卢塞恩—库尔

【琉森】观光景点集中在老市政厅周边一带，如建于17世纪的老市政厅、卡贝尔桥和17世纪的耶稣教会等景点。游客可以在中世纪风味的老城区闲逛，也可以游览美术馆和博物馆。若有更多时间，不妨去探访湖畔的博物馆；或在湖畔晒晒日光浴，再闭目养神将琉森的美深深地印在心里。

【卢塞恩】此处有纯净的湖水、高耸的阿尔卑斯山与中世纪的建筑，如画美景令人倾倒。卢塞恩适合购物，尤其是手表。游客在卢塞恩市内游玩时，还可以远观皮拉图斯山。

【琉森湖】位于瑞士中部，湖上常有天鹅、水鸟盘旋嬉戏，湖光山色映照远处雪山及城中美景。湖岸蜿蜒曲折，将琉森和周边的山峰连接起来，勾勒出了许多美丽的风景。从码头放眼望去，尖顶大教堂、造型独特的房屋、整修得如蘑菇云般的大树，飘扬在建筑物上空的红白色瑞士国旗等，构成了一幅色彩斑斓的图画。

【狮子纪念碑】是由丹麦雕刻家巴特尔·托瓦尔森设计，在天然岩石中雕刻出的垂死的狮子像，以此纪念在1792年8月10日，为保护法国国王路易十六家族的安全而壮烈牺牲的786名瑞士雇佣兵。狮子纪念碑的前方是清澈的湖水，经常有鸳鸯、野鸭在此嬉戏，风景宜人。

【卡佩尔廊桥和八角形水塔】是琉森乃至瑞士的标志性建筑，它们经常出现在明信片上。建于1332年的卡佩尔廊桥连接琉森两岸，是欧洲古老的木制廊桥，1993年火灾后进行重建，一直通往琉森最具代表性的景观八角形水塔。与穆塞格城墙一样，这座廊桥和水塔都是琉森防御工程的一部分。

第3天：库尔—安德马特—因特拉肯

【库尔】冰川快车被称为"世界上行驶最慢的观景快车"，整个行程跨越291座桥梁、穿越91条隧道、翻越上瓦尔德山岭（海拔2033米），是瑞士著名的全景观列车游览线路。从库尔至安德马特一段，行车近3小时，可在车上享受午餐。

【奥伯拉山口】是莱茵河两大源头之一，乘坐冰川快车会经过此地。山口海拔2044米，视野开阔，风景优美，特别是风雪交加的时候，极富有意境。

【因特拉肯】位于瑞士知名的风景区少女峰脚下。这里既能泛舟湖上观光，也能乘高空缆车登上阿尔卑斯山的高峰，因此此地成为欧洲著名的度假胜地。这里全年气候温和，湖光山色，环境优美，也是瑞士人心目中的避暑山庄。午餐之后，乘汽车抵达少女峰脚下的中世纪风貌小镇因特拉肯，这座美丽的小城因位于两湖之间（拜茵湖和图茵湖）而得名。因特拉肯在德语里是"湖之间"的意思，这里也被誉为"上帝的左眼"，湖泊周围景色美不胜收，湖水清澈见底。

【何维克街】是联结因特拉肯东站与西站的主要街道，人流如潮，游客永远比当地居民多。街道的南侧是荷黑马特绿地，北侧有酒店等。

第4天：因特拉肯—少女峰—伯尔尼—因特拉肯

【少女峰】在这里可以观赏到阿尔卑斯山全景。餐后，可在因特拉肯乘坐登山小火车，一路上坐到少女峰。在海拔3571米的斯芬克斯观景台，尽情欣赏阿尔卑斯山冬季宁静深沉的美，感受一览众山小的豪情。也可前往冰河下凿建出来的超级冰宫，感受冰河内部的神奇世界，体验欧洲的观景台及瑞士高速的升降机。冰宫位于少女峰观景台下20米处，冰宫内有洞穴状的房间和大厅，内有晶莹剔透的冰雕，造型各异，十分有趣。

【伯尔尼老城区】在伯尔尼老城区，古迹处处可见，这里保留了完整的中世纪历史风貌。伯尔尼老城区街道中有许多街心泉，因此伯尔尼也被称为"泉城"。这些街心泉多为16世纪时建造，这里的每一个雕塑都讲述着不同的传说或童话，引人入胜。

【伯尔尼大教堂】始建于1421年，是瑞士晚期哥特式建筑典范。走到塔顶景致更美，在塔尖可以尽览伯尔尼中世纪风情的街景。

【伯尔尼熊公园】伯尔尼有"熊之城"的美誉，不惜重金修建了这座伯尔尼熊公园。在公园里面，熊宝贝们不仅可以在此攀爬、捕鱼、玩耍，累了还可以回到原来的熊苑中休息。传说拜尔修特五世射中的猎物将被作为伯尔尼的城市标志，因为熊被其射中，成为这座美丽城市的象征。

第 5 天：因特拉肯—马蹄谷—洛桑—蒙特勒

【因特拉肯乘车前往蒙特勒】这条景观线路被誉为"集瑞士精华景观之大成者"。从两侧的连绵山峦到缓坡上旖旎的葡萄园风光，直达"瑞士蔚蓝海岸"日内瓦湖畔。目的地蒙特勒是一个田园诗般的小城镇，被称为"瑞士的里维埃拉"。小镇带着一种天然的浪漫，坐落在烟波浩渺的日内瓦湖畔，漫山遍野都种植着用来酿造香醇美酒的葡萄。这里还是知名的羊胎素美容胜地。沿着湖畔漫步，途经浅滩到达小码头，可以看到私人游艇和住宅。海明威、卓别林等明星都曾在这个温馨抒情的小城居住过。

【马蹄谷】坐落于诺伊堡州与沃州的边界，拥有大量天然岩石景观。冰川和溪流将 2 亿年前海洋中的石灰沉淀成了惊人的岩层，垂直高度达 160 米的岩壁围成了一个长达 4 千米、宽余 1 千米的谷地。

【日内瓦湖】又名莱芒湖。整个日内瓦湖呈新月形，横跨瑞士和法国，是西欧的重要湖泊，也是著名的风景区和疗养地。白天游客们可以乘坐游船欣赏日内瓦湖，晚上陶醉于湖岸边闪烁的霓虹。

【拉沃葡萄园梯田】位于蒙特勒和洛桑之间的一片湖畔山坡上，自西庸城堡至洛桑郊区绵延 30 千米。得益于充足的阳光和湖边湿润的气候，此处盛产优质的葡萄，因此也成为瑞士著名的葡萄酒产地。

【西庸城堡】位于阿尔卑斯山脚下，日内瓦湖湖畔，是瑞士颇具代表性的古堡。西庸城堡的基石建在湖底，给人一种漂浮在湖面上的感觉，但城堡看起来异常坚固，中世纪的灰白色砖墙配上红色圆锥顶，与周围依山傍水的景致融为一体，美丽如画。

【洛桑】是沃州的首府，是瑞士法语文化圈的中心，是国际奥委会总部所在地，整座城市飘荡着雅致的气息。洛桑的位置绝妙，可以俯瞰日内瓦湖，美不胜收。城市景点：曾经的渔村（现乌契城区）、有"夏日海滨胜地"美誉的圣佛朗索瓦广场以及鹅卵石购物街。

【帕吕广场】是市政厅和报时钟的所在地。每周三和周六是水果、蔬菜的早市，每月的第一个周五是民间艺术品的展示场所。不仅如此，这里也是一个有名的购物地，要想选购当地特产，可不要错过这里。

第 6 天：蒙特勒—克莱恩·蒙塔纳

【克莱恩·蒙塔纳】在欧洲，这座瑞士小镇被称为"日照长的地方"，它也是全瑞士空气最纯净的地方之一，自维多利亚时代以来一直是被欧洲贵族公认的度假区。这里湖光山色俱佳，有深浅不同的绿色植被，璀璨纯净的阳光以及白云倒映着山尖的白雪。位于海拔 3000 米之处的普兰莫尔特冰河在夏天依然积雪未融，可以滑雪和观览冰川，也可以远眺马特洪峰和勃朗峰。从小镇乘坐缆车，可以直达勃朗峰的眺望台，将勃朗峰与无数大小山峰一并收于眼底。此处海拔高，空气纯净，让人禁不住深呼吸，把这些美景和新鲜的空气吸进肺里。这里不仅徒步旅行很受欢迎，高尔夫球场、滑雪场也因游客的慕名前往而显得生机勃勃。这里还融合了现代假日胜地的舒适与惬意，游客可以在这里欣赏到广阔的自然风光，感受阿尔卑斯山瓦莱州的壮丽全景。作为大型赛事的举办地，这里还享有"高尔夫圣城"的美誉，克莱恩·蒙塔纳吸引着世界各地的游客前来探访。在举行过欧洲高尔夫球精英赛的球场上打高尔夫球，以大自然为舞台的徒步旅行和山地车越野，都是很受欢迎的游玩方式。克莱恩·蒙塔纳是名副其实的体育运动天堂。

第 7 天：克莱恩·蒙塔纳—依云镇—日内瓦

【依云镇】因矿泉水而闻名的依云镇是日内瓦湖湖畔的度假地。沿着湖畔的人行道行走，镇政厅和温泉中心等 19 世纪末到 20 世纪初的精美建筑物依次而立，让人回忆起其过去的繁荣时代。依云的水源位于镇中心附近，人们可以随意品尝喷涌而出的水。游客们可以乘坐游览船在日内瓦湖游览，到对岸瑞士的洛桑只需 30 分钟。

【日内瓦】知名的国际都会，被称为"和平之城"。在这里，可以欣赏标志性景观日内瓦大喷泉，登上圣皮埃尔大教堂北边的高塔，一览日内瓦湖和日内瓦城的全貌，眺望穿城而过的罗纳河，也可以在葡萄园里品酒，或者选择自费租乘游艇游览日内瓦湖。

第 8 天：日内瓦—广州

二、德国旅游产品开发

（一）德国旅游资源概况

1. 德国自然概况

德意志联邦共和国（The Federal Republic of Germany）位于欧洲中部，北部濒临北海和波罗的海，南靠阿尔卑斯山，总面积达 35.8 万平方千米。从南部的阿尔卑斯山向北倾斜，直至北海和波罗的海沿岸，南德山地、中德高原、北德平原，呈从山崖到海洋的走向。德国的主要河流有莱茵河、多瑙河、易北河。地处温带，气候凉爽，空气湿润。

2. 德国人文概况

1）人口、民族、语言与宗教

德国人口 8410 万人（2022 年），主要是德意志人，有少数丹麦人和索布人。通用语言为德语。居民中信奉新教和罗马天主教的各占约 30%。

2）国民经济

2021 年，德国的国内生产总值 3.57 万亿欧元，人均国内生产总值 4.29 万欧元。德国的经济总量位居欧洲首位，世界第四。德国工业发达，汽车和机械制造、化工、电气等行业为其支柱产业。农业机械化程度高。德国的主要海港有汉堡港、威廉港、不来梅港、罗斯托克港和吕贝克港等。德国的大型民用机场有法兰克福机场、慕尼黑机场、柏林机场、杜塞尔多夫机场、汉堡机场、科隆/波恩机场和斯图加特机场。其中，法兰克福机场是世界主要航空港之一。

3）饮食

德国人喜欢吃面包、奶酪、香肠、生菜沙拉和水果味日常食品，传统食物是香肠、猪蹄、酸菜和土豆，矿泉水、果汁、葡萄酒和啤酒为常用饮料，其中啤酒和葡萄酒最为有名，啤酒有"液体面包"之称。

(二)德国著名旅游城市和景点

德国首都柏林，1871 年德意志帝国首都，德国统一后重新成为首都，是一座古典与现代风格兼备的花园城市，主要景点有原帝国国会大厦、威廉一世纪念教堂、国家歌剧院、勃兰登堡门、凯旋柱、沙格顿堡宫、欧洲中心、博物馆岛、柏林电视塔、柏林墙遗迹、新国家美术馆和德意志歌剧院等。

波恩：从 1949 年至两德统一前为联邦德国（西德）首都。主要景点有贝多芬故居博物馆、舒曼和德国著名文学家席勒的墓地、旧市政厅、圣·马丁教堂、亚历山大·科林博物馆以及亚历山大·柯尼西动物博物馆等。

慕尼黑：始建于 1158 年，主要景点有巴伐利亚国家歌剧院、古宫廷剧院、德国航空博物馆、奥林匹克体育中心、英国公园、玛利亚广场及新议会大厦、圣母教堂、凯旋门等。慕尼黑被称为"啤酒之都"，每年 10 月初举行啤酒节。

拓展阅读 7-9

慕尼黑啤酒节

慕尼黑啤酒节（The Munich Oktoberfest，图 7-9）又称"十月节"（Oktoberfest），起源于 1810 年 10 月 12 日，因在这个节日期间主要饮料是啤酒，所以人们习惯性地称其为"啤酒节"。每年 9 月末到 10 月第 1 个周日为止，在德国慕尼黑举行，持续两周，是慕尼黑一年中最盛大的活动。

慕尼黑啤酒节与英国伦敦啤酒节、美国丹佛啤酒节并称世界最具盛名的三大啤酒节。每年大约有 600 万人参与其中。

（资料来源：百度百科，http://https://baike.baidu.com）

图 7-9　慕尼黑啤酒节开幕式

法兰克福：欧洲重要的铁路、公路和航空枢纽，有"欧洲大转盘"之称，也是国际博览城，主要景点有罗马广场、圣保罗教堂、歌德故居、美术馆、旧市政厅等。

汉堡：德国最大港口城市和第二大城市，主要景点有旧市政厅、圣·雅各教堂、米迦勒教堂、歌剧院和话剧院等。城内河道纵横交错，有大小桥梁1500余座，被称为"水上城市"。

科隆：文化古城，第二次世界大战后城市的重建基本保持了其原有风貌，主要景点有科隆大教堂、圣格雷隆、圣泽韦林教堂和罗马—日耳曼博物馆等。科隆大教堂是世界最高的双塔式建筑。

莱比锡：名胜古迹有旧市政厅、老市场、古皇宫、圣托马斯教堂、席勒故居、巴赫纪念馆等。高达90米的战胜拿破仑纪念碑也是观景台。博览和图书出版业十分发达，有"书城"之称。

德国南部阿尔卑斯山：中欧的名山，该区域内的楚格峰为德国最高峰，海拔2962米，是开展冬季冰雪运动的良好场所。

德国北部地区：濒临北海和波罗的海。北海为大西洋的内海，近海海滩露出大小不一的岛屿，其中叙尔特岛、黑尔戈兰岛为旅游胜地。

科隆至美因茨200千米莱茵河河段：河道曲折，两岸山顶上古堡、宫殿、纪念塔连绵不断，保留有古罗马建筑。博登湖是德国、瑞士和奥地利三国共有的淡水湖泊。

（三）旅游线路产品开发

1. 德国旅游产品开发总体思路

自然资源方面，德国有黑森林，拥有美丽的自然景观和丰富的地热资源，可以开展景观观赏类的旅游产品配合温泉度假旅游。巴伐利亚阿尔卑斯区，拥有雄伟的山峰、平缓的丘陵、欢腾的小溪、蜿蜒的河流和美丽的湖泊，可以开展登山、徒步、滑雪等项目的体育旅游产品。

人文资源方面，比较有特色的是德国的节日。在德国，不同地区有不同的节日，且各具特色。比如，慕尼黑的啤酒节，柏林的爱情大游行，汉堡的大型流动游乐场、港口节、阿尔斯特湖游乐节等，可以开展节庆旅游产品。

2. 德国旅游线路实例

市面上的德国旅游线路，很少将德国单独做成旅游产品出售，都是将欧洲几个国家打包或者将德国、法国、意大利、瑞士连起来做成一个旅游产品。现在介绍一条法国—瑞士—德国—意大利四国游线路。

第1天：广州

第2天：广州—巴黎

凡尔赛宫、埃菲尔铁塔、塞纳河。景点介绍见前文"法国旅游线路实例"内容。

第3天：巴黎

卢浮宫博物馆、凯旋门、协和广场。景点介绍见前文"法国旅游线路实例"内容。

第4天：巴黎—日内瓦—因特拉肯

【大喷泉】是日内瓦的象征，位于日内瓦湖湖畔的英国公园的花钟是日内瓦作为钟表产业中心的象征。游毕，可游览联合国欧洲总部、国际红十字会。

第 5 天：因特拉肯—卢塞恩

因特拉肯、卢塞恩、狮子纪念碑。景点介绍见前文"瑞士旅游线路实例"内容。

第 6 天：卢塞恩—富森—因斯布鲁克

【新天鹅堡】迪士尼乐园中经典城堡的原型。新天鹅堡始建于 1869 年，是根据巴伐利亚国王路德维希二世的梦想所设计，花费 17 年时间建造而成。

【因斯布鲁克】游览因斯布鲁克著名的黄金屋顶、霍夫堡宫、宫廷教堂，巴洛克式的宫殿和凯旋拱门为玛丽亚·特雷西亚大街增添了无穷魅力。因斯布鲁克不仅是一个充满活力的现代化生活中心，也是一座大学城和奥林匹克城。

第 7 天：因斯布鲁克—威尼斯

威尼斯景点介绍见前文"意大利旅游线路实例"内容。

第 8 天：威尼斯—五渔村—比萨

【五渔村】碧澈的海水和奇巧的险峰让这五个静静躺在利古里亚海边山坳中的小渔村有了如诗如画的醉人之美。古老的遗迹在碧绿大海的衬托下，显得格外动人。海岸沿线右边是壮丽陡峭的山崖，左边则是蔚蓝深邃的利古里亚海，远看十分惊险，就像走在石壁之中，让走在小径上的恋人紧紧地牵起双手，佳人美景更添浓情蜜意。

第 9 天：比萨—佛罗伦萨—意大利小镇

【比萨斜塔】位于意大利托斯卡纳大区比萨城北面的奇迹广场上，比萨斜塔是比萨城的标志，1987 年它和相邻的大教堂、洗礼堂、墓园一起因其对 11—14 世纪意大利建筑艺术的巨大影响，而被联合国教科文组织评选为世界文化遗产。

第 10 天：意大利小镇—罗马

罗马景点介绍见前文"意大利旅游线路实例"内容。

第 11 天：罗马—广州

本 章 小 结

本章简略地介绍了欧洲主要目的地国家的旅游资源、人文特征，并对主要目的地国家的景点、景区进行了梳理。其中，欧洲主要目的地国家是本章学习中应重点掌握的内容。

习 题

一、单项选择题

1. 科隆大教堂是一座典型的欧洲（　　）式宗教建筑。

    A. 巴洛克　　　　B. 文艺复兴　　　　C. 罗马　　　　D. 哥特

2. （　　）南部的维苏威火山世界闻名。

    A. 英国　　　　B. 法国　　　　C. 意大利　　　　D. 德国

3. 斗牛活动是（　　）的"国粹"，也是重要旅游项目。

  A. 葡萄牙　　　B. 意大利　　　C. 西班牙　　　D. 比利时

4. 被人们称为"太阳不落的都市"是芬兰的（　　）。

  A. 赫尔辛基　　B. 图尔库　　　C. 坦佩雷　　　D. 埃斯波

5. 马可·波罗的故乡是（　　）。

  A. 比萨　　　　B. 那不勒斯　　C. 米兰　　　　D. 威尼斯

二、多项选择题

1. 属于俄罗斯人饮食特色的有（　　）。

  A. 喜食黑面包　B. 喜饮红茶　　C. 习惯茶中放冰　D. 主食是面包和肉类

2. 德国素有"诗人和哲人的国度"之美称，以下属于德国的名人有（　　）。

  A. 歌德　　　　B. 康德　　　　C. 尼采　　　　D. 拉斐尔

3. 以下属于法国的人文景观的有（　　）。

  A. 埃菲尔铁塔　B. 卢浮宫　　　C. 凯旋门　　　D. 格林尼治天文台

4. 关于瑞士的叙述，正确的有（　　）。

  A. 是永久中立国　　　　　　　B. 首都在日内瓦

  C. 货币单位是法郎　　　　　　D. 是个内陆国　　E. 钟表工业发达

5. 按照人口数量由多到少排序（　　）。

  A. 德国　　　　B. 英国　　　　C. 俄罗斯　　　D. 意大利

  E. 法国

三、简答题

1. 简要说明法国有哪些旅游资源。
2. 简要说明芬兰有哪些旅游资源。
3. 说明瑞士旅游业的特点。

四、实务题

请设计一条 DIY 特色欧洲旅游线路。

五、案例分析题

中国游客赴欧小众旅游兴起

  2018 年，伴随"中欧旅游年"框架下中欧旅游合作的推进，中国游客在签证、航班等方面获得了更加便利化的待遇，中国游客赴欧游的热情持续高涨。2019 年 2 月 26 日，中国旅游研究院与携程旗下华程国旅集团（原华远国旅）联合发布的《2018 年中欧旅游大数据报告》显示，2018 年全年预订欧洲游的人数同比实现 27%的增长，欧洲是中国游客选择的第二大目的地区域，仅次于亚洲。

  根据携程旅游和华程国旅集团的数据，2018 年最热门欧洲目的地国家有俄罗斯、意大利、英国、德国、法国、西班牙、希腊、捷克、瑞士、葡萄牙。中国游客人次增量最多的欧洲目的地国家有塞尔维亚、比利时、西班牙、俄罗斯、瑞典、丹麦、捷克、荷兰、芬兰等。其中，北欧五国越来越受到中国游客关注，丹麦游客增长 120%，芬兰增长 77%，主要前往首都赫尔辛基、拉普兰地区看极光、游览圣诞老人村等。

在大众旅游基础持续扩大的同时，中国游客赴欧洲旅游呈现深度化、个性化趋势。携程数据显示，携程欧洲定制游业务增长迅猛，已占出境定制游整体的10%，近一年需求单量同比增长147%，花费平均在每人每天2500元，远高于整体市场增速。但欧洲跟团游达70%，仍占据主流。分析认为，这与欧洲游所涉及的语言、签证、文化等因素相关。根据我国游客在线提交的需求单，2018年十大欧洲定制游主题为旅行结婚、当地美食之旅、滑雪、贵族马术体验之旅、小众小镇、观球赛之旅、人文深度游、体验特色节日、看极光、文明溯源之旅。

2018年赴欧洲游客的主要客源地有上海、北京、重庆、成都、广州、深圳、昆明、西安、南京、武汉、济南、哈尔滨、郑州、杭州、长沙。增幅最快的是重庆、昆明、济南、南宁、太原、贵阳、郑州、南昌、福州、西安等新一线城市，这些城市也成为欧洲游的重要新兴口岸。

携程欧洲游数据显示，这些城市欧洲游的增幅达到100%以上。从人均消费看，2018年我国游客报名欧洲跟团游，平均花费11823元，费用成本相比2017年略有下降。赴欧航线航班的增加也一定程度上降低了旅游成本。数据显示，2018年各地到欧洲新开通多条航线，如福州直飞莫斯科、长沙至伦敦直飞航线等。目前，每周有600多个航班往返于中欧之间。

（资料来源：新京报，http://www.bjnews.com.cn）

问题：

1. 中国游客赴欧游呈现什么样的趋势？
2. 针对这一趋势，我们可以设计出什么样的新旅游产品？

第八章
美洲旅游产品开发

【学习目标】

通过本章的学习,认知美洲的历史与文化;熟悉主要的风俗习惯;掌握主要的自然旅游资源与人文旅游资源,包括主要的旅游城市及景点概况;培养较强的学习能力、归纳总结的能力;撰写简单的旅游介绍说明书。

【关键词】

美国 历史 文化 自然旅游资源 人文旅游资源

引导案例

你知道山姆大叔是谁吗

山姆大叔(英文:Uncle Samuel,名字首字母缩写为 US)是美国的绰号和拟人化形象,是美国政府或美国的国家化身。山姆大叔一般被描绘成穿着蓝色燕尾服,头戴星条旗纹样的高礼帽,身材高瘦,留着山羊胡子,鹰钩鼻,精神矍铄的老人形象。此漫画形象由著名画家詹姆斯·蒙哥马利·弗拉格(James Montgomery Flagg)创作,他的灵感来源于 1914 年艾尔弗雷德莱特创作的英国征兵海报,海报上的基钦纳勋爵摆着同样的姿势,下面写着"Lord Kitchener Wants You"(基钦纳勋爵需要你)。

据说,"山姆大叔"一名源于 1812 年美英战争时期,一位居住在纽约州特洛伊,名叫塞缪尔·威尔逊(Samuel Wilson,1766—1854 年)的美国人,他在战争中向美国军队供应牛肉,桶上的牌子写的是"EA-US"。EA 为公司名,US 为生产地美国,而 Uncle Samuel(山姆大叔)的缩写恰好也是 US,于是在一次玩笑中,山姆大叔的说法很快传开,其后成为美国的绰号。山姆大叔在美国文化中一直是美国政府的象征,也是爱国情感的体现。美国人将"山姆大叔"诚实可靠、吃苦耐劳及爱国主义精神视为自己公民的骄傲和共有的品性。

(资料来源:https://baike.baidu.com/item/山姆大叔/88149?fr=aladdin)

思考:根据美国别称山姆大叔名字的由来,我们在设计旅游产品细节时,怎么突出美国特色?

分析:第一,设计具体线路时,安排参观有山姆大叔标志的旅游景点;第二,赠送具有山姆大叔标志旅游纪念品。

第一节 美国旅游资源概况

一、美国旅游资源概况

美国全称美利坚合众国,位于北美洲中部,领土还包括北美洲西北部的阿拉斯加和太平洋中部的夏威夷。其东临大西洋,西濒太平洋,南靠墨西哥和墨西哥湾,北接加拿大,海岸线长 22680 千米。美国东岸时间比北京时间晚 13 个小时,西岸时间比北京时间晚 16 个小时，夏威夷时间比北京时间晚 18 个小时。

（一）自然旅游资源

1. 面积与人口

美国国土面积为 937 万平方千米（其中陆地面积 915.8960 万平方千米，内陆水域面积 21 万多平方千米），居世界第四位。如果只计算陆地面积，美国排名世界第三，仅次于俄罗斯、中国，位于加拿大之前。美国人口约为 3.33 亿（截至 2021 年 8 月 15 日）。

2. 主要地形

美国主要分为三个地形区：东部山区和大西洋沿海低地、中部平原、西部山区。东部的阿巴拉契亚山脉几乎贯穿南北。西部的主要山脉有 4 个：海岸山脉、喀斯喀特山脉、内华达山脉和落基山脉。其中，落基山脉宏大雄伟，被称为"北美脊梁"。东部和西部山区是一望无际的平原，约占美国本土面积的 1/2。阿拉斯加州的德纳里山（原名麦金利山）海拔 6139 米，是全国的最高峰；位于加利福尼亚的死谷只有 −85 米，为全国最低点。

3. 主要河流

密西西比河是美国最主要的河流，长度居世界第四位。在美国的东北部和加拿大交界处，有世界最大的淡水水域、素有"北美地中海"之称的五大湖群，分别是苏必利尔湖、密歇根湖、休伦湖、伊利湖和安大略湖。其中，密歇根湖属于美国，其余为美国和加拿大共有。苏必利尔湖为"世界最大的淡水湖"，其面积在世界湖泊中仅次于里海，居世界第二位。

4. 主要气候

美国大部分地区属于温带大陆性气候。东北部沿海和五大湖区冬季较冷，夏季温和多雨，东南部沿海冬季温暖少雨，夏季湿润。中部平原冬季寒冷多雪，夏季炎热多雨。西部内陆高原地区气候干燥，冬寒夏燥；太平洋沿岸北部雨量充沛，南部冬季多雨，夏季干燥闷热。

（二）人文旅游资源

美国是一个年轻的国家，至今只有 200 多年的历史。早在欧洲的殖民者踏上这片土地之前，印第安人世代生活在这里。在短期的历史中，却产生了许多影响美国发展的伟人。其中包括大众熟悉的乔治·华盛顿，美国的开国总统，被美国人尊称为"合众国之父"。后人为了纪念他，专门为他建立了华盛顿纪念碑，是世界上最高的石刻建筑。还有亚伯拉罕·林肯，美国的第 16 任总统，也是首位被暗杀的美国总统。为了纪念他，修建了林肯纪念堂，位于华盛顿特区国家广场西侧，阿灵顿纪念大桥引道前，与国会和华盛顿纪念碑连成一条直线。除此之外，不得不提的是美国黑人民权运动领袖马丁·路德·金。他在林肯纪念堂发表的著名演说——《我有一个梦想》，发出了反对种族歧视、争取平等的正义呼声。

I have a dream（节选）

马丁·路德·金

I have a dream that one day this nation will rise up and live out the true meaning of its creed: "We hold these truths to be self-evident, that all men are created equal."

I have a dream that one day on the red hills of Georgia, the sons of former slaves and the sons of former slave owners will be able to sit down together at the table of brotherhood.

I have a dream that one day even the state of Mississippi, a state sweltering with the heat of injustice, sweltering with the heat of oppression, will be transformed into an oasis of freedom and justice.

I have a dream that my four little children will one day live in a nation where they will not be judged by the color of their skin but by the content of their character.

I have a dream today!

I have a dream that one day, down in Alabama, with its vicious racists, with its governor having his lips dripping with the words of "interposition" and "nullification"—one day right there in Alabama little black boys and black girls will be able to join hands with little white boys and white girls as sisters and brothers.

美国的宗教信仰自由，调查显示，接近80%的美国人属于基督教的各种教派（1990年时是90%），剩下20%的人信奉多种多样的宗教，包括犹太教、印度教、伊斯兰教、佛教和其他宗教，还有非特定宗教的人群及无神论者。

（资料来源：http://www.hellola.cn/?utm_source=baidu&utm_medium=ppc&utm_campaign=sem）

二、美国主要旅游城市

（一）华盛顿

华盛顿是世界上少有的专为政府驻地和国际会议所建的首都城市，这里有为数众多的纪念堂、纪念碑、教堂、博物馆、美术馆等。这里拥有世界上最大的博物馆群，拥有"建筑艺术博物馆"之称，华盛顿最有名的几个地方，包括华盛顿纪念碑、国会大厦、白宫。其中，华盛顿纪念碑是一座高160米的大理石方尖碑，也是世界上最高的石质建筑。国会大厦又称为"国会山"，是参议院、众议院举行会议的地方。现在已经成为华盛顿的象征。著名的白宫，其实是总统的住所，因其外墙用漆全部涂成白色，故名"白宫"。

（二）纽约

纽约位于美国的东北部，是美国最大、最繁荣的城市，同时也是最大的政治、经济、商业和文化中心，也是联合国总部所在地。其中最出名的街区是曼哈顿区，聚集了世界金融中心华尔街、娱乐中心百老汇等地。人们熟悉的自由女神像也是位于纽约。

（三）费城

费城位于美国宾夕法尼亚州东南部，是特拉华河谷都会区的中心城市。该市区东起特拉华河，向西延伸到斯库基尔河以西，面积为 334 平方千米。费城是美国最古老、最具历史意义的城市之一，在 1790—1800 年，在华盛顿建市前曾是美国的首都，因此它在美国史上有非常重要的地位。

（四）旧金山

旧金山又译"三藩""圣弗朗西斯科"，也有别名"金门城市"），是美国加州唯一县市合一的行政区。加利福尼亚州太平洋沿岸的主要港口城市，是世界著名旅游胜地、加州人口第四大城市。旧金山临近世界著名高新技术产业区硅谷，是世界最重要的高新技术研发基地和美国西部最重要的金融中心，也是联合国的诞生地（1945 年《联合国宪章》）。旧金山是通往太平洋区域和远东的门户，工业发达，主要有飞机、火箭部件、金属加工、造船、仪表、电子设备、食品、石油加工、化学、印刷等工业。华人和华侨较多，市区东北角的"中国城"为美国华人最大集中地。旧金山的气候温和，景色优美，是著名的旅游城市。有金门大桥、海湾桥等宏伟建筑，有圣弗朗西斯科大学（1855 年建）等高等学校，科研机构多所。旧金山最有名的风景是缆车、金门大桥、海湾桥、泛美金字塔（又译"传斯美国金字塔""全美金字塔"）和唐人街。

（五）拉斯维加斯

拉斯维加斯是美国内华达州最大的城市，也是享有极高国际声誉的城市。拉斯维加斯位居世界四大赌城之一，是一座以赌博业为中心的旅游、购物、度假的世界知名城市，拥有"世界娱乐之都"和"结婚之都"的美称。每年到拉斯维加斯旅游的 3890 万游客中，来购物和享受美食的游客占了大多数，专程来赌博的游客只占少数。这个多元化的城市，除了可以让人们小赌一番外，还提供非常豪华的度假酒店、世界一流的大型表演、廉价但高级的晚餐、世界级的高尔夫球场、离赌城不远的水上活动场所和儿童游乐场等。

（六）夏威夷

夏威夷州在 1959 年 8 月 21 日成为美国的第 50 个州，由夏威夷群岛所组成。夏威夷位于北太平洋中，距离美国本土 3700 千米，由 8 个主要岛屿、124 个小岛以及礁岩、尖塔所组合而成，属于太平洋沿岸地区。首府为火奴鲁鲁（华人称为"檀香山"）。在 1778—1898 年，夏威夷也被称为"三明治群岛"。它除了是美国最南方的州外，也是美国唯一一个全部位于热带的州；它与阿拉斯加州是美国各州中，仅有的两个不与其他各州相连的州份，也是美国唯一一个没有任何土地在美洲大陆的州。

三、美国主要旅游景观

（一）黄石公园

　　黄石公园是世界第一座国家公园，成立于1872年。黄石公园位于美国中西部怀俄明州的西北角，并向西北方向延伸到爱达荷州和蒙大拿州，面积达8956平方千米。黄石公园地处素有号称"北美脊梁"的落基山脉，是美国国家公园，位于美国西部北落基山和中落基山之间的熔岩高原上，绝大部分在怀俄明州的西北部。黄石公园是美国设立最早、规模最大的国家公园。它以保持自然环境的本色而著称于世。黄石公园内的另一景观是黄石河，它由黄石峡谷汹涌而出，贯穿整个黄石公园到达蒙大拿州境内。黄石河将山脉切穿而创造了神奇的黄石大峡谷。在阳光下，两峡壁的颜色从橙黄过渡到橘红，仿佛是两条曲折的彩带。由于公园地势高，黄石河及其支流深深地切入峡谷，形成了许多瀑布，蔚为壮观。

（二）美国迪士尼乐园

　　美国有两个迪士尼乐园：一个是美国加利福尼亚州的洛杉矶迪士尼乐园，建成于1955年；另一个是美国佛罗里达州奥兰多的迪士尼乐园，建成于1971年。加利福尼亚州迪士尼乐园位于阿纳海姆市迪士尼乐园度假区，于1955年7月17日开业，是世界上第一个迪士尼主题乐园，被人们誉为"地球上最快乐的地方"。

（三）大峡谷国家公园

　　大峡谷国家公园是世界自然遗产之一，位于美国西部亚利桑那州凯巴布高原，面积为2724.7平方千米，又称"科罗拉多大峡谷"。它大体呈东西走向，全长350千米，平均谷深1600米。峡谷顶宽6～30千米，峡谷往下收缩成"V"字形。两岸北高南低，最大谷深1800多米。谷底宽度不足1000米，最窄处仅120米，科罗拉多河从谷底流过。

（四）好莱坞环球影城

　　世界著名影城好莱坞位于洛杉矶市区西北郊，是游客到洛杉矶的必游之地。20世纪初，一些制片商开始在这里拍片，到1928年已形成了以派拉蒙等八大影片公司为首的强大阵容。20世纪三四十年代以来，好莱坞成为美国的一个文化中心，众多的作家、音乐家、影星就住在附近的贝弗利山上。

第二节　加拿大旅游资源概况

加拿大——枫叶之国

　　加拿大有"枫叶之国"的称誉，这是为什么呢？加拿大地处寒温带和寒带，大部分领土在北纬 50°以北。但东南部气候温凉，降水充沛，漫山遍野生长着枫树。秋天，火红的枫叶给大地披上了盛装，金风萧飒，树叶灿如朝霞，十分瑰丽，令人沉醉。加拿大人对枫叶怀有深厚的感情，视漂亮的枫叶为国宝。同时，加拿大人喜欢丹枫，还因为枫树的树液可用以熬制枫树糖浆。

在加拿大十来个枫树品种中，闻名的是糖枫（也译"糖槭"）和黑枫。它们的树液如香甜的奶汁，含糖量为 0.5%～7%，有的可达 10%。在树干上打个洞，就可采取到枫树糖液。一株树龄 15 年以内的枫糖树，每年可产糖 5 斤左右，并可连续产糖 50 年以上，加拿大每年可从枫树汁液中得到 3 万多吨糖。枫树糖浆是儿童们最喜爱的一种食品。

每年三四月是收割枫树糖液的季节。届时，加拿大人举行盛大的聚会，庆祝一年一度的"枫糖节"。加拿大人喜爱枫树，枫树叶是加拿大的国花，在庄重的国旗中心绘着一枚巨大的红色枫叶图案，枫叶成了加拿大的象征。在人们日常生活中，枫叶图案比比皆是。在商店里，到处可以看到印着鲜红枫叶图案的书刊、用具和手工艺品；即便是在小学、幼儿园里，也经常会从孩子们的画本或作业中发现它；有的人甚至在衣服上也印上一片枫叶；各地出售的纪念品也多用枫叶作为艺术装饰图案。因此，加拿大有"枫叶之国"的称誉。

（资料来源：http://www.360doc.com/content/18/1119/00/13031597_795786686.shtml）

一、加拿大旅游资源概况

加拿大（Canada）位于北美洲北部（除阿拉斯加和格陵兰岛外，整个北美洲北半部均是加拿大的领土），东临大西洋，西濒太平洋，北靠北冰洋，西北部和南部与美国相邻，东北隔巴芬湾和格陵兰岛相望。大陆和沿海岛屿海岸线长 24 万多千米，是世界海岸线最长的国家。渥太华时间比北京时间晚 13 个小时，温哥华时间比北京时间晚 16 个小时。

（一）自然旅游资源

1. 面积与人口

加拿大面积为 998 万平方千米，居世界第二位，其中陆地面积为 909 万平方千米，淡水覆盖面积为 89 万平方千米。其人口为 3892 万（2022 年 7 月），主要为英、法等欧洲后裔，土著居民（印第安人、梅蒂斯人和因纽特人）167 万人。英语和法语同为官方语言。居民中信奉天主教的占 45%，信奉基督教新教的占 36%。首都是渥太华，地处安大略省。众多的民族，给加拿大带来了多样的文化。

2. 主要地形

加拿大的地势总体而言是东西高、中间低。东部是拉布拉多高原和低矮的丘陵，中部是广阔的平原与美国接壤的大湖，西部是加拿大最高的地区，许多山峰海拔都在 4000 米以上。位于落基山脉的洛根山海拔 5951 米，是全国最高峰。加拿大的森林面积居世界第三位，仅次于俄罗斯和巴西。多样的地形和丰富的森林资源，产生许多有名的国家森林公园。其中，有班夫国家森林公园,是加拿大的第一个国家公园,以湖光山色闻名;芬迪国家森林公园是世界上观赏大潮汐的理想之处;还有恐龙公园、伍德布法罗国家公园等。

3. 主要河流

加拿大多河流、湖泊和海湾。绝大部分的河流多急流和瀑布,马更些河是加拿大最长的河流,其他大河还有育空河、圣劳伦斯河等;大熊湖、大奴湖、温尼伯湖等是加拿大的著名湖泊;哈得孙湾是加拿大最大的海湾。五大湖地区因为水量丰富,成就了首屈一指的尼亚加拉瀑布,景色非常壮观。

4. 主要气候

加拿大位于北半球的高纬地区,全国有 1/5 的地区在北极圈内;大部分地区属于大陆性温带针叶林气候和寒带苔原气候,冬季多数地区有积雪。其中,西部沿海地区背靠大山,有阿拉斯加暖流经过,气候温暖湿润;中部地区冬夏温差较大;东部地区冬天较为寒冷;北部属于寒带苔原气候的地区约占全国国土面积的 1/3,北极群岛终年严寒。加拿大全国的温差较大,中西部最高气温近 40℃,北部最低气温低至 -60℃。寒冷的气候,使之形成了许多优质的滑雪胜地。

(二)人文旅游资源

印第安人和因纽特人(旧称"爱斯基摩人")是加拿大最早的居民。1603 年,法国人在加拿大建立了第一个居留地,开始了它的移民史,文化上也出现了多元化的特征。印第安人特有的生活文化习惯,例如婚俗习俗,也是旅游者十分感兴趣的内容。过去,印第安男子在婚前要在未来的岳父家里做半年或者一年的苦役,表明自己有能力养活妻子。结婚时,村里的每一位妇女都会给新郎送一担柴,供新婚夫妇秋冬之用。参观印第安人居住的地方,了解其生活习惯,是加拿大行程中的一个亮点。

二、加拿大主要旅游城市

(一)渥太华

渥太华是加拿大的首都,也是加拿大第四大城市,位于安大略省东南部。渥太华是世界上最美丽、最寒冷的首都之一。主要景点有世界上最长的城市溜冰场(7800 米)、世界上最早的步行街——斯帕克大街,还有国会山庄、丽都运河等。

(二)多伦多

多伦多位于加拿大安大略湖的西北沿岸,是加拿大最大的城市、安大略省的省会,也是加拿大的经济、文化和交通中心,世界著名的国际大都市。多伦多的主要景点有多伦多国家电视台(曾经是世界上最高的电视塔)、天虹体育馆(世界上的一个顶棚船自动开关的体育馆)、开拓者村庄等。

(三)蒙特利尔

蒙特利尔是加拿大第二大城市,也是北美地区唯一讲法语为主的大城市,75%的居民为法裔加拿大人。蒙特利尔又被称为"北美洲的巴黎"。城市依山而建,风景优美,街头到处是精美的雕塑,有着浓厚的艺术氛围。市内有约 450 座教堂,数量之多甚至超过了古城罗马。

(四)温哥华

温哥华是加拿大的第三大城市,也是加拿大太平洋沿岸最大的城市和港口。当地气候温和,依山傍水,景色秀丽,该市的华人社区是北美最大的华人社区之一。温哥华的主要景点有斯坦利公园(又译为"史丹利公园")、海洋博物馆、海洋生物中心等。

(五)魁北克

魁北克是加拿大东部的重要城市和港口,既有现代的繁华,又有历史的古朴。其战略地位非常重要,素有"美洲直布罗陀"之称。

三、加拿大主要旅游景观

(一)锡格纳尔山

锡格纳尔山又称"信号山",是加拿大著名古迹,位于纽芬兰省圣约翰斯港,距离市区十分钟车程,可以俯瞰圣约翰斯全景,以及芒特珀尔部分地区。山顶有一座双层八角形塔楼,为加拿大历史遗迹,每年4月至11月开放。站在此山上,可鸟瞰圣约翰斯全景。当地人最喜欢在夏天的夜晚驱车上山,看万家灯火。纽芬兰省是北美大陆最东边的省。

(二)卡博特之路

卡博特之路是加拿大的著名旅游线路。它位于新斯科舍省,路长294千米。途中可参观风格各异的法裔居民村、苏格兰人村和渔村,了解当地民俗风情。卡博特之路的中心点是布雷顿角高地国家公园。这里,海岸岩石高峻陡峭,森林密布,苔原、沼泽盖地;溪流纵横,生机盎然;林中飞禽走兽,使人犹如身居原始森林之中。

(三)芬迪国家公园

芬迪国家公园位于加拿大新不伦瑞克省东南的阿尔马镇附近,是观赏世界大潮汐的理想之处。公园风景秀丽。明纳斯湾潮是加拿大的一处著名景观。潮水发来后有排山倒海之势,潮差高达15米。退潮后,海滩上会留下大量海螺、海贝,颇吸引游人。在园内,除了可以观赏大潮汐外,还可以游泳、海浴、垂钓、泛舟,以及游览森林和野生动物保护区。

(四)尼亚加拉瀑布

尼亚加拉瀑布位于加拿大安大略省和美国纽约州的交界处,瀑布源头为尼亚加拉河,主瀑布位于加拿大境内,是瀑布的最佳观赏地;在美国境内的瀑布由月亮岛隔开,观赏的是瀑布侧面。尼亚加拉河的水流冲下悬崖至下游重新汇合,在不足2千米长的河段里以每小时35.4千米的速度跌宕而下。15.8米的落差,演绎出世界上最狂野的漩涡急流。而后,河水经过左岸加拿大的昆斯顿、右岸美国的利维斯顿,冲过"魔鬼洞急流",沿着最后的"利维斯顿支流峡谷",由西向东进入安大略湖。尼亚加拉瀑布与伊瓜苏瀑布、维多利亚瀑布并称为"世界三大跨国瀑布"。

(五) 蒙特利尔旧城区

旧城区是蒙城旅游的主要景点。它是一个东西以贝里街和麦吉尔街为界,南北以圣劳伦斯河与圣杰克街为界的区域,位于圣劳伦斯河畔,很多著名景区汇聚于此。300 年前这里曾是繁忙的港口,如今以旅游业为主。荡游在旧城区繁忙的港湾口、装扮华丽、披着鲜花的观光马车,不时地驶过精妙绝伦的法国景观和古老城堡间,清脆的马蹄声洒着一路铃声,踏出了满街的喜色和春意,仿佛要唤回欧洲人闲情逸致诗一样的古老风情。

(六) 斯坦利公园

斯坦利公园,也翻译为史丹利公园,离温哥华市区只有 15 分钟步行路程。以红杉等针叶树木为主的原始森林是该公园最知名的美景。围绕着公园的海傍小径,吸引了无数的骑单车、跑步人士、滚轴溜冰及行人。公园内有海滩、湖泊、游乐园及野餐地点。公园中耸立着原住民所制的图腾柱,手工精细,文化气息浓厚,是游客必到拍照留念的地方。

第三节 美、加旅游产品开发

 案例 8-1

2018 年中国出境游行业发展现状及市场前景预测(摘选)

我国出境游全面繁荣来临。因为居民人均可支配收入的提高以及消费升级因素的促进,近年来出境游行业快速发展,出境游人次不断提升,2017 年达到近 1.3 亿人次,且增速较 2016 年回升。目前,出境游渗透率已超过 20%。2017 年第四季度以来世界各主要目的地的中国内地游客均出现爆发增长。随着 2018 年叠加中国与多国共办旅游年、境内出境游的企业不断加码布局出境游资源以及消费升级进一步推进等,出境游行业迎来全面繁荣。亚欧出境游主要目的地火爆。亚洲的主要热门目的地日本和泰国,在 2014—2015 年均迎来中国游客数量的爆发增长,游客数量均接近翻番,2016—2017 年也保持着两位数的高增速;欧洲游出现强势复苏,2017 年第三季度同比增长 29%,在欧美政治和安全等风险稳定后,2017 年第四季度以来我国居民出境游热情再度高涨。2011—2017 年旅游业总收入及增速如图 8-1 所示。

1. 中国出境游人次及花费分析

2016 年受到欧洲暴恐、汇率波动以及局部纷争等因素的影响,出境游增速放缓,2017 年回暖趋势明显。中国旅游研究院、国家旅游局数据中心发布的数据显示,2017 年全年,中国公民出境旅游 1.3 亿人次,比上年同期增长 6.56%。2017 年出境游花费达到 1152.9 亿美元。2018 年春节,我国出境游人群规模进一步扩大到 650 万人次,年轻群体

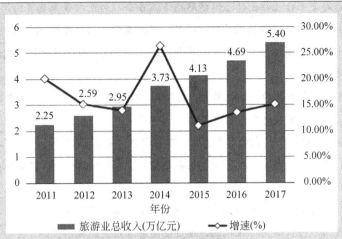

图 8-1　2011—2017 年旅游业总收入及增速

不断增多,"80 后""90 后"占比近半,以亲子游为代表的家庭游越来越多。同时随着居民生活水平的不断提高,深度游和个性体验更受欢迎,催生自由行不断升温,新兴目的地也备受青睐。途牛旅游网监测数据显示,在过去一年里,出境游游客按照年龄层划分,25 岁及以下群体占出境游总人次的比例为 33%;26~35 岁群体占比最高,达到 38%;36~45 岁群体占比为 16%;46~55 岁群体占比最少,只有 4%;56 岁以上群体占比为 9%。

发信用卡中心提供的数据则显示,在过去一年里,按照年龄段划分,25 岁及以下群体占境外消费总人次的比例为 10%;26~35 岁群体占比最高,达到 56%;36~45 岁群体占比为 24%;46~55 岁群体占比达到 8%;56 岁以上群体占比最少,只有 2%。

结合双方的数据可以看出,26~35 岁群体是出境旅游和境外消费当之无愧的中坚力量;由于"00 后"开始跨过 18 岁的门槛,对世界充满好奇与探索欲的 25 岁及以下群体逐渐成为出境旅游和境外消费生力军。此外,时间充裕、财力富足的"银发族"虽然是出境旅游市场不容忽视的客群,但在境外消费时却相对保守,这或许与"他们出境的初衷是更好地看世界而非购物"有关。当然,一旦看中心仪之物,"银发族"花钱也绝不手软。

此外,途牛旅游网监测数据显示,在 2017 年的出境游客中,男女占比分别为 35%、65%。广发银行卡用户境外消费数据显示,2017 年男女用户占比分别为 44%、56%。很显然,女性消费者不仅爱玩,还会"花钱"。

2. 中国出境游行业发展趋势

(1) 出境游市场依旧存在长期增长的空间。2017 年中国出境消费达 1152.9 亿美元,创历史新高。中国已成为包括泰国、越南、俄罗斯等近 10 个目的地国家的最大入境客源市场。目前,中国的年人均乘飞机的次数是 0.5 次,而美国是 2.5 次;中国的年人均 GDP 为 8000 美元左右,而美国接近 5 万美元。从这些数据差来分析,预计到 2025 年,中国出境游市场还将有 2.5 倍的增长空间。

(2) "一带一路"倡议的提出点燃了出境游新热点。中国与 46 个"一带一路"沿线国家签订了签证的便利权和旅游的优惠政策等。仅途牛旅游网、同程旅游网、携程旅行网等

OTA（在线旅游）平台已推出的旅游线路达5万多条，为业内带来更多的产业发展机会。

（3）二、三、四线市场的增量空间明显。根据麦肯锡的数据预测，未来10年里，中国城市家庭出游消费比例将大幅提升。其中，三、四线城市的中产阶层将成为未来占比增长最快的群体。

（4）新技术带来更多的变革机遇。中国未来5年的电子商务增量将占中国消费的42%以上，而且新技术的发展也会带来更快的产业升级。其中，人工智能正在提升旅游运行的效率，大量旅游OTA已经在使用人工智能服务取代部分客服服务，并且可以带来更加智能化的服务，实现无缝链接、消费者的服务需求和消费的投诉响应，这部分在应用上会有更大的施展空间。

（资料来源：http://www.chyxx.com/industry/201807/662367.html）

思考： 我国旅行社如何抓住机遇，设计受消费者欢迎的旅游产品？

分析： 经济水平的提高，大众消费观念的转变，使得旅游市场活跃。根据调查得出的结论，我们应该细分市场，针对不同的人群，设计不同的旅游线路来满足旅游者的需求。

一、美、加旅游线路的形式和主要内容

对于美国、加拿大旅游产品的开发，根据各大旅游企业官网及旅游App等平台上推出的线路来看，主要还是以观光旅游线路为主。当然，除了大众的观光旅游之外，还可以包括教育交流、访问、会议、休闲度假、学生修学游、各种形式的冬令营或者夏令营等形式。其主要内容就是前面所提到的各大主要旅游城市与旅游景点。

案例8-2

观 光 旅 游

观光旅游是旅游的一项最基本的活动。内容主要是为去自己向往的地方进行短暂停留，去观赏当地的风景名胜、人文古迹、城市美景及其风土人情等。旅游者通过观光游览可达到改变常居环境、开阔眼界、增长见识、陶冶性情、怡悦心情、鉴赏大自然造化之美、享受现代化城市生活的情趣以及满足异地购物等多方面的需求和目的。这种基本的旅游方式，在今后一定时期内仍将继续占据重要地位。在不少国家，"观光"（sight-seeing）一词即游览或旅游的同义词，观光者（sight-seer）即旅游者。日本所称"观光地理"通常也译作"旅游地理"。

思考： 在我国，观光旅游仍是主要旅游形式，面对新的发展机遇，旅行社应如何深化自己的旅游产品设计？

分析： 在观光旅游形式的主导下，结合目前的生态旅游、主题旅游、体验旅游、红色旅游等形式，优化旅游线路，推陈出新，设计更具竞争力的旅游产品。

二、美、加旅游产品设计的原则

(一)旅游目的地的主要旅游吸引物突出原则

观光旅游产品的核心是对旅游者产生吸引力,导致其产生旅游动机的旅游景点。因此,对于核心旅游吸引物的安排是最重要的。美国和加拿大幅员辽阔,景点众多,但是在设计产品的时候,宜优先考虑热门城市、热门景点,特别是那些名气非常大的旅游景点一定要包括在产品中。比如,在美国旅游产品设计中,黄石公园是必不可少的景点。

(二)注重期望值原则

游客习惯性地会把旅游的整体价格与单项价格进行比较,用来获取他们认为的最优选择,甚至还会对各个要素进行比较,得出一个整体的心理评估。因此,游客对于行程安排中免费、赠送的项目,会表现出强烈的兴趣。例如,在美、加旅游线路设计中,可以赠送一个能亲近美国农庄的活动,以便游客亲自感受美国的乡村文化。

(三)制造惊喜或者额外利益原则

在旅游行业,惊喜往往是指给游客意想不到的产品或者服务。目前,欧美市场越来越受欢迎,为了吸引顾客,争取回头客,旅行社都会提高服务质量,努力制造惊喜。有的旅行社为了提高游客的旅游体验,加强与组团伙伴的合作关系,在旅游结束时,赠送一些地方特产或者小礼品。这些产品设计都收到了很好的效果。

拓展阅读 8-3

给客人制造惊喜越来越难,但我们不能放弃

1. 个性服务常态化,有感动没惊喜

无外乎是客房员工发现客人没洗的衣服,然后帮客人洗衣服、洗袜子;发现行李箱比较脏,帮客人擦拭行李箱;发现行李箱的轮子松动,找工程部的师傅加箱子的万向轮……

餐厅员工在客人用餐的时候发现客人生日或者纪念日,给客人送蛋糕或者礼物;发现客人用餐的特别习俗或习惯,不动声色地满足客人的需求,以免客人尴尬……

而随着酒店早已推出"个性服务常态化"的要求,擦鞋、洗衣服已然不再具备特别之处。那么在新时代,我们又拿什么来触动客人"惊喜"的神经呢?

2. 走心洞察,有困局就有出路

社会在发展,行业在进步,服务也必然要提升,可以尝试从以下几方面着手。

1)借助手机做载体,做一些个性服务的安排

一个70多岁的老奶奶,让工作人员帮她连接WiFi,结果她有两个手机,一个平板……所以,移动互联网已经覆盖到了各个年龄段的人群。

客人入住后,第一件事就是连接网络。客人在客房内电视的使用频率越来越少,很多人从入住到离店都没打开过电视,说明他们在客房里闲暇的时间也是以手机为主,看视频、

看朋友圈、看抖音等。那么，酒店可不可以针对不同的情况制作成各种介绍的链接，将二维码分类展示在客房？

比如，从酒店出发的主要景点推荐及线路，从酒店出发的交通乘车介绍，从酒店出发到周边的商业区和购买商品的介绍，从酒店出发到相应的职能部门的线路、电话以及注意事项，酒店周边租车信息、医院、影院、美食、娱乐信息，当地网红景区介绍，酒店内各餐厅的营业时间和菜品介绍等，这些对于出差、旅游等商旅客人而言，都将大大减少自己去百度查询的时间……

2）精准地了解客人的需求，量身定制个性服务

一位客人说："年初出差去外地参加某个大型活动，入住的酒店也应该是想法设法地创造个性服务，服务员很用心地帮我把袜子洗了，还给我留了一个小纸条……殊不知我出差的时候，喜欢带一些旧袜子或者买一些相对便宜的袜子，穿完直接丢掉。对于服务员的这份热情，我很诚意地在留言条上表示了感谢，这份服务让我感动却并没让我惊喜。"

客人真正需要什么？如果通过客人在前台入住的交流和通过整理房间时的观察能精准地洞察到，然后再根据客人需求量身定制个性服务，会更容易让客人惊喜。

一位客人在暑假时和几个朋友一起带孩子们自驾游。抵达目的地酒店时，他边办理入住边和朋友聊天："你的车载充电器没忘吧？我的车载充电器昨天收拾行李还拿了放在桌上的，今天出发就给忘了，结果一路上导航，手机早就没电了……"

一句无意的话被有心的前台接待员听到了，晚上大堂副经理敲门递给他一个车载充电器说："先生，了解到您没有带车载充电器，查看了您的入住信息，您今天住我们这里，然后是四天后再次住我们酒店，应该是准备自驾旅行四天后再返回吧？这个车载充电器是我向同事借的，您先拿去使用，返回的时候还给前台就行，如果您的行程改变，返回时不住我们酒店，那您回去后快递给我们也是可以的……"

客人说："如果要形容我当时的心情，我真想给大堂副经理一个大大的拥抱，太暖心了。"

3）增设管家平台

现在相对高档一点的小区，都安排了楼栋管家，业主有合理的服务需求可24小时均随时微信管家。再者假期去外地自由行，与当地向导联系互加微信后，也是可以事无巨细地咨询和寻求帮助的……

那酒店是否也可以设置楼层客服，或者在官微开辟可以与顾客直接对话的板块？从客人入住开始到客人退房，甚至退房后只要客人愿意，都可以保持平台联络，随时给客人提供咨询帮助等。

4）服务以人为本

针对现今员工的特点，设计出符合他们实际状况的激励方案，刺激和引导员工提供超出期望的服务，让客人满意加惊喜。

（资料来源：http://www.ctoutiao.com/1108797.html）

（四）注重服务细节原则

一个安排妥善的观光旅游产品，需要根据客人的需求设计很多关键性的服务细节，为部分有特殊需求的游客提供个性化的服务。这已经成为旅行社提高服务质量和顾客满意度的重要手段。比如在美、加旅游产品设计中，给游客设计一个统一的亮眼的行李牌，专业的行程小册子。这些小细节，可以帮助在游客下飞机取行李时，节省很多时间。专业的小册子，则非常方便游客随时查看自己的行程表，甚至还可以让团友在上面写日记。

（五）保证经营利润原则

部分旅行社为了抢占市场，违反《旅游法》的规定，不惜零团费或者负团费接团，将利润寄托于增加自费景点或者购物商店给的佣金，使游客的观光之旅变成了购物之旅，这是有悖旅游市场发展规律的，也是违法的。因此，要设计开发一个成功的旅游产品，保证企业正常的利润是必须首先要考虑的关键因素。

三、美、加旅游线路设计应注意的问题

（一）产品突出特色

如今的旅游市场环境，旅行社遍地开花，旅游产品也是五花八门，消费者选择时非常困难。如何让自己的旅游产品在旅游市场凸显出来，这就需要设计有特色的旅游产品，做到"人无我有，人有我优"，在最显眼的位置，亮出产品的特色。美、加旅游产品设计中，我们可以针对不同的人群，推出不同的产品。比如修学旅游，目前市场的大部分线路是与教育机构合作开展旅游，我们可以考虑和当地企业合作，开展以生活交际为主题的工业旅游，如参观美国强生、美赞臣等知名企业，走一条工业旅游与修学旅游相结合的线路。

（二）点间距离适中

由于美国和加拿大的幅员辽阔，精华景点也是非常多，设计旅游产品的时候不可能全部涉及。并且游客的出游时间是有限的，旅游产品时间的设计应该更多地放在景点的游玩上，尽量减少在交通上的时间。这就要求在设计旅游产品的时候，点间距离要科学适中，实现效益的最大化。

（三）尽量避免重复经过同一旅游点

在条件许可的情况下，一条旅游线路应竭力避免重复经过同一个旅游点。因为根据满足效应递减规律，重复经过同一个旅游点，会影响一般旅游者的满足程度。因此，在美、加旅游线路设计时，可以考虑从美国进、加拿大出，科学规划，不走回头路。

（四）考虑时差，合理安排行程

两个地区地方时之间的差别，称为"时差"。游客在乘坐飞机到国外旅行时，由于时差的变化，会引起人体内生物钟混乱，使人感到眩晕。医学上叫作"时差综合征"，严重的病人可能出现头痛、耳鸣、心悸、恶心、腹痛、腹泻以及判断力和注意力下降等症状。美国与中国时差为13～16个小时，因此，在第一天和最后一天的行程设计上应该安排得合理科学一些，帮助游客有效转换时差。

四、旅游线路产品实例

结合前面美、加旅游产品设计的主要内容、原则和注意问题，引入南湖国际旅行社美、加旅游线路进行学习。

美、加联游 7 大名城+千岛湖+大瀑布旋转餐厅 12 天之旅

第 1 天：广州（飞机）—中转城市（飞机）—纽约，参考航班待定（飞行约 16 小时）

行程说明：在指定时间于广州白云国际机场集合，在专业领队带领下，搭乘航班经中转城市飞往美国东岸著名城市纽约。由于时差关系，出发当天即抵达。前往酒店入住休息。

用餐说明：早餐（不含），午餐（不含），晚餐（不含）。

所住酒店：新泽西州高级酒店。

第 2 天：纽约

行程说明：乘坐自由女神号游轮，在河上近距离观赏美国国魂标志的自由女神像（不上岛，约 1 小时）。然后，在精心打造的行程中，去纽约金融心脏地带，一个诞生金融奇才、遍地黄金的地方，美国最大的联邦储蓄银行就坐落在那里。在这里，将深入华尔街（参观共约 30 分钟），参观纽约证交所（外观）、镇守美国经济牛市的华尔街铜牛以及金融区中最古老、最美丽的三一教堂。然后，游览纽约市区的雀儿喜市场（自由活动约 1 小时）。这里曾作为美国著名食品制造商的厂房，后被成功改建，成为纽约饮食业的一道亮丽风景，同时这里也是吃货的天堂，为方便自由品尝特色美食，当天午餐敬请自理。随后，自由漫步于气度非凡的洛克菲勒中心广场以及名牌商店遍布的第五大道（自由活动约 1 小时）；并游览撩人眼目的时代广场（约 30 分钟）。各处景观目不暇接、叹为观止。随后，返回酒店休息，结束当天行程。

景点介绍：

【自由女神像】全名为"自由女神铜像国家纪念碑"，正式名称是"自由照耀世界"，位于美国纽约海港内自由岛的哈德逊河口附近。

【第五大道】是美国纽约市曼哈顿一条重要的南北向干道，位于曼哈顿岛的中心地带，布满了奢侈品商店。第五大道以全美国著名的珠宝、皮件、服装、化妆品商店吸引着成千上万的游客。

【时代广场】位于曼哈顿中城西部与百老汇大道交会处。周边高楼密集，聚集无数商场和剧院，是繁盛的娱乐和购物中心，也是纽约的标志。

用餐说明：早餐（已含），午餐（不含），晚餐（已含）。

所住酒店：新泽西州高级酒店。

第 3 天：纽约（纽约州/新泽西州）

行程说明：全天自由活动（不含正餐及交通）。

推荐项目：伍德伯里购物、西点军校（约 8 小时），参考价 USD170/人（含门票、晚餐、接送车费、司导服务费），需 10 人或以上参加方可成行。

景点介绍：

【伍德伯里奥特莱斯】美国东部最大名品牌奥特莱斯，这里集中了世界各地时尚品牌，多家品牌折扣价格给力，让人血拼到手软。

【西点军校】素有"美国将军的摇篮"之称。许多美军名将如艾森豪威尔、巴顿、麦克阿瑟等均是该校的毕业生。

温馨提示：自由活动期间，请游客慎重安排活动。为保障游客的合法权益，建议不要选择未取得旅游经营资质的机构或个人所组织的项目；在自由活动期间，游客与其他机构或个人发生纠纷的，旅行社无法介入处理，敬请游客谅解。

用餐说明：早餐（已含），午餐（不含），晚餐（不含）。

所住酒店：纽约州/新泽西州高级酒店。

第 4 天：纽约（汽车）—蒙特利尔（约 560 千米）

行程说明：乘车前往蒙特利尔，沿途欣赏美丽的风情小镇。抵达晚餐后，入住酒店休息，结束当天行程。

温馨提示：由于美国地域辽阔，当天车程比较长，请穿着舒适的衣服和鞋子，建议自备颈枕，也可适当准备干粮，沿途欣赏秀丽的美国自然风光。

用餐说明：早餐（已含），午餐（已含），晚餐（已含）。

所住酒店：蒙特利尔地区高级酒店。

第 5 天：蒙特利尔

行程说明：全天自由活动。此日不含午晚餐、交通及领队导游服务。

推荐项目：魁北克城一日游，参考价 USD220/人（大小同价），含司导服务费、车费、服务费；项目全程约 9 小时，超时加收车费与服务费，全团需 50%以上参加方可成行。

景点介绍：

【魁北克】是一座法兰西风味浓郁、历史悠久的文化名城，是北美洲所有城市中唯一被联合国教科文组织列入世界遗迹保存名单的城市。

【凯旋圣母教堂】皇家广场的南面，有一座石头结构的教堂，始建于 1688 年，直到 1723 年才完工。教堂所建之处，是 1608 年桑普兰建造城堡的地方，是为 1690 年和 1711 年的英国发动攻击时提供躲避的地方，故而命名为"凯旋"。

【炮台公园】这里有三处别具特色的历史建筑：1712 年始建的王妃城堡、1818 年建成的机关总部和 1903 年建成的兵工厂。

【古代军事要塞】军事防御要塞，城堡耸立于圣劳伦斯河的断崖上，扼守着圣劳伦斯运输河道的咽喉，被称作是"当年大英帝国在北美最坚固的要塞之一"，同时也称其为"北美的直布罗陀"。城堡大门上挂着 22 团的团徽，团徽中间是海狸，象征着皮毛贸易。

【芳缇娜城堡】由建筑师 Bruce Price 设计，落成于 1893 年，是加拿大太平洋铁路公司建于 19 世纪末的一系列古堡大饭店之一。

【小香普兰街】古雅的房子、精美的橱窗、别致的招牌、美丽的窗台，是一条非常富有浪漫气息、并且让人感觉很温馨的小街。

温馨提示：自由活动期间，请游客慎重安排活动。为保障游客的合法权益，建议不要选择未取得旅游经营资质的机构或个人所组织的项目；在自由活动期间，游客与其他机构或个人发生纠纷的，旅行社无法介入处理，敬请游客谅解。

用餐说明：早餐（已含），午餐（不含），晚餐（不含）。

所住酒店：蒙特利尔地区高级酒店。

第 6 天：蒙特利尔（汽车）—渥太华（约 200 千米）

行程说明：早上驱车前往皇家山，抵达后登上皇家山（约 1 小时）远眺蒙特利尔城市风景线。随后，游览极具历史价值的旧城，参观旧城中巧夺天工的诺丹圣母大教堂（外观，约 10 分钟）和著名的圣约瑟大教堂（外观，约 20 分钟）。游毕后，乘车前往渥太华，游览巍然耸立的国会大厦（外观，约 30 分钟），在此可游览和平塔、国会广场及永不熄灭的百年纪念火焰。随后，前往总督府，经过秀丽的渥太华河和使馆区，参观总督府（外观，约 30 分钟）。

用餐说明：早餐（已含），午餐（已含），晚餐（已含）。

所住酒店：渥太华地区高级酒店。

第 7 天：渥太华（汽车）—金斯顿（约 196 千米，汽车）—多伦多（约 250 千米）

行程说明：早上前往古城金斯顿，参观市政厅和皇家军事学院（共约 1 小时）。然后，前往多伦多市内观光半圆形设计的市政厅（约 20 分钟）、维多利亚式建筑的议会大厦（约 20 分钟）、多伦多大学（进校园，约 20 分钟）、曾被《吉尼斯世界纪录大全》记录为最高的国家电视塔 CN 塔（不上塔，约 10 分钟）。游毕入住酒店休息，结束当天行程。

推荐项目：千岛湖游船，70 加元/人，人数不限，在每年 4~10 月，具体开放及关闭日期受季节、天气等因素影响。

景点介绍：

【千岛湖】是大冰川时期的产物，与大西洋相通，共有大小岛屿 1865 个。湖中心的分界线将千岛湖一分为二，其南岸是美国的纽约州，家家悬挂美国国旗；北岸则是加拿大的安大略省，多数悬挂加、美两国国旗。在 1865 个岛屿中，2/3 在加拿大境内，而美国拥有的岛屿大都面积较大，并有深水水道通往大湖。

用餐说明：早餐（已含），午餐（已含），晚餐（已含）。

所住酒店：多伦多地区高级酒店。

第 8 天：多伦多（汽车）—水牛城（约 40 千米）

行程说明：参观世界上著名的跨国瀑布尼亚加拉大瀑布（约 1 小时），该瀑布由 3 个部分组成，从大到小依次为马蹄型瀑布、美利坚瀑布和新娘面纱瀑布。瀑布横跨美、加两国边境，两边景色都献上了令人难以抗拒的自然奇观。可观赏壮丽的瀑布从高而泻，雷霆万钧震撼人心，飞扬的水花如烟雨、似淡雾，美不胜收；若遇日斜反照，更添弧形七色彩虹，如梦如幻。尼亚加拉大瀑布自被发现以来，对当地原住民及观光客而言都是令人惊畏的大自然雕琢。随后，登上瀑布边的天龙塔餐厅享用午餐，俯瞰瀑布美景，一样的瀑布，不一样的观赏体验。午餐后，过境美国，特别安排观赏尼亚加拉大瀑布灯光秀，在五彩斑斓的灯光下，瀑布显得更加美丽多姿。

推荐项目：瀑布游船，45 加元/人，大小同价，含司机、导游超时服务费。搭乘瀑布游船，体验尼亚加拉大瀑布的气势与震撼。游客可以穿上小雨衣，随着游船一路开向美利坚瀑布与马蹄瀑布，丰沛的水花与水汽会不停地落下。游客可以由下往上欣赏不同角度的瀑布，更能体会尼亚加拉大瀑布的美感。

用餐说明：早餐（已含），午餐（已含），晚餐（已含）。

所住酒店：水牛城地区高级酒店。

第 9 天：水牛城（汽车）—华盛顿（约 600 千米）

行程说明：乘车前往美国首都华盛顿，沿途欣赏美丽的风景小镇，傍晚抵达后入住酒店休息，结束当天行程。

温馨提示：由于美国地域辽阔，当天车程比较长，请穿着舒适的衣服和鞋子，建议自备颈枕，也可适当准备干粮，沿途欣赏秀丽的美国自然风光。

用餐说明：早餐（已含），午餐（已含），晚餐（已含）。

所住酒店：弗吉尼亚/马里兰高级酒店。

第 10 天：华盛顿（汽车）—费城（约 224 千米，汽车）—纽约（约 103 千米）

行程说明：乘车前往华盛顿，抵达市区游览：风格独特的美国总统府"白宫"（外观，约 20 分钟），肃穆的越战纪念碑、韩战纪念碑、林肯纪念堂（总共参观约 30 分钟），宏伟壮观的国会山庄（外观，约 20 分钟）等。随后前往历史名城费城，曾是美国首都。独立宫（外观）见证了诸多的美国重要历史事件。自由钟（游览约 30 分钟），又称为"独立钟"，是美国独立战争最主要的标志，也象征着自由和公正。游毕后返回纽约。

在指定的时间前往国际机场，乘坐国际航班返回广州。

用餐说明：早餐（已含），午餐（已含），晚餐（已含）。

所住酒店：无。

第 11 天：纽约（飞机）—中转城市（飞机）—广州，参考航班待定（飞行约 16 小时）

行程说明：乘机返回广州，跨越国际日期变更线，夜宿航机上。

用餐说明：早餐（不含），午餐（不含），晚餐（不含）。

所住酒店：飞机上。

第 12 天：广州

行程说明：安全抵达广州白云国际机场后散团，结束愉快的美加之旅，各自返回温馨的家。

用餐说明：早餐（不含），午餐（不含），晚餐（不含）。

所住酒店：无。

第四节　巴西旅游资源概况

案例 8-3

这是我眼中的巴西人

1. 热情

巴西人很热情，这种热情从每一天工作伊始就体现了出来。

男同事与男同事之间一般是握手致意，有时候还会互相拍拍对方的肩膀，以示亲热。男同事和女同事、女同事和女同事之间，则一般是行贴面礼：两个人互相拥抱，先一边脸轻轻贴在一起，同时嘴里发出亲嘴的声音"么"，然后换到另一边再做一次，并互相说"你好"。

有时候，公司召开上百人参加的会议时，大家也是逐个握手或行贴面礼，乐此不疲。我们开玩笑说："巴西人每天用在打招呼上的时间，可能比吃饭的时间还要长。"不过，这样的问候方式还是很好的。和每个人问候之后，可以以更好的心情开始一天的工作。我的个性也因此变化了不少，变得更加热情开朗了。

热情的另一个表现，就是极其健谈。在银行办理业务时，有时候业务员会和客户聊很久。我们在旁边等得好着急，但也是敢怒不敢言。

有一次，和巴西同事参加展会，正准备一起离开，结果他又看到一个熟悉的供应商展台，说去打一个招呼再走。于是，我们就在旁边等着，心想五分钟就差不多了。没想到，这一聊就是半小时，只好过去催催他，他才依依不舍地和供应商告别。

2. 娱乐至上

至于娱乐至上，从奥运会开幕式可见一斑。奥运会的时候，我也在巴西，在新闻媒体上看到了很多关于奥运会准备工作的负面报道。不过对于开幕式，巴西同事一直很有信心，当时还很好奇。直到当天看直播才发现：巴西人民骄傲地把开幕式变成了一个史无前例的巨型派对，开派对那可是巴西人的拿手好戏啊！

现在正好是周末，夜里两三点醒来时，听到外面还是热闹非凡。推开窗户，远远地传来阵阵音乐声，看来又有派对或者音乐会了！巴西人的精力真是旺盛啊！

刚来巴西时想去体验巴西的酒吧，晚上吃完饭八点钟出发，结果到了地方，发现居然一个人都没有。问了路人才知道，原来酒吧要到晚上十一点才开始营业！

国内喝酒一般都在饭桌上，酒过三巡，基本就该各回各家了。巴西人喝酒方式很特别：觉得有醉意了，也不会打道回府，因为还没尽兴呢；他们会换矿泉水喝，等到清醒些了再继续喝酒；实在精力不济时，会再来上一罐红牛。如此折腾，一般都要凌晨三四点才从酒吧出来。也许正是这样，才能保持他们一晚上都有旺盛的精力尽情欢乐吧！

有时候，他们工作日晚上也会去酒吧，但第二天，还是会神采奕奕地来上班，真是不服不行。

3. 自由散漫不守时

巴西人的自由散漫和不守时的特点几乎远近闻名，在去巴西之前就听到了不少故事。到巴西后，发现准时开始的会议少之又少。

我们在当地有四家工厂，有一次，通知九点与供应商开会。由于我们已经有了一些经验，大概九点半才到了会场。唉，也是跟着学坏了呀！

结果，左等右等，到了十一点钟，连供应商的人影都没见到。巴西同事给他们打电话一问。什么？居然跑到另一家工厂去了！真是让人啼笑皆非！

巴西人参加工作之后，每年有 30 天的带薪年假，请注意是"带薪"哦！当然，这里的 30 天和国内的 30 个工作日不同，其中包括了周末双休日，而且如果你休假中间遇到了元旦、圣诞节等节日，那也只能算你倒霉了！可即使这样，也让人羡慕嫉妒！

除了带薪年假外，巴西还有很多假日，比如独立日、圣诞节等国家法定节假日，还有一些各州的节假日，甚至还有各个城市的节假日，比如某个城市的"生日"。这些都加在一起，假日就更多了！

但是公司规定，年假最多只能分两次来请：一次 10 天一次 20 天，或者一次 15 天一次 15 天，让人很不理解。后来一个巴西同事道出其中缘由：如果巴西人请假三天，很可能他会找出各种理由来揩油，比如路上车坏了等，于是在一个礼拜之后才休假回来。

4. 巴西与中国

人们都说，巴西是被上帝眷顾的地方，此话不假。巴西尚有巨大的亚马孙森林没有开发，理论可开垦土地面积为世界第一，其资源之丰富，可见一斑。所以我们经常开玩笑说："你们巴西人不必太努力，因为你们国家的资源实在是太丰富了！"他们的这些性格特点，想必也与此有莫大关系。

（资料来源：https://baijiahao.baidu.com/s?id=1597289624065542875&wfr=spider&for=pc）

思考：在旅游产品设计过程中该如何注意细节？

分析：

（1）考虑到巴西人"热情、娱乐至上"，在设计旅游线路过程中，可以加大体验旅游部分环节，让游客可以多与当地的居民接触，体验真正的巴西风情，比如安排晚上嘉年华活动等。

（2）基于巴西人散漫不守时的特点，计调人员在安排行程中，要主动及时向地接社询问行程进度，以免错过时间，影响行程。

一、巴西旅游资源概况

（一）自然旅游资源

巴西位于南美洲东部，是南美洲面积最大的国家，领土面积达 851.49 万平方千米，在世界上仅次于俄罗斯、加拿大、中国和美国，排名第五。全国主要旅游城市和景点有里约热内卢、圣保罗、萨尔瓦多、巴西利亚、马瑙斯、黑金城、伊瓜苏大瀑布、巴拉那石林和大沼泽地等。

1. 主要地形

巴西的地形主要分为两大部分：一部分是海拔 500 米以上的巴西高原，分布在巴西的中部和南部；另一部分是海拔 200 米以下的平原，主要分布在北部和西部的亚马孙河流域。全境地形分为亚马孙平原、巴拉圭盆地、巴西高原和圭亚那高原。其中，亚马孙平原约占全国面积的 1/3，为世界面积最大的平原；巴西高原约占全国面积的 60%，为世界面积最大的高原。最高的山峰是内布利纳峰，海拔 2994 米。

2. 主要河流

巴西境内有亚马孙、巴拉那和圣弗朗西斯科三大河系。河流数量多，长度长，水量大，主要分布在北部平原地区。西南部有巴西的水利枢纽伊泰普水电站。亚马孙河横贯巴西西北部，在巴西流域面积达 390 万平方千米；巴拉那河系包括巴拉那河和巴拉圭河，流经西南部，多激流和瀑布，有丰富的水力资源；圣弗朗西斯科河全长 2900 千米，流经干旱的东北部，是该地区主要的灌溉水源。海岸线长 7400 多千米，领海宽度为 12 海里，领海外专属经济区 188 海里。丰富的水资源为旅游提供了良好的基础。

3. 主要气候

巴西大部分地区处于热带，北部为热带雨林气候，中部为热带草原气候，南部部分地区为亚热带季风性湿润气候。亚马孙平原年平均气温 25～28℃，南部地区年平均气温 16～19℃。正是这样的气候条件，造就出热情、开朗的巴西人。

（二）人文旅游资源

古代巴西为印第安人居住地。1500 年 4 月 22 日，葡萄牙航海家佩德罗·卡布拉尔抵达巴西。他将这片土地命名为"圣十字架"，并宣布归葡萄牙所有。由于葡萄牙殖民者的掠夺是从砍伐巴西红木开始的，"红木"（Brasil）一词逐渐代替了"圣十字架"，成为巴西国名，并沿用至今，其中文音译为"巴西"。巴西的文化具有浓郁的拉美特色，极具风情。普遍的音乐舞蹈时尚（如桑巴舞）多来自民间，主要受非裔影响深远，而且是由未接受正式音乐训练的人演奏。每年二月，嘉年华会时蜂拥而出的新歌曲，有许多题材是当时的社会环境或是周遭发生的事情。通过个人演出表现多姿多彩的嘉年华会，正是巴西多重文化的表现形式之一。由于举国上下对足球的喜爱及其男女国家队在世界大赛中取得的成绩，巴西有"足球王国"之美誉。而由足球带动的相关旅游产业在巴西也越来越多。

拓展阅读 8-4

巴西狂欢节

巴西狂欢节被称为世界上最大的狂欢节，有"地球上最伟大的表演"之称。每年二月的中旬或下旬举行三天。它对女性化的狂热程度举世无双，每年吸引国内外游客数百万人。在巴西各地的狂欢节中，尤以里约热内卢狂欢节最著名，被称为世界上"最令人神往的盛会"。

狂欢节在复活节前 47 天，而复活节是春分月圆后的第一个星期日。这一因素，导致了每年狂欢节的日期不确定性，一般在二月的中旬或下旬。狂欢节的活动从狂欢节那天的前三天（星期六）就开始了，每天晚上进行，接连举行三天。在狂欢节的游行队伍里，不分贫穷或富有，不分尊贵或卑贱，从白天跳到黑夜，快乐可以传染，不满得以宣泄。狂欢节期间，数不清的罗曼史在发生，点亮了人们平庸的日常生活。你有权期待浪漫，期待激情；你有权发泄不满，表达抗议，一切都那么爽，于是你笑了。环顾四周，载歌载舞的游行队伍中，桑巴舞小姐多么美，阳光多么好，开心最重要。里约热内卢每年的"狂欢王""狂欢后"及"狂欢公主"都是经过评选产生的。他们都是在各种桑巴舞表演中担任过领舞的桑巴能手，狂欢王的体重还必须在 65 千克以上。规模盛大的桑巴舞游行中，一辆辆车身长达 10 米的彩车打头阵，车上装着高音喇叭，车顶上七八名鼓手敲出震耳欲聋的欢乐鼓点，歌手引吭高歌，桑巴舞小姐高高在上，扭动腰肢，跳着欢快的桑巴舞。成千上万的人簇拥在彩车前后，一边和歌手一起歌唱，一边随着节奏跳着桑巴舞。

由于沿途不断有人加入，游行队伍越来越长。人们极尽想象地把自己打扮得千奇百怪，以吸引路人的眼光。参加游行的人有年过花甲的老人，有坐在父亲肩头的儿童。男男女女，老老少少，人人都在唱，个个都在跳。烈日炎炎，气温高达 32℃，虽然人人脸上都淌着汗水，但个个脸上都挂着笑容。

（资料来源：http://k.sina.com.cn/article_6448160632_180571f78001007l9l.html?cre=travelpc&mod=f&loc=2&r=1&doct=0&rfunc=57）

二、巴西主要旅游城市

（一）巴西利亚

巴西利亚（英语：Brasilia，葡萄牙语：Brasília），巴西联邦共和国首都。1960 年，首都正式由旧都里约热内卢迁移至此。城市按照巴西著名建筑师卢西奥·科斯培的"飞机型总体规划图"建设。巴西利亚是一座年轻的现代化新兴城市。它是在 1956—1960 年，用三年多时间，在巴西内地戈亚斯州境内海拔 1000 多米的高原上建造起来的新首都，城里不见古迹遗址，也没有大都市的繁华与喧闹，但其充满现代理念的城市格局、构思新颖别致的建筑以及寓意丰富的艺术雕塑，使这座新都蜚声世界。该城市有巴西利亚大教堂、帕拉诺阿湖、巴西国家体育场、三权广场、巴西利亚电视塔等景点。

（二）里约热内卢

里约热内卢（葡萄牙语：Rio de Janeiro，意即"一月的河"），简称里约（Rio），曾经是巴西首都（1763—1960 年）。它位于巴西东南部沿海地区，东南濒临大西洋。里约热内卢属于热带草原气候，终年高温，气温年、日较差都小，季节分配比较均匀。里约热内卢是巴西乃至南美洲的重要门户，同时也是巴西及南美洲经济最发达的地区之一，素以巴西重要交通枢纽和信息通信、旅游、文化、金融和保险中心而闻名。里约热内卢是巴西第二大工业基地。

市境内的里约热内卢港是世界三大天然良港之一,里约热内卢基督像是该市的标志,也是世界新七大奇迹之一。主要旅游景点有海滩、面包山、耶稣山、耶稣像、国立博物馆。

(三) 圣保罗

圣保罗(葡萄牙语:São Paulo)位于巴西东南部圣保罗州,是圣保罗州的首府,巴西最大的城市,也是南美洲最大、最繁华、最富裕的城市,世界著名的国际大都市。圣保罗于1554年1月25日建市。截至2016年,圣保罗市内人口为1190万,是巴西乃至南半球最大的都市。圣保罗除了是巴西最大的经济城市外,也为南北物流重镇,道路四通八达。然而,车辆数量太多、交通堵塞等问题,也给当地造成了一定程度的困扰。但同时,圣保罗也是仅次于纽约及东京的直升机运输量的第三大城市。此地著名的景点有圣保罗独立公园、西蒙·玻利瓦尔雕像、民俗展览馆、西蒙·玻利瓦尔演播厅、伊比拉布埃拉公园、圣保罗主教堂、圣保罗艺术博物馆等。

(四) 萨尔瓦多

萨尔瓦多(Salvador,葡萄牙语意为"万圣湾边的圣萨尔瓦多")是巴西联邦共和国的东北部的一座滨海城市,巴伊亚州的首府。萨尔瓦多很长时间里直接被称为"巴伊亚",20世纪中前的许多书和地图中它就被标为"巴伊亚"(比如在英国作家丹尼尔·笛福著的《鲁滨逊漂流记》中)。今天当地许多人依然将巴伊亚作为萨尔瓦多的称呼,而巴西其他许多人则将该州称为巴伊亚。

萨尔瓦多位于大西洋畔的一个半岛上,离托多斯奥斯圣托斯湾很近。其中主要的旅游景点有马特里斯·圣母康塞桑教堂;圣弗朗西斯科教·德阿西斯教堂等。

三、巴西主要旅游景观

(一) 耶稣山

耶稣山又名驼背山、基督山,正式名为科科瓦多山,位于巴西第二大城市里约热内卢。其山丘位于海拔2310尺,山高709米,是观光里约热内卢的最理想地方,山顶为世界著名的里约热内卢基督像。

1922年,巴西独立100周年时,巴西天主教团和修女们联合签名要求佩索阿总统建一耶稣像。这塑雕像是巴西著名雕塑家瓦尔·科斯塔及其同伴们,花费了整整5年的时间精心设计,协力雕塑,并于1931年完成的一个建筑壮举。

里约热内卢基督像高38米,宽28米,重量超过1000吨。耶稣像面向着碧波荡漾的大西洋,张开着的双臂从远处望去,就像一个巨大的十字架,显得庄重、威严。巨大的耶稣塑像建在这座高山的顶端,无论白天还是夜晚,从市内的大部分地区都能看到。因此,它成为巴西名城里约热内卢最著名的标志。2007年7月7日,里约热内卢基督像被评为"世界新七大奇迹"之一。

（二）面包山

面包山是巴西著名旅游景点，此山因形似法式面包而得名。它位于瓜纳巴拉湾入口处，是里约热内卢的象征之一。面包山山高396米，登上山顶可将里约市全景尽收眼底。与面包山为邻的有两座略低的山峰——狗面山和乌尔卡山，均为215米高。1565年，里约市在这两座山之间创建，现在山脚下还能看到当年保卫里约市的圣若奥古城堡。

（三）伊瓜苏大瀑布

伊瓜苏大瀑布是巴西著名的游览区。在瀑布区内，洪水滚滚由瀑布上流冲下，如万马奔腾，气势磅礴，蔚为壮观。伊瓜苏大瀑布高82米，宽4000米，与尼亚加拉大瀑布和维多利亚瀑布并称"世界三大瀑布"，更是世界上最宽的瀑布。

（四）巴西利亚大教堂

巴西利亚大教堂，坐落在巴西首都巴西利亚，由奥斯卡·涅莫亚设计，1970年5月31日完工。整体呈现双曲线型，16根抛物线状的支柱支撑起教堂的玻璃穹顶，远处看去好似变形的洋葱。教堂大厅位于地面以下，内部最大为直径70米。这座现代化的教堂见证了巴西利亚这座最年轻的世界人类文化遗产城市的辉煌。

（五）三权广场

三权广场位于巴西首都巴西利亚，是一座露天广场。其名字来源于巴西国家政府的三种权力：行政权、立法权以及司法权。而象征这三种权力的建筑场所就坐落在广场周围，它们分别是代表行政权力的总统府，代表立法权力的国会，还有代表司法权力的联邦最高法院，三权广场被称为"巴西的神经中枢"。三权广场上没什么古迹，但是周围的建筑设计构思大胆、线条优美、轻盈飘逸。不同的建筑代表着不同的寓意，比如，总统府前的一尊两人持矛并肩而立的首都开拓者铜像，象征着巴西人民团结一心捍卫祖国；最高法院前笔直坐立的雕像则象征着法院会秉公执法，保护人民的权益。

第五节 巴西旅游产品开发

一、巴西旅游线路的形式和主要内容

目前，去巴西旅游的人多半是以观光为主。在形式方面，主要安排游览观光、休闲度假为主题的。由于巴西的亚马孙热带雨林，拥有非常丰富的自然资源，是进行生态旅游的极佳地方，在线路安排时可以设计一些关于考察探险森林类项目。目前，巴西比较受欢迎的旅游目的地包括耶稣山、面包山、伊瓜苏大瀑布等。

二、巴西旅游产品设计的原则

（一）尊重市场需求原则

根据市场需求变化的状况开发旅游产品。旅游者的需求是千差万别的，同时也是千变万化的，但是其中也不缺乏相对稳定的因素。比如，到未曾到过的地方增广见闻；尽量有效地利用时间而又不太劳累。除此以外，旅行社还可以审时度势，创造性地引导旅游者消费，也是市场的实际应用。生态健康是时下的主题，运动成为一股风气，而巴西是有名的足球之乡。因此，在设计旅游线路的时候，是否可以为足球迷们加上一场精彩的足球比赛会使行程增色呢？或者引导热爱运动的游客来看一场精彩的足球比赛。

（二）内容丰富多彩原则

巴西的旅游资源非常丰富，在设计产品的时候，应该对这些丰富的资源进行合理的安排。旅游线路一般应突出某个主题，并且针对不同性质的旅游团队确定不同的主题。按照目前巴西拥有的资源，可以考虑普通观光主题、足球爱好者主题、探险娱乐主题等。

（三）经济原则

巴西地处西半球、南半球，距离我国比较远。基于经济原则，游客都希望物美价廉，在有限的时间内，以有限的金钱获得效益的最大化。因此，纵观目前多家知名旅行社关于巴西的线路，多半是联合其他国家一起进行。在设计旅游产品的时候，要考虑经济原则。

三、巴西旅游线路设计应注意的问题

（一）注意地理差异

赤道以南为南半球，位于南极点附近的是南极洲。巴西、澳大利亚是南半球最大的两个国家。在南半球，夏季为12月至2月，冬季为6月至8月，与北半球四季相反。我国处于北半球，因此，在线路设计时，要将季节因素考虑进去，同时要提醒游客。

（二）重视安全

巴西的贫富分化比较严重，在某些区域，治安不是特别好。因此，在设计旅游产品的时候，必须将安全放在首位。在安全第一的前提下，才考虑满足游客猎奇的需求。而且，要尽量减少夜间的娱乐活动，减少个人自由活动。

四、旅游线路产品实例

结合前面巴西旅游产品设计的主要内容、原则及注意事项，引入南湖国际旅行社巴西的一条旅游线路进行学习。

【南美五国】巴西、阿根廷、智利、秘鲁、乌拉圭全景 13 天精选

第1天：香港 （飞机）—美国达拉斯（飞机）—圣保罗

参考航班：AA126 HKGDFW 15:45—16:10；内陆段：AA963 DFWGRU。

行程说明：请游客于指定时间集合，由专业领队带领前往中国香港国际机场，乘坐美国航班飞往巴西圣保罗。晚上夜宿飞机上，抵达后，展开南美洲之旅。

用餐说明：飞机上。

所住酒店：圣保罗。

第 2 天：圣保罗

行程说明：当天早上抵达圣保罗，进行市区观光：车游拓荒者雕塑、艺术博物馆（外观）、蝙蝠侠胡同、圣保罗大教堂（外观），游览东方街以及位于市中心的保利斯塔大街（以上游览共约 2 小时）。午餐后，游览足球博物馆，感受巴西足球文化。游览后入住酒店休息，调整时差。

景点介绍：

【蝙蝠侠胡同】是圣保罗最集中、最负盛名的涂鸦区，一段仅几百米长的小巷，盖满了来自世界各地涂鸦大师的作品，仿若一个露天博物馆，堪称"一场不需要门票的街头艺术展"。

用餐说明：早餐（自理），午餐（已含），晚餐（已含）。

所住酒店：圣保罗。

第 3 天：圣保罗—伊瓜苏内陆段，航班待定

行程说明：早餐后，乘飞机前往巴西伊瓜苏，抵达后乘车前往伊瓜苏大瀑布国家公园。伊瓜苏大瀑布观赏点众多，可以沿着河边山间小路漫步全程景区，接着进入水上栈桥置身于气势磅礴的瀑布前，享受天然绝妙景观（游览约 2 小时）。而后游览鸟园，这里有许多种巴西及南美洲特有的珍贵鸟类。幸运的话，还可能看到巴西国鸟"大嘴鸟"以及电影《里约大冒险》的主角金刚鹦鹉等（游览约 1 小时）。晚餐后，入住酒店休息。

用餐说明：早餐（已含），午餐（已含），晚餐（已含）。

所住酒店：伊瓜苏。

第 4 天：伊瓜苏（飞机）—里约内陆段，航班待定

行程说明：早餐后，乘飞机前往里约热内卢，抵达后前往"世界新七大奇迹之一"的耶稣山。乘车上山，在山上将整个里约热内卢尽收眼底，远眺瓜纳巴拉湾和尼泰罗伊跨海大桥的美景（游览约 1.5 小时）。晚餐后返回酒店休息。

景点介绍：

【耶稣基督像】位于巴西里约热内卢的科尔科瓦多山顶，俯瞰着整个里约热内卢市，是该市的标志。它张开双臂欢迎来自世界各地的游客，是巴西人民热情接纳和宽阔胸怀的象征，也是世界上最大的耶稣雕像。

温馨提示：中南美航空公司不提供餐食服务，请客人自备食品。

用餐说明：早餐（已含），午餐（自理），晚餐（已含）。

所住酒店：里约。

第 5 天：里约（飞机）—圣保罗内陆，航班待定

行程说明：早餐后，前往参观天梯教堂（游览约 20 分钟）。后前往观赏智利艺术家设计的塞勒隆台阶（游览约 15 分钟），参观里约热内卢城市最美建筑之一的明日博物馆（外观）、奥林匹克大道（游览约 45 分钟）。然后，漫步于著名的科帕卡巴纳海滩，沿途欣赏巴西海滩风情及日落美景。行程结束后，搭乘飞机返回圣保罗，抵达后返回酒店休息。

用餐说明：早餐（已含），午餐（已含），晚餐（自理）。

所住酒店：圣保罗。

第6天：圣保罗（飞机）—利马内陆，航班待定

行程说明：早晨乘车前往机场，搭乘国际航班飞往秘鲁首都利马。抵达后，乘车前往位于利马市郊的帕查卡马克遗址（车程约45分钟），这里是印加文明的重要遗迹之一。帕查卡马克在当地语言的意思是"创作土地和时间的他"，是表示对神的崇敬。整座遗址的建筑大多只留下了残破的围墙，在这里可感受印加文明的辉煌与没落。随后，返回市区晚餐，后入住酒店。

用餐说明：早餐（自理），午餐（已含），晚餐（已含）。

所住酒店：利马。

第7天：利马（飞机）—圣地亚哥内陆，航班待定

行程说明：早餐后，乘车游览市区的圣马丁广场、武器广场、圣弗朗西斯科修道院、利马大教堂和总统府（外观）（以上共游览约2小时）。午餐后，沿着利马的海滨路，来到利马著名的爱情公园，在园内悠闲散步，欣赏附近太平洋风光（游览约半小时）。随后，参观私人博物馆黄金博物馆展示的黄金制品及兵器（游览约半小时）。游览完毕后，前往机场，搭乘国际航班前往智利首都圣地亚哥，抵达后入住酒店休息。

用餐说明：早餐（已含），午餐（已含），晚餐（自理）。

所住酒店：圣地亚哥。

第8天：圣地亚哥（汽车）—瓦尔帕莱索（汽车）—圣地亚哥

行程说明：早餐后，从酒店出发，乘车前往"智利天堂"瓦尔帕莱索（车程约1.5小时），抵达后，游览市区的索托马约尔大广场，可在此参观海关大楼、海军总部等老建筑（以上共游览约30分钟）。午餐后，搭乘瓦尔帕莱索最古老的升降机或老式缆车上山。山上沿途遍布民宅，露天博物馆有各式各样的美丽涂鸦可以欣赏（以上共游览约1小时）。下午，乘车返回圣地亚哥，晚餐后入住酒店休息。

用餐说明：早餐（已含），午餐（已含），晚餐（已含）。

所住酒店：圣地亚哥。

第9天：圣地亚哥（飞机）—布宜诺斯艾利斯内陆段，航班待定

行程说明：酒店早餐后，乘车前往市区，游览武器广场，参观中央邮局和巴洛克风格的主教堂（以上共游览约1小时），然后参观历史博物馆（游览约20分钟）。午餐后，前往外观拉莫内达宫，游览圣地亚哥的主干道奥希金斯大街（共游览约20分钟）。行程结束后，搭乘航班前往阿根廷首都布宜诺斯艾利斯。抵达后用晚餐，然后返回酒店休息。

用餐说明：早餐（已含），午餐（已含），晚餐（已含）。

所住酒店：布宜诺斯艾利斯。

第10天：布宜诺斯艾利斯（轮船）—科洛尼亚（乌拉圭）（轮船）—布宜诺斯艾利斯

行程说明：早餐后，前往码头乘船（约1小时），前往与阿根廷隔河相望的科洛尼亚。这座葡萄牙风情的海边古镇带着其独有的韵味和文化气息，整个老城区已被联合国教科文组织认定为人类文化遗产。沿着乌拉圭国家1号公路行驶，沿途可欣赏优美的乌拉圭风光。午

餐后，漫步于科洛尼亚老城区（共游览约 3 小时），入内参观圣贝尼托教堂、游览"1811 广场"、叹息街、坎坡门等。傍晚，乘船返回布宜诺斯艾利斯。

用餐说明：早餐（已含），午餐（已含），晚餐（已含）。

所住酒店：布宜诺斯艾利斯。

第 11 天：布宜诺斯艾利斯（飞机）—达拉斯

参考航班：AA996 EZEDFW。

行程说明：早餐后，前往市区，游览记载阿根廷几百年来各种历史政治时期和运动的五月广场，参观位于广场上的大都会教堂和总统府玫瑰宫（外观），而后游览"七九大道"、方尖碑（以上共游览约 3 小时）。午餐后，参观国会广场、议会独立纪念碑、国民议会大厦（外观）、科隆剧院（外观）（以上共游览约 1 小时），而后前往游览博卡青年队的大本营博卡区，以及据说是探戈的发源地的卡米尼多小道。五彩斑斓的别致建筑群为这个小区带来浓郁的南美风情（共约 1 小时）。

用餐说明：早餐（已含），午餐（已含），晚餐（自理）。

所住酒店：飞机上。

第 12 天：达拉斯（飞机）—香港

行程说明：清晨抵达达拉斯，上午转机飞往香港。跨越国际日期变更线，夜宿航机上。

用餐说明：早餐（自理）午餐（飞机上）晚餐（飞机上）。

所住酒店：飞机上。

第 13 天：香港

行程说明：抵达香港机场散团，结束愉快的旅程。

以上为参考行程，具体出团航班及行程以出发当天确认为准！旅行社在不减少景点的前提下，有权调整行程的顺序。南美洲行程多依靠飞行，如遇到不可抗力造成航班更改时间或取消，旅行社在尽力协助解决的前提下，有权按航班的调整缩减和更改行程，祝旅途愉快。

用餐说明：早餐（飞机上），午餐（飞机上），晚餐（自理）。

所住酒店：温暖的家。

本 章 小 结

本章简略地介绍了美洲主要目的地国家美国、加拿大、巴西的自然旅游资源和人文旅游资源，并对主要目的地国家的景点、景区进行了梳理。其中，根据该国拥有的旅游资源设计合理的旅游产品是本章的重点。

习　　题

一、单项选择题

1. 美国信仰最多的宗教是（　　）。

A. 犹太教　　　　　B. 东正教　　　　　C. 天主教　　　　　D. 基督新教

2. 加拿大信仰最多的宗教是（　　）。

　　A. 天主教与东正教　　　　　　　B. 犹太教
　　C. 天主教与基督新教　　　　　　D. 基督新教和东正教

3. 巴西的狂欢节在每年（　　）月举行。

　　A. 一月中旬或下旬　　　　　　　B. 二月中旬或下旬
　　C. 九月中旬或下旬　　　　　　　D. 十月中旬或下旬

4. 美国的首都是（　　）。

　　A. 纽约　　　　B. 华盛顿　　　　C. 洛杉矶　　　　D. 费城

5. 加拿大的首都是（　　）。

　　A. 多伦多　　　　B. 渥太华　　　　C. 温哥华　　　　D. 蒙特利尔

二、多项选择题

1. 下面关于美国，描述正确的有（　　）。

　　A. 通用语言为英语　　　　　　　B. 资源丰富
　　C. 全国划分为50个州和1个特区　　D. 纽约是美国的首都

2. 下面关于美国，描述正确的有（　　）。

　　A. 国内生产总值居世界首位　　　B. 对外贸易额居世界首位
　　C. 入境游人数居世界首位　　　　D. 国际旅游收入长期居世界首位

3. 下列特征符合美国人性格的有（　　）。

　　A. 性格外向、直率、热情奔放　　B. 讲究门第与派头
　　C. 讲究独立与竞争　　　　　　　D. 喜欢游泳、探险和体育

4. 下面关于加拿大，描述正确的有（　　）。

　　A. 被称为"枫叶之国"　　　　　　B. 面积居世界第三位
　　C. 是世界上海岸线最长的国家　　D. 主要居民为欧洲移民后裔

5. 加拿大的官方语言有（　　）。

　　A. 英语　　　　B. 法语　　　　C. 西班牙语　　　　D. 意大利语

三、简答题

1. 巴西人的性格特点是什么？
2. 美国人有哪些风俗禁忌？
3. 加拿大有哪些主要旅游城市？
4. 与美国人交往要注意哪些礼节？
5. 巴西有哪些主要的旅游城市？

四、实务题

请以亲子游为主题设计一条美国和加拿大旅游线路。

五、案例分析题

2018年赴美国洛杉矶我国游客人数再创新高，达120万人次

据美国洛杉矶旅游局16日发布的数据，2018年洛杉矶接待中国游客达120万人次，再创历史新高。

赴洛杉矶的中国游客数量近年不断刷新纪录。2016年，洛杉矶成为美国首个年接待中国游客超100万人次的城市；2017年，洛杉矶接待中国游客超112万人次；2018年，达120万人次。中国在洛杉矶的海外客源市场排名中蝉联第一。

洛杉矶旅游局局长伍登告诉新华社记者，洛杉矶旅游局自13年前在中国开设第一个办事处以来，一直深耕中国市场，努力扩大洛杉矶对中国游客的吸引力。如今洛杉矶旅游局已在中国开设4个办事处，并且考虑再增加一个。

伍登表示，洛杉矶未来将有能力吸引越来越多的中国游客，给洛杉矶旅游业带来更光明的前景，同时洛杉矶旅游局也努力把中国丰富的旅游资源介绍给美国民众，促使更多美国民众前往中国旅游。

数据显示，美国西部最大城市洛杉矶2018年接待的游客总量达到创纪录的5000万人次，其中美国国内游客4250万人次，国际游客750万人次。

（资料来源：http://news.sina.com.cn/c/2019-01-17/doc-ihqfskcn8049795.shtml）

问题：

1. 仔细阅读以上材料，分析目前我国旅游市场的趋势是什么？
2. 根据目前的旅游市场形势，国内的旅行社该如何设计符合市场需要的旅游产品？

第九章
大洋洲旅游产品开发

【学习目标】

通过本章的学习，认知大洋洲的历史与文化；熟悉主要的风俗习惯；掌握主要的自然旅游资源与人文旅游资源，包括主要的旅游城市及景点概况；按照市场的需求，设计大洋洲旅游产品。

【关键词】

澳大利亚　新西兰　历史　文化　自然旅游资源　人文旅游资源

引导案例

> **澳大利亚发布旅游数据　中国游客数量增幅最大**
>
> 澳大利亚统计局（ABS）最新发布的数据显示，2017年8月，短期赴澳游客人数达到75.6万人，环比上涨0.8%，且比2016年8月高出7.9%。其中，中国仍然是数量增幅最大的游客来源国。专家们预测，澳大利亚将继续成为受中国游客欢迎的旅游目的地，中国游客年访澳人数将在2026年前增长至330万人。但他们也表示，中国游客有可能会寻找其他旅游目的地。报道称，随着中国人的日益富裕，大部分中国公民出行的便捷，中国游客外出旅行的数量与日俱增。同时，越来越多的中国学生开始在澳大利亚或世界其他地区留学。此外，满足中国游客出行也成为许多航空公司的选择。例如，中国飞往澳大利亚的航空公司数量从过去的4个增加至如今的7个。目前，中国的年座位容量为150万个，自2013年以来增加了76%。根据相关数据显示，在中国游客的心中，澳大利亚排名为海外出行目的地的第八位，排在泰国、日本、韩国、美国、印度尼西亚、马尔代夫和新加坡之后。来自澳旅游局的数据也证明了澳大利亚的受欢迎程度。据统计，2017年8月，共有70.28万海外游客赴澳，较2016年8月增长了11.2%。同时，在2016年8月至2017年8月的12个月中，共有870万名海外游客赴澳旅游，比2015年增长了8.2%，且多出了66万人。与ABS数据相似，澳旅游局也得出结论称，中国游客数量的增长排第一位，增加了11.63万人。而新西兰的增长量为11.58万人。
>
> （资料来源：https://www.wdzj.com/hjzs/ptsj/20180209/545282-1.html）
>
> **思考：** 越来越多人选择到澳大利亚旅游，旅行社应如何把握澳大利亚的市场呢？
>
> **分析：**
>
> 1. 分析市场特征，分析热门的澳大利亚旅游城市和热门的旅游类型，梳理现有的旅游线路，增加一些潜在的旅游地。
>
> 2. 分析旅游消费者的消费行为，设计符合旅游消费者的线路。

第一节　澳大利亚旅游资源概况

一、澳大利亚旅游资源概况

（一）自然旅游资源

澳大利亚联邦（Commonwealth of Australia），简称"澳大利亚"（Australia）。其领土面

积约 769.2 万平方千米,四面环海,是世界上唯一国土覆盖一整个大陆的国家,因此也称"澳洲"。

1. 主要地形

澳大利亚的地形很有特色。其东部为山地,中部为平原,西部为高原。全国最高峰科修斯科山海拔为 2228 米。东北部沿海有大堡礁。沿海地区到处是宽阔的沙滩和葱翠的草木,那里的地形千姿百态:在悉尼(Sydney)市西面有蓝山山脉的悬崖峭壁,在布里斯班北面有葛拉思豪斯山脉高大、优美而历经侵蚀的火山颈,而在阿德莱德市西面的南海岸则是一片平坦的原野。澳大利亚约 70%的国土属于干旱或半干旱地带,中部大部分地区不适合人类居住。

2. 主要河流

墨累河和达令河是澳大利亚最长的两条河流。这两个河流系统形成墨累—达令盆地,面积达 100 多万平方千米,相当于大陆总面积的 14%。最长河流墨累河(Murray River)长 2589 千米。艾尔湖是靠近大陆中心一个极大的盐湖,面积超过 9000 平方千米,但有时呈干涸状态。

3. 主要生物

澳大利亚被称为"世界活化石博物馆"。据统计,澳大利亚有植物 1.2 万种,其中有 9000 种是其他国家没有的;有鸟类 650 种,其中 450 种是澳大利亚特有的。全球的有袋类动物,除南美洲外,大部分都分布在澳大利亚。其中,考拉、袋鼠等动物十分吸引游客。

(二)人文旅游资源

"澳大利亚"一词,原意是"南方的大陆",来自拉丁文 terraaustralis(南方的土地)。早在 4 万多年前,土著居民便繁衍生息于澳大利亚这块土地上。因此,造就了澳大利亚特有的土著文化,也是吸引旅游者的重要原因之一。除此以外,澳大利亚也是典型的移民国家,被社会学家喻为"民族的拼盘"。再者,澳大利亚也是体育运动大国,体育相当普及。在国际运动竞技场上,澳大利亚的板球、曲棍球、篮球、网球、橄榄球和联盟式橄榄球具有第一流水平;自行车、赛艇、游泳也名列世界前茅。国内其他流行运动还有澳式足球、足球、赛马、赛车、网球、篮球、高尔夫球和田径。很多的旅游线路也是和体育赛事密切相关的。

二、澳大利亚主要旅游城市

(一)悉尼

悉尼是澳大利亚最大的城市和港口,被称为"澳大利亚最古老和最时髦城市",有"澳大利亚门户"之称,是外国游客必到之处。悉尼歌剧院、港湾大桥、悉尼塔并列为悉尼三大标志性建筑。著名的悉尼歌剧院造型独特,像一群展翅欲飞的白天鹅。悉尼已连续多年被评为"世界最佳旅游城市"。

（二）墨尔本

墨尔本是澳大利亚的第二大城市，也是澳大利亚最具欧洲风情的城市。这里曾发现过金矿，是19世纪中期"淘金热"的中心地区，华侨称这里为新金山，以有区别于美国的旧金山。现在，过去的淘金地已成为主题公园。此外，墨尔本的著名景点还有维多利亚国家美术馆、菲茨罗伊花园等。

（三）堪培拉

首都堪培拉的气候温和，植物茂盛，又无重工业，是世界著名的花园城市，有"大洋洲的花园"和"万花之都"的美誉，被评为"全球最宜居城市"之一。

（四）阿德莱德

阿德莱德是一座位于澳大利亚南部的港口城市，市民普遍爱好艺术，所以阿德莱德有"艺术之城"的美誉。1960年以来，该市每两年都会举办一次为时两周的国际艺术庆典。

三、澳大利亚主要旅游景观

（一）黄金海岸

澳大利亚有许多海滩，其中黄金海岸最为著名。黄金海岸位于澳大利亚东部海岸的中段布里斯班以南，这段长达十多千米的海滩，海水清澈，沙质细腻，水温适于各种海上运动，更是冲浪者的天堂。黄金海岸是澳大利亚首屈一指的避暑胜地，旅游人数居全国之冠。

（二）大堡礁奇观

大堡礁是世界上最大的珊瑚礁群，也是"世界七大奇景"之一。它全长两千多米，纵贯澳大利亚东部沿海，总面积约20.7万平方千米，这里被称为"世界上最大的珊瑚水族馆"，也是成千上万种海洋生物的安居之所，形成了一个举世无双的海底大花园。

（三）昆士兰热带雨林

位于昆士兰州东北部的昆士兰热带雨林被描述为"最古老的世界"，该雨林已于1974年被列入世界自然遗产。

（四）蓝山国家公园

坐落在新南威尔士州境内的蓝山国家公园，于2000年被列入世界自然遗产。蓝山国家公园内生长着大面积的原始丛林和亚热带雨林，其中以尤加利树最为知名。尤加利树为澳洲的国树，有500多种之多，是澳大利亚珍贵动物无尾熊的唯一食品。在风景如画的原始森林国家公园里，空气中散发着尤加利树的清香，给人一种返璞归真的世外桃源般的感受。

（五）十二门徒

十二门徒是由12块自然形成的礁石组成，十分奇特，令人不禁惊叹大自然的奇妙。可惜人们现在只能看见8块左右的礁石。

（六）红色巨岩——艾尔斯岩石

澳大利亚艾尔斯岩石（Ayers Rock）又名"艾亚斯岩石"（经度131.036E、纬度25.348S），又名"乌鲁鲁巨石"。艾尔斯岩石高348米，长3000米，基围周长约9400米，东高宽而西低狭，是世界最大的整体岩石（体积虽巨，但却是独块石头）。它气势雄峻，犹如一座超越时空的自然纪念碑，突兀于茫茫荒原之上，在耀眼的阳光下散发出迷人的光辉。

第二节　澳大利亚旅游产品开发

一、澳大利亚旅游产品开发的有利条件

（一）友善活泼的人民

澳大利亚人十分友善，他们热爱大自然，懂得如何享受空闲时间。在运动方面也非常优秀，这从澳大利亚在世界橄榄球、板球和游泳比赛中占主导地位可知。当地的土著已在那儿生活了5万多年，当地有着丰富多彩的文化。

（二）宜人的气候

澳大利亚东南沿海是全国人口的主要分布带，这里四季温和，终年绿意盎然。除昆士兰州外，这里的居民大部分不用空调，冬季也无须供暖。四季蔬果、海鲜不间断应市，无污染且价廉物美。由于气候宜人，澳大利亚东南沿海地区成为世界最优秀的旅游度假胜地之一。户外运动也是这里居民生活的一部分。

（三）利好的政策导向

旅游业作为澳大利亚经济的重要支柱之一，一直受到澳大利亚政府的重视。为了更加吸引中国游客赴澳大利亚旅游，澳大利亚政府推出了一系列举措。澳大利亚正在开展针对中国游客发放10年有效签证。新推出的10年签证的目的是进一步简化中国公民进入澳大利亚的程序，以吸引更多"回头客"来澳大利亚旅游或进行商务活动。

二、澳大利亚旅游产品设计的原则

（一）旅游点结构合理原则

在设计澳大利亚产品时，应该慎重选择构成旅游线路的各个旅游点，并对之进行科学的优化组合。具体来说，应该尽量避免重复经过同一个旅游点，旅游点间距离适中，择点数量合适，排序科学。澳大利亚旅游一般分为东线与西线。其中，东线目前旅游市场开发比较成熟，旅游景点相对集中，基础设施也比较好。西线景点相对分散，适合自驾车。因此，要根据游客需要，设计适合他们的线路。

（二）创造性的引导消费者原则

澳大利亚的旅游资源非常丰富，适合任何年龄段的人。近年来，吸引越来越多的自由行游客。针对不同的市场，可以设计适合该市场的旅游线路。比如，修学旅游、休闲养生旅游、

西线探险旅游、东线观光旅游。在每个不同主题的旅游项目下,设计一些特殊项目。比如修学游,可以结合生态环保和英语学习,让学生在专业英语教师的带领下,去近距离接触海豚的同时,也学习相关英语。

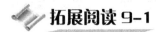

拓展阅读 9-1

澳大利亚紧盯中国自由行游客

参考消息网 3 月 17 日报道 澳媒称,澳大利亚旅游局制定了以中国自由行游客为目标的全新推广攻势。

澳大利亚 Blueswandaily.com(《蓝天鹅日报》)网站 3 月 11 日报道,澳大利亚贸易、旅游和投资部部长西蒙·伯明翰和澳大利亚旅游局 3 月 7 日启动了一项名为"无法言传的澳大利亚"(Too Australian for Words)的推广运动,以吸引来自中国的自由行游客。

报道介绍,此项推广运动意在促进澳大利亚地区旅游,支持迅速发展的中国自由行游客市场。据澳大利亚旅游研究中心说,在过去 10 年里,中国旅游业年均增长 18.8%,其中自由行游客对中国旅游业增长的贡献超过 50%。

报道指出,自由行游客在目的地停留的时间通常比有导游的旅游团长两倍。澳大利亚国内的中国旅游业务的规模价值超过 115 亿澳元(约合 544 亿元人民币)。

另据澳大利亚《悉尼先驱晨报》网站 3 月 6 日报道称,在中国城市的广告牌和地铁站上,一场大型旅游广告宣传活动展示了澳大利亚自然风光。澳大利亚旅游局为这一广告支付了 328 万美元,澳航等旅游运营商支付了 178 万美元。

报道称,中国是澳大利亚最大的游客和留学生来源国。中国游客每年对澳大利亚经济的贡献为 115 亿美元。2018 年人们曾担心:在外交关系紧张的情况下,这两个重要的出口行业可能受损。

澳大利亚贸易、旅游和投资部部长西蒙·伯明翰说:"澳大利亚已经在中国游客中拥有很强的亲和力;然而,我们必须继续寻找吸引中国游客的新方式。"他说,中国游客中增长最快的是"自由行游客"。这些人比参加旅行团的中国游客更年轻、更有冒险精神,逗留时间也多出两倍。伯明翰表示,过去 10 年,澳大利亚在吸引中国旅游团方面取得了成功,但随着中国公民收入的增长,一种新型游客正在出现。

报道提道,2018 年,中国赴澳大利亚游客人数增长了 18.8%。澳大利亚和中国之间有 10 家航空公司,潜在进港座位为 220 万个。

(资料来源:http://news.sina.com.cn/w/2019-03-17/doc-ihrfqzkc4474526.shtml)

(三)安全性原则

在旅游产品设计的过程中,要注意游客的安全因素。一方面,要避免线路中游客拥挤、碰撞、阻塞线路畅通,甚至造成事故。另一方面,要避免旅游线路通过灾害区、地质灾害区等,同时在旅游线路上设置必要的安全保护措施。澳大利亚旅游的水上项目非常多,因此必须重视安全性原则。

三、旅游线路产品实例

根据前面对澳大利亚自然旅游资源和人文旅游资源的总结,结合澳大利亚旅游产品开发的有利条件和原则,下面引用南湖国际旅行社的一条旅游产品线路进行学习。

澳大利亚塔斯马尼亚+悉尼墨尔本双城游

第1天:广州(船)—香港(飞机)—墨尔本(飞行约9小时)

行程说明:当天于指定时间、地点集合,在专业领队带领下前往码头乘船到达香港机场,乘坐国际豪华客机飞往澳大利亚"花园之州"首府墨尔本。展开澳大利亚塔斯马尼亚+悉尼、墨尔本双城9天之旅。

温馨提示:航班全程禁烟;如有需要可自备拖鞋上飞机,可自备充气枕。

用餐说明:早餐(自理),午餐(自理),晚餐(自理)。

所住酒店:航班上。

第2天:墨尔本

行程说明:抵达墨尔本之后,进行市区游览:外观圣派翠克大教堂(约10分钟);游览费兹罗花园,园内可以外观库克船长小屋(约20分钟);赠送乘坐墨尔本百年古董有轨电车,尽享城市风光,时间仿佛倒流回到19世纪。而后,外观墨尔本的著名地标福林德街火车站(约15分钟)、墨尔本潮流中心联邦广场(约10分钟)、维多利亚艺术中心(约10分钟)。

景点介绍:

【墨尔本】是有着"花园之州"美誉的维多利亚州的首府,以其绚丽多彩的花园而闻名于世,是一座充满活力和欢乐的城市,也是一个历史悠久的文化名城。各式各样的街头表演、艺术中心、展览馆等,都为墨尔本人提供从视觉到听觉、从油画雕塑到音乐戏剧等不同的艺术享受。

【联邦广场】以造型新颖、前卫著称,由各式形状、大小、颜色、材质不一的三角形所组成。此设计夺得1997年伦敦雷博建筑设计大奖,在2002年正式启用后,已成为市民相约的最佳地点,同时也是跨年晚会、球赛户外转播、时尚展演等各种大小活动的举办地点。这里有多处艺术文化展区,也展现了这座城市的文化创意精神。

【环城有轨电车体验】墨尔本是澳大利亚唯一一个保留了有轨电车网络的城市。有轨电车赋予了墨尔本独特的个性,提供了一种了解城市和城市中心区的观光方式。这是南半球最大以及世界上最繁忙的有轨电车系统。

用餐说明:早餐(自理),午餐(已含),晚餐(已含)。

所住酒店:墨尔本当地豪华酒店。

第3天:墨尔本(飞机)—朗塞斯顿(汽车)—摇篮山(飞行约1小时)

行程说明:上午,乘坐内陆航班转机飞往"世界的尽头"塔斯马尼亚岛。到达塔斯马尼亚第二大城市朗塞斯顿,前往游览"壁画小镇"莎菲镇。小镇每年举行盛大的壁画节,来自世界各地的艺术家都在此留下他们的痕迹，吸引了许多人前来欣赏。陈奕迅在此拍摄旅游节目时，也曾在壁画小镇中留下画迹（游览约 1 小时）。

景点介绍：

【莎菲小镇】一个人口只有 1000 人左右的小镇，地方虽不大，却因其布满壁画的街头巷尾及散发着的浓郁文艺气息成为游客心中的又一必到之处。在 1982 年，小镇首次举办了壁画节，吸引了艺术家前来作画，从而名声大噪。当年陈奕迅就在此拍摄了《现代尘世美——从塔斯马尼亚开始》。

用餐说明：早餐（已含），午餐（已含），晚餐（已含）。

所住酒店：摇篮山景区特色酒店。

第 4 天：摇篮山（汽车）—朗塞斯顿（约 150 千米）

行程说明：早餐后，前往摇篮山国家公园，在鸽湖步道展开休闲的徒步之旅。游客可以在鸽湖旁驻足流连，用相机拍下摇篮山倩影，在步道上慢慢散步，舒展身心。或动或静，以不同的方式，体会这自然山野的美丽之处（自由活动约 1 小时）。之后参观位于摇篮山脚下的塔斯马尼亚恶魔保护基地（约 1 小时）。在这里可以看到塔州独有的"特产"小动物塔斯马尼亚恶魔。游客可以在资深饲养员带领下认识园中的野生动物，了解其背后的故事。返回朗塞斯顿。

景点介绍：

【朗塞斯顿】塔斯马尼亚第二大城市和北部的港口，那华丽的维多利亚时代的原始街景和建筑给城市带来一种历史性的氛围。

【摇篮山国家公园】摇篮山是世界闻名的塔斯马尼亚世界文化遗迹保护区之一。秀丽的摇篮山安闲地倒映在平静的鸽湖湖面，清凉的小溪轻快地穿过翠绿的山林，苍劲的古树安静地屹立在清澈见底的湖面，唯有偶尔传来的几声清脆的鸟叫虫鸣，才使得人梦醒不是身处画中。

【塔斯马尼亚恶魔保护基地】位于摇篮山脚下，可以在这里看到塔斯马尼亚袋獾（小恶魔）、袋熊等澳大利亚特有的动物，是当地保护野生袋獾的保护基地之一。

用餐说明：早餐（已含），午餐（已含），晚餐（已含）。

所住酒店：朗塞斯顿特色酒店。

第 5 天：朗塞斯顿（汽车）—酒杯湾（汽车）—霍巴特（约 250 千米）

行程说明：早餐后，从朗塞斯顿出发前往壮美的东海岸，前往到达塔斯马尼亚的菲瑟涅国家公园。这里是野生海洋生物的天堂，海豚和鲸鱼是海湾的活跃分子。天然的湿地、无污染的内陆、海岸的闪闪沙丘、兰花全年无休盛开，加之这边独有的参天桉树林，把公园装扮得绿意盎然。游客可徒步到酒杯湾观景台远眺这"世界十大最佳海滩"，欣赏唯美的粉红花岗岩和一望无际的壮美海岸线。沿途经过斯旺西，而后抵达塔斯马尼亚州首府霍巴特。

景点介绍：

【酒杯湾】曾被评为"世界十大最美海滩"之一，沙滩与塔斯曼海形成轮廓分明的半月形状；其坐落于群山之中，游客们须登高才能一睹其芳容。

用餐说明：早餐（已含），午餐（自理），晚餐（已含）。

所住酒店：霍巴特当地豪华酒店或公寓式酒店。

第6天：霍巴特（汽车）—凯特灵（单程车程约30分钟）—布鲁尼岛（单程渡轮约25分钟）（汽车）—霍巴特（约100千米）

行程说明：早餐后，特别安排布鲁尼岛原生态探索之旅（全天游览共约9小时，岛上交通有可能是拼车形式，敬请留意），探索布鲁尼岛的壮丽景观和当地产的美食。同时，布鲁尼岛的原始荒野是各类野生动物的家园，包括罕见的白色小袋鼠。而后，搭乘渡轮（单程约25分钟）抵达布鲁尼岛，游览布鲁尼岛奶酪工厂，品尝塔州特色芝士，然后在著名的Get Sucked生蚝站品尝撬壳即吃的太平洋生蚝。在澳大利亚最南端的葡萄园品尝佳酿，并享用午餐。下午，前往布鲁尼岛上的巧克力和蜂蜜工厂，小酌餐后甜品。在"鹰颈"狭长沙洲上欣赏其分隔两湾的美景后，前往布鲁尼岛威士忌工厂品尝塔州单一麦芽威士忌。游毕返回霍巴特。晚餐特别安排每人半只龙虾的特色套餐。

景点介绍：

【布鲁尼岛】是塔斯马尼亚的生态乐园，在1642年被德国探险家发现，保留了接近完美的大自然环境。岛上有冲浪沙滩、国家公园和历史遗迹，是本地人度假的热门去处。岛上的"鹰颈"被夹在两个海湾之间，站在沙洲顶端可以360°欣赏四周美景。这里还有海鸥、袋鼠、企鹅等各种野生动物出没。

用餐说明：早餐（已含），午餐（已含），晚餐（已含）。

所住酒店：霍巴特当地豪华酒店或公寓式酒店。

第7天：霍巴特（飞机）—悉尼

行程说明：早餐后，前往瀑布啤酒厂。这是澳大利亚最古老的酿酒厂，生产一系列优质塔斯马尼亚啤酒和软饮料。在这儿可观看啤酒酿制过程的所有工艺：从麦芽、酿制，到装瓶……然后，登上地标性景观威灵顿山，俯瞰市区风光。威灵顿山是霍巴特市地标，海拔1279米，守护着美丽的港湾城市霍巴特。山下绿树成荫，山顶则是怪石嶙峋，寒风扑面。结束塔州行程，搭乘航班飞往澳大利亚第一大城市悉尼。

【瀑布啤酒厂】坐落在霍巴特南部连绵起伏的丘陵中，精致的花园和历史建筑让人犹如走进了一个大花园。该啤酒厂虽然鲜为人知，却又是那么特别，因为它是澳大利亚唯一仍然使用19世纪60年代的查伦泰蒸馏器的啤酒厂。

用餐说明：早餐（已含），午餐（已含），晚餐（自理）。

所住酒店：悉尼当地豪华酒店。

第8天：悉尼

行程说明：上午展开市区观光游览悉尼歌剧院（外观，约30分钟）、皇家植物园和麦考利夫人的座椅（约30分钟）。这是观看歌剧院、悉尼大桥、悉尼塔的最佳地点。然后，前往悉尼鱼市场（约1小时），这里是澳大利亚供应新鲜鱼类的世界级市场，提供大洋洲、南太平洋和亚洲各种各样的海鲜；再游览圣玛丽大教堂和海德公园（约30分钟）。随后前往悉尼岩石区DFS名店街自由活动。此地品牌林立，包括澳大利亚著名有机化妆品牌茱莉蔻（Jurlique）等（约40分钟）。

特别安排：①畅游南半球美丽海湾悉尼港（约20分钟），于船上观赏悉尼高级住宅区、悉尼海港大桥等。②领队带游客逛悉尼鱼市场和大型超市。游客在领队的协助下，选购海鲜、蔬菜、其他肉类等食材，体验当地人的生活。购买后，游客可分工亲自下厨，在酒店公寓加工制作，品味澳大利亚最地道的家常大餐，最后还原整洁的厨房（领队组织，费用游客自理）。

景点介绍：

【麦考利夫人的座椅】这里绿草成茵，草地上参天古木高大粗壮，麦考利夫人的座椅同悉尼歌剧院只相隔一道狭窄的海湾。这里是澳大利亚游客必去之地，因为这里的观景台是观看歌剧院、悉尼大桥的最佳地点。

【悉尼鱼市场】南半球最大的海鲜交易市场，每天供应着新鲜美味的海鲜，深海大龙虾，整条肥美三文鱼，巨大的帝王蟹，闪闪发光的对虾，鲜活生蚝……琳琅满目，多种独特的烹调手法，惹人垂涎。

【悉尼港特色渡轮】悉尼市中心是由一个弯弯曲曲的海湾地形所组成。延伸出的交通工具非渡轮不可，当地人不管是上班族、学生、家庭主妇，都会利用这乘船比乘车快的渡轮。码头多，渡轮也多，最大、最有名的码头是环形码头。

用餐说明：早餐（已含），午餐（自理），晚餐（自理）。

所住酒店：悉尼当地豪华酒店。

第9天：悉尼（飞机）—香港（飞行约9小时）

行程说明：早上去往机场，搭乘国际航班返回香港。抵达香港国际机场后，自行散团，结束愉快的澳大利亚9天之旅，各自返回温馨的家。

用餐说明：早餐（已含），午餐（自理），晚餐（自理）。

所住酒店：温暖的家。

第三节　新西兰旅游资源概况

案例 9-1

> **新西兰过去一年迎外国游客 382 万人次　中国游客占 11%**
>
> 2018年4月28日电　据新西兰统计局当地时间27日发布的最新统计数据显示，截至3月的一年里，新西兰共迎来游客382万人次。过去5年来，新西兰外国游客人数持续增长，从2013年的261万人次增长到如今的382万人次。
>
> 在过去5年里，入境新西兰的外国游客主要来自（由高到低）澳大利亚、中国、美国和英国。截至2018年3月的一年里，外国游客数量澳大利亚依然最多，贡献了39%的比例。中国游客数量占比为11%，美国和英国占比分别为9%和7%。
>
> 从入境地点来看，大部分游客从奥克兰国际机场入境，占全部游客的71%，达到272万人次，较2017年增长了189700人次。
>
> 基督城机场入境554700人次，同比增加了57700人次。

皇后镇机场入境272400人次，同比增加了30200人次。

惠灵顿机场入境211600人次，同比减少了3800人次。

达尼丁和其他机场入境7700人次，同比增加了400人次。

所有的港口码头入境43100人次，同比增加了4200人次。

截至2018年3月的一年里，新西兰共迎来澳大利亚游客150万人次，较2017年增长了89100人次。其中，39%是探亲访友，40%是度假旅游。

调查还显示，受中国春节长假的推动作用，2018年2月国际游客住宿数量明显提升。

另外，由新西兰旅游局资助的一项调查显示，有96%的新西兰受访者非常赞同或者赞同国际游客给新西兰带来利好。

这项调查由Kantar TNS（凯度集团，特恩斯市场研究咨询有限公司）开展，从2015年以来每半年进行一次。本次调查显示，大部分受访者认为新西兰目前的外国游客数量合适，或者应该更多。约有22%的受访者认为目前外国游客数量"太多"，但这一比例较2017年11月时的23%略微下降。另外，也有39%的受访者认为游客数量增加会让新西兰承受压力，这一比例较上次调查时的40%也略微下降。

总体来看，新西兰人显得非常"好客"。这次调查还显示，91%的受访者为新西兰成为热门旅游目的地而感到骄傲，88%的受访者以"让游客在新西兰受到欢迎"为荣。

（资料来源：http://edu.sina.com.cn/a/2018-04-28/doc-ifztkpip7088087.shtml）

思考：越来越多人青睐新西兰，当地人持有什么样的态度呢？应该如何设计新西兰旅游产品呢？

分析：

（1）新西兰人民对旅游者表示欢迎的态度，有利于旅游的开展。

（2）分析新西兰拥有的自然旅游资源和人文旅游资源，选取符合中国公民需求的旅游吸引物。根据市场的需求，在养生、生态、自然观光等主题下，设计旅游产品。

一、新西兰旅游资源概况

（一）自然旅游资源

新西兰位于太平洋西南部，西隔塔斯曼海，和澳大利亚相距1600千米，北与汤加、斐济等一些太平洋岛国隔海相望。而且，新西兰靠近国际日期变更线，是全世界最早进入新的第一天的国家之一，新西兰时间比北京时间早4个小时。

新西兰的国土面积约27万平方千米，由南岛、北岛及一些小岛组成，国土狭长，从北岛的北端到南岛的南端大约有140万米。新西兰人口为512.4万（截至2022年6月），其中欧洲移民后裔约占70%，毛利人占17%，亚裔占15%，太平洋岛国裔占8%（部分为多元主裔认同）。

山地和丘陵占新西兰总面积75%以上，平原狭小，主要山脉为南岛的南阿尔卑斯山，其主峰库克山海拔3755米，为全国最高峰。南岛多冰川和湖泊，在南阿尔卑斯山中有世界上海拔最低的冰川。北岛多火山和温泉。北岛第一峰鲁阿佩胡火山高 2797 米，火山以北有新西兰最大的湖泊——陶波湖，面积为 616 平方千米，是世界上最大的火山温泉湖，也是新西兰久负盛名的湖滨疗养、休闲度假区。新西兰的河流短而湍急，航运不便，但水力资源丰富。新西兰属温带海洋性气候，四季温差不大，平均气温夏季 20℃左右，冬季 10℃左右，年平均降水量 600~1500 毫米；全年都适合旅游，但以冬季、秋季为最佳。

（二）人文旅游资源

新西兰最早的居民为毛利人，14 世纪时毛利人在此定居。1642 年后，荷兰人和英国人先后到此。1840 年，新西兰沦为英国殖民地。1907 年，新西兰成为英国的自治领地。1947 年，新西兰获得完全自主，成为主权国家，现为英联邦成员国。

新西兰是一个发达的资本主义国家，也是全球最美丽的国家之一。世界银行将新西兰列为"世界上最方便营商的国家"之一，其经济成功地从以农业为主，转型为具有国际竞争力的工业化自由市场经济。新西兰的鹿茸、羊肉、奶制品和粗羊毛的出口值皆居世界前列。新西兰也是大洋洲最美丽的国家之一，总计约有 30%的国土为保护区。此外，新西兰拥有 3 项世界遗产、14 个国家公园、3 个海洋公园及多座自然保护区和生态区。

2018 年，新西兰被联合国评为"全球最清廉的国家"之一。2019 年 2 月，"2018 年全球幸福指数最高的国家"出炉，新西兰排名第八。

二、新西兰主要旅游城市

（一）惠灵顿

惠灵顿是世界上最佳的深水港之一，也是地球上最靠南的首都城市。惠灵顿因地势较高，又在海边上，常有海风侵袭，故又有"风都"之称。其主要景点有国会大厦、政府大楼、汤布尔图书馆、惠灵顿缆车博物馆、维多利亚山、植物园、动物园等。

（二）奥克兰

奥克兰位于新西兰北岛的西北部，是新西兰第一大城市、全国的工商业中心，也是南半球的天然良港。奥克兰是一座世界级的美丽城市，这里几乎每间房间都可以看到大海，大约每 11 个人就有 1 艘游船，游船人均占有量居世界前列，是著名的"帆船之都"。这里的海滩远近闻名，许多著名的水上赛事都在这里举行，最壮观的是每年 1 月的帆船赛。奥克兰是新西兰最大的华人聚居区，华人传统习俗也体现于此。从 1988 年开始，这里每年都举办端午龙舟竞赛。

（三）克赖斯特彻奇

克赖斯特彻奇又称为"克莱斯特彻奇"或"基督城"，是新西兰第三大城市，也是新西兰南岛最大城市，被认为是除英国以外最具浓厚英国色彩的城市。这里草木葱郁、鲜花盛开，素有"花园之城"的美誉。城内大部分地区是公园和自然保护区。克赖斯特彻奇也是新西兰著名教育家、作家路易·艾黎的故乡。

（四）罗托鲁阿

罗托鲁阿位于新西兰北岛中部，是南半球最著名的地热温泉区，以地热奇观闻名于世。在这里可以欣赏到地热喷泉的奇景、沸腾的泥浆池以及彩色温泉梯田。这里也是毛利人的文化中心，游客在这里可以了解毛利人的历史、文化和传统。

三、新西兰主要旅游景观

（一）皇后镇

皇后镇紧靠南阿尔卑斯山，曾以淘金闻名于世，是新西兰旅游的观光胜地。旅游设施完备，交通方便，是钓鱼、滑水、泛舟的好地方。有各式商店、销售地道的工艺品、首饰精品，还有许多中国餐馆，深受游客的青睐。

（二）克赖斯特彻奇（基督城）

克赖斯特彻奇是南岛第一大城市，也是除奥克兰外重要港口，新西兰第三大城市，世界第一流的"花园城市"，以"英国之外，最像英国的城市"著称，它同时也是进入南极的门户。

（三）伊甸山

伊甸山位于奥克兰市中心以南约 5 千米处，是一座死火山的火山口。山顶设有瞭望台，视野开阔，是眺望市景的好地方。此外，还可参观 12 世纪时毛利人要塞的遗迹。

（四）毛利文化村

在罗托鲁阿市中心附近，有一个名叫奥希内穆图的毛利村，内有毛利人的会议厅，柱子上雕有记述阿拉瓦部族历史的精美图案。

拓展阅读 9-2

关于新西兰的"毛利文化" 你了解有多少

毛利文化作为新西兰文化传承中重要的一部分，即将来新西兰的留学生和已经在新西兰的留学生都应该有所了解，避免一些不必要的矛盾。毛利人（Maoris）是新西兰境内的原住民。"Maoris"这个词在毛利语语境中表示"正常"或"正常人"之意，当时的欧洲人进入新西兰地，毛利人便如此自称。多数考古学者和历史学者认为，毛利民族是从库克群岛和波利尼西亚群岛而来。也有学者认为，毛利民族及所有南岛语族的发源地，最北可以追溯到西太平洋的中国台湾，这在语言及传统建筑上有明确的证据。

在新西兰，你会时刻感受到毛利文化的存在，毛利人是天生的艺术家，毛利文化是新西兰特别注重保护的原生态文化。据人类学家考证，毛利人原为亚洲居民，3 世纪时漂洋过海，迁徙至南太平洋的波利尼西亚群岛。

毛利人的文化绚丽多彩，毛利传统文化自古以来就世代相传下来，有音乐、美术、手工、寓言以及有关族谱（whakapapa）的记录。传统艺术包括雕刻、编织和文身术（tamoko）

等在全国各地历久不衰。组舞（kapahaka）艺术中融合了合唱、节奏舞步和气势凶猛的战舞（haka），是游客必看的节目。

　　毛利人的欢迎仪式（powhiri）以挑战（wero）为序幕。由主人（tangatawhenua）一方的勇士向客人（manuhiri）提出挑战。这名勇士通常手持长矛（taiaha），会将一个象征性的东西（通常是一段小树枝）放到地上，客人应将树枝捡起，以示自己为和平而来，不抱任何敌意。然后，主人一方的女士们（kuia）会为远道而来的客人表演节目（karanga），通常是高声呼唤或吟唱。来客中的女宾们在经男宾前方步入会场时应作出回应。

　　"洪伊"（Hongi）是毛利人的见面问候语。毛利文化给人印象最深刻的是刺青和歌舞。刺青是毛利人的民族艺术，也是世代传承的文化精髓。与通常所见的文身不同，毛利人的刺青蕴涵神圣意义，具有等级之分和地位象征。

　　毛利人的刺青艺术。毛利人的每一幅刺青图案都独一无二，就像每一个人的简历，分别记载着他们的职业、地位、成就等。对于毛利人来说，刺青非常重要。凡经常抛头露面或居于重要地位的男士，都要在脸上、腿上、背部和臀部刺上柔美的曲线或漩涡状花纹；女人一般只在嘴角和下巴处刺上花纹。男士面部的刺青花纹越是浓墨重彩，重重叠叠，越表明其地位显赫。出于记载事件和图案重叠效果的考虑，很多男士身上的刺青需要多年时间分步进行。

　　毛利战舞。毛利族男女都能歌善舞。男士舞蹈较为震撼。他们跳的"哈卡舞"表现的是骁勇善战的男士们参加战斗的场景（毛利战舞）。在一次太平洋岛国论坛会议开幕式上，记者有幸观赏到。数十名身材魁梧、手持利器的毛利族男士似一个个勇猛的武士，在宽敞的草场跳起了"哈卡舞"。武士们上身裸露，前胸、后背和双臂上抢眼的刺青使他们显得格外威风凛凛。谢幕时，武士们列队在论坛首脑们面前，再次瞪目吐舌。这一次可不是表示"不屈"和"顽强"，而是向各国领导人表示热烈欢迎。

　　另外，不同于其他国家地位受到压迫或遭同化的少数民族，毛利人在新西兰拥有非常多的话语权，其文化保存得非常完善，传统语言毛利语甚至受到国家法律的承认，在当今世界各国中也实属罕见。

　　（资料来源：https://www.sohu.com/a/158846486_554438）

（五）天空塔

　　天空塔坐落在奥克兰的市中心，霍布森街道（Hobson St.）和维克托利亚街道（Victolia St.）的街角。此塔高 328 米，是奥克兰的标志性建筑，也是南半球的最高建筑。它与其他的建筑连成一体，组成巨大的天空城（Sky City）。城中有新西兰最大的赌场，10 个餐厅和酒吧，4 星级以上宾馆，剧场以及许多独一无二的旅游冒险活动。它还有巨大的地下停车场和城际汽车总站。

（六）库克山

　　在南阿尔卑斯山脉的中心，由基督城经过绿林茂密的坎特伯雷平原，向南前进，放眼望去所见的就是新西兰最高峰的库克山（Mt. Cook）。库克山海拔3764米，被称为"南半球的阿尔卑斯山"。

第四节　新西兰旅游产品开发

一、新西兰旅游产品开发的有利条件

（一）得天独厚的旅游资源

在约27万平方千米的土地上，新西兰共有14个国家公园、3个海洋公园、3项世界遗产（其中1项为双重遗产）。海岸线长约1.5万公里，新西兰属温带海洋性气候，季节与北半球相反。四季温差不大，植物生长十分茂盛，森林面积810万公顷，天然牧场或农场占国土面积的一半。广袤的森林和牧场使新西兰成为名副其实的绿色王国。这优厚的资源，为我们旅游产品设计提供了极佳的基础。

（二）利好的政策导向

出境旅游逐渐升温，许多旅游资源丰富的国家和地区，都在欢迎中国游客前往旅游、度假。部分以旅游业为主要产业的国家和地区，开始出台相应的吸引政策，吸引更多的中国游客。新西兰将2019年定为中国和新西兰旅游年，两国已签订相关协议，新西兰针对中国游客开放5年多次往返签证。

二、新西兰旅游产品设计的原则

（一）内容丰富多彩，主题突出原则

新西兰的旅游资源丰富，从森林到海滩，从高山到海洋，从现代的城市风光到古老的毛利文化等，不一而足。因此，旅行社应该围绕主题，安排丰富多彩的旅游项目，让旅游者通过各种活动，从不同的侧面了解新西兰的文化和生活，领略美好的景色，满足旅游者休息、娱乐和求知的欲望。同时，在同一线路的旅游活动中，力求形成一个高潮，加深旅游者的印象，达到宣传自我、吸引旅游者的目的。

（二）产品创新原则

纵观现在的旅游市场，旅游产品雷同现象特别多。为了让自己的旅游产品脱颖而出，应该注重产品的创新。这里所说的创新，包括产品、服务、宣传、经营创新。在产品线路容易相似的情况下，可以提供更多的特色服务。宣传的方式除了常用的传单、广告之外，还可以在各大App平台、微信、微博甚至可以通过赞助电视娱乐节目等方式进行营销。

三、新西兰旅游产品应注意的事项

（一）注意地理差异

新西兰在南半球，与中国四季正好相反，夏季日照时间长，平均气温夏季20℃左右，

冬季10℃左右。即使是春季和夏季，当地的温度也维持在10~20℃，冬季部分地区会降至−10℃。因此，在设计和销售旅游产品时，要考虑这些地区间的差异。

（二）尊重当地传统文化

参观毛利人的部落，是新西兰旅游的重要项目之一。在新西兰，毛利人仍保留着浓郁的传统习俗。他们大都信奉原始的多神教，还相信灵魂不灭，尊奉祖先的精灵。每遇重大的活动，他们便照例到河里去做祈祷，而且相互泼水，以此表示宗教仪式上的纯洁。他们有一种传统的礼节：当遇到尊贵的客人时，他们要行"碰鼻礼"，即双方要鼻尖碰鼻尖两三次，然后再分手离去。据说，按照其风俗，碰鼻子的时间越长，说明礼遇越高，越受欢迎。不过，在给别人拍照，特别是给毛利人拍照时，一定要事先征求同意。

四、旅游线路产品实例

结合前面新西兰旅游产品开发的有利条件、原则与注意事项，引入南湖国际旅行社旅游线路进行学习。

纯净新西兰火山温泉9天之旅

第1天：广州

行程说明：游客在广州白云国际机场指定地点集合后，具体时间及地点以出团通知为准。在领队带领下乘国际豪华客机飞往新西兰南岛"花园城市"基督城。

用餐说明：早餐（自理），午餐（自理），晚餐（自理）。

所住酒店：航班上。

第2天：广州（飞机）—基督城（飞行约13小时）

行程说明：傍晚抵达基督城后，专车前往享用晚餐，随后入住酒店休息。

景点介绍：

【基督城】位于新西兰南岛东岸，又名"花园之城"，新西兰南岛最大的城市，是仅次于最大城市奥克兰、首都惠灵顿的新西兰第三大城市。基督城有浓厚的英国气息和艺术文化气息，拥有"上帝后花园"美誉的基督城可不是空穴来风。

用餐说明：早餐（自理），午餐（自理），晚餐（已含）。

所住酒店：基督城当地高级酒店。

第3天：基督城（汽车）—蒂卡波湖区（车程约227千米）

行程说明：早餐后，漫步基督城植物园（游览约30分钟），欣赏小桥流水绿草如茵的优美景致。途经风姿绰约的雅芳河，河两旁尽是杨柳垂岸，春意盎然，享受惬意的休闲时光，十分浪漫。随后，参观全新的纸教堂。纸的表面经过特殊处理后，可以防水、防火、防雪，作为震后的产物也代表着基督城人民的坚强和勇敢。

游毕离开基督城，乘车穿越广阔的坎特伯雷大平原，沿途风景如画。然后，前往"黑暗星空保护区"蒂卡波湖区小镇，游览蒂卡波湖。湖区位于新西兰南岛中部山区。这里的湖水呈现碧绿色，湖对岸是雄伟的南阿尔卑斯山，湖边矗立着牧羊人教堂，透过教堂圣坛的窗户可以看到库克山的美景。教堂附近有一座牧羊犬纪念碑,这座青铜雕像表达了当地人对牧羊犬的感激之情(以上游览共约20分钟)。如天气晴朗,将安排游客夜观星空,共度浪漫的繁星璀璨之夜。温馨提示:由于观星等自然现象属不可控范围,若天气不佳将取消此项行程。

景点介绍:

【基督城植物园】新西兰最好的植物园之一,位于市中心雅芳河畔,占地约30公顷。该植物园拥有10个各具特色的专类园,如香草园、玫瑰园、蕨类植园、水景园、岩石园、石楠园等。植物园布局随意自然,少有亭台楼阁点缀,但园内林荫浓郁,天蓝地绿,环境雅致,空气清新,是休憩养生的好场所。

【蒂卡波湖、牧羊人教堂】蒂卡波湖和该区其他湖泊的湖水呈深邃的宝石绿色,独特而精美,这种瑰丽的色彩源于湖中精细的悬浮冰川岩石颗粒。宁静的蒂卡波湖畔,有一座由石块打造的小教堂,这是早期来到麦肯锡地区开垦的牧羊人家宗教信仰中心。

用餐说明:早餐(已含),午餐(已含),晚餐(已含)。

所住酒店:蒂卡波湖区、特泽维尔、奥玛拉玛或费尔利当地的高级酒店或特色度假屋。

第4天:蒂卡波湖区(汽车)—库克山国家公园(汽车)—皇后镇(车程约257千米)

行程说明:上午,前往库克山国家公园游览。该公园由冰河、陡壁、温泉、山林及各种野生动物构成,公园的2/3被南部的山毛榉树和罗汉松所覆盖,其中一些树的树龄已超过800年。山林间有无数的山径,可作徒步健行体验(约90分钟),感受南半球最纯净的空气,在高处更可远眺终年积雪的库克山。然后,乘车前往皇后镇,在沿途可观赏蓝色牛奶湖普卡基湖,游览三文鱼养殖场(约20分钟)。随后,参观克伦威尔小镇水果农场时,游客可自选采购应季水果。最后,抵达皇后镇。温馨提示:每辆房车内设洗手间(仅供小便),简单厨具、暖气等设备;营地区域设有完善公共设施,包括公共厨房、厕所、洗澡房、洗衣房、儿童游玩区等,以供游客使用。房车酒店是一种体验性住宿,但与酒店房间会存在差异,不能提供独立卫浴间。游客需自备洗漱用品,在公共卫浴间洗漱。公共卫浴间卫生舒适,可放心使用,敬请客人理解。

景点介绍:

【库克山国家公园】库克山的山麓地带是绝佳的自然游乐场所,库克山上有美丽的高山植物花园。该公园位于新西兰,公园里面聚集着雪山、冰川、河流、湖泊、山林,以及动物和高原植被等,这里给人们的惊奇是其他地方所无法比拟的。屹立在群峰之巅的库克山顶峰终年被冰雪覆盖,而群山的谷地里,则隐藏着许多条冰川。逶迤500千米的南阿尔卑斯山脉横亘南岛南北,两千万年前冰河时期的冰雪覆盖山顶,终年又吹着南极冷风,新雪挤压旧雪,形成了无数壮丽的巨大冰川。游客由公路上远望,都觉得透着凉气。

【克伦威尔】也称水果小镇,位于山谷中,阳光充裕,气候温暖。这里种植着许多水果,因此得名。这个高山小镇上,有着各种果园,春天百花齐放,秋季果实飘香,美不胜收。此外,水果小镇也是电影《魔戒》的取景地之一。

【三文鱼养殖场】世界上海拔最高的三文鱼养殖场。这里的水源是库克山上的冰雪融水,没有任何污染。水是活水,对三文鱼的生长非常有利。给三文鱼喂食是来这里游玩的游客非常喜欢的一个项目。

用餐说明：早餐（已含），午餐（自理），晚餐（已含）。

所住酒店：皇后镇特色星空房车酒店或当地高级酒店。

第5天：皇后镇

行程说明：全天自由活动，旅行社不安排游览用车、午晚餐、导游等。游客可自由参观游览皇后镇，感受独特的异乡风情。

温馨提示：为确保游客人身以及财产安全，请慎重选择当天的活动安排，不要选择未取得旅游经营资质的单位组织的自费活动，由此产生的争议旅行社无法介入处理，敬请游客谅解。

景点介绍：

【皇后镇】位于瓦卡蒂普湖北岸，是一个被南阿尔卑斯山包围的美丽小镇，也是一个依山傍水的美丽城镇。除了美丽的自然景色外，皇后镇还有各种挑战人类极限的户外活动，可以滑雪、骑马、乘坐喷射快艇，甚至参加蹦极、跳伞、峡谷秋千等极限运动。所以，不少人称皇后镇是"冒险家的乐园"。

自由活动特色项目介绍：

夏特欧瓦峡谷喷射快艇（全程约1.5小时），参考费用：大人为145新西兰元/人；儿童为75新西兰元/人。

米佛峡湾豪华巴士往返一日游（全程约12.5小时），参考费用：大人为271新西兰元/人；儿童为135新西兰元/人。

皇后镇魔戒、农庄探寻之旅（全程约4小时），参考费用：大人为249纽币/人。

直升机观光之旅，参考费用：成人为350~850纽币/人。在南岛乘坐直升机，可以从空中欣赏南岛的高山、冰湖、峡湾和冰川。不同的飞行线路，不同的飞行时间，会有不同的飞行价格，具体价格以实际直升机公司的报价为准。

用餐说明：早餐（已含），午餐（自理），晚餐（自理）。

所住酒店：皇后镇特色星空房车酒店或当地高级酒店。

第6天：皇后镇（飞机）—奥克兰（飞行约2小时）

行程说明：上午，乘坐内陆航班，飞往北岛"千帆之都"奥克兰。抵达后，登上著名的死火山伊甸山公园。在山上，可以俯瞰奥克兰全景（约30分钟），感受奥克兰自然与现代完美相融的美丽与繁华。随后，游览工党纪念碑（约20分钟），游览帆船俱乐部（约20分钟）。晚餐后入住酒店休息。

温馨提示：为了让游客更好地感受新西兰人当地生活，在旅程中会安排度假屋住宿；度假屋会出现公用空间（客厅、厨房、卫生间等）的情况，或有2~3间房共用卫生间的情况；由于每间度假屋入住人数有限，会出现安排同团游客入住不同度假屋，且度假屋位置分散的情况，敬请客人理解。

景点介绍：

【奥克兰】是世界知名宜居城市之一，以"帆船之都"的美誉闻名于世。这里曾经是新西兰的首都，现在也是新西兰的第一大城市。奥克兰拥有迷人的海滩以及广阔的港湾，与现代化的建筑一起点缀着这个充满魅力的国际都会。

【伊甸山公园】伊甸山是一座死火山，形成于2万~3万年以前，高196米，是奥克兰陆地火山带中最高的火山，也是奥克兰最重要的象征之一。

【工党纪念碑】建在一个山坡上，整座山都被绿绿的草地覆盖着。在这里，不仅有绿色牧场的风光，还有蓝色的海洋、半岛的别墅，就连奥克兰的天空塔、海港大桥也能看得见。另外，这里还种了很多的树木和鲜花，据说奥克兰人拍婚纱照都会来这里。

【帆船俱乐部】在奥克兰港，处处是帆船和摩托艇，堪称世界上最棒的航海城市之一。当地人爱这片水域，他们在水上玩耍、游泳、冲浪、扬帆、滑行，或潜入水中捉鱼。帆船俱乐部聚集了密密麻麻的、一排又一排的帆船。但是并非有钱就可以把船停在这里，而必须加入俱乐部，才有停船的权利。

用餐说明：早餐（已含），午餐（自理），晚餐（已含）。

所住酒店：奥克兰北岸富人区度假别墅或当地高级酒店。

第7天：奥克兰（汽车）—罗托鲁阿（车程约220千米）

行程说明：上午，前往毛利人的主要聚居地"地热之城"罗托鲁阿。抵达后，前往参观市中心的罗托鲁阿政府花园（约20分钟）。之后，游览《爸爸去哪儿》节目中杨威父子骑行的红森林公园（约15分钟）。而后进行自由购物（约45分钟），详见行程附件购物说明。

特别赠送：波利尼西亚火山温泉家庭池（约1小时），是新西兰声名远播的顶尖地热温泉（请自备泳装。由于温泉项目属于赠送项目，若游客因自身原因不参加，视为自行放弃，无费用可退）。

景点介绍：

【罗托鲁阿】是新西兰北岛最重要的地热活动区之一。这里有温泉、间歇泉、嘶嘶作响的蒸汽喷口和猛烈地冒着气泡的泥塘。由于这里弥漫着强烈的气味，从进入罗托鲁阿的那一刻起，人们会感觉到公园、人行道和大街上都飘着神秘的雾气，偶尔会闻到硫黄味。

【波利尼西亚火山温泉】"世界十大温泉"之一。它由石砖及木块分割成一个个小池，每个小池都有不同温度选择，温度在36~42℃，不同的水温有不同的疗效。

用餐说明：早餐（已含），午餐（已含），晚餐（已含）。

所住酒店：罗托鲁阿当地高级酒店。

第8天：罗托鲁阿（汽车）—奥克兰（车程约220千米）

行程说明：早上，参观新西兰最负盛名的观光农场爱歌顿农庄（约1.5小时），乘坐牧场专用车游览农庄，游客在这里自由活动，与各种可爱的动物零距离接触。随后，前往新西兰颇具规模的皇家牧场羊毛展示中心，参观羊毛被及驼羊毛被厂的生产车间地(约45分钟)，参观了解羊毛及驼羊毛制品的生产过程，可亲手触摸羊毛和驼羊毛，感受产品的真材实料。随后乘车返回奥克兰，进行自由购物（约45分钟），详见行程附件购物说明。自由购物是在奥克兰市中心最重要的黄金地带皇后大街，可以游览全市最繁华的全球连锁DFS免税店（游览约20分钟）。皇后大街两旁的建筑是一大看点，殖民时期的历史建筑与现代的高楼大厦交相辉映，冲突又和谐。街道两旁还有各种名牌免税店、精品首饰店和百货商店，这里是奥克兰的购物天堂。

温馨提示：为了让游客更好地感受新西兰人当地生活，在旅程中会安排度假屋住宿；度假屋会出现公用空间（客厅、厨房、卫生间等）的情况，或有2~3间房共用卫生间的情况；由于每间度假屋入住人数有限，会出现安排同团游客入住不同度假屋，且度假屋位置分散的情况，敬请客人理解。

景点介绍：

【爱歌顿农庄】游客可搭上拖拉机牵引的游园车展开农庄活动，进到农庄里看看。游客更可以亲手喂食，并零距离接触到羊驼、红鹿、肉牛、奶牛以及可爱的绵羊。

用餐说明：早餐（已含），午餐（已含），晚餐（已含）。

所住酒店：奥克兰北岸富人区度假别墅或当地高级酒店。

第9天：奥克兰（飞机）—广州（飞行约11小时）

行程说明：上午前往机场，乘坐国际航班飞返广州。抵达广州白云国际机场后，自行散团，各自返回温馨的家。

用餐说明：早餐（已含），午餐（自理），晚餐（自理）。

本 章 小 结

本章简略地介绍了大洋洲主要目的地国家澳大利亚、新西兰的自然旅游资源和人文旅游资源，并对主要目的地国家的景点、景区进行了梳理。其中，根据该国拥有的旅游资源设计合理的旅游产品是本章的重点。

习　　题

一、单项选择题

1. 澳大利亚人信仰最多的宗教是（　　）。

   A. 犹太教　　　　　B. 基督教　　　　　C. 佛教　　　　　D. 印度教

2. 下列城市属于澳大利亚的是（　　）。

   A. 奥克兰　　　　　B. 悉尼　　　　　　C. 纽约　　　　　D. 魁北克

3. 下列关于澳大利亚的说法中，正确的是（　　）。

   A. 夏天过圣诞节　　B. 气候潮湿多雨　　C. 以悉尼为首都　　D. 总理为国家元首

4. 新西兰最重要的出口产品是（　　）。

   A. 乳制品　　　　　B. 粮食　　　　　　C. 机械设备　　　D. 军事设备

5. 下列城市属于新西兰的是（　　）。

   A. 奥克兰　　　　　B. 阿德莱德　　　　C. 布里斯班　　　D. 堪培拉

二、多项选择题

1. 澳大利亚的著名传统产业有（　　）。
   A. 高科技产业　　　B. 农牧业　　　C. 建筑业　　　D. 采矿业
2. 下列关于澳大利亚的说法中，正确的有（　　）。
   A. 羊毛出口量居世界第一位　　　　B. 牛肉出口量居世界第一位
   C. 矿石出口量居世界第一位　　　　D. 钻石出口量居世界第一位
3. 新西兰人的饮食特点有（　　）。
   A. 口味清淡　　　　　　　　　　　B. 爱喝牛奶、咖啡、红茶
   C. 饮食结构中肉类占的比例很大　　D. 爱吃炸鱼、土豆条
4. 下列关于新西兰的说法中，正确的有（　　）。
   A. 以奥克兰为首都　　　　　　　　B. 实行议会民主制
   C. 冬天过圣诞节　　　　　　　　　D. 全年都适合旅游
5. 下列说法中正确的有（　　）。
   A. 中国与新西兰于1972年建交　　　B. 中国是新西兰的主要贸易伙伴
   C. 中国是新西兰最大的留学生来源国　D. 中国是新西兰的最大客源国

三、简答题

1. 澳大利亚的主要旅游城市有哪些？
2. 澳大利亚的出名海滩有哪些？
3. 新西兰的主要旅游城市有哪些？
4. 新西兰的旅游资源有哪些优势？
5. 澳大利亚有哪些主要的特产？

四、实务题

根据新西兰旅游市场的特点，设计一条以修学旅游为主题的旅游线路。

五、案例分析题

去新西兰游玩，这3项极限运动很刺激

看过我游记的人应该知道，本人喜欢到处去游玩。不管是人文还是风景都能让我流连忘返，有时候朋友的一句话，就能让我有去旅游的冲动。在日常生活中，我是个喜欢运动的人，各种项目都会一点儿，但都不精通。说到运动，很多人或许会想到一种叫作"极限运动"的运动。

"极限运动"这个名词其实是外来的，我国接触极限运动的时间并不长。对于这种极度挑战自我的运动，我又爱又怕。所以，很多时候我比较喜欢看着别人玩，然后自己一个人在旁边拍照。而喜欢这项运动的人也应该知道，新西兰在这类运动中非常出名。而它的核心地区则是皇后镇，它是极限运动者们的向往之地。

在新西兰旅游中，皇后镇这个地方是喜欢挑战极限的朋友们不能错过的地方。对于处在"新手"阶段的朋友，今天给大家介绍一下到这里挑战极限时都有哪些比较好玩的项目吧。

1. 高空跳伞

去新西兰皇后镇，一定要玩玩高空跳伞。很多人一听，可能就会打退堂鼓。其实这个项目看着很难，但它的上手度是非常高，实际操作起来难度不大。在这里，有很多公司会提供正规的跳伞活动，游客只要带上两样东西——勇气与信心！跳伞不是什么时候都可以进行的，一般在4~6月可以先预订，而且它的费用是根据高度而定。2700米的价格最低，4500米的价格最高，最低的双人价格在1500元以内。费用一般包括跳伞之前的培训费用、跳伞的专用服装费用。然后，与同行的跳伞大师共同体验自由落体的感觉。跳伞的地方与皇后镇还有一段距离，但是无须担心，只要预约好，跳伞公司会来皇后镇迎接的。

2. 蹦极

有人说，蹦极国内不是也有吗？是的，国内确实也有，不过新西兰皇后镇是它的发源地。如果来新西兰皇后镇，不玩这个项目真的会有遗憾。毕竟，蹦极是最考验挑战勇气的运动，如果没有尝试过是无法体会的。

其实，我的胆子算是很大了，但我一直都清楚地记得第一次蹦极时的心情。在下面的时候，我什么话都敢说，真到了上面马上要跳了，我好笑地问了一句："可以写遗嘱吗？"然后，从47米高的卡瓦拉大桥上跳下去，这种感觉让人终生难忘。

3. 快艇

快艇也是一项刺激的项目。这个项目我每年来玩一次，哈哈。快艇驾驶员以80千米的时速在水面上滑行，其中会穿过岩石缝隙、峭壁、狭窄的河谷，甚至有时候会让人有种要撞上去或者要被挤扁的感觉。而有些技术纯熟的驾驶员还会来一个全旋转的大回旋，刺激感让人们尖叫连连。相比高空项目而言，这个项目就算是小儿科，刺激得恰到好处。

以上说的这3项，大多数是年轻人玩得比较多，中年人或者年纪大的人玩得少。究其原因，估计是这些项目对参与者的要求很高吧。但也有很多年纪大的人来玩，因为也有适合他们玩的项目。比如说高尔夫，这是一项比较高雅的运动，玩的人多。另外，新西兰最不缺的就是草场、牧场，温暖的阳光普照在这片绿地上，澄清的湖水加上秀丽的风景，让人忍不住大显身手。

其实，去新西兰，其他地方的可玩性也挺大。如果只是从参加极限运动的角度，这里相对会更专业。如果全玩一遍，估计玩一个月都玩不过来。

（资料来源：https://baijiahao.baidu.com/s?id=1629992136356933220&wfr=spider&for=pc）

问题：

1. 根据这篇旅游攻略，新西兰的极限运动为何吸引来自各国的旅游者？
2. 这种"极限运动+旅游"的模式对于设计新西兰旅游产品有何启发？

参 考 文 献

[1] 孙国学，赵丽丽. 旅游产品策划与设计[M]. 北京：中国铁道出版社，2016.
[2] 王浪. 旅游产品开发[M]. 长沙：湖南大学出版社，2017.
[3] 孙素娟，宋雪莉. 旅游产品策划与操作[M]. 北京：化学工业出版社，2018.
[4] 王忠林，郎富平，顾雅青. 旅游策划实务[M]. 上海：华东师范大学出版社，2015.
[5] 全国导游人员资格考试教材编写组. 地方导游基础知识[M]. 北京：旅游教育出版社，2021.
[6] 全国导游人员资格考试统编教材专家编写组. 地方导游基础知识[M]. 北京：中国旅游出版社，2021.
[7] 郭盛晖. 中国旅游资源赏析与线路设计[M]. 北京：北京理工大学出版社，2016.
[8] 王兴斌. 中国旅游客源国概况[M]. 北京：旅游教育出版社，2016.
[9] 卢丽蓉，彭淑清. 中国旅游客源地概况[M]. 北京：旅游教育出版社，2017.
[10] 中国旅游研究院. 中国入境旅游发展年度报告2017[M]. 北京：旅游教育出版社，2017.
[11] 周敏. 新编实用世界地图册[M]. 4版. 北京：中国地图出版社，2014.
[12] 王兴斌. 中国旅游客源国/地区概况[M]. 7版. 北京：旅游教育出版社，2016.
[13] 墨客编辑部. 世界遗产之旅：珍藏版[M]. 北京：人民邮电出版社，2012.
[14] 伍飞. 旅游整合世界[M]. 北京：北京大学出版社，2018.
[15] 赵利民，唐卫东. 旅游概论[M]. 长春：东北师范大学出版社，2008.
[16] 傅云新，蔡晓梅. 旅游学[M]. 广州：中山大学出版社，2007.
[17] 方海川. 中国公民出入境目的地国家（地区）概况[M]. 北京：清华大学出版社，2008.
[18] 黄明亮，吴习文. 中国旅游客源国（地区）概况（修订版）[M]. 北京：科学出版社，2010.
[19] 陈启跃. 旅游线路设计[M]. 上海：上海交通大学出版社，2011.
[20] 赵丽丽. 旅行社奖励旅游产品设计之研究[J]. 清远职业技术学院学报，2010.
[21] 万剑敏. 旅行社产品设计[M]. 北京：旅游教育出版社，2008.